秦皇岛玻璃工业研究设计院有限公司

中规学院

光华集团
GUANGHUA GROUP

中规(北京)认证有限公司
ZHONGGUI (BEIJING) CERTIFICATION CO.,LTD.

名企聊知识产权资产管理

中规(北京)认证有限公司 ◎ 组织编写

知识产权出版社
全国百佳图书出版单位
—北京—

图书在版编目（CIP）数据

名企聊知识产权资产管理/中规（北京）认证有限公司组织编写. —北京：知识产权出版社，2020.11

（知识产权经理实战丛书）

ISBN 978 – 7 – 5130 – 7127 – 7

Ⅰ.①名… Ⅱ.①中… Ⅲ.①企业—知识产权—资产管理—研究—中国 Ⅳ.①D923.404

中国版本图书馆 CIP 数据核字（2020）第 189190 号

内容提要

随着经济社会的发展，2020 年我国基本实现了"建设成为知识产权创造、运用、保护和管理水平较高的国家"这一目标，知识产权也在重大科技创新、重大国计民生项目中扮演着越来越重要的角色，为经济发展提供了有力支撑。本书从资产的全新视角——IP 资产的管理、应用、转化和赋能四个不同维度铺展开来，将传统知识产权管理工作与资产管理的理念和方法进行融合，以期满足不同类型的组织在面对多种多样的管理瓶颈时的需求。书中内容对推动深入实施国家知识产权战略、加快建设知识产权强国、全面培养知识产权实操型人才具有积极的意义。

责任编辑：李小娟　　　　　　　　　**责任印制：刘译文**

名企聊知识产权资产管理

MINGQI LIAO ZHISHI CHANQUAN ZICHAN GUANLI

中规（北京）认证有限公司　　组织编写

出版发行：知识产权出版社 有限责任公司		**网　　址**：http://www.ipph.cn	
电　话：010 – 82004826		http://www.laichushu.com	
社　　址：北京市海淀区气象路 50 号院		**邮　编**：100081	
责编电话：010 – 82000860 转 8531		**责编邮箱**：lixiaojuan@ cnipr.com	
发行电话：010 – 82000860 转 8101		**发行传真**：010 – 82000893	
印　刷：天津嘉恒印务有限公司		**经　销**：各大网上书店、新华书店及相关专业书店	
开　本：720mm×1000mm　1/16		**印　张**：24.25	
版　次：2020 年 11 月第 1 版		**印　次**：2020 年 11 月第 1 次印刷	
字　数：397 千字		**定　价**：78.00 元	

ISBN 978 – 7 – 5130 – 7127 – 7

前　言

在刚刚过去的 2019 年，中规学院曾向国内各行各业的优秀知识产权经理人邀约，共同创作了"名企聊知识产权"系列丛书的第一本。随着 2020 年的到来，《国家知识产权战略纲要》已到了收官之年，回顾过往，我国基本已实现成为知识产权创造、运用、保护和管理水平较高国家的目标。

现阶段，我国知识产权拥有量大幅增长，知识产权保护不断加强，营商环境持续改善，知识产权运用已初见成效，知识产权保护社会满意度达到78.98 分，整体步入良好阶段。面对现有的成就，着眼于未来的发展，2020年 1 月 6 日，全国知识产权局局长会议中明确提出：下一步的知识产权工作要牢牢把握稳中求进的工作总基调，大力促进知识产权价值的实现，健全知识产权运营体系，提高创新主体知识产权的管理能力，推动知识产权服务业高质量发展，推动知识产权与经济发展深度融合。

面对新形势和新需求，中规学院于 2020 年全新开启了一系列知识产权与标准专栏，《IP 资产论》专栏应运而生，该专栏着眼于知识产权资产的管理要素、管理过程等，针对企业实际工作中的不同场景，如企业上市、申报高新、技术研发、质押融资等方面展开持续的研究与分享。本书诞生的灵感正是源于《IP 资产论》专栏体量的受限，无法将所有的理论研究与实践应用分享给读者，所以萌生并出版《名企聊知识产权资产管理》这本书。

本书凝结多位中规学院人员深入研究的劳动成果以及多家企业的杰出知识产权经理人的真知灼见和实战经验，以全面的视角论述了组织 IP 资产管理中的难点与要点，从 IP 资产的管理、应用、转化和赋能四个不同维度铺展开来，将传统知识产权管理工作与资产管理的理念和方法进行融合，以期满足不同类型的组织在面对多种多样的管理瓶颈时的需求。

本书第一章是基于我国创新型企业的迅速发展，大量的创新成果以知识产权的形式得以保护与运用，但企业知识产权管理的纵深化发展还比较薄弱。为此，本书编委会选取了从顶层战略的实践，到资产全寿命周期管理，再细化至 IP 资产台账的标准化实务的三篇文章，由远及近地对企业的 IP 资产管理工作进行刻画，为广大读者奠定专业基础知识的根基。

本书的第二章是基于目前我国企业对于高新技术企业（以下简称"高企"）及各类科技项目的申请与维护都抱有极高的热情，但随着各地方政府对高企的稽查力度不断加大，企业的研发项目管理、研发费用归集、研发人员、知识资产和所属的主要产品或服务的关联性等问题成为高企路上的障碍。企业在科技项目管理时面临着难以运用管理职能（计划、组织、领导和控制）对创新过程进行有效管理的瓶颈，对科研项目"险象环生"、管理流程"一团乱麻"等展开分析，并结合案例给出解决方法与关注要点。

本书的第三章是基于目前我国企业知识产权资产运营过程中的资产评估、实施许可与转移、知识产权维权方面的实践经验分享。在知识经济时代，智力竞争已成为知识经济与知识社会的必然选择，面对复杂的局势，如何对标国际先进企业的知识产权管理实践，有效挖掘 IP 资产价值，大力促进 IP 资产的运营管理，是广大组织的迫切需求。您将从本章获得以技术创新为基础、以品牌培植为核心的知识产权一体化运营策略，推动各创新主体的知识产权运营水平实现顺势跃迁。

本书的第四章是基于 IP 资产的赋能部分展开的论述。主要关注 IP 资产的有效性、安全性及抗风险能力的建设，也别具新意地为读者分享了技术人员全息式技术画像实务，尤其最近热门的科创板中不断有企业被问询专利的主要发明人未被认定为核心技术人员的问题等。可以说，风险与机遇长存于企业的生产经营和知识产权管理的过程中，但是组织如何能合理地降低风险、科学管控，从而提高组织 IP 资产的价值和抗风险能力呢？本章对组织 IP 资产管理中的种种问题与痛点给出了具有针对性和指导性的实战经验。

　　本书在撰写过程中参考使用的相关政策、数据、法律法规截至 2020 年 3 月 31 日，若读者发现问题欢迎提出（中规学院邮箱：zgschool@ zgrzbj. com）建议，将不胜感谢！

　　作者通过深入浅出的方式为读者带来对 IP 资产管理的认识，IP 资产管理是一个复杂的系统工程，更是一个漫长的发展过程，需要科学规划、内外联动、各担其职，从激励创造、促进运用、加强保护、人才培养、科学管理等方面，提供了丰富的参考与指引，有效地应对现阶段我国组织对于重要的 IP 资产不想管、不会管的困境。近年来，我国组织知识产权工作"大而不强，多而不优"等问题日渐凸显，实践中，组织也常困扰于理论浅表化、应用难融合等问题，那么，本书将是面临此类问题的组织和人员的必备宝典。

目　录

第一章

IP 资产管理

IP 资产战略的实践研究

马 圆

作者简介

马圆，毕业于北京大学，曾任中广核集团核电工程师和国家知识产权局专利审查员。现就职中规（北京）认证有限公司，任副总经理，中规学院院长，专家级讲师。具有十余年知识产权从业经验。在知识产权、资产、风险、质量管理等标准化领域有较为深入的研究。曾任国家知识产权局 2014 年专利局教学工作组专利分析人才培训教学小组组长，组织编写《专利竞争情报分析》课程及全国专利分析领军人才选拔题库。著有《热点技术专利预警分析·可穿戴计算设备分册》等书籍和文章。

习近平总书记多次作出重要指示：加强知识产权保护"是完善产权保护制度最重要的内容，也是提高中国经济竞争力的最大激励"。《关于强化知识产权保护的意见》（以下简称《意见》）将对知识产权的保护提高到前所未有的重视高度，这也意味着"知识产权保护进企业"将成为各级政府、知识产权服务机构等在今后较长一段时期内的工作重点。在企业这一特定类型的组织的经营实践中，以知识产权为代表的知识性资源表现出丰富多样的形态，从受国家法律专门保护的专利、商标等方面的权利，到看似"其貌不扬"但作用关键的技术诀窍、"朗朗上口"让人印象深刻的企业名称等，不一而足。这些对企业有实际或潜在价值的无形资产，在本文中被统一称为 IP 资产（Intellectual Property），它应当涵盖企业经营中包含知识产权在内诸多的无形资产。笔者将结合知识产权和资产管理方面的标准化实践，来探讨当今无形经济崛起大背景[1]下的企业 IP 资产战略，为关注企业知识产权工作的读者提供参考和借鉴。

1　IP 资产在知识经济中的战略价值

《无形经济的崛起》是英国帝国理工大学的经济学教授乔纳森·哈斯克尔的新作，书中包含着对当今世界经济的敏锐观察。比尔·盖茨在为该书所做的推荐序言中认为其总结了"更多人应该关注的全球经济趋势"，即无形资产在经济中的占比越来越大。

无形资产常常和知识以及知识经济联系起来，但在传统的财务和会计实践中很难被计量并列入财务统计口径之中。随着无形资产概念在社会的普及，以及专业会计计量手段的逐步发展，从前在企业会计账本中经常被记录为一次性的消耗品的无形资产，被逐渐看作是对企业发展的长期投资，继而被计入国家的 GDP 之中。也正是由于无形资产工作开始走上逐步量化的阶段，使得企业斥巨资投入无形资产的现象变得越来越常见，尤其是在世界顶尖的跨国大公司中。进入 21 世纪，全球金融危机之后，在欧美发达国家，无形资产投资逐步超过了有形资产投资 GDP 占比（见图 1）。

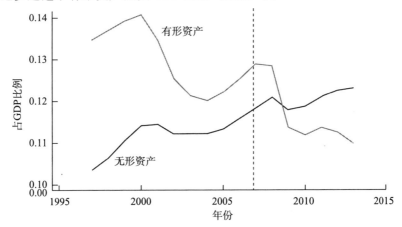

图 1　1995—2015 年欧洲和美国的无形资产投资和有形资产投资 GDP 占比[1]

作为无形资产中至关重要的一类，IP 资产在社会经济宏观数据和企业具体行为中的重要性不断得到显现。

1.1 社会经济活动中 IP 资产价值不断凸显

"经济学之父"亚当·斯密在其经典著作《国富论》中提到产业和贸易是国家与居民财富的重要来源。实际上，在近些年来围绕我国经济发展的各种讨论中，尤其是在与产业和贸易相关的诸多方面，知识产权或者 IP 资产一再成为热词。

长期以来，在我国，经济比较发达的地区，其知识产权工作往往效果也比较突出。而进入发展新阶段后，IP 资产在推动产业转型升级和经济高质量发展中的作用也越来越得到大家的认可。这种 IP 资产和产业经济发展的强关联性很早就被人们所发现并充分感受到。

为进一步算好国家创新发展"经济账"，在 2012 年起已连续多年开展知识产权密集型产业统计研究和地方试点工作的基础之上，国家统计局于 2019 年 4 月 1 日起正式发布实施《知识产权（专利）密集型产业统计分类（2019）》（国家统计局令第 25 号）。该标准包括 7 大类、31 个中类，涵盖 188 个国民经济行业小类的分类标准。

第四次全国经济普查中，根据上述标准首次开展了全国专利密集型产业增加值核算[2]。核算显示，2018 年全国专利密集型产业增加值为 107090 亿元，占 GDP 的比重为 11.6%。其中，新装备制造业增加值为 32833 亿元，占专利密集型产业增加值的比重最高，为 30.7%；信息通信技术制造业增加值为 21551 亿元，所占比重为 20.1%；信息通信技术服务业增加值为 19472 亿元，所占比重为 18.2%；新材料制造业增加值为 14130 亿元，所占比重为 13.2%；医药医疗产业增加值为 9465 亿元，所占比重为 8.8%；研发、设计和技术服务业增加值为 7215 亿元，所占比重为 6.7%；环保产业增加值为 2424 亿元，所占比重为 2.3%。上述数据显示，IP 资产的集中集聚为产业经济的增长提供了强大的动力，并且在新装备制造、信息通信等一些高精尖的产业中显现的效果更为突出。

贸易，特别是国际贸易，向来与 IP 资产或知识产权关系密切。例如，著名的 WTO 框架内的《与贸易有关的知识产权协定》就是为了解决国际贸易领域内知识产权相关的争端和问题。随着技术和品牌作为核心生产要素在全球产业链中的作用越发重要，以货物和服务为载体的知识产权早已成为国际贸易的关注焦点。我国在从制造业大国迈向制造业强国的过程中，进出口知识产权使用费增长迅速。数据显示，知识产权使用费进出口总额自 2007 年的 85 亿美元增加到 2019 年的 410 亿美元，增长了近 5 倍[3]。此外，在服务贸易领域，知识产权等服务贸易产品需求迅速增加甚至造成了我国近些年服务贸易逆差扩大。

当前，知识产权成为中美贸易纠纷的焦点之一。实际上，随着我国在知识产权方面开展的大量工作，中国有效的知识产权保护每年都给国外权利人带来巨大利益。中国既从其他国家购买知识产权，也向其他国家出口知识产权。2019 年 6 月 2 日，国务院新闻办公室发表《关于中美经贸磋商的中方立场》白皮书并举行新闻发布会。其中披露的相关数据显示我国 2018 年支付的知识产权使用费已达到 356.0 亿美元。其中向美国支付的知识产权使用费达到 86.4 亿美元，占我国购买知识产权总额的将近 1/4。

总体来看，在我国以及全球的社会经济活动中，知识产权无处不在。在当今知识经济时代，自主知识产权事关国家未来发展，IP 资产成为重要的国家战略资源。在今后很长一段时间内，作为无形资产的核心代表的知识产权将始终是产业和贸易中的竞争焦点。

1.2　企业与 IP 资产相关活动热度不断提升

在现代企业的市值中，无形资产的占比越发地扩大。如今许多大型公司的经济价值主要源自于无形资产，而不再像以往一样单纯倚重于对有形资产的利用。随着公司向无形领域的转型和拓展，企业"账本"上无形资产的成分越来越重，这方面 IP 资产是典型代表。

美国波耐蒙研究所（Ponemon Institute）完成的《2019 年无形资产财务报表影响比较报告》显示，在最能反映美国经济状况的"标准普尔 500 指数"（S&P 500）范围内，企业约 80% 的市值为无形资产[4]。其中前五大市值公司分别是 Apple（苹果公司）、Alphabet（谷歌母公司）、Microsoft（微软公司）、

Amazon（亚马逊公司）以及 Facebook（脸书公司）。2018 年的数据显示，这五大公司总计有 21.03 万亿美元的资产是属于无形资产类别，而有形资产只占约 4 万亿美元。在更早时期，大公司都是以有形资产为主。例如，"标准普尔 500 指数"前五大市值公司在 2005 年只有一家（微软公司）是以无形资产为主导的公司。无独有偶，据相关新闻报道，"汽车行业颠覆者"特斯拉公司在 2020 年第一财季实现了 1600 万美元的利润，这也是该公司历史上第一次连续三个财季盈利。《华尔街日报》认为，如果特斯拉公司第二财季依然实现盈利，其可能会被列入"标准普尔 500 指数"。相较之下，2019 年汽车交付量几十倍于特斯拉公司的"百年老店"通用汽车，前些年曾经面临被剔除出"标准普尔 500 指数"成分股的尴尬局面。同样，在反映资本市场中投资者对公司价值的认可度的公司市值方面，特斯拉也以 1514 亿美元的市值完胜通用汽车 371 亿美元的市值（2020 年 5 月底数据）。这两者的胜负手就在于对通信技术、电池技术等方面 IP 资产的投入不同，而投资者更看好特斯拉这类精通无形资产公司的发展前景以及未来的可持续盈利能力。

同样引人深思的是，世界知识产权组织发布的《2017 年世界知识产权报告：全球价值链中的无形资本》报告[5]，通过分析与国际贸易、企业等相关的数据也得出相似的结论。分析显示在全球销售的制成品价值中，接近三分之一的价值源于品牌、设计和技术等 IP 资产方面的投入。该报告特别举出了光伏太阳能的案例，强调科技创新作为无形资本的主要形式，正在促使全球光伏太阳能电池板制造价值链发生深刻变革。根据这份报告，2000—2014 年，无形资本收入实际增长了 75.0%，平均占所销售制成品总值的 30.4%，在食品、机动车辆和纺织品三大产品的总收入中更是高达近 50.0%。

近些年来，我国的企业知识产权运营活动在国家的引导下蓬勃发展。《中国知识产权运营年度报告（2018）》显示，2018 年我国专利运营总量向常态化发展方向稳步迈进，专利运营次数为 253065 次，较 2017 年同比增长 2.1%，涉及专利件数为 235811 件，较 2017 年同比增长 3.1%；全国有效注册商标中，有 393373 件商标发生了转让，累计达 397214 次，有 19011 件商标实施了许可，累计达 26894 次。

以知识产权质押融资为例，国务院高度重视知识产权质押融资在拓展企业融资途径方面的重要作用，先后在两批推广支持创新相关改革举措中都提到知识产权质押融资这一利器。例如，2017 年国务院办公厅在关于推广支持创新相关改革举措的通知《国务院办公厅关于推广支持创新相关改革举措的通知》中，提到推广贷款、保险、财政风险补偿捆绑的专利权质押融资服务：要求金融机构、地方政府等依法按市场化方式自主选择建立"贷款＋保险保障＋财政风险补偿"的专利权质押融资新模式，为中小企业专利贷款提供保证保险服务。2018 年在国务院办公厅关于推广第二批支持创新相关改革举措的通知《国务院办公厅转发中国人民银行整顿乱集资乱批设金融机构和乱办金融业务实施方案的通知》中，又提到面向科技型企业推出知识产权质押等多种专属信贷产品，为轻资产、未盈利科技型企业提供有效的金融服务。推广以协商估值、坏账分担为核心的中小企业商标质押贷款模式。简化质押登记流程，建立商标质物处置机制，通过贷款贴息等方式，开展商标权质押贷款等无形资产质押融资，拓展中小企业融资途径。

上述支持创新改革措施推广以来，企业知识产权质押融资相关活动的数量和频次逐步增高。根据国家知识产权局网站公布的信息，2019 年，全国专利和商标质押金额达到 1515 亿元，同比增长 23.8%；26 个知识产权运营服务体系建设重点城市，全年共完成专利质押 3053 笔，同比增长 34.0%，占全国总量的 43.2%，共计融资 442 亿元。

著作权质权方面，根据中国版权保护中心著作权质权登记信息统计，2019 年全国共完成著作权质权登记 537 件，涉及合同数量 381 个，涉及作品数量 1600 件，涉及主债务金额 764312 万元，涉及担保金额 730088.4 万元。在著作权质权中，作为信息时代重要资产的计算机软件著作权质权登记 361 件，同比增长 3.14%；涉及合同数量 361 个，同比增长 3.14%；涉及作品数量 1424 件，同比增长 21.61%；涉及主债务金额 699681.4 万元，同比增长 47.21%；涉及担保金额 667865.2 万元，同比增长 43.38%。

为巩固知识产权质押融资相关工作成果，并将上述支持措施转化为长期的政策，相关部委在大力支持知识产权质押融资工作的同时，及时研究形成了具体的落地政策。在《中国银保监会 国家知识产权局 国家版权局关于进一步加强知识产权质押融资工作的通知》中，明确提到：鼓励商业银行对企业的专利权、商标专用权、著作权等相关无形资产进行打包组合融资，提升企业复合型价值，扩大融资额度。研究扩大知识产权质押物范围，积极探索地理标志、集成电路布图设计作为知识产权质押物的可行性，进一步拓宽企业融资渠道。鼓励商业银行培养知识产权质押融资专门人才，建立 IP 资产评估机构库，加强对知识产权第三方资产评估机构的合作准入与持续管理。逐步建立和完善知识产权内部评估体系，加强内部风险评估、资产评估能力建设，探索开展内部评估。支持商业银行探索以协商估值、坏账分担为核心的中小微企业知识产权质押融资模式。

在知识经济时代，企业之间竞争的舞台逐步进入无形领域。无形资产的经济价值不断凸显，企业与之相关的经营活动越来越多。而在其中 IP 资产也将一如既往地发挥举足轻重的关键作用，成为塑造竞争优势的核心资源。

2　以协同的观点看待企业 IP 资产

企业经营过程中会涉及形形色色的各类资产，IP 资产属于其中的无形资产这一大类别。实践中，大部分 IP 资产很少发挥直接的作用。例如，一家企业拥有的大量专利中，很小一部分才能够在"对簿公堂"中直接帮助企业，并成为决定企业能否持续经营的"呈堂证供"。IP 资产更多的是以协同等方式，来间接为企业的价值创造做出贡献。因此应当以协同的观点和视角来看待一家企业的 IP 资产，并关注 IP 资产以协同方式所发挥的效用。

2.1　从资产协同性来看企业 IP 资产管理的边界

以"互联网＋"为代表的新经济形态中，各种新鲜事物层出不穷，IP 资产也不例外。例如，自媒体、"网红经济"中的个人 IP，决定人工智能产业发展前景的数据资产等，不一而足。在 IP 资产边界不断扩展的时代大背景之下，企业应当聚焦于价值创造，以协同为准则扩充资产组合，清晰界定科学的、适应自身发展的管理边界，并在此范围内精耕细作、提升自我 IP 资产管理能力，从而打造应对新时代挑战的竞争优势。

2.1.1　IP 资产的边界在不断扩展

法国著名社会经济学家蒲吉兰（Guilhem Fabre）教授在其专著《21 世纪的黑金》中将知识产权比喻为"21 世纪的黑金"[6]，认为当今知识产权日益商品化，知识产权这一无形资本已成为企业在全球市场上的重要价值来源，捷足先登的跨国大企业专有的知识产权甚至阻碍了后来者的科技创新与发展。蒲吉兰教授认为当今是一个知识产权急速膨胀的世界。现实确如专家所预言的那样，作为知识经济核心资产的知识产权，在新形势下越发获得企业的注意。大量顶尖的企业充分利用司法与市场等多种手段，在这一无形领域不断地开疆拓土，使得 IP 资产的边界不断扩展。

（1）在加强知识产权司法保护大环境下，知识产权保护客体的范围在不断扩充。一般而言，知识产权在法律范围内被界定为财产权的一种。按照物权法定的原则，作为财产权之一的知识产权是通过成文的法律条款形式确定。例如，专利法、商标法、著作权法等。但在现实的司法实践中，存在增加知识产权保护客体类型、拓宽解释知识产权的权能等倾向和趋势[7]。广西广播电视报社诉广西煤矿工人报社电视节目预告表使用权纠纷一案，就涉及对电视节目预告表是否适用知识产权保护的界定。在此案中，原告广西广播电视报社取得了刊登广西电视台和中央电视台节目预告的权利，并先后在《广西广播电视报》上多次就禁止擅自刊登有关电视节目预告问题发出声明。而被告广西煤矿工人报社在声明之后，仍继续在每星期一出版的报纸中缝刊登广西电视台和中央电视台节目预告。原告认为这种行为侵犯了合法权益，影响原告的报纸在广西壮族自治区内煤矿系统和合山市的发行，给原告造成了较大经济损失。

终审法院虽然认为电视节目预告表不具有著作权意义上的独创性，不宜适用著作权法保护。但是法院根据民法通则的相关规定，确认权利人对节目表享有一定的民事权益。这一拓宽知识产权保护客体类型的做法后续还受到了最高法院的肯定，入选了 2003 年的《最高人民法院公报案例评析：民事卷（知识产权案例)》，同时这种观点也得到国内一些著名学者的支持。在此案例之后的一系列案件中，此类没有独创性的作品受到了法律保护，只是适用的法律条款有所变化。在这种趋势下，现实中甚至出现企业将其"相貌平平"

的商品包装、"疏忽大意"错过注册的商标域名等寻求知识产权法律保护。知识产权司法保护的加强客观上使得企业 IP 资产的范围逐步得到扩充。

又例如，在实践中，利用《中华人民共和国反不正当竞争法》（以下简称《反不正当竞争法》）来保护企业 IP 资产也是企业的一种常见知识产权策略。作为规范市场竞争关系、保障公平交易的一项基本法律，《反不正当竞争法》能够对某些无法受到知识产权法保护的智力成果或者商业标记提供另外的保护。企业对那些无法受到知识产权法保护的客体，往往依据反不正当竞争法寻求相应的救济。

电影《人再囧途之泰囧》引发的不正当竞争纠纷案是《反不正当竞争法》在保护 IP 资产方面的典型案例。票房和口碑双丰收的电影《人再囧途之泰囧》于 2012 年 12 月 12 日在中国内地上映，上映首周票房即创造 3.1 亿元人民币的华语片首周票房纪录，截至 2013 年 2 月 17 日又创造了 12.67 亿元的票房纪录。随后，演员徐峥早期曾经参演的电影《人在囧途》的制片方武汉华旗影视制作有限公司提起"不正当竞争及著作权侵权之诉"，状告《人再囧途之泰囧》相关制片方。原告认为其作为电影《人在囧途》的出品单位，对该影片享有著作权。被告在知道原告筹拍《人在囧途 2》的情形下，仍将其拍摄的电影《泰囧》的名称变更为《人再囧途之泰囧》，属于使用与"人在囧途"特有名称相同或相近似名称的行为，容易导致相关公众混淆、误认，属于违反《反不正当竞争法》的行为。一审受诉法院认定被告行为构成不正当竞争，理由为被告具有攀附原告电影《人在囧途》之商誉的意图，客观上造成了相关公众的混淆误认，损害了原告的竞争利益，属于仿冒知名商品特有名称的行为。2018 年 4 月 9 日，最高人民法院认定《人再囧途之泰囧》违反《反不正当竞争法》《中华人民共和国侵权责任法》，被告被判向《人在囧途》版权方武汉华旗影视公司赔款 500 万元。

在此案中，电影《人在囧途》的名称难以通过著作权法或商标法保护。因此原告通过反不正当竞争法寻求了司法救济。这种做法也丰富了企业对其名下 IP 资产进行保护的手段，扩充了知识产权保护客体的范围。

（2）一些重要 IP 资产的寿命在不断延长。这方面以诞生于 1928 年的米老鼠经典卡通形象最为典型。通过特许经营、主题公园等，这一经典卡通形象的相关知识产权为华特迪士尼公司创造了巨大的商业利润。因此，华特迪士尼公司对这一核心 IP 资产的保护不遗余力，想方设法地不断延长这一卡通形象的知识产权保护期。首先，直接寻求延长相关版权的寿命。原本按照 1976 年美国版权法案的规定，个人作品的版权保护期为作者的有生之年加上身后 50 年，雇佣他人创作者，如公司，版权期限为发表日后 75 年或创作后 100 年。根据这一法案，米老鼠的版权保护期将在 20 世纪 90 年代结束，其著作权理应进入免费使用的公共领域。借着 1976 年后版权相关立法速度明显加快的时机，华特迪士尼公司与游说公司联手谋划版权法案的修改[8]。最终成功游说美国国会通过了将版权保护期进一步延长的修改法案。版权法的修改使得即将寿终正寝的米老鼠再获新生，而这对华特迪士尼公司意味着之后滚滚不断的财源。

其次，精通于通过"知识产权运营"创造娱乐业价值的华特迪士尼公司，还通过"演绎作品战略"的使用来不断产生新的衍生作品，而这些新的衍生作品的保护期是重新起算的[9]。例如，《中华人民共和国著作权法》（以下简称《著作权法》）规定的法人演绎作品的保护期限是从创作之日起计算。这种另辟蹊径的做法从另一个方面延长了 IP 资产的寿命。因此，从经营运作的视角来看，定期更新换代的米老鼠作品，表面上看是背后创作团队辛勤工作成果的不断展现，而背后实则为公司 IP 资产战略按部就班的推进。事实上，公司创始人沃特·迪士尼很早就提出了所谓的娱乐业价值创造理论[10]。描绘了包括书籍、音乐、电视、电影、主题公园以及经销商授权等一系列娱乐业相关资产的密集协同联系模式。在知识产权方面，华特迪士尼公司以版权产业为核心，并不断扩大到商标、专利等领域。经典作品的不断改编翻拍，一方面，使创意资源得到了最大程度的利用，另一方面，也通过演绎延长了 IP 资产的保护期限。

迪士尼公司的案例告诉我们，在现实世界中，实物形态的资产往往会损耗或者变质失效，而无形资产却不存在这方面的自然约束。所以精明的 IP 资产所有者，往往千方百计地利用这一特点来获得更长时间的垄断保护，不断延续其"IP 资产金矿"的寿命。

此外，IP 资产形态的复杂性也使得其应用边界得到了扩展。实践中，不同类型的知识产权往往交叠在一起，寻求综合的、立体式的保护是业界的大势所趋。例如，通过注册"米老鼠"等商标，"米老鼠"系列产品又获得了商标法的保护，并且能够通过商标的特许授权许可他人经营使用来获取利润。由于商标可以定期续展，这就突破了版权保护期的限制。还可以进一步将"米老鼠"相关产品申请外观设计专利，从而实现著作权保护与专利权保护的接轨。在上述方案的操作之下，如果存在侵犯行为，权利人可以在著作权、商标权以及专利权等多种类型的知识产权中进行选择来维权，从而获得更长更大的保护。实践中这种将不同 IP 资产整合在一起的做法，也大大扩张了企业 IP 资产的实际边界。

综合来看，保护客体、法定寿命、资产形态的复杂性等多种因素，使得 IP 资产的边界正在不断地扩展。这点在以跨国公司为代表的大型企业身上表现得最为淋漓尽致。

2.1.2 以协同为准则扩充资产组合

乔纳森·哈斯克尔教授在《无形经济的崛起》一书中提出，世界经济出现了一个新的特点，很多优秀的创意开始脱离实体形式，以无形资产的形式存在[1]。他在书中用细致的笔触描述到，过去车轮、陶器、蒸汽机是杰出的创意，而现在最具价值的创意往往隐藏在软件研发、数据库集成、艺术创作、品牌建设，甚至业务流程的优化中。他宣告一个无形经济的时代已经到来！典型的事实是在 21 世纪第一个 10 年，发达国家企业对设计、研发、品牌、软件等无形资产的投入开始超过对机器、建筑、硬件等有形资产的投入。在上述事实的基础上，乔纳森·哈斯克尔教授将无形资产的主要特点用"4S"来概括，即可扩展性（scalability）、沉没性（sunkenness）、溢出性（spillovers）以及协同性（synergies）。这四大特性中，协同性涉及不同想法之间的相互组合与融合。例如，在科学技术领域，某种意义上任何新技术都依赖于现有技术的组合变换，尤其是信息技术、网络计算机以及智能手机等前沿领域。这就提示我们在无形资产的管理中应当重视基于资产协同特性的"协同性原则"，IP 资产也不例外。

（1）协同性这一原则要求我们在企业 IP 资产的管理实践中，应当尽可能地扩展资产组合并关注不同资产之间的协同性。因为协同可能发生的地点难以预计，忽视协同性可能会错失企业未来发展的大好机会。例如，惠普等老牌 IT 公司错过移动互联网发展，以及德国车企错失新能源汽车先机等，都是这方面的惨痛教训。

在协同性原则的应用方面，乔纳森·哈斯克尔教授描述了 CT 扫描仪和肾上腺素设备两个典型案例。百代公司的中央研发实验室结合计算、成像和电子工程的知识，以及医生的临床专业知识，发明了世界上第一台扫描仪，这种不同类型知识的协同创造了真正的技术突破。通用电气公司进一步在此基础上取得的 CT 扫描仪的商业成功，重点并不仅仅在于知识因素，更在于将设备本身的技术投资与通用电气的品牌客户关系相结合。这就是无形资产之间协同作用的典型例证。对于企业而言，无形资产之间的协同效应会成为有价值的市场竞争策略。这方面美国药企迈兰公司的肾上腺素笔是一个典型案例。迈兰公司的肾上腺素笔成为市场领先的肾上腺素提供设备，原因并非仅仅因为它获得的相关专利，也不是因为它的设计无法模仿。实际上一些竞争对手们的替代设计比迈兰公司的产品更好。但是，迈兰公司长期以来在此产品领域的声望和知名度，和其产品的技术特性结合在一起，打造了一个市场的领导者。即产品和品牌的组合造就了市场赢家。不同无形资产协同的重要性在这两个案例中显露无疑。

（2）IP 资产在法律层面的协同同样十分重要。以知识产权司法保护为例，专利和商业秘密手段的结合，往往会取得很好的保护效果。在医药行业，有效协调和衔接专利和商业秘密保护，构建双重保护机制是一种高明的做法。具体操作为将药品技术中的大部分内容，如化合物分子式等，即容易被反向破解的部分申请专利保护。而核心的难以进行破解的部分，如工艺、组分配比等，进行商业秘密保护。这种既不完全公开商业秘密，又不影响专利申请的 IP 资产管理方式，非常有利于研发投入巨大的医药行业的知识产权保护。

（3）与非 IP 类无形资产协同的必要性。在企业所依存的整体商业环境中，无形资产之间发生协同作用的规模庞大且难以预测。因此，把握协同性原则的关键之处在于，IP 资产管理工作起步时应当尽可能减少遗漏。应当力求涵盖所有相关类别的无形资产（包括 IP 资产在内），做到企业"资产盘点"无死角无遗漏。更大范围的 IP 资产协同和整合，意味着未来更大的"武器库"以及更加有力的"发展杠杆"。这就要求我们在实践中跳出惯性思维窠臼，不再仅以法律条文的规定来区分并界定 IP 资产，而应当关注尽可能多的不同种类的无形资产。因为潜在的资产协同可能无处不在。从这个意义上来看，做好企业知识产权工作，需要我们关注传统知识产权之外的一些相关的无形资产。这方面，我们可以通过相关定义和分类来初窥门径。

在管理学领域，罗伯特·卡普兰（Robert Kaplan）和大卫·诺顿（David Norton）发明的衡量组织绩效的方法"平衡计分卡"，打破了传统的单一使用财务指标衡量业绩的方法，被《哈佛商业评论》评为 75 年来最具影响力的管理工具之一。在后续著作《战略地图——化无形资产为有型成果》[11]中，作者对常见的无形资产进行了分类，描述了企业内部无形资产的三大类型：人力资本，即支持战略所要的技能、才干和知识的可用性；信息资本，即支持战略所需的信息系统、网络和基础设施的可用性；组织资本，即执行战略所需的发动并持续变革流程的组织能力。从以上分类标准不难看出，上述三种资本（资产）在知识、信息等多个维度与 IP 资产发生关联，潜在的协同是可能的。

在企业家的商业实践中，也对无形资产的运用有不同的分类。例如，硅谷著名的风险投资家和创业企业家彼得·蒂尔，在著名的《从 0 到 1：开启商业与未来的秘密》一书中明确表示，想要建立非常有价值的新兴企业的方式就是尽可能地在大市场中占有主导地位[12]。他的管理理念认为，通过投资正确种类的软件、市场营销、客户和供应商网络等无形资产，并以竞争对手难以复制的方式将其组合在一起，就可以创造出拥有牢固"护城河"的主导性的商业。

在我国学者蔡吉祥的《无形资产学》一书中，对无形资产从来源、确指程度、权益、经营、作用、法律保护及维权方式等十五个方面进行了分类，也列举了大量对于企业至关重要的 IP 资产。例如，我国股市几十年的发展历史表明，一个简单的厂商名称甚至会影响公司上市融资的成败与否[13]。

在会计领域，如中国的《企业会计准则》中，对资产的定义为：资产是由企业过去的交易或事项形成的、由企业拥有或者控制的、预期会给企业带来经济利益的资源。国际会计准则委员会也有类似表述。上述定义关注资产的收益特性，并且通过具体准则来进一步明确资产的细分类别。例如，《企业会计准则第 6 号——无形资产》就对无形资产的确认、计量和相关信息的披露进行了规范。

综合来看，关于无形资产的分类标准是多种多样的，并且特定资产类别在其适用场景下都能发挥相应的作用。这些分类方法对于企业的有效 IP 资产管理都很有借鉴意义。但是我们在 IP 资产工作实践中，应当牢牢抓住服务企业经营发展大局这一最终目的。实际上，ISO 55000 系列标准中的定义给我们划出了一个清晰的界限。ISO 55000 的术语 3.2.1 是资产，具体定义为"对组织有潜在价值或实际价值的物品、事物或实体"。在注释中，标准进一步描述到"价值可以是有形的或无形的，可以是财务的或非财务的，而且价值包括对风险和债务的考虑；实物资产与无形资产是相对的，后者是非实物资产，如租约、品牌、数字资产、使用权、执照、知识产权、声誉或协议等"。上述定义始终围绕"价值"这一维度来界定企业资产的边界，简而言之"必须有用"。而这种"有用性"更多地是发生在不同资产协同和结合的地点。所以这就要求我们既全面又有重点地来整体看待企业 IP 资产，并为实际的 IP 资产活动界定一个合适的管理边界。因此，如专利技术与商业秘密、专有信息乃至核心技术人员等诸要素的融合，是界定管理边界时需要重点考虑的问题。相反，仅仅从专利、商标等知识产权专业性知识出发，自我"画地为牢"，局限在打造一个"永不败诉"的知识产权"爆款单品"，是很难达到预期效果的。

2.2 IP 资产管理与企业战略的协同

识别出企业经营活动中的重点 IP 资产，并分析出可能的资产协同点，是一个良好的开头。接下来，IP 资产管理要在企业"落地"才能产生价值。而这种"落地"必须依托企业的现行管理机制才能发生，这方面企业战略是不容忽视的背景因素。笔者将这种 IP 资产管理与企业战略的协同称为"IP 资产管理链接到企业战略"。

2.2.1 从企业目标管理来看 IP 资产协同的必要性

缺乏总体目标，找不准工作方向，诸如此类"迷茫的职能部门"现象在企业的管理实践中并不少见。同样作为职能部门的知识产权部门要想走出这个误区，绕不开与各部门之间的协同。

良好的协同始于认清共同的管理目标。早在 1954 年，被誉为管理学大师的彼得·德鲁克在其名著《管理的实践》一书中就提出"目标管理和自我控制"的主张[14]。德鲁克认为并不是有了工作才有目标，而是有了目标才能确定每个人的工作。所以"企业的使命和任务，必须转化为目标"，如果一个领域没有目标，这个领域的工作必然被忽视。从企业 IP 资产管理的角度，我们可以这样理解上述目标管理理论：企业的使命和任务，必须转化为 IP 资产管理方面的目标，如果 IP 资产管理领域没有目标，知识产权工作必然被忽视。换言之，企业 IP 资产管理活动必须围绕企业目标展开。

在目标管理方面，企业采用的诸多管理工具都强调在完成目标时各部门之间的协同。例如，在 IP 资产产出较高的知识型企业之中，目标导向是经常被提及的话题。这些经常引领管理风潮的知识型企业的管理风格，有别于以往传统的命令式的"科层制"管理方式，提倡基于目标导向实现跨部门协作，并以此来塑造不可复制的竞争优势。例如，在知识型的企业中，共同目标的制订多会吸纳各有关职能部门的意见，并充分做好总体目标与职能部门目标的协调。实践中，一些优秀的科技型企业在制订与专利相关的部门 KPI（key performance indicator，关键绩效指标）时，绝不会是"上级部门一言堂"，也不会是知识产权部门"大秀花活卖弄专业技能"，而是研发、市场、法务等诸部门充分讨论，考虑多方面的因素在协调一致的基础上制订。

更进一步，IP 资产富集的知识型企业中涉足互联网的不在少数，如前文提到的"标准普尔 500 指数"前五大企业，这些企业在目标管理时同样强调协同。例如，随着谷歌等高科技企业的股价和市值不断创出新高，研究者与商界人士更加关注此类企业的管理方法。例如，谷歌公司的 OKR（objectives – key results，目标—关键结果）管理工具[15]就是行之有效的目标管理方法，该方法也强调协同协作。作为跨国巨头的谷歌公司，其员工和业务遍布全球，日常管理中涉及很多跨岗位、跨部门的协作。在 OKR 的应用中强调上下级之间的纵向对齐，部门和岗位之间的横向对齐，这些对齐就是一种强度很高的协同要求。

综上，在企业这一类型的组织之中，对于目标的追求是永不停止的，是上至总经理、下至基层员工所有人共同关注的"头等大事"。而目标管理的一些工具方法也经常在诸多企业中被实践。不积跬步无以至千里，企业总体目标的完成离不开日复一日、大大小小的协调活动。有效的 IP 资产管理必须面对这一管理现实，进而很好地回应这一管理现实。因此，从目标管理角度来看，目标管理的文化氛围在企业中盛行，要求企业的 IP 资产管理活动必须链接到企业的整体发展目标，为目标完成做出贡献。

2.2.2 从标准化实践来看 IP 资产管理与企业战略的协同

对于 IP 资产管理而言，价值是贯穿始终的关注焦点，这一点从前文关于资产的定义中不难看出。实际上，在 ISO 55000《资产管理综述、原则和术语》提到的资产管理四大原则中，价值原则位居首席。"资产存在是为组织及其相关方提供价值；资产管理关注资产为组织提供的价值，而不仅是关注资产本身。价值（无论有形或无形，财务或非财务）将由组织及其相关方根据组织目标确定"。价值原则反映在 IP 资产管理领域，直接的结果就是工作成效的评价者（相关方）一定是位于知识产权职能部门之外，卓有成效的 IP 资产管理工作绝不可能是"自编自演的独角戏"。

IP 资产发挥价值的重要性毋容置疑，而如何发挥价值成为决定 IP 资产管理工作成败的关键。在这方面，相关管理著作为我们揭开了难题的面纱。罗伯特·卡普兰在《战略地图——化无形资产为有形成果》一书中言简意赅地总结到，无形资产的价值取决于和企业战略的协调，否则无法发挥价值[11]。在实际管理中这种协调性的要求也不难理解。IP 资产作为无形之物，边界不好把握却又渗透到企业日常的方方面面。例如，应对看似简单的"商标市场监控"这一个环节，需要最高管理层的总体定位，市场部门的营销策划、法务部门的数据检索分析，销售部门的渠道走访等诸环节的通力配合。因此，IP 资产发挥价值需要在战略层面整体撬动企业，如此方能实现管理绩效的落地。

实践是标准的本质属性之一，优秀的标准中凝练了大量的实践经验的总结。标准化实践的经验表明，IP 资产管理与企业战略的协调是必须先行解决的主要矛盾。以 ISO 55000 系列资产管理标准为例进行分析不难得出上述结论。ISO 55000 的条款 2.4.2 提到"统一性"这一资产管理的又一重要原则，要求"资产管理目标应当与组织目标保持一致"。即 IP 资产管理目标是从属于组织发展大目标的小目标,应当发挥有效的支撑作用。例如,科技型企业的长远发展离不开高价值专利资产的有效支持,而面向高端营销的企业想取得商业成功也离不开品牌资产的助力。进一步而言,"小目标"和"大目标"之间需要搭起桥梁,这个桥梁就是组织的发展战略。因为,一系列国际标准都认为组织目标与组织战略密不可分。例如,ISO 55000 的术语 3.1.14 认为"组织目标的建立需要通过战略策划而来",ISO 9000 在"战略"相关术语中认为"组织目标的实现需要通过战略而来"。因此,在标准实践层面,资产管理的一致性原则要求通过与组织战略的协同而达到组织整体目标。

综上所述,从相关标准化实践来看,尤其是资产管理系列标准所要求的价值原则和一致性原则,IP 资产要在企业的实际经营中发挥重要作用,必须结合到企业的总体战略之中,融入到企业的发展之中,即 IP 资产管理应当"链接到企业战略"。这一点和《企业知识产权管理规范》(以下简称 GB/T 29490-2013)国家标准所提出的"战略导向"[16]也是互为呼应的。

3 标准化语境下的 IP 资产战略

在标准化语境下,资产管理始终是个热门的话题。例如,PAS 55 和 ISO 55000 资产管理系列标准。这其中,以 SAMP 为核心的资产管理体系[17],越发引起企业界的关注。

3.1 资产管理视角的"知识产权战略"

长久以来,知识产权工作在企业战略层面的重要性,得到了各相关方的认可。例如,"国家知识产权战略"在企业层面所推动的工作,GB/T 29490-2013 国家标准所确定的"战略导向"企业贯标原则。在同样关注战略要素的资产管理领域,知识产权相关的资产战略同样具有至关重要的作用。

3.1.1 与知识产权战略名异实同的 SAMP

SAMP 是由 ISO 55000 系列标准提供的资产管理核心工具之一,其是 Strategic Asset Management Plan 的首字母简称,意为"战略性的资产管理计划",

即"战略资产管理计划"[17]。SAMP 同时也是 ISO 55000《资产管理综述、原则和术语》界定的资产管理核心术语之一，具体定义为"用于规定如何将组织目标转化为资产管理目标、制订资产管理计划的方法以及资产管理体系在支持资产管理目标方面的作用的文件化信息"。因此，从上文的术语定义可以看出，SAMP 聚焦于组织目标的转化落地，着眼于达成资产管理目标的"方法论"，是整个资产管理体系中至关重要的一份文件，发挥着承上启下的重要作用。

SAMP 是一种标准化的资产管理工具，首要的显著特点是其作为建立符合 ISO 55001 要求的资产管理体系的必需条件之一，因此在当前的资产管理实践中得到了大量的应用；此外在内容方面，SAMP 重点描述组织目标转化、资产目标实现等事关组织全局、影响组织长期可持续发展的要素。首先，从必要性方面来分析 SAMP，ISO 55002《资产管理管理体系 ISO 55001 应用指南》要求"组织应开发 SAMP，它包含资产管理体系在支持资产管理目标实现方面的作用的文件"；ISO 55002《资产管理管理体系 ISO 55001 应用指南》要求"资产管理体系包括战略资产管理计划 SAMP""SAMP 应记录组织目标和资产管理目标之间的关系，同时也应定义实现资产管理目标所需的框架"。因此，一份合格的 SAMP 文件是判断符合 ISO 55001 标准的重要指标之一。其次，从内容方面来分析 SAMP，包含定义在内，整个 ISO 55000 系列标准共有几十处出现 SAMP，在相应的描述中，"原则""方针""框架""方法""准则"以及"决策"等偏重于战略层面的表述反复出现。因此，从直接的定义和侧面的描述来看，SAMP 应当是一份属于组织战略层面的重要文件。

实际上，SAMP 的战略属性在 ISO 55000 系列标准中多有提及，如 ISO 55002 的条款 4.1.1.2 提到"SAMP 应是包含资产管理目标的高层次计划"。在此处，SAMP 直接被归为"高层次计划"，其战略属性不言而喻。又如，ISO 55000 的条款 3.3.2 提到 SAMP 源自组织计划，可能包含在组织计划之中。这表明，在特定情况下 SAMP 可能成为组织计划或者组织战略的一部分。

作为一个关键性的资产管理工具，SAMP 主要应用在 ISO 55001 资产管理体系中。但是由于在沟通等方面的优势，在非管理体系类的资产管理实践中，

SAMP 或者类似于 SAMP 的方法或工具也能得到很好的应用。在此方面，ISO 55000系列标准给出了相应的提示。尤其值得注意的是在 ISO 55002 的注释 2 中提到 "SAMP 可有其他别名，如资产管理战略"。因此，以企业知识产权这一重要的无形资产的系统化管理为例，依据 ISO 55001 标准开发一个 IP 资产方面的SAMP，实质上就是建立并实施一个企业层级的知识产权战略。

综上所述，SAMP 一方面是建立资产管理体系的必选要素之一，尤其是建立起符合 ISO 55001 要求的资产管理体系。另一方面，SAMP 的工具理念也可以在非管理体系类的资产管理实践中得到很好的应用。在此应用场景下，往往是以类似 "知识产权战略" 的面貌示人。我们可以简单地做出总结，从资产管理角度来看，在企业知识产权这一范畴，SAMP 就是知识产权战略。

3.1.2 我国知识产权战略相关工作回顾

2008 年 6 月 5 日，在历经数年研究和论证的基础上，我国正式颁布实施了《国家知识产权战略纲要》，将知识产权上升到国家战略层面。战略纲要指出：随着知识经济和经济全球化深入发展，知识产权日益成为国家发展的战略性资源和国际竞争力的核心要素；实施国家知识产权战略，大力提升知识产权创造、运用、保护和管理能力，有利于增强我国自主创新能力，建设创新型国家；有利于增强我国企业市场竞争力和提高国家核心竞争力[18]。

《国家知识产权战略纲要》的颁布实施对于我国建设创新型国家和建立知识产权强国发挥了重要作用，同时也促进了企业 IP 资产的大幅增长。国家战略实施以来，我国每万人口发明专利拥有量由 2008 年的 0.8 件增长至 2017 年的 9.8 件；PCT 国际专利申请受理量由 2008 年的 0.5 万件提高到 2017 年的 4.7 万件；商标注册量由 2008 年的 33 万件提高到 2017 年的 257.7 万件；著作权登记量由 2008 年的 108.8 万件提高到 2017 年的 274.7 万件[19]。此外，IP 资产的持续积累也助推国家层面的创新绩效取得了长足的进步。根据世界知识产权组织每年发布的 "全球创新指数报告"，我国创新指数排名逐年上升，2018 年位居第 17，首次进入前 20 名。企业创新方面，以移动互联网、电子商务等为代表的一大批独角兽企业脱颖而出。

国家知识产权战略的实践，有力地助推了我国企业知识资产管理能力、科技创新能力的提升。在管理理念转变方面，国家层面知识产权战略的实施，扭转了以往单一性、事务性地看待企业知识产权工作的观念误区，很好地引导了企业转向创造、管理、保护和应用诸方面综合的、集成式的 IP 资产管理。在竞争力提升方面，知识产权战略帮助企业走在技术创新的前沿，尤其是在信息通信、高铁、航空航天、核能等领域，已经形成了一批拥有自主知识产权的核心技术，有效地支撑了企业的可持续发展。以华为等通信企业在 5G 技术方面取得的成绩为例，在全球约 6 万件 5G 授权专利中，写入标准的 SEP（standards-essential patents，标准必要专利）有 10359 件，中国华为以 1554 件、占比 15% 的骄人成绩居首位。华为、中兴、大唐等中国通信企业共占全球 SEP 的比例为 34%，全球范围内领先。相比在 3G 时代中国占全球 SEP 仅 7%，4G 时代占 20%，5G 时代中国企业在 IP 资产方面取得了显著的进步[20]。

下一步，在加强知识产权保护的大背景下，知识产权战略将逐渐被提到企业发展的议程上来。首先，从社会宏观经济活动的角度来看，作为创新活动主体以及 IP 资产的创造者和运用者，企业在国家知识产权战略中处于核心位置。国家知识产权战略的落地生效在很大程度上取决于企业的市场行为和相应取得的绩效。其次，从企业管理的角度来看，创新是新形势下企业发展的核心使命。管理学大师彼得·德鲁克曾经说过"企业的宗旨是创造顾客，所以工商企业具有两项职能，而且只有这两项基本职能：创新和营销"。实践表明，国家知识产权战略的进一步深化发展，需要企业在知识产权方面采取战略性的眼光和视角、进行统一的规划、实行整合式的管理，即需要有企业层面的知识产权战略实施。因此，从各层次战略的协同来看，企业知识产权战略的实施情况如何，将在很大程度上决定国家知识产权战略目标实现的程度[21]。

实践中，在一些重点知识产权工作中，企业知识产权战略这一管理工具得到了反复的强调和重视。例如，在国家级的知识产权优势和示范企业的培育工作中，知识产权战略具有重要的一席之地。《国家知识产权示范企业培育工作方案》提到要"着力培育形成一批具备知识产权战略管理理念，知识产权创造、运用、保护、管理能力全面发展，知识产权综合竞争优势突出，具有行业影响力和标杆性的示范企业"[22]。培育方案把"具备知识产权战略管理理念"放到标杆性示范企业的十分重要的位置。在国家大力推进知识产权战略的背景下,一些知识产权服务机构适时地推出"企业知识产权战略"相关咨询服务项目,帮助企业在内部建立并实施知识产权战略。典型的服务流程包括,与企业就基本情况、经营战略以及知识产权发展目标等进行沟通,并就企业知识产权现状、知识产权行业环境等重要内容进行调查;在调研的基础上帮助企业起草战略与实施方案文本及配套措施;根据战略与实施方案的规定,定期参与对战略与实施方案的评估,并根据评估结果予以修订。通过这样的方式,在企业管理绩效提升方面取得了一定的成绩,如普及了标杆性的国际大型跨国公司的知识产权管理经验。但实践中,这样的知识产权战略往往与企业的实际战略结合不够,停留在纸面。因为,战略的解码和实施在组织一向是个难题,而知识产权工作的职能化和 IP 资产的无形性特点,又大大增加了知识产权战略的贯彻难度。

企业实施知识产权战略的两大现实难题:

(1)战略执行方面的难题。战略一般与组织对未来发展的重大规划相关。ISO 9000《质量管理体系基础与术语》的术语 3.5.12 将战略定义为"实现长期或总目标的计划"。企业一般会根据发展目标制订相应的战略规划、具体实施计划,然后将这些策划结果付诸实施,并适时进行相应的绩效评估或成果总结。但是实践中经常出现如下问题:目标、计划全部制订完成,任务也进行了分解分配,但成果却始终姗姗来迟。这种战略执行的问题一直困扰着众多的企业,其原因多种多样。例如,制订的战略或目标不切实际可能是导致战略执行困难的重要原因。在此方面除了一些外部重大条件不具备之外,还包括制订的战略和目标相对企业现有能力太高,又缺乏具体的实施计划,导致团队无法着手执行。无视自身研发投入的多寡而盲目追求数据上的高专利产出就是这方面的典型。另外,企业内部沟通不到位也会成为战略执行的"拦路虎"。沟通在知识工作者时代尤为重要,它是企业内部最高管理层和中层管理人员、员工等分享信息、交流思想和认识的渠道。沟通缺失或者不充分,会导致在战略和计划实施的过程中遇到问题时无法达成思想上的共识,无法行动协调一致,也就无法顺利解决。"行动的协调性是战略最基本的影响力之源或优势之源"[23]。因此,从这个角度而言,企业层面高价值专利培育、知识产权运营、科技成果的转移转化等一系列难题的破局，有赖于相应沟通协调机制的有效建立。

（2）职能战略与总体战略协同方面的难题。一般而言，知识产权部门是作为职能部门存在于企业的组织结构图中。知识产权战略是以职能层面的战略进入组织整体的视野。职能层面战略，简称职能战略，主要涉及企业内各职能部门，如财务、人力资源和行政等部门。职能战略的任务是为上一层次战略计划的顺利实现提供保障和支持，从而最终支持企业总体目标的实现。

实践中，职能部门的定位和职能工作的特点，造成了相应战略实施特有的困难。例如，"本位主义""山头主义"是很多职能部门存在的长期顽疾，这些职能部门自然会根据自己的观点来实施战略。但是，无论职能部门的单兵作战能力多么出色，都无法确保协调内部资源形成对外竞争优势，也难以全面实现总体目标。除了上述职能部门壁垒之外，专业壁垒在知识产权战略的推进中也构成了不小的障碍。众所周知，作为智慧成果载体的知识产权，涉及经济、技术和法律多方面的知识和技能，经常使部门外人员感觉"云山雾绕，似懂非懂"。而形态上表现为看不见摸不着的无形资产，又会使得其他部门无从抓起，无法施以援手。

总结一下，从凝练实践经验的标准的角度来看，知识产权战略对应于资产管理国际标准体系中的"战略资产管理计划"SAMP[17]。国家知识产权战略实施 10 年，大量的政策性任务得到了完成，知识产权的数量和质量得到了很大的提升，一大批知识产权示范和优势企业涌现，以华为公司为代表的标杆企业也展现出在知识产权方面卓越的绩效。下一步，企业层面的知识产权战略落地，更多地要依靠组织的管理能力提升来予以保障，在此方面，SAMP是能够发挥关键性作用的强大工具。

3.2 发挥战略沟通作用的 SAMP

在战略执行过程中往往陷阱重重，沟通和整合是攻坚克难的不二法则。SAMP 在整合相关知识的基础上，发挥沟通这一关键作用，能够确保企业有效导入知识产权和资产管理方面的优秀管理实践，助力企业知识产权战略充分落地。

3.2.1 相关标准化实践为企业知识产权战略打下坚实基础

对于关键性资产管理工具 SAMP 的理解和运用，尤其是在企业知识产权无形资产领域，应当放在当前国际国内知识产权和资产管理相关标准化实践的大背景之下，以博采众长、融合贯通方式来提出切实可行的解决方案。

（1）知识产权相关标准化进展。首先，在知识产权标准供给方面，我国近些年取得了长足的进步。2014 年，国家知识产权局等部委联合发布《关于知识产权服务标准体系建设的指导意见》，明确提出要加强知识产权服务标准化工作的统筹规划和指导，建立知识产权服务标准体系（见图 2）。

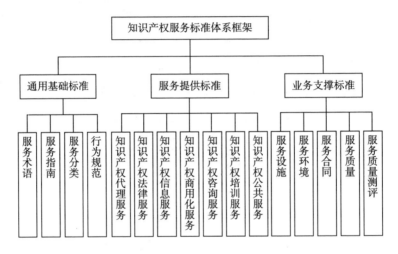

图 2　我国知识产权服务标准体系[24]

2015 年 2 月 13 日，全国知识管理标准化技术委员会（下称"知标委"）在京成立。其职责是对内负责制订和修订知识产权、传统知识、组织知识等领域的国家标准，对外承担国际标准化组织创新管理技术委员会的对口工作。目前，知标委负责《知识产权文献与信息》、GB/T 29490-2013、《科学技术研究项目知识产权管理》《科研组织知识产权管理规范》《高等学校知识产权管理规范》《专利代理机构服务规范》《知识产权分析评议服务服务规范》等多项国家标准。此外，还正在与国际标准同步开发制订《创新过程知识产权管理》等多项国家标准。

地方标准方面，上海市的《知识产权评议技术导则》、广东省的《知识产权质押评估技术规范》、常州市的《企业境外参展知识产权指引》等一批紧贴地方需求的知识产权相关标准被制订。

总体上来，我国知识产权标准的百花齐放，为开展扎实有效的企业知识产权战略工作提供了专业知识方面的基础。

（2）资产管理相关标准化进展。在资产管理方面，相关标准化工作同样进展迅速。专注于有形资产或实物资产的 PAS 55 标准 2004 年首次发布，至今已得到超过 50 个政府及监管机构，10 个国家及 15 个区域的电力、铁路等行业的众多公司的应用[25]。

以 PAS 55 的实践为基础，着眼于从实物资产拓展到任何类型的资产，国际标准化组织（international organization for standardization，ISO）2014 年正式发布了第一个国际资产管理体系标准 ISO 55000，该标准一经推出即成为全球广泛采纳的通用体系，该体系是涉及企业管理多方面的一个常态化的组织管理体系，成为资产管理的重要手段。

我国在资产管理标准化方面起步较早并且成效显著，《固定资产分类与代码》《固定资产核心元数据》等较早颁布的标准，在固定资产统计、信息化等方面发挥了重要作用。在无形资产重要性日益凸显的当今，《无形资产分类与代码》《图书版权资产核心元数据》《电子商务数据资产评价指标体系》《民间金融资产评价指标分类》等一批无形资产国家标准应运而生。

总体来看，关注组织常态化管理的资产管理系列标准，为企业知识产权战略的有效落地提供了协同一致、价值导向的解决方案。

（3）以综合标准化来整合知识产权和资产管理两个标准体系。企业知识产权战略，或者说知识产权方面的企业 SAMP，作为知识产权和资产这两个维度的交集，既需要知识产权的专业知识，尤其是与法律、技术等相关的知识，又需要价值显性化、全寿命周期管理等方面的资产管理工具。因此，知识产权和资产管理两方面的标准化实践，都能为企业知识产权战略提供有益的借鉴。

然而在实践中，不同的标准，尤其是来自不同体系的标准，由于瞄准的问题和目的有所不同，当被人为地汇总到一起时，很难自发地成为一个系统，很多情况下只是标准的积累。即"我们所建立的某些标准系统尚不具备系统的基本特征，即特定的目的、与目的相关的要素、为达此目的而构成的完整综合体"[26]。因此，我们需要借鉴综合标准化的方法来整合知识产权和资产管理两方面的标准体系，形成一个能够有效支撑 SAMP 的"标准综合体"。

3.2.2 以 SAMP 为核心工具确保企业知识产权战略落地

兼容性好、便于与现有管理知识和手段进行整合，以及在沟通方面的便利性和有效性，SAMP 兼具这两方面的优势，因此非常有助于推进知识产权战略在企业的落地。

（1）以 SAMP 为核心的企业知识产权战略标准综合体。面对数量众多的知识产权和资产管理方面的相关标准，以及企业在知识产权方面既往经验的大量总结，应当以系统的、综合的视角来进行整体的审视，并在战术层面采用参照引用、统一架构、模块组合等方法技巧，来改造并整合现有知识产权管理制度或体系。

①建立 SAMP 的引用标准库。在知识产权相关标准和资产管理相关标准这两大标准库中，都分别包含一类标准，通常涉及基本的术语定义、法定的程序或惯例以及数据描述等较为通用的内容。这类通用的标准可以作为应用 SAMP 时参考的"引用标准库"。这方面比较有代表性的是知识产权方面的 GB/T 21374－2008《知识产权文献与信息基本词汇》和资产管理方面的 GB/T 35416–2017《无形资产分类与代码》。前者强调法律属性，后者强调经济收益。这两者的有机结合，一方面，有助于我们在梳理企业 IP 资产时减少遗漏，另一方面，有助于我们从多个维度来加深对企业 IP 资产的认识和运用。

在知识产权类型标准方面，《知识产权文献与信息基本词汇》将"知识产权"定义为："在科学技术、文学艺术等领域中，发明者、创造者等对自己的创造性劳动成果依法享有的专有权，其范围包括专利、商标、著作权及相关权、集成电路布图设计、地理标志、植物新品种、商业秘密、传统知识、遗传资源以及民间文艺等。"这一表述基本上与《与贸易有关的知识产权协定》（*Agreement on trade – Related Aspects of Intellectual Property Rights*，TRIPS）中的描述相接近。其中"依法享有的专有权"的表述充分反映了其对知识产权法律属性的重视。作为基础性的标准，这一表述在知识产权类的标准中得到了较多的应用。例如，GB/T 29490－2013，在"规范性引用文件"和"术语和定义"部分进行了引用，其对知识产权的定义也和上述表述一致。《高等学校知识产权管理规范》和《科研组织知识产权管理规范》对知识产权的定义在上述的基础上做了微小的调整，但基本取向都是重视法律属性。在具体种类的知识产权，《知识产权文献与信息基本词汇》除了设立专门的小节重点描述专利、商标和著作权这三种重点知识产权，还对商业秘密、地理标志、集成电路布图设计和域名做了准确的、标准化的定义。例如，"专利"这一节包括58 个术语，"商标"这一节包括 14 个术语，"著作权"这一节包括 7 个术语。这三节的定义，不仅清楚地描述了这些知识产权的法律定义，还进一步准确地描述了相关的法定程序、文献信息、法律权利等事项，充分地吸收采纳这些定义，有助于为 IP 资产管理打下坚实的法律基础。

法律是企业 IP 资产的重要维度，但不是唯一的维度。作为具有营利属性组织的企业，企业 IP 资产的经济属性也需要得到重视，这就需要无形资产相关知识的补充。无形资产标准方面，《无形资产分类与代码》从经济利益角度提到了多种类型的无形资产，能够很好地与上文的知识产权标准中的定义互为补充，增加在实践中的适用性。例如，商标方面，罗列了文字商标、图形商标、字母商标、数字商标、三维标志商标、声音商标、颜色合商标、复合商标和其他商标共计 9 种类型的商标。扩展了具体商标内容的细节，对知识产权类标准构成了非常有益的补充。著作权方面，罗列了文字作品、口述作品、音乐作品、戏剧作品、曲艺作品、舞蹈作品、杂技作品、美术作品、建筑作品、摄影作品、影视作品、图形作品、模型作品、计算机软作品和其他作品著作共计 15 种类型的著作权，便于企业结合自身行业特点来界定具体的著作权的内涵和管理范围。

此外，从实际经营需要出发，资产类标准在很多方面填补了知识产权类标准的定义空白。例如，"非专利技术"罗列了包括设计图纸、工艺流程、技术标准、计算公式、材料配方、实验方案以及其他非专利技术共计 7 项具体的非专利技术，对于研发、制造等类型的企业非常具有指导意义。又例如，经营类无形资产方面，列出了原始商号、派生商号、继获商号和其他商号共计 4 种商号，列出了商品标志、服务标志、集体标志、证明标志、专用标志和其他标志共计 6 种标志。这些具体的商号和标志看起来不起眼，但在特定场合下会发挥重大的作用。例如，有专家学者认为，上市公司名称和股票名称是公司重要的无形资产[13]。

②使用统一的架构来支持 SAMP。管理体系标准（management system standards，MSS）是 ISO 制订的众多国际标准中关注度较高的一类标准。例如，广为人知的 ISO 9001《质量管理体系要求》几乎被认为是 ISO 有史以来最为成功的标准。其他的管理体系类标准还包括传统三体系标准，以及信息安全相关的体系标准。《ISO/IEC 导则》第 1 部分"技术工作程序"（第 13 版，2019）的附录 L（规范性附录）集中规定了 MSS 的相关定义、分类以及制订 MSS 的程序等内容，并通过高层结构（high level structure，HLS）的方式对各项管理体系标准的结构和通用文本架构进行了统一（见表 1）。

表 1　典型的章节结构示例

第一章	范围（Scope）
第二章	规范性引用文件（Normative references）
第三章	术语和定义（Terms and definitions）
第四章	组织环境（Context of the organization）
第五章	领导力（Leadership）
第六章	计划（Planning）
第七章	支持（Support）
第八章	运行（Operation）
第九章	绩效评价（Performance evaluation）
第十章	改进（Improvement）

知识产权标准方面，2013 年制订的 GB/T 29490-2013 参考了 2008 版的 ISO 9001《质量管理体系》的章节架构，并且通过规范性引用文件的方式沿用了质量管理的基本术语。2015 年，ISO 9001 进行了修订，新的 ISO 9001-2015 是按照高级附录制订的管理体系标准。虽然 GB/T 29490-2013 受时间限制未能遵循在后发布的高层结构，但内在的逻辑是基本一致的，如高级附录的上述十个章节都能在中找到对应关系。另外，新一轮的的修订也会更多地向高层结构倾斜或者靠拢（见表 2）。

表 2 示例性对照

SL 高级附录示例章节	GB/T 29490-2013 章节
第一章 范围（Scope）	1. 范围
第二章 规范性引用文件（Normative references）	2. 规范性引用文件
第三章 术语和定义（Terms and definitions）	3. 术语和定义
第四章 组织环境（Context of the organization）	0.4 影响因素
第五章 领导力（Leadership）	5.1 管理承诺
第六章 计划（Planning）	5.3.1 知识产权管理体系策划
第七章 支持（Support）	5.4.3 内部沟通 6. 资源管理
第八章 运行（Operation）	7. 基础管理 8. 实施和运行
第九章 绩效评价（Performance evaluation）	9. 审核与改进
第十章 改进（Improvement）	9. 审核与改进

注：仅对照到章这一层次。

在适用上述高层结构方面，资产管理体系 ISO 55001 保持了与通用架构的一致，具有上述的典型章节结构。此外，一些比较新的关注度高的国际标准，如创新管理体系 ISO 56000 系列也是按照高级附录来组织章节条款。因此，在整合系列标准和既有管理知识谋划一个高质量的 SAMP 时，可以以管理体系为模板，按照高级附录的结构，来构建一个落地的 IP 资产工作体系。

③模块化地使用各标准的关键章节。使用模块组合原理，是对存量标准体系进行改造的一个好方法。这方面在综合标准化方面得到了很多的应用[26]。存量标准，尤其是知识产权相关的标准，是非常适合拿过来做模块化的应用（见图 3）。通常认为，GB/T 29490-2013 第 8 章相关的知识产权管理活动，分别对应研发、采购、生产和市场这四个关键职能。因此，在设计全寿命周期资产管理时，可以借鉴或者整合该标准 8.1~8.5 章节的内容。

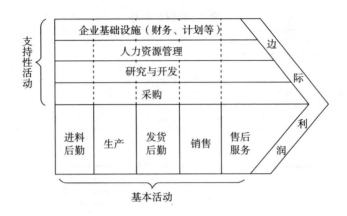

图 3　企业价值链

更进一步，按照哈佛商学院著名教授迈克尔·波特的价值链理论[27]，企业的活动由基本活动和支持性活动组成，这些活动相互配合产生总体的利润。在上图的"价值链"中，研发、采购、生产和市场这四个关键职能都有出现，表明企业或多或少涉及这四大职能。因此 GB/T 29490-2013 第 8.1 至 8.5 章节的内容在企业知识产权管理中具有一定的普适性。但是，随着社会分工合作的进一步加深，一些企业可能专门从事销售活动，另一些企业可能专门从事研发活动。使用模块化的方式来使用 GB/T 29490-2013 标准，可能具有更大的适用性，能够有效拓展该标准内容的使用范围，即使有些使用方式仅仅是部分的使用（见表 3）。

表 3　模块化的标准使用方法在多种类型企业中的应用

价值环节	GB/T 29490-2013 模块	综合性企业	研发型企业或企业下属研究院	采购服务公司或企业下属集采平台	代工型企业或企业下属工厂	渠道商或企业下属销售公司
研发	8.1 立项 8.2 研究开发	√	√			
采购	8.3 采购	√		√		
生产	8.4 生产	√			√	
销售	8.5 销售和售后	√				√

总结一下，数量众多的知识产权和资产管理方面的相关标准为 SAMP 的落地打下了良好的理论基础，而 GB/T 29490-2013 的大规模实践则为 SAMP

的落地提供了现实的参照。再辅以参照引用、统一架构、模块组合等方法技巧，改造并整合现有的企业知识产权管理制度或者体系以成就事业发展，将不再是一个遥不可及的梦想。

（2）发挥 SAMP 的沟通作用。在当今快速变化的商业环境中，企业战略执行的重要性日益凸显。战略执行力成为企业获得持久竞争优势的关键，"完成永远胜过完美"。而有效的沟通则是提升企业战略执行效果的坚实基础。沟通工作在企业的实践中，并不仅仅是一个简单的信息传递的过程。合适的沟通可以有效地减少重复、低效乃至错误的工作执行，保障目标的实现。因此对沟通的认识应当提升到服务于整体战略的高度。作为一份"沟通意图、统一行动"的文件，SAMP 能够连接企业各管理层级，将企业的总体目标转化为知识产权方面的具体行动，从而成就企业整体事业的成功。

"沟通"在 ISO 9000 系列标准中被定义为"策划并有效地开展内部（如整个组织内）和外部（如与相关方）沟通，以提高人员的参与程度并更加深入的理解：组织的环境；顾客和其他相关方的需求和期望；（质量）管理体系"。ISO 管理体系标准对"沟通"这一条款给出的模板（见表 4）。

表 4　沟通模板

7.4 沟通
组织应当确定与下述相关的内部和外部的沟通需求：
就什么内容进行沟通？
什么时机进行沟通？
和谁进行沟通？

结合上述定义和条款范例，SAMP 应当在"合适的内容""合适的对象""合适的时机"三个方面发力，即在"合适的时机"将"合适的内容"沟通到"合适的对象"，以达到有效的沟通效果。

①关于沟通中"合适的内容"。SAMP 中应当包括"IP 资产管理目标"这一重点内容。作为企业目标的一种，"IP 资产管理目标"从形式上应当符合通行的 SMART 原则，即目标必须是具体的（specific）、可以衡量的（measurable）、可以达成的（attainable）并且具有相关性（relevant）和期限（time - bound）。空泛的诸如"尽快实现公司知识产权管理能力的大幅提升"之类的

表述只能被称为宣传口号，并不能够被称为指导工作的"指挥棒"。

在很多时候，工作的目标并不都是显而易见的，需要反复的推敲确认而不能即兴发挥，需要上下的反复沟通而不能武断独行，需要数据事实的佐证支持而不能"拍脑袋决策"。好的工作目标是策划出来的。同样，IP资产管理目标也需要通过科学的策划而得来，而这个策划过程很多时候是包含在或者依附于企业现有的经营策划过程之中。这就需要在企业进行经营诊断或者管理计划策划时，提供充分的与IP资产相关的数据和信息。例如，在企业年终总结时提供同行专利竞争的态势或者品牌布局的进展等信息，从而促成在策划总体的经营目标时一并策划出IP资产管理目标。实践也印证了上述观点，将管理能力有差距的两家公司进行比较，"井井有条"者往往在知识产权管理方面也是目标明确可操作性强，差距就在于体现管理基本功的"策划能力"。

现实比较复杂，在一些场合上述策划的效果可能"差强人意"。其中的原因不难理解。知识产权仅仅是企业诸多事项中的一部分，这就决定了其较难成为管理层关注的焦点，而且以往不重视知识产权的旧习惯也会恶化这种不好的管理倾向。为扭转这种局面，此时有必要独立地开展IP资产管理目标的策划。例如，从IP资产失效或者可能失效对企业经营产生的影响出发，独立进行相应的分析策划并转化为相关的目标。例如，一份即将到期的药物专利应当引出怎样的专利布局计划，同行的研发突破使得企业的商业秘密成为过时的"公知常识"，又应当进行怎么样的事后补救？如此种种，都需要得到很好的思考和讨论。值得注意的是，这种相对独立运行的知识产权策划过程，一定要不时地与企业的总体经营目标和发展计划进行对齐，偏离的后果是产生无法执行的"空头支票"或者构成削足适履的发展障碍。

②关于沟通中"合适的对象"。一份SAMP的直接"读者"存在于企业的组织结构图之中，而由于管理层级和关注焦点的不同，这些"读者"的需求是不尽相同的。最高管理层需要理解IP资产的价值所在，即其能交付什么样的成果物。例如，一套强健有力的专利组合能够为企业主营产品筑起应对竞争对手的"护城河"，一件吸引眼球的商标能够引发消费者的关注并促成大量的购买行为，一个简洁的域名能够为企业带来更多的网络流量和信任度。如

此种种，都应当通过 SAMP 向最高管理层沟通清楚、沟通到位。"领导重视"取决于 IP 资产的价值得到领导的理解。而 IP 资产的创造部门或者使用部门，需要知晓相应的"制造方法"和"使用方法"。例如，针对研发部门的"如何撰写专利交底材料"，针对市场部门的"如何进行商标权的监控"等，这些信息都需要被沟通和传递。此外，诸如财务、人力等职能部门，在 IP 资产管理方面能够提供什么样的支持，这些同样应当是沟通工作的重点。

在日趋复杂的企业经营环境中，"利益相关方"或者"相关方"的概念得到越来越多的重视，这一概念超越了以往仅关注顾客的管理实践，考虑所有其需求和期望可能对企业的持续发展产生重大影响的各方。实际上，在前文提到的策划 IP 资产管理目标时，相关方的需求是非常重要的输入要素。而在沟通方面，相关方同样十分重要。例如，对于一个实施以"强化自身知识产权保护"为主要知识产权战略的企业[28]，识别相关方的需求并进行针对性的沟通是十分必要的（见表5）。

表5　与相关方的沟通内容

相关方	需求及沟通内容
政府	国家层面的创新发展
行业协会	在应对涉外知识产权诉讼、滥用方面维护行业利益
股东	知识产权保护带来的收益（股息等）
客户	知识产权带来的更好的产品或服务
合作伙伴	联合应对国际知识竞争

③关于沟通中"合适的时机"。合适的时机多涉及沟通的形式，把握好的沟通时机事半功倍。在 IP 资产战略的沟通中，企业可以根据沟通内容以及沟通对象，选择简捷畅通的高效方式（见表6）。

表6　常见的沟通形式

部分常见的沟通形式
知识产权专题会议
管理例会
知识产权情报、简报
文件资料会签、传递

续表

部分常见的沟通形式
知识产权培训
内部信息系统（网站、OA系统等）
电子通信（电话、邮件、微信等）

值得一提的是，近些年我国政府在知识产权的宣传沟通方面做了很多卓有成效的工作。例如，一年一度的"4·26世界知识产权日""中国知识产权宣传周""中国专利周"等，增进了社会公众对于知识产权的了解和认识，引导了企业对于知识产权保护的重视。这些活动对于企业而言是向社会公众、各级政府以及合作伙伴等开展知识产权沟通的良好时机。

从《国家知识产权战略纲要》所引导的企业知识产权战略工作，到以"战略导向"为首要原则的企业知识产权贯标工作，知识产权战略始终是企业知识产权工作的核心抓手。在整合资产管理和知识产权相关实践，尤其是凝练了众多实战经验的标准化实践的基础上，笔者提出了以SAMP为核心的知识产权战略落地方案的构建思路。未来，知识产权管理下一站将从基础性的知识普及和建章立制跃迁到全方位全类别的战略性资产管理，在这其中SAMP是很好的整合工具和沟通手段。最好的时机永远是当下。行动起来吧，去开发一个合适的SAMP！

4 小结

在无形经济日益崛起的当下，一些领先的中国企业在知识产权管理方面取得了长足的进步，甚至取得了媲美世界一流的绩效。但是相当数量的企业还在过往传统的知识产权管理模式中踌躇不前。职能色彩过重沦为准行政，专业流程冗长阻碍部门沟通，效率低下无法满足业务即时需求，类似的现象屡见不鲜，甚至比比皆是。究其原因，知识产权工作在这些企业中还未进入到战略层面，或者说缺失一个紧贴企业发展目标并且充分落地的企业知识产权战略。本章从资产角度来看待知识产权，结合知识产权和资产管理领域的标准化实践，提出了新形势下企业IP资产战略的落地方案。本书后续章节会陆续介绍诸如资产台账、资产评估审计、资产全寿命周期管理实践、资产策略和风险管控等主题。值得注意的是，这些专业的主题结合着战略来理解并应用会取得更好的效果。毕竟发展战略是事关企业持续经营的头等大事，包括知识产权在内的一切企业工作都应当围绕企业战略这一"中心任务"展开。

参考文献

［1］乔纳森·哈斯克尔．无形经济的崛起［M］．北京：中信出版社，2020．

［2］国家统计局，国家知识产权局．2018年全国专利密集型产业增加值数据公告［N/OL］．
2020－03－16［2020－05－29］．http：//www.zgxxb.com.cn/xwzx/202003160011.shtml．

［3］国务院新闻办公室．国新办举行2019年中国知识产权发展状况新闻发布会［EB/OL］．
（2020－04－23）［2020－05－29］．http：//www.sipo.gov.cn/zscqgz/1147895.htm．

［4］Ponemon Institute LLC. 2019 Intangible Assets Financial Statement Impact Comparison Report
［R］．［S.1］：Aon Corporation，2019．

［5］世界知识产权组织．2017年世界知识产权报告 全球价值链中的无形资本［EB/OL］．
（2018－03－15）［2020－05－29］．https：//www.wipo.int/publications/zh/details.jsp?
id＝4225．

［6］蒲吉兰．21世纪的黑金［M］．北京：社会科学文献出版社，2006．

［7］崔国斌．知识产权法官造法批判［J］．中国法学，2006（1）．

［8］景正礼．米老鼠的全球野心［J］．法人杂志，2007（7）．

［9］徐伟．"米老鼠"作品的演绎战略及对我国版权产业的启示［J］．中国出版，2006．

［10］岑格．迪士尼重拾创始人精神［J］．IT时代周刊，2013（24）．

［11］卡普兰，诺顿．战略地图——化无形资产为有形成果［M］．广州：广东经济出版
社，2005．

［12］蒂尔，马斯特斯．从0到1：开启商业与未来的秘密［M］．北京：中信出版
社，2015．

［13］蔡吉祥．无形资产学［M］．北京：人民出版社，2007．

［14］德鲁克．管理的实践［M］．北京：机械工业出版社，2009．

［15］陈德金．OKR，追求卓越的管理工具［J］．清华管理评论，2015（12）．

［16］国家知识产权局．GB/T 29490-2013企业知识产权管理规范［S］．北京：中国标准
出版社，2014．

［17］ International Organization for Standardization. ISO55002：2014 Asset management – Management systems – Guidelines for the application of ISO 55001 ［S/OL］. ［2020 – 5 – 29］. http：//www. doc88. com/p – 8156425001287. html.

［18］ 国家知识产权局.《国家知识产权战略纲要》［R/OL］. (2018 – 06 – 01) ［2020 – 05 – 29］. http：//www. sipo. gov. cn/ztzl/gjzscqzlgybbsssszn/szngyjs/1124905. htm.

［19］ 国家知识产权局.《2017 年中国知识产权发展状况评价报告》［R/OL］. (2018 – 06 – 13) ［2020 – 05 – 29］. http：//www. sipo. gov. cn/docs/20180626163309943315. pdf.

［20］ 邬贺铨 . 5G 时代的网络社会新特征与产业面临的挑战 ［J］. 重庆邮电大学学报（自然科学版），2020 (2).

［21］ 冯晓青 . 知识产权战略及其在企业中的实施 ［J］. 甘肃理论学刊，2007 (3).

［22］ 国家知识产权局 . 关于组织申报国家知识产权优势企业和国家知识产权示范企业的通知 ［EB/OL］. (2015 – 05 – 18) ［2020 – 05 – 29］. http：//www. sipo. gov. cn/gztz/1099245. htm.

［23］ 理查德·鲁梅尔特 . 好战略，坏战略 ［M］. 北京：中信出版社，2017.

［24］ 国家知识产权局，国家标准化委员会，国家工商行政管理总局，国家版权局 . 关于知识产权服务标准体系建设的指导意见 ［EB/OL］. (2014 – 12 – 31) ［2020 – 05 – 29］. http：//www. sac. gov. cn/sbgs/flfg/gfxwj/bmgfxwj/201510/t20151013_195080. htm.

［25］ 徐宛容 . 国际固定资产管理标准——PAS55 剖析 ［J］. 中国设备工程，2011 (6).

［26］ 李春田 . 系统科学与标准化的交汇点——试论综合标准化的科学价值 ［J］. 标准科学，2009 (3).

［27］ 迈克尔·波特 . 竞争优势 ［M］. 陈丽芳，译 . 北京：中信出版社，2014.

［28］ 任丹，管竹笋，于志宏 . 利益相关方视角下的企业知识产权保护 ［J］. WTO 经济导刊，2012 (6).

组织 IP 资产台账的标准化之路

赵 欣 廖志超 曹 纯

作者简介

赵欣，中规（北京）认证有限公司培训与运营部副部长，中规学院副院长、专家级讲师。具有二十余年知识产权从业经验。在知识产权与标准（资产、信息安全、风险管理等）领域有较为深入的研究。著有《企业知识产权管理规范——实操手册》，组织编写《名企聊知识产权》。

廖志超，高级工程师，现任北京光华纺织集团有限公司副总经理、河北燕阳特种纺织品有限公司董事长等职务，承担过多项重大科技项目，作为发明人申请并被授权多件发明专利，拥有北京市青年岗位能手、北京优秀青年工程师等多个荣誉称号。

曹纯，中国质量标准出版传媒有限公司（中国标准出版社）编辑，负责国家标准的审查和编辑工作，承担食品安全快速检测标准的编辑出版项目。曾发表 SCI 英文学术论文 5篇、标准化出版相关中文论文 2 篇，申请国家专利 1 项，曾出版图书著作《九章算术译注》。

2020 年是我国知识产权战略收官之年。回顾 2008 年 6 月 5 日国务院颁发的《国家知识产权战略纲要》（以下简称"纲要"），指出要提升知识产权创造、运用、保护和管理能力，把我国建设成为知识产权创造、运用、保护和管理水平较高的国家。知识产权法治环境进一步完善，市场主体创造、运用、保护和管理知识产权的能力显著增强，知识产权意识深入人心，自主知识产权的水平和拥有量能够有效支撑创新型国家建设，知识产权制度对经济发展、文化繁荣和社会建设的促进作用充分显现。

笔者执笔时刚好是 2020 年年初，纵观纲要实施以来，战略已基本落实，并有显著成效。2019 年我国国民经济和社会发展统计公报数据显示，全年境内外专利申请 438.0 万件，比上年增长 1.3%；授予专利权 259.2 万件，增长 5.9%；截至 2019 年年底，我国境内有效发明专利 186.2 万件，每万人口发明专利拥有量 13.3 件。通过这组数据，可以看出我国专利申请量与授权量已进入世界前列。2018 年 10 月 26 日全国人民代表大会常务委员会通过了《关于专利等知识产权案件诉讼程序若干问题的决定》，该决定对涉及发明和实用新型专利、植物新品种、集成电路布图设计、技术秘密、计算机软件、垄断等专业技术性较强的民事案件和行政案件的二审由最高人民法院审理。这是我国知识产权和诉讼法律制度的历史性突破，进一步加强了知识产权司法保护，优化了科技创新的法治环境。

2016 年 5 月由中共中央、国务院发布实施《国家创新驱动发展战略纲要》，其中提出"坚持科技体制改革和经济社会领域改革同步发力"，产业技术创新、企业创新以及大众创业、万众创新这些当前重点举措，要与几十年工作的远景式规划相结合等。通过上面一系列的国家战略、改革举措和相关数据，可以看出我国知识产权创造与保护能力的增强，创新大环境的搭建已经使我们从工业时代走入了知识经济时代，各类科学技术方法、实用工具、计算机系统、互联网、大数据已经成为我们日常工作、学习之必备，提供了很多便捷的服务与支撑。

21 世纪初期用于管理知识产权的软件开始出现，发展到今天已经有近二十年的历史了，但我国近十年的创业型、创新型企业增长数量之快，与国家鼓励大众创业、万众创新的总体发展思路相稳合。这些大量的初创型企业在发展的最初阶段基本将所有资源都用于产品开发和项目研发上，且这个阶段企业的知识产权数量也偏少。因此，大部分处于创业阶段的企业还没有发展到需要采购一款知识产权管理软件来管理自己的 IP 资产。另外一种情况是笔者（赵欣）在从事 GB/T 29490-2013 知识产权管理体系认证审核员的那几年中，经常看到组织的 IP 资产台账一团糟，一是应该具有哪些科目不清楚，二是有了科目应该如何记录维护不晓得，三是 IP 资产的最新状态说不清道不明。大多数情况完全依赖于代理公司，从对组织的风险把控与资产管理的角度来说终归是个问题，需要解决。

基于以上这些现实状况，若组织计划建立一个标准化的 IP 资产管理台账，对中小型企业来说是一件比较困难的事情，因知识产权周期长，很多情况还没有经历过，靠苦思冥想是没办法做到的。当然，可以借鉴他人样本，再根据自我的需求修修改改，但借鉴样本是否标准化就决定了修修改改后的资产台账是否充分与全面。笔者通过二十余年对知识产权与标准化应用的研究，在此，就 IP 资产管理台账建立的基础、内容以及充分性和全面性展开论述，愿组织可以通过一个台账展现与管理 IP 资产全寿命周期发生的事件，也助力企业创业成功、创新硕果累累。

1　专利资产台账的建立

因知识产权的类型不同，寿命周期发生的事物不同，管理方法也不尽相同。所以，本文笔者以周期相对较长、过程较为复杂的专利资产台账为主展开论述，愿能帮助组织建立一套趋于标准化的 IP 资产管理台账。

专利保护制度目前绝大部分国家是申请制。也就是说需要权利人向相关主管单位提出申请，才会经过审查确定是否给予授权。因此，专利的申请日期就决定了专利生命周期的开始。但专利生命周期的结束要根据专利的类型以及所属国家或地区的专利保护期限，也要考虑权利人在专利生命周期过程中是否主动放弃专利权，或是专利权被宣告无效，或是通过转移转让给了其他所有人等。专利生命结束的时间不像专利生命开始的时间那么唯一，情况较为复杂。

笔者将专利资产台账以时间为轴展开，并根据时间轴以及事件的关联性将台账分为 4 个单元进行描述，分别为专利申请单元、专利审查单元、专利维护单元和专利运营单元。这样便于对每个科目都能清楚地对应说明。组织使用的时候应将专利台账表 1.1 至表 1.4 连接起来使用，才能达到笔者开文所述通过一本台账就能看出每件专利生命周期发生的所有事件。另外，每个科目除满足自身管理外，还与其他科目发生关联，甚至与临近的科目具有强关联性，也正是基于此考虑，笔者除了以时间为轴，也根据其关联性，确定科目的前后顺序，下文将逐一进行说明。

1.1 专利申请单元台账

专利申请单元台账包含 10 个科目，具体为：代理人、撰写人、代理案号、我方案号、国家、状态、类型、专利名称、申请日和申请号（见表 1）。申请单元管理的核心是保障专利资产的及时性及准确性。比如，代理人与撰写人的沟通顺畅程度是否影响申请日、状态是否为当前最新状态等。

表 1　专利申请单元台账

代理人	撰写人	代理案号	我方案号	国家	状态	类型	专利名称	申请日	申请号

（1）关于代理人。一般情况下，组织申请专利都需要与专业的代理机构合作。那么，通过权衡哪些事项作出决定呢。首先，需要与具有专利代理资质的代理机构合作，目前我国对专利代理机构是批准设立制。其次，选择一个拥有与组织技术领域相同的代理人的机构，合作的契合度会高一些。最后，找一个与组织体量相适应的机构合作会比较愉快。当然，合作价格也是考虑的要素，但建议不要把价格放在前三位，那样可能会失去对专利质量的控制。专利周期长，不是递交了专利申请就结束了，所以建议组织选择两家代理机构进行合作，这样后期服务的好与坏清晰可见。在"代理人"科目记录合作代理机构真正处理该件专利的代理人名字，而不是代理机构的名称。虽然合作的是代理机构，但实际工作中每件专利都是依靠具体的代理人完成的，因此，记录代理人更有意义。

（2）关于撰写人。这里的撰写人一般是组织内部人员，大多数情况下是发明人，也有少数情况下由理解发明人技术方案的其他人代写。因大部分组织的发明人，尤其是第一发明人研发任务非常重，让他把技术方案说出来相对简单，如果让他动笔写出来，那就不知会拖到哪一天了。因此，诞生了代写人这一角色。台账将其放在第二位，是为了与代理人关联，因为这两人或两组人是需要大量、充分交流与沟通的，放在第一位与第二位也说明这两人或两组人对后期专利质量起到了决定性的作用。当然，通过建立这样的对应关系，也可作为年底对代理人评价素材收集的渠道之用。所以"撰写人"科目记录的是该件专利交底书的起草人，也是后续与代理人沟通交流技术方案之人。

（3）关于代理案号。代理案号是合作的代理机构为组织委托的每一件专利建立的一个标识。一般情况下，各代理机构案号的规则不同。所以，合作一段时间后，完全可以通过案号就能分辩谁是谁家。当然也有些代理机构的案号开头首字母可能是机构的缩写，那样就更简单了。无论如何，组织合作3～5家还是可以通过案号分清是哪家代理机构的案子。故此，本书不建议在台账上建立代理机构名称一列科目。一是确实没意义，因为所有的专利合作都是专利代理机构的代理人在作业，与我方联系密切的是代理人或机构的流程管理人员，而不是机构本身。二是采用代理案号是因为若与代理机构发生沟通或交互，唯一通用的就是案号。

（4）关于我方案号。我方案号是组织内部为每一件专利建立的一个标识。因为专利名称无法直接说明是哪件具体案件，还有就是名称都很长，不便于记忆。有些专利名称相同，但权利是不同的。因此，为每件专利建立一个标识是非常有必要的。另外一个明显的目的，就是与代理机构沟通时，对自己组织的案号可以了然于心，对代理机构的案号常会觉得生涩。因此，把这两个案号关联放在一起，是为了节省沟通成本，快速对应到具体案件上。

（5）关于国家。每个国家都有规范的英文简称缩写，可以通过国家知识产权局网站查询获得。一般情况下，申请人先在中国申请了一个专利，然后通过《巴黎公约》或《专利合作条约》进入了美国、欧洲等国家或地区，那每一件专利都需要增加一行，记录其相关信息，并不代表要了其他案的优先权，它们就可以混在一起。为了更清楚地说明，笔者（赵欣）除了解释每个科目的必要性，以及和其他科目的关联性外，有时也会增加对具体专利信息记录的说明。本处国家想要说明的就是同族专利不混杂，有一件算一件，是哪个国家的就写出哪个国家的英文简称，不用担心筛选时找不出同族来，同族在于他们使用了相同的优先权，这个科目后面介绍到时，会说明如何快速查找同族专利。另外，每一行代表一个专利自身。因此，建议组织按专利产生的时间先后增加，尽量不要选择在之前的某一件专利之上插入一行，这是因为发现有些人为了自己清楚明白就把之后的同族专利信息插入到一年以前的某件专利的下一行，这种不规范的、随意的、自我的方式，会为后面使用台账的人增加工作量与误解，也偏离了标准化之路。比如，在中国申请的专利"国家"科目记录"CN"，在美国申请的专利"国家"科目记录"US"即可。

（6）关于状态。状态为当前状态。当前状态很明显是专利最新的状态。这个科目随着专利生命之路的进展而不断地变化，也是维护比较频繁和重要的科目。状态栏的信息有很多，建议使用规范的简称，否则台账的幅度太宽，并且增加眼睛负担。之前看过一本书《决断两秒间》里说人类平均视觉探索能力是2秒8个字。在此，尽可能地为大家罗列一下专利都有哪些状态：申请（代表获得了专利申请号）、初合（收到初步审查合格通知书）、公开（发明专利申请公布通知书）、进实审（进入实质审查阶段通知书）、OA1（收到第一次审查意见通知书）、OA2（收到第二次审查意见通知书）、OA3（收到第三次审查意见通知书）、已答OA1（已答复第一次审查意见）、已答OA2（已答复第二次审查意见）、已答OA3（已答复第三次审查意见）、视撤（视为未提出专利申请通知书）、授权（授予专利权通知书）、办登（办理登记手续通知书）、驳回（专利驳回通知书）、复审（专利复审受理通知书）、复审授权（通过复审获得授予专利权通知书）、放弃（主动放弃专利权）、驳回放弃（专利申请被驳回后未走后续程序选择放弃）、著录变更（著录项目变更）、许可、转让、合作、质押，等等。组织根据每件专利的最新状态，修正"状态"科目，使之永远保持最新信息。

（7）关于专利类型。基本上具有知识产权保护政策的国家或地区都有1种或以上专利类型，中国目前是3种专利类型：发明专利、实用新型专利和外观设计专利。不同类型的专利保护内容会有差异，保护期限不同，案件撰写要求不同，行使权利时也有所不同。如实用新型专利和外观设计专利在诉讼前要做检索报告，需要确定该专利权的新颖性和创造性，也是专利诉讼立案的前提。相比发明专利权因其在授予前进行了实质审查工作，所以权利相对稳定，虽然专利权的稳定性排查并不是发明专利诉讼立案的前提要求，但也建议组织在起诉他人侵犯发明专利权前进行专利权稳定性的排查，以免对方无效我们的专利，就被动了。当前状态与国家和专利类型的关联性是显而易见的，一眼看下去就知道在哪些国家拥有什么类型状态的专利。因此这三个科目相连也是为了快速筛选与展现，如在美国拥有 8 件授权发明专利，这类信息可以快速且全面地获取。

（8）关于专利名称、申请日和申请号这 3 个关联科目，这里就一起做介绍了。因为申请日和申请号都是通过向官方申请后获得的专利申请日和专利申请号，没什么特别需要说明的。只有一点提醒组织在能申请专利的时候尽早提出申请，专利制度是申请制，谁先占有早的申请日谁就拥有主动权。另外关于专利名称需要解释一下，一是在之前说过不好通过专利名称判断具体是哪件专利，因为有些专利的名称很大很广，有些又很长，不便于记忆。二是专利名称对专利有时也会涉及限制作用，所以组织还是要多加注意。例如，在胡涛诉摩拜的案件中，专利权利要求 1 的主题名称为"一种电动车控制系统"。被告辩称，摩拜单车为自行车，与电动车不属于同一技术领域。当然，这个问题在该案件上得到了良好的解决。上海知识产权法院结合涉案专利的具体情况进行了说明：首先，涉案"一种电动车控制系统"是一种锁装置的产品专利，"电动车"并非该锁装置的组成部分。其次，"电动车"不是涉案专利技术方案的前提和基础，涉案专利技术方案可以完全脱离电动车实施。再次，涉案专利在申请时并未将限定在电动车技术领域作为获得新颖性或者创造性的理由。最后，涉案专利文本将一项自行车技术领域的发明专利申请列为对比文件。因此，就涉案专利应用方式而言，将涉案专利应用于自行车技术领域，是本领域普通技术人员无须创造性的劳动就能够联想到的。可见，上海知识产权法院对专利权人采取了宽容的态度。虽然专利权人稀里糊涂地把与锁装置并非密切关联的"电动车"写入了权利要求，但上海知识产权法院并未因此而惩罚专利权人，相反，以专利审查的新颖性、创造性视角评判能否从电动车领域联想到自行车领域。通过这个案例，希望组织重视专利名称，幸运不是每次都能降临的。

至此，专利申请单元台账的科目介绍完了，表 1 共分 4 对关系科目：代理人与撰写人，代理案号与我方案号，国家与状态和类型，专利名称与申请日和申请号。请组织在使用过程中充分利用这 4 对关系，减少重复工作，提高工作效率，是我们追求的目标和努力的方向。

1.2 专利审查单元台账

专利审查单元台账包含 10 个科目，具体为：初审合格、补正、公布日、公布号、提前公开、进实审、OA1、OA2、驳回和复审（见表 2）。审查单元管理的核心是保障专利资产的可控性与准确性。例如，已经公开为什么没有同时进实审、申请了加快审查程序还用原审查周期计算方法记录审通期限等。

表 2　专利审查单元台账

初审合格	补正	公布日	公布号	提前公开	进实审	OA1	OA2	驳回	复审

（1）关于初审合格。正常情况下，专利申请后 2—3 个月文件没有问题的会收到官方发出的初步审查合格通知书，不过这个时间将随着国家加大专利审查力度而逐渐缩短。初步审查合格通知书收到后按需归类、做好登记、存档即可，不需要向官方做任何回应。初审合格通知书代表组织递交的专利申请文件经过形式要件审查合格，这类信息在台账中体现有两个目的：一是可以确定该专利申请处于正常流程中；二是通过一定量的数据积累可以分析出正常情况下申请递交后多长时间可以收到初审合格，若是过了这个平均周期，组织就应该主动关心一下这个案子，看是不是在未发现的环节出了问题。收到初步审查合格通知书，应在"初审合格"科目记录初审合格的日期，如"20191010"就代表该专利于 2019 年 10 月 10 日初步审查合格。

（2）关于补正。专利申请文件递交官方后，经初步审查有问题的，组织会收到补正通知书，有时一次补正不合格的，还会收到第二次补正通知书，也就是说补正通知书有可能是多次的，只有补正合格后，才会收到初步审查合格通知书。无论如何，组织收到补正通知书，要细细读，多多理解，然后再着手准备补正材料并递交。"补正"科目的规范填写是起止日期，如 2019 年 1 月 20 日的补正通知书，要求 1 个月内补正，收到补正通知书时应在"补正"科目填写"20190120—20190220"，其中 20190120 是补正通知书的开始时间，20190220 是补正的绝限日期。待补正文件递交官方后，应将"补正"科目原来计算的绝限日（20190220）改为实际递交日，如 2019 年 2 月 10 日递交了本次补正文件，应将"补正"科目修正为"20190120—20190210"。初审合格是补正通知书之后的环节，如果组织先收到了初审合格通知书，那就请放心，说明该专利申请文件经过了形式审查，没问题了。如果组织先收到了补正通知书，那就说明申请文件还未经过形式审查，需要组织按通知书要求进行补正，只有补正合格后才会收到初审合格通知书。

（3）关于公布日。发明专利实行两次公开，一次是申请文件的公布，一次是授权后的公告。实用新型与外观设计专利实行一次公布，即授权后公告。发明专利申请时未提出提前公开请求的，经初步审查合格的专利，自申请日起满 18 个月公布。若申请人请求提前公开的，则申请初步合格后即进入公开准备程序，一般在 3—6 个月公布。发明专利公布后，申请人就获得了临时保护的权利。公布日在"发明专利申请公布通知书"中载明，类似于"2019 年 10 月 10 日在专利公报上予以公布"，这个 2019 年 10 月 10 日就是该发明专利申请的公布日。组织应将这个日期记录在"公布日"科目，如"20191010"就是该专利的公布日。

（4）关于公布号。专利公布的时候会产生公布号，授权公告的时候会产生公告号。两者的中国专利文献均是以 CN 开头，区别在于最后的代码，公布号是 A，公告号是 B。例如，"CN100010001A"是公布号，代表您看到的专利文献是申请文本；"CN100010001B"是公告号，代表您看到的专利文献经过审查程序，获得了授权。公布日与公布号在同一个时间产生，因此这两个科目是必然关联关系，收到官方通知书后在"公布号"科目写入该案的公布号即可。这类通知书是不需要向官方做任何回应的文件，组织归类存档，并做好监控。

（5）关于提前公开。提前公开是专利法给予申请人的一项权利。申请人可以在递交专利申请时提出提前公开请求，而后官方随着初审合格后，即进入公开程序与实质审查程序。因此，申请人需要依据自身情况，以及具体专利情况评估是否需要提前公开。提前公开最明显的好处就是专利可以相对较快进入实质审查程序，也就是申请人为了尽快拿到专利权最直接的一种方式。那另一种就是提前公开的坏处，可能被竞争对手或抄袭者了解自己研发方向、产品规划等，可能会发生主动泄露商业秘密的可能性。因此，组织是否利用提前公开，需要综合评判，任何事情都有两面性，充分利用法律赋予我们的权利，规避不确定因素带来的风险。因此，"提前公开"科目记录"是"代表申请了提前公开，"否"代表未申请提前公开。

（6）关于进实审。进实审代表进入实质审查程序，这也是发明专利必经的过程，组织应重视这个程序的监控工作，及时发现问题，解决问题，以免苦心钻研的科研成果随着流程监控不到位而付之东流。中国发明专利授权要经过实质审查程序，实用新型专利与外观设计专利不会涉及"进实审"这个环节。正常情况下，未申请提前公开的发明专利，会在自申请日起 18 个月进入公开，然后排队进入实质审查程序，这种情况是组织提交了实质审查请求并在规定期限内缴纳了实质审查请求费。若组织未在专利申请的同时提出进入实质审查程序的，专利依然在满 18 个月进行公开，但不会随着公开而自动进入实质审查程序排队的，这期间需要申请人自专利申请日起 3 年内向官方提出实质审查请求并缴纳相关费用，专利才会进入实质审查程序。否则，自专利申请日起 3 年内申请人没有提出实质审查请求的，该专利视为撤回。为此，是否提前公开决定发明专利进入实质审查程序时间的早与晚，一般情况下未提前公开的专利，在目前我国提高专利审查效率的情况下，平均在 2—3 年授权。如果申请了提前公开，可能在 1 年的时候就进入了实质审查程序，有些快的 1 年多就可以得到授权或驳回结果。比如，组织收到某件专利于 2019 年 12 月 1 日进入实质审查程序通知书后，应在"进实审"科目记录"20191201"，代表该专利已于 2019 年 12 月 1 日进入实审，以便后续监控审查通知书的到来。

（7）关于 OA1 和 OA2 等。第一次审查意见通知书我们简称为"OA1"，第二次审查意见通知书简称为"OA2"，依此类推，这类文件可能有多次。另外，每个审查意见通知书都具有两个时间点，一个是开始时间点，如收到了第一次审查意见通知书右上角的发文日期 + 15 天，这是目前 OA1 开始时间的计算方法，本处这样说明是为了读者清晰明白，并不代表这个周期一直是不变的，周期的确定要以官方发布的为准，随着电子发文方式的普及，之前邮寄纸件的 15 天邮程可能在未来会取消。通知书正文里一般在第二页的下半段载明了申请人自收到本通知书几个月内陈述意见，OA1 是 4 个月，OA2 是 2 个月等，这个时间就是答复审查意见通知书的截止时间。为此，当收到审查意见通知书时应在对应的第几次审通科目内写上起止时间，如 2019 年 6 月 1 日收到一通应在"OA1"科目里写入"20190601—20191015"，2019 年 10 月 14 日是 OA1 的答复绝限期，申请人需要在这一天之前向官方提交意见陈述等文件，若组织在 2019 年 9 月 10 日向官方提交了 OA1 的意见陈述文件，那"OA1"科目应改为"20190601—20190910"，2019 年 9 月 10 日是该审查意见的答复日期。第二次审查意见通知书、第三次审查意见通知书等，计算方式基本相同，只是第一次是 4 个月，第二次、第三次都是 2 个月，组织认真查看审查意见通知书就可以获得准确的起止日期，此处不赘述了。

（8）关于驳回。专利通过审查程序即可确定结果，授权或驳回。授权专利即进入维护单元，驳回申请人还需要评估是否通过复审争取权利。因此，笔者（赵欣）将驳回与复审放在了专利审查单元，将授权放在了下一个专利维护单元。发明专利在经过一次或多次审查意见后会得到授权或驳回的结果，实用新型专利和外观设计专利也同样会得到授权或驳回的结果，相比发明专利只是少了一个实质审查程序。本处以发明专利为例，在经过实质审查认为专利缺少三性（新颖性、创造性和实用性）中的一种或多种都可能遭遇驳回。收到驳回通知书后，组织有 3 个月的时间考虑是否通过复审再争取一下机会。当然，决定前应对之前的申请文本、审查意见进行反复推敲与研究，再根据组织情况、研发项目情况、市场情况综合评估是否有必要走复审程序。笔者（赵欣）之前在企业做过十余年的 IPR，根据经验，通过内部评估程序确定对组织较为重要的专利，我们都走了复审之路，当年计算过复审成功概率还是很高的。当然，这不代表每件专利申请驳回都要走复审，还是要看组织对这件专利权的渴望、对技术的把握以及未来市场的希望等。驳回科目的填写跟 OA1 相似，在"驳回"科目里写入"20190601—20190915"，前面的时间是驳回通知开始时间，后面的时间是复审绝限日。

（9）关于复审。通过综合评估，组织决定对驳回进行复审的，首先需要在复审绝限日内向国家知识产权局专利局复审和无效审理部（以下简称"复审机构"）提出复审请求并缴纳相关费用。正式递交复审请求的日期就是"复审"科目的开始日期，截止日期是复审结束的日期，这个无法预测，所以刚进入复审阶段，这个科目的信息一般为复审申请的"20190910—"，没有后面结束日期。复审程序一般会有前置审查，也就是复审机构会将申请人的复审请求以及有修改文本的返回到原专利审查员处，征询他的意见，如果他看了同意申请人向复审机构提交的意见，即可以给出授予专利权的决定，也可以不同意。不同意的情况下，该复审案件即返回到复审机构审理。复审机构可能会向申请人发出审查意见通知，类似于 OA2、OA3 等，也可以根据申请人的陈述或修改，直接做出授予专利权或驳回复审请求的决定。至此，复审程序结束，将结束日期填入"复审"科目内。比如，2020 年 1 月 10 日得到复审授权通知书，"复审"科目应为"20190910—20200110"，同时"状态"科目应为"复审授权"，代表该案件是走过复审程序才拿到授权的。还有一种情况就是复审请求未获支持，复审请求人不同意复审决定的，可以通过行政诉讼继续维护自身权利。这部分本书放在专利运营单元做介绍。

至此，专利审查单元台账的科目介绍完了，表 1.2 共分 5 对关系科目：初审合格与补正，公布日与公布号，提前公开与进实审，OA1 与 OA2 可能还有 OA3 等，驳回与复审。请组织在使用过程中充分利用这 5 对关联关系，正确、准时地将相应起止日期填入，并做好期限的监控，是规范专利审查周期必要的工作之一，也便于提高工作效率，降低期限管理的风险。

1.3　专利维护单元台账

专利维护单元台账包含 10 个科目，具体为：办登日、授权公告日、授权公告号、发明人、申请人、优先权、进国家、保密审查、年费和主动放弃（见表 3）。维护单元管理的核心是保障专利资产的有效性与准确性。例如，未公开的专利准备进入美国是否申请了保密审查、年费缴纳日期计算得是否准确等。

表 3　专利维护单元台账

办登日	授权公告日	授权公告号	发明人	申请人	优先权	进国家	保密审查	年费	主动放弃

（1）关于办登日。发明专利经过实质审查程序后授权，组织会收到"授予发明专利权通知书"，其中记载了授权文本以什么日期提交的哪些文件为准等。随该通知书一起组织还会收到"办理登记手续通知书"，简称"办登"。办登通知书中明确指出组织应在什么日期前缴纳专利授权相关费用（登记费、第几年度年费等）共计多少。将这个日期记入"办登日"科目内，若该日期内未缴纳专利授权相关费用，视为放弃取得专利权的权利。"办登日"科目记录的是办理登记的绝限日与实际缴纳办登费用的日期。比如，办登绝限日为 2019 年 10 月 20 日，实际缴纳专利授权相关费用的日期为 2019 年 10 月 10 日，"办登日"科目里呈现的应为"20191020/20191010"，前边的日期是绝限日，后面的日期是实际交费日，后面日期最大幅度等同于前面日期，或早于前面日期，方可取得专利权。

（2）关于授权公号日。专利授权公告日一般是授权后，申请人办理了登记手续，缴纳了授权相关费用后，官方将授予专利权，颁发专利证书，并在专利公报上对授权专利文本进行公告，这时产生的日期为授权公告日。实用新型专利和外观设计专利申请经初步审查未发现驳回理由的，将向申请人发送授予实用新型专利权或外观设计专利权的通知书，申请人办理授权手续后，颁发专利证书，并进行授权公告。一般情况下申请人缴纳授权相关费用后 1—2 个月，会收到纸质专利证书。当然这种情况是在 2020 年 3 月 3 日之前授权公告的专利。2020 年 1 月 23 日国家知识产权局发出通知，自授权公告日在 2020 年 3 月 3 日（含当天）之后的专利电子申请，不再颁发纸质专利证书。若申请人有需要，提出申请，方可获得一份纸质专利证书。也就是说只有在 2020 年 3 月 3 日之前授权公告的专利以及 2020 年 3 月 3 日之后授权公告的非电子申请的专利，如当面递交的纸件申请，可以获得纸质专利证书。组织获得授权公告日后应在"授权公告日"科目记录正确的公告日期。

（3）关于授权公告号。前文已指出发明专利授权公告号与申请公开号区别在于最后的代码，公布号是 A，公告号是 B。例如，"CN×××××××B"

是发明专利授权公布号，实用新型专利授权公布号"CN×××××××U"，外观设计专利授权公布号"CN×××××××S"。至此，办登日、授权公告日和授权公告号是中国三个类型专利都具有的程序，其中办登日最重要，申请人需要及时关注并办理相关手续，后续授权公告号和授权公告日申请人等待即可获得。组织获得授权公告号后应在"授权公告号"科目记录正确的公告号。

（4）关于发明人。《中华人民共和国专利法》（以下简称《专利法》）第十三条"发明人或设计人，是指对发明创造的实质性特点作出创造性贡献的人。在完成发明创造过程中，只负责组织工作的人、为物质技术条件的利用提供方便的人或者从事其他辅助工作的人，不是发明人或设计人"。所以发明人一定是对该专利做出实质性贡献的人，且发明人只能是个人不能是单位。专利发明人拥有名誉权并非财产权。若同一件专利有多个发明人，建议组织以他们对本技术的贡献大小进行排序，贡献最大的为第一发明人，依此类推。另外，发明人享有获得奖励和报酬的权利，这一点提醒组织按规定办理。组织应将每一件专利的发明人以正确的顺序记录在"发明人"科目内。

（5）关于申请人。专利申请人也是专利权人，专利没授权前叫专利申请人，授权后叫专利权人。有申请权的人才是专利权人，可以是自然人也可以是组织，既可以是一个自然人或一个组织，也可以是多个自然人或多个组织，或他们的组合。专利权人拥有财产权，可以对专利进行实施、转让等。有些组织有分公司、子公司、母公司、关联公司等，因此，将正确的申请人记录在"申请人"科目内，是组织降低风险、排查风险的一个关键操作点。随着近年来各类科技项目、高新技术企业减免税收政策、鼓励创业的大环境等的出现，有些组织会存在多个关联公司，他们有时会共用一些研究人员。例如，王某是A公司的研发人员，在A公司缴纳社会保险及领工资，但其经常出现在B公司（A公司关联公司）作为申请人申请专利的第一发明人。这样的操作会为组织造成不必要的风险，如果未来B公司用这件专利申请科技项目、高新技术企业等，都会涉及核心技术人员非本公司人员的问题。因此，发明人与申请人这两个科目的关联性，可以很好地促进组织规范操作，降低风险。

（6）关于优先权。专利优先权是指专利申请人就其发明创造第一次在某国提出专利申请后，在法定期限内，又在其他国家或地区以相同主题的发明创造提出专利申请的，根据有关法律规定，其在后申请以第一次专利申请的日期作为其申请日。专利优先权可分为国内优先权和国际优先权。国内优先权又称为"本国优先权"，是指专利申请人就相同主题的发明或实用新型在本国第一次提出专利申请之日起 12 个月内，又向本国提出专利申请的，可以享有优先权。国际优先权又称"外国优先权"，专利申请人自发明或者实用新型在外国第一次提出专利申请之日起 12 个月内，或者自外观设计在外国第一次提出专利申请之日起 6 个月内，又在中国就相同主题提出专利申请的，依照该外国同中国签订的协议或共同参加的国际条约，可以享有优先权。实务操作过程中，关于发明人与申请人还有优先权的关联关系，提醒组织多加注意，如张三是第一件专利在中国的发明人，该专利在 12 个月优先权期限内向美国提交了申请，声明了第一件专利的优先权，但发明人写了李四，未来美国专利授权后行权的过程中可能会遇到问题，相同的技术内容，完全不同的发明人，将会给组织带来不必要的风险。另外，前文提到过查同族就是通过优先权号码进行关联的。因此，组织应将任何一件享有优先权的专利所享有的优先权号记录在"优先权"科目内，一定注意号码的准确性以及规范写法，比如，201310001000.1，有人不喜欢写最后数值前的那个点，就变成了2013100010001，这将给未来检索制造障碍。若有多个优先权的，用"；"隔开。

（7）关于进国家。专利随创新而产生，在谈到创新成果保护上，就不得不说说专利布局。专利布局除了综合考虑专利申请时间、是否提前公开、母案子案分案的处理、技术分枝如何拆分组合等，还有重要的一点就是地域的布局。专利权的行使与地域分割不开，在中国授予专利权的专利在美国不受法律保护。因此，哪些技术到哪些国家或地区进行权利保护应是组织在研发有了一定阶段成果的时候，结合研发进度、市场情况、行业竞争、未来发展等进行综合评估，制定国际专利布局策略，并适时进行申请。此处的"进国家"科目不是填入进入国家的简称，而是填写绝限日期。比如，一件 2018 年3 月 10 日在中国申请的发明专利，经组织评估计划将该专利向 USPTO（美国专利商标局）递交申请，那么这件中国专利"进国家"科目填写

"20190309"进入美国的绝限日。当然这个绝限日是采用《巴黎公约》的方式计算出来逐一进入国家的日期。组织还可以采用 PCT 的方式进入国家，自中国专利申请日起 12 个月内递交 PCT 申请，同样"20190309"是 PCT 专利申请的绝限日。通过 PCT 途径向其他国家申请专利的好处，组织在 PCT 专利申请后可以获得至少 18 个月的考虑时间，也就是自中国专利申请日起 30 个月前决定具体进入哪些国家并向这些国家提交专利申请即可。PCT 策略可以为组织争取更多市场观望、技术成熟的时间。所以"进国家"科目内的日期尤为重要，除了正确填写，还要做好时限监控。

（8）关于保密审查。在国际专利布局中保密审查也是重要的一环。《专利法》规定任何单位或个人将在中国完成的发明或实用新型向外国申请专利的，应当事先报专利局进行保密审查。也就是说法律规定了提出保密审查的主体是专利申请人，无论申请人是单位还是自然人。如果在中国申请的专利审查过程中发现该专利申请未经专利行政管理部门保密审查就已经向外国提交了专利申请，则该中国专利申请将不被授权。而对于已经获得授权的中国专利，也可以请求宣告该中国专利的专利权无效。保密审查包含发明专利与实用新型专利，外观设计专利不属于此规定之内。实践中，组织为了短时间内获得保密审查结果，建议在提交中国专利申请的同时提交保密审查请求，也可以根据需要直接向国务院专利行政部门提交国际专利申请，这两种方式的审查时间都会相应缩短。所以，组织在策划国际专利布局时，除了考虑进入哪些国家，还要尽早提出保密审查，以排除后患。在"保密审查"科目记录提交保密审查请求的日期，如"20190810"代表 2019 年 8 月 10 日提交保密审查请求。一般情况下自保密审查请求日起 4—6 个月（这个期限未来可能会缩短，以国家最新规定为准）未收到保密审查通知，就可以将该专利向国外递交申请了。关于进国家及保密审查的关联关系很明显，如果这件专利已经计划向美国提交申请了，那是否提过保密审查，什么时间提出的，就可以通过这两个科目的记录一目之然。

（9）关于年费。专利年费是指专利权人依照法律规定，自被授予专利权的当年开始，在专利权有效期内逐年向专利局缴纳的费用。专利年费根据专利种类的不同、组织是否通过费用减缓而不同。每年专利年费的绝限日均是专利申请日在该年的相应日。例如，2016 年 3 月 3 日申请的专利，2018 年 5 月授权时缴纳了第三年年费，那 2019 年 3 月 3 日以前就应缴纳第四年年费，依此类推。设置"年费"科目是为了更好地监控专利生命的继续，组织通过评估决策确定维持专利权有效的情况下，需要每年为其缴纳一次年费，并在"年费"科目内记录下一个交费绝限日，如"20190303"就是该专利第四年年费的缴费绝限日。当然，法律还给予了宽限期，但本文不作过多介绍，我们本着为组织节约资源与成本，尽可能在第一步就把好关，而不是将事件往后拖到出现需要缴纳额外费用的情况。除非组织遭遇重大突发事件，导致无法正常缴费，那时可以通过考虑走宽限期的办法恢复专利权。

（10）关于主动放弃。专利权人可以主动放弃任何一件还处在权利有效期的专利权。主动放弃的是全部专利权，不能放弃部分专利权。法定意义上的主动放弃，需要专利权人向官方提交放弃声明。本处的主动放弃除法定意义外，也包括组织通过评估不想继续维护某件专利而选择不缴纳年费的放弃行为。上述这两种放弃行为，无论发现了哪种，均需要在"主动放弃"科目里记录正确的放弃日期。比如，组织 2019 年 12 月 12 日通过评估会议决定放弃某件专利权，需要在"主动放弃"科目里记录"20191212"，这样代表于 2019 年 12 月 12 日由权利人采取主动放弃的方式结束了该专利。这时该专利的"年费"科目里记录的日期应是远于 20191212 或等同于这一天，否则年费的监控就失控了。另外，发生主动放弃的需要在"状态"科目记录"主动放弃"或"失效"，代表该专利权已无权。

至此，专利维护单元台账的科目介绍完了，表 3 共分 4 对关系科目：办登日与授权公告日和授权公告号，发明人与申请人和优先权，进国家和保密审查，年费与主动放弃。请组织在使用过程中充分利用这 4 对关联关系，维护好专利授权后的生命周期，并根据组织的发展战略，做好专利布局的监控，且每个国家或地区对专利生命周期间的各类事务的起止时间不同，每一件都要准时正确地记录，设置提醒功能，是规范专利维护周期的重要工作，管理好组织的 IP 资产，才能使其发挥应有的效益与价值。

1.4　专利运营单元台账

专利运营单元台账包含 10 个科目，具体为：行政诉讼、诉讼、无效、转让、许可、合作、质押贷款、评估、著录变更、专利等级（见表4）。运营单元管理的核心是促进专利资产的价值化与合法化。例如，以独占许可的方式许可他人实施的专利不能再许可给任意第三方、许可中的专利准备转让前未妥善解决处于许可期内的被许可人的使用等。

表 4　专利运营单元台账

行政诉讼	诉讼	无效	许可	转让	合作	质押融资	评估	著录变更	等级

（1）关于行政诉讼。专利行政诉讼是指专利行政行为的司法审查诉讼，包括：①当事人不服复审机构作出的维持驳回专利申请的复审决定的；②当事人不服无效机构作出的无效宣告请求审查决定的；③当事人不服国家知识产权局作出的具体行政行为的；④当事人不服地方知识产权管理部门关于停止侵权行为的处理决定、关于假冒他人专利或冒充专利作出的处罚决定的。组织若发生行政诉讼需要在"行政诉讼"科目填写行政诉讼的起止日期，记得一定是两个日期，一个开始的一个结束的。并在"状态"科目记录"行政诉讼"或"行诉"均可，代表该专利正处在行政诉讼中。

（2）关于诉讼。专利诉讼有 5 种类型：①权属诉讼是涉及一项专利申请权或专利权最终归属主体的诉讼。专利申请权归属诉讼发生在专利申请阶段，专利权归属诉讼发生在专利权授予后。②侵权诉讼是指专利权人因专利权受到非法侵害而引发的诉讼。它们可以是单一专利侵权引起的专利侵权诉讼，也可以是伴随其他原因而引起的专利侵权诉讼，如由专利实施许可和专利权转让引起的、由假冒专利引起的等。③合同诉讼是指因为不履行或部分履行专利实施许可合同或专利转让合同而引发的诉讼。合同当事人的违约行为是引起诉讼的重要原因和事由，专利实施许可合同或转让合同是判断和解决这类诉讼的重要依据。④行政诉讼已在上一个科目介绍了，本处不再赘述。⑤其他诉讼包括因发明人或设计人资格而引发的诉讼、职务发明创造实施并取得经济效益后单位不依照法律规定给予发明人或设计人一定报酬或奖励而引发的诉讼等。组织若发生相应诉讼需要在"诉讼"科目填写诉讼的起止日期，记得一定是两个日期，一个是开始的日期，一个是结束的日期。并在"状态"科目记录"诉讼"或具体的什么诉讼，如"权属诉讼"，代表该专利正处于权属诉讼中。

（3）关于无效。关于专利无效程序，专利法规定，自专利权授予之日起，任何单位或个人认为该专利权授予不符合专利法的有关规定，都可以请求宣告该专利权无效。这也是为了维护专利法的严肃性，维护广大公众的利益，设置了"宣告专利无效程序"。2019 年专利数据调查报告显示，92% 认可无效宣告程序。实践过程中，在涉及专利侵权诉讼案件中，被告基本上会采用专利无效程序，无论后续无效证据的证明力如何，都能为被告争取一些时间，起到缓冲的作用。因此，专利权人在欲起诉他人侵权前，一定要评估专利权的稳定性，不能贸然起诉，否则可能会导致丧失专利权。组织若有专利处于无效程序中，应在"无效"科目记录进入无效的日期，待无效程序结束后将结束日期也记入该科目，这类科目的时间都是起止两个日期，才能代表该项事务完成。行政诉讼是诉讼的一个类型，本文将其单拿出来做一个科目，是为了区分大多数的其他诉讼，因为一般情况下的行政诉讼，基本上是不同意复审或无效机构作出的决定而起诉的。不同于商业行为的侵权诉讼等。侵权诉讼大多数伴随着无效程序，因此，行政诉讼与诉讼和无效程序为关联科目，请组织注意他们之间的关系。另外，发生这类事件，需要在"状态"科目及时更新案件状态，如状态为"无效中"，那同时"无效"科目里就记录无效开始时间，待取得无效结束日期后完善"无效"科目的无效结束时间即可。

（4）关于许可。专利许可是指专利所有人许可他人在一定期限、一定地区、以一定方式实施其所拥有的专利，并向他们收取使用费用。专利许可具有专利技术成果的转化、应用和推广的作用，也是专利资产的价值体现。专利实施许可有多种类型，按照实施期限分，有在专利整个有效期间实施许可及在专利有效期间某一时间段实施许可；按照实施地区分，有在我国境内的实施许可和在特定地区的实施许可；按照实施范围分，有制造许可、使用许可、销售许可及制造、使用、销售全部许可；按照实施专利用途分，有一般实施许可和特定实施许可；按照实施条件分，有普遍实施许可、排他实施许可、独占实施许可、分售实施许可和交叉实施许可。由于专利实施许可有多种类型，所以组织在专利实施许可合同中需要明确相应许可权利。发生许可事件，需要在"许可"科目记录许可从开始到结束的日期，如"20191010—20221009"，代表本许可自 2019 年 10 月 10 日开始，到 2022 年 10 月 9 日结束。在"状态"科目及时更新案件状态，如状态为"许可"，代表该专利处在许可状态中。

（5）关于转让。专利转让是专利申请人或专利权人把专利申请权或专利权转让给他人的一种法律行为。专利法规定，转让专利申请权或专利权的，需要订立合同，并向专利主管部门登记，由主管部门予以公告。组织将现有专利资产通过运营，向他人转让时，要注意正确评估专利的价值，并综合确定转让该专利后对组织的生产经营是否会造成不良影响或制约等。发生转让事件，需要在"转让"科目记录转让协议签署日期以及办理著录变更完成日期，如"20191010—20221009"，代表本转让在 2019 年 10 月 10 日签订转让协议，2019 年 12 月 10 日转让手续办理完成。同时，在"状态"科目记录"转让"，代表该件专利已转让他人。

（6）关于合作。专利合作是指以专利作为资本与他人产生合作。最主要的合作可以理解为以专利权作为技术出资，与他人货币出资共同成立一个新组织。若组织采用这种专利运营方式的情况下，需要在双方合作合同中明确合作后该专利所有权的归属，是将专利权转让给新组织，还是只授权给新组织使用（如独占许可的方式），以及未来发生问题双方解除合作后，该专利权的归属等需要在合作合同中进行约定。发生合作事件，组织应在"合作"科目记录合作协议签署日期以及合作终止日期，如"20191110—20221109"，代表在 2019 年 11 月 10 日签订合作协议，2022 年 11 月 9 日合作结束。同时，在"状态"科目记录"合作"，代表该件专利与他人产生合作。这样记录的好处，一是可以了解到这些处于运营状态中的专利价值的发挥程度，二是以免后续事项与前事发生冲突或矛盾。比如，一件专利与他人合作期内是否可以再许可或转让他人等。

（7）关于质押融资。专利质押融资是指以合法拥有的专利权中的财产权经评估作为质押物从银行获得贷款的一种融资方式，可以帮助组织解决因缺少不动产担保而带来的资金紧张难题。也是专利运营的一种方式，使专利资产为组织贡献其价值的体现。发生质押融资，组织应在"质押融资"科目记录质押起止日期，如"20191130—20201129"，代表在 2020 年 11 月 29 日之前该专利处于质押过程中，不能进行转让类的事务等。同时，在"状态"科目记录"质押"或"质押融资"，代表该件专利处于质押状态中。许可、转让与合作和质押融资都是专利资产为组织贡献价值的阶段，组织采用哪种方式运营哪些专利，根据市场需要，并结合自身情况通盘考虑，适时进行评估。评估后关注对组织的伤害或风险，是否可以接受，或是可转移风险等，也就是风险的处置方式也要经过评估，以保障专利资产运营给组织带来的是正面的、有意义的、有价值的。

（8）关于评估。专利评估是根据特定目的，运用适当的方法，对专利权进行计价的报告，为资产业务提供价值尺度的行为。在实践中，组织针对一项专利可能进行多次评估，如在申请阶段评估其技术先进性，未来市场价值性，然后匹配相应资源。在授权后根据市场需求，对产品的贡献度进行评估，确认其给组织带来的利润。也可能是在许可、转让他人前的价值评估，或是寻求质押贷款前的资产评估等。无论何种目的的评估，均需要记录评估日期，这样通过台账就可以看出该件专利经历过多少次评估，具体评估的内容可以对应记录的日期查看评估报告。因此，"评估"科目内记录的是评估报告的时间。另外，此处的评估报告可以是有资产评估资质的机构出具的，如向银行贷款，一般需要具有资质的评估机构出具的评估报告。但若是组织每年对专利是否需要维护、对产品的贡献值等进行的评估，可以由组织内部相关人员共同组成评审组，出具评审意见，并非一定要具有资质的评估机构出具的评估报告。

（9）关于著录变更。专利著录项目包括：申请号、申请日、发明创造名称、分类号、优先权事项（在先申请的申请号、申请日和申请国）、申请人（名称、国籍、地址、邮编）、发明人、专利代理机构（名称、地址、邮编、专利代理人姓名）、联系人以及代表人等。著录项目变更需要缴纳相关费用，自提出变更之日起一个月内缴纳，期满未缴纳或缴纳不足的，视为未提出著录项目变更申请。关于著录项目变更，本书在此重点提醒，若组织未来发生专利权转让或赠予的情况，需要向专利主管单位办理该专利的著录项目变更手续，办理时应提交转让合同或赠予合同，该合同若是由单位订立的，应当加盖单位公章或合同专用章；公民订立的由本人签字或盖章；有多个申请人或专利权人的，应提交全体权利人同意转让或赠予的证明材料。无论发生哪些变更事项，均需要在"著录变更"科目内记录每次变更的日期，若当变更申请被批准后，会收到手续合格通知书，这时在"著录变更"科目记录手续合格通知书日期，代表本次变更事项生效的日期。例如，2019 年 11 月 11 日提交的著录变更申请，2019 年 12 月 10 日收到手续合格通知书，"著录变更"科目内的信息应为"20191111/20191210"，前边是提交日期，后面是合格日期。这样记录的好处，可以清晰显示一般情况下多长时间可以获得手续合格通知书，可供未来其他同类事件参考。另外，一件专利的著录项目变更可能会涉及多次，因此"著录变更"科目内会出现多组申请或合格日期，其间可以用"；"分隔开即可。

（10）关于专利等级。严格意义上来说专利等级没有统一的指引。基本都是组织根据自身习惯和特点确定专利分几个等级，每个等级的含义是什么。比如，IBM 公司专利资产分为四级，包括零级、一级、二级和三级。其中零级专利资产的价值定义为最高等级，这类专利在 IBM 又被称为钻石专利，而三级专利资产价值最低。也有些组织用核心专利、一般专利、外围专利定义其未来价值与现有资源的匹配说明。比如，笔者（赵欣）之前就职的组织共有 4 个等级的专利：一级专利动用一切人力物力财力满足所有要求，同时做国际布局；二级专利布局地域为中国、美国、欧洲、日本；三级专利原则上只在中国申请，除非其与一级专利或二级专利为强同族；四级专利只在中国申请且使用相对经济的代理人撰写。组织具体采用哪种方式定级没有优劣之分，只要把级别与含义明确就好。在专利交底书提案进入是否申请的评审阶段，就可以一并确定专利等级，虽然有些专利可能会随着后续申请、审查等过程调整级别也没关系，一定要明确各级别专利所应享有的相应资源，这样操作对组织的 IPR 更规范，且不用每一件专利平分所有预算，最后有价值的没保护好，没价值的成本也花得不少。量体裁衣，是专利定等级、用资源和量价值的最好方式。根据专利的级别在"等级"科目内记录该专利等级，若未来发生变更，应记录升降级的级别与日期，如原来二级专利于 2019 年 12 月 20 日答复了第一次审查意见后通过评估提升为一级，则"等级"科目记录"一级 20191220"。因此，评估和专利等级是强关联关系，如评估一件专利转让他人，首先要明确转让的专利是什么等级的，对己方的重要程度，是否适合转让等，其次可以通过评估价值与组织专利等级之间是否相匹配做比较，更好地体现专利等级确定的科学性、系统性、延展性等。若发生转让同样应伴随着著录项目变更。至此，评估、著录变更与等级作为专利台账最后的 3 个重点科目，足可以说明专利的后续价值在于运营，如何将不同等级的专利通过各种运营方式，使其不断产生回馈组织的价值，完成组织的期望，发挥资产的价值特点。

至此，专利运营单元台账的科目介绍完了，表 4 共分 3 对关系科目：行政诉讼与诉讼和无效、转让与许可及合作和质押贷款、评估与著录变更和专利等级。请组织在使用过程中充分利用这 3 对关联关系，将专利资产在其生命周期内，为组织的发展战略、合作及相关方带来利润。及时评估是专利资产运营环节不可或缺的风险管控方法，平衡冲突，减少资源浪费，才能使其发挥应有的效益与价值。

2　专利资产台账的维护

专利资产台账的建立在上一部分进行了详细的论述，虽然说万事开头难，但我们的目标不是建立台账，而是有效管理组织的 IP 资产。因此，建立台账是 IP 资产管理的基础，后期如何有效地使用及维护台账是 IP 资产管理的关键。本书希望通过对台账中相关数据的解读，使大家了解这些数据的意义以及对资产管理的重要性。

综合来看上面分四个单元介绍了专利资产台账需要建立的科目，本部分本书不针对每个科目的维护展开说明，因为有些已在建立科目时顺带着说明了。本书将抽离出维护过程中 5 个比较重要且情况复杂的科目，给出针对性的说明，以及一些细节规范性的提示。

2.1　关于我方案号

关于专利申请单元台账中的"我方案号"是组织为拥有的专利起的一个规范类代码。一般情况下可以使用国家专利类型申请年份及序号产生。如19-10345CN，代表2019年在中国申请的发明专利，其中19代表2019年份，1代表发明专利（2代表实用新型专利、3代表外观设计专利），0345是案件序号无实质意义，CN是中国。这样的案号没有什么浮夸的内容存在，实打实的，一看就能分辩出来是哪个国家哪个年份申请的什么专利。另外，对应案号去找专利案卷也一目了然。当然，用国家开头也可以，如CN19-10345，就看小伙伴们的习惯了，本书只是建议案号要朴素、实用、读得懂、用得顺。

2.2　关于审查通知

关于专利维护单元台账中的"OAX"是专利在审查阶段的往返通知与答复的简称。这类文件基本是一来一回的，如收到了第一次审查意见通知书（简称OA1），当前状态科目更新为"OA1"，然后在"OA1"科目将第一次审查意见通知书的开始日期与答复绝限日期全部写上，如20180110—20180524，至此，针对收到第一次审查意见通知书这事台账更新就完成了，这就是一来。那一回呢，就是答复了第一次审查意见通知书后，也需要在台账上更新，当前状态更新为"答OA1"或"已答OA1"，然后在"OA1"科目将原来计算的答复绝限日改为正式答复递交日，如20180110—20180320，其中20180320就是该一通的答复正式递交日。这样的一来一回，就足可以看出这件专利的第一次审查意见的收文及交文的时间周期，非常便于规范管理。

2.3　关于当前状态

关于专利申请单元台账中的"状态"科目，应该可以算是IP资产台账里数一数二的重头戏都在它身上。在此，我再举个一来一回的例子，便于读者能更加明白，并能实际操作应用。比如，一件专利申请收到了驳回通知书，这时"状态"科目应更新"驳回"或"申请驳回"，然后在"驳回"科目将驳回开始日期与复审绝限日期写上，如"20180310—20180624"。法律规定权利人可以在3个月有效期内提出驳回复审，这时就需要监控该专利是否需要驳回复审，因此就像收到一通意见要在一定时间内答复一样，主动权在我们手里，所以这里对时间期限的监控要求比较严格。若组织经过分析，决定不复审了。"状态"科目更新为"驳回放弃"，然后在"驳回"科目将驳回复审绝限日改为决定不复审的日期，如"20180310—20180520"，其中20180520是组织决定不复审的日期。"状态"科目的重要性体现在它不是独立存在的，它随着专利的发展而变化，但始终处于当下最新状态，所以在想看某些专利的当前状态，通过状态科目便一目了然。

2.4 关于优先权

关于专利维护单元台账中的"优先权"科目，是同族专利管理的重要一环，切不可轻视。本书在前文中提到经常见组织的IPR为了将同族专利放在一起，而选择在已有内容上插入行的方式进行，本书不建议用这种方式，这样的操作可能会产生有些内容被覆盖或遭遇删除的风险。因此"优先权"科目就是用于管理与展现同族专利的作用，只需要将该专利申请时声称的优先权号码逐一写入，如在"优先权"科目内写入"201210000000.X"或"62/000,000"即可，有时一件专利有多个优先权用逗号或分号隔开，如"201210000000.X；62/000,000"代表这个专利有2个优先权。组织想查同族时，通过专利号筛选即可展现所有使用相同优先权的一族专利。

2.5 关于空白格

设置一套规范的、统一的、标准的管理台账不是想有哪个科目就有哪个科目。因此，将会导致有些专利在具体的某些科目上不发生任何事件。比如，"补正"很多专利全寿命周期都不会遇到这事，所以这个科目很多情况下是空白的。还有组织会根据拥有最多次审查意见的专利而增加OA科目。那么，其他OA次数少的专利也会产生空白格。针对这些空白格建议管理人员确定一个规则，所有后来人都采用同一要求即可。例如，遇空白格填写"无"或"—"或"否"或您觉得它可以代表这个专利在该科目上未发生也不会发生此类事件的词或代号均可。根据笔者多年的经验，应尽量不要留白，也就是空白格应填全，否则有时说不清某个空白格是真实的，还是被无意识抹掉了内容，只有每个格都是有内容的，可以依据内容的含义确定事件，为妥。

3　总结与展望

专利资产台账标准化之路的分享即将结束，在此，重点提示组织建立一个标准化的资产管理台账是万里长征的第一步，维护资产台账的有效性才是重中之重。就像盖房子，建台账是打地基，如果后续没有相应管理与监控机制那就等于没在地基上盖房子，无论多么完善的、规范的、标准化的台账也会随着时间土崩瓦解的。推荐组织参考应用 PDCA（PDCA Cycle，戴明环）模式，作为进行工作和发现、解决问题的工具。通过对工作规划、执行、查核和改进，以确保可靠度目标的达成，并进而促进品质持续改善，才能踏上标准化之路。

标准化管理是为了提高工作效率，减少矛盾与误解。对于促进组织管理和全面进步，提升管理水平，提高工作质量和档次，增强组织资产的安全性和价值性，具有极其重要的作用。组织通过标准化行为指导作业流程，从而控制各种不确定性对 IP 资产的影响，以减少或消除因缺陷产生的风险。持续认真地实施标准化工作，能为组织带来关联方的信任，进而提升 IP 资产创造的巨大财富。

专利资产台账由四个单元、40 个科目、16 对强关联关系组成，他们之间相互关联，相互制约，共同构成了标准化之路上资产生命周期的一幅精彩画卷。

IP 资产全寿命周期有效管理综述

陆 騄

作者简介

陆騄，中规（北京）认证有限公司，中规学院高级讲师，知识产权管理体系认证审核员、具有专利代理师资格。承担多起重大专利分析、专利导航、专利预警等项目；对创新管理体系的建立及有效实施有较为深入的研究，参与各地政府、企事业单位培训百余场，具有丰富的知识产权与标准授课经验。

创新和知识产权早已成为当今社会无可争议的关注核心，从全球新一轮科技革命、产业革命迅速发展，到我国知识产权事业的蓬勃发展、创新型国家的建设不断推进，再到中美贸易战中的知识产权争端……在动态的市场竞争环境之下，组织的任何优势和盈利都是暂时的，越来越多的组织意识到，良好的知识产权资产管理是组织赖以生存和持续发展的关键。

组织的创新与盈利之间，可以通过 IP 资产的全寿命周期有效管理，链接起持续的良性循环。组织的合理投入转化为高质量的创新成果，这些创新成果通过科学布局后形成知识产权"组合拳"，再通过有效的运营方式开展转化，进而获取技术优势、市场份额和品牌商誉，从而实现组织的战略目标。再将获取的利润回流至创新活动中，从而保证了源源不断的创新活力，也形成了循环提升式的闭环管理模式。

为此，本文以组织 IP 资产的有效管理为主题，从 IP 资产的概念和特征导入，沿着 IP 资产全寿命周期的管理维度逐步展开。由于不同类型的 IP 资产的独特性，笔者选取了创新过程中组织较为关注的专利资产和商业秘密资产为例，通过 IP 资产全寿命周期的关键节点和过程风险展开论述，以促进当代组织创建高效的管理模式、培植良好的创新理念和有效地运用创新成果。

1 IP 资产的认知误区与管理现状

目前，许多组织或个人容易将知识产权、知识产权资产、甚至是无形资产混为一谈。实际上，虽然在部分特定语境下可以将知识产权和知识产权资产混用，但我们应当明白，二者的本质属性是不同的。也正是由于对这些区别的认知不足，造成了绝大部分组织在 IP 资产管理上的疏漏。

知识产权是在科学技术、文学艺术等领域中，发明者、创造者等对自己的创造性劳动成果依法享有的专有权，其范围包括专利、商标、著作权及相关权、集成电路布图设计、地理标志、植物新品种、商业秘密、传统知识、遗传资源以及民间文艺等[1]。

1.1 IP 资产的认知误区

知识产权的概念想必大家都耳熟能详，但是一旦加上"资产"二字，相信有很多读者就会产生误区。理论界在对知识产权属性的研究上早已形成了"多元论"的理论主张，其中重要的一点就是从财产管理的视角提出了知识产权的资产属性[2]。我们知道，资产是对组织有潜在价值或实际价值的物品、事物或实体。因此，综合上述的定义，IP 资产就是组织对其在生产经营过程中所形成的知识产权，进行统筹谋划、合理配置、系统管理和有效运营而形成（潜在）价值的资产。

如何更好地理解 IP 资产的属性呢，笔者总结了 IP 资产所具备的特征：①增值性。在管理得当的情况下，具有强大的增值功能，能为组织创造超额利润。②风险性。IP 资产具有不确定性，若组织在管控层面有所疏漏，则可能面临较大的损失。③资源性。IP 资产相对于实物资产而言更为复杂，需要综合考虑成本、机会、风险与期望，在资产全寿命周期内合理地配置资源。

组织往往看重知识产权的私权属性，却易忽视资产属性也是知识产权最重要的表达形式之一。一旦组织忽视了这一点，就很容易会产生"获权即获利"的错误认知。实际上，认识到知识产权的资产属性是万里之行的第一步。有了认知，组织才不会将 IP 资产管理与一般意义上的知识产权管理混为一谈。面对 IP 资产管理这项复杂而系统的工作，需要组织打破传统窠臼，不断提升认知与管理能力。

1.2 我国组织的 IP 资产管理现状

古代学者曾总结出读书有三层境界，笔者也归纳了现阶段我国组织 IP 资产管理的三层境界。

第一层，强调业绩，忽略目标导向。

部分组织认为 IP 资产管理的要点在于"花小钱办大事"。这类组织往往以获取一定数量的知识产权为目的，但却忽视了 IP 资产的本质与特性，最后只能落到"花小钱坏大事"的尴尬境地。

2017 年 7 月，深圳市金溢科技股份有限公司（以下简称"金溢公司"）向法院提起诉讼，认为北京聚利科技股份有限公司（以下简称"聚利公司"）侵犯其名为"电子自动收费车载单元的太阳能供电电路"的发明专利权，请求法院判令被告立即停止侵权行为，并赔偿原告经济损失 1 亿元。聚利公司除积极应诉，还做足内功，收集证据，分析案情，及时针对涉案专利提起了专利权无效宣告请求。2018 年 7 月，原专利复审委员会宣告专利权全部无效。随后金溢公司不服审查决定，向北京知识产权法院提起了行政诉讼，但最终仍收到维持审查决定、宣告涉案专利权全部无效的行政判决书。

近年来，这类专利纠纷诉讼案例屡见不鲜。组织常常信心满满地发起专利侵权诉讼的攻势，但却吞下了索赔不成、专利权反被宣告无效的苦果。组织专利的质量不高、稳定性不强是被宣告无效的主要原因之一。

组织在顺应时代和市场的发展变化，鼓励创新，花了大力气进行研发，也形成了一定数量的知识产权成果，甚至可能申请了大量的专利。组织获得了一张漂亮的成绩单，但是，这些专利中很多是"专利泡沫"。由于重数量、轻质量，导致专利质量低下，因此这些"专利泡沫"无法有效保护组织的产品，也无法作为组织与竞争对手进行博弈的武器，或许还会被轻易地宣告无效而导致前期投入全部泡汤。

我们在强调知识产权的资产属性时，并非希望组织过于片面地考虑 IP 资产的投入与产出，以"业绩"为导向的做法看似低投入高产出，实际上却相当于花钱为组织买了一堆"专利证书"。这时，组织的专利将变为一纸空文，丧失了其资产属性，也丧失了其强大的增值功能。

第二层，强调管理，忽视资产属性。

随着我国知识产权强国建设的不断推动，各类型创新主体的知识产权意识和管理能力也都在不断提升。2013 年，GB/T 29490-2013 发布，截至 2019 年，我国已贯标的企业超两万家。2017—2019 年，我国还先后发布和实施了《高等院校知识产权管理规范》《科研组织知识产权管理规范》《专利代理机构服务规范》。一系列知识产权标准的出台有力地推动了我国组织的知识产权管理意识和管理水平，越来越多的组织在标准化实践中实现了知识产权全生命周期的有效管理。

在第二层境界中，组织通常已经意识到了 IP 资产的资产属性，但在实际管理过程中仍旧侧重于 IP 资产的私权属性，致力于规避风险。以规避风险为目的的管理模式下，组织无法完全激发 IP 资产的价值，但比只追求数量的第一层次已经有了质的提升。

第三层，强调价值，资源配置得当。

一流的组织对于价值的认知不再仅停留在静态的投入与产出上，而是以动态去看待 IP 资产的赋值。华为任正非曾经说过，华为成功的秘诀之一就是不在非战略性节点上耗费战略性资源。对照组织的 IP 资产管理工作，笔者所说的"强调价值"也正在于此，针对不同的 IP 资产制订适应性的管理和运营策略，将更多的资源投放到更有价值的 IP 资产上去。

第一层境界中的组织看似注重资源的配置，实际上只是静态地关注"价格"。第三层境界中，组织抓住了 IP 资产的资源性特点，动态、长远、综合地考量将如何进行资源配置。IP 资产的全寿命周期中，各个阶段都需要一定的投入，但是最终能产出何种价值，在何时产出，组织是锱铢必较还是筹谋得当？这就是处于第三层次组织的出众之处。

IBM 公司一直被许多知识产权从业者奉为殿堂级标杆企业，在专利资产的管理与运营上颇有建树。根据其官方信息，IBM 公司在 2017 年获取了 9043 件由 USPTO（美国专利商标局）授权的专利，这使得该公司连续 25 年在美国专利商标局的专利授权数量上保持龙头地位，并且，累计总授权专利数量在 2017 年超过 10 万件这个里程碑。

在辉煌的专利成果背后，实际上过去十几年来，IBM 公司一直在"由硬转软"，出售了一系列的硬件事业部，尤为令人瞩目的是 2005 年和 2014 年对联想公司的两次出售。

2005 年，IBM 把握了全球由个人电脑时代进入智能手机开启的移动互联时代这一趋势，意识到个人电脑的全球需求将常年趋平、利润降低。为此，IBM 将其笔记本电脑事业部出售给了联想集团，这次并购包含 ThinkPad 品牌，以及具有识别性的"小红点"鼠标控制器。联想集团为此次收购向 IBM 支付了 6.5 亿美元现金及 6.0 亿美元联想集团股份。

2014 年，IBM 以 23 亿美元的价格将其低阶 X86 伺服器硬件及相关业务出售了给联想集团，后者由此成为全球 X86 伺服器市场的第三大供应商。而 IBM 依然在云业务上提供大量的服务，借此，IBM 再次实现向更软、更智能的方向调整其结构。

在上述两次并购事件中，IBM 将相当一部分专利资产同步转让给了联想集团。据记载，2005 年有 1643 件专利由 IBM 转让到联想集团，2014 年，伺服器事业部出售同期同样发生了 1680 件专利转让。上文曾提及，IBM 的专利授权已累计超过 10 万件，但是，我们也应当注意到近 20 年来，IBM 所持有的美国有效专利始终维持在 5 万件上下浮动，这也与上述并购案中的专利转让不无关系。可以说，该公司的专利资产是取之有道、用之有道，多年来其知识产权收入基本能达到每年超过 10 亿美元（见图 1），也从侧面体现出该企业能够有效运用专利资产服务于全公司战略性的架构调整。

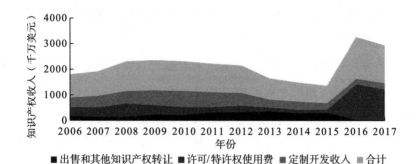

图1　IBM公司历年知识产权收入

实际上，IBM被奉为王者正是由于他不但能够获取优质的专利资产，还能够通过合理运营产生价值，并且这种价值不单单体现在营收方面，尤为重要的是能够推动企业的发展和转型。

对于一个企业来说，即便是每年研发和知识产权投入上亿元、专利数量累计至10万件，也不一定能说明其管理水平的良好。专利资产的有效管理并不体现在数量增长上，五年前获取的1万件专利，五年后还能否与企业的生存发展相衔接和适应？如果存在冲突，这些专利还能否在企业转型的路上加一把劲儿？IBM凭借其高超的资产运营策略给出了一份优异的答卷：面对快速变迁的全球局势与科技动态，一方面，企业需要前瞻性地投入适当资源去培育高价值专利资产；另一方面，可以选择将部分业务及其相关知识产权进行合理剥离，以满足长期经营战略的需求。

综上，我国组织在IP资产管理的过程中，如果想逐步达到第三层次的管理水平，更好地实现知识产权的资产属性，则需要注意以下几点：

①管理中不应仅关注业绩目标，盲目追求数量，最终导致"低成本投入""低质量产出"的结果。

②避免"机械性"的管理，组织套用或借鉴一定的管理框架以期规避风险，但未以IP资产的价值实现为目的合理配置资源。

③组织应结合不断变化的内外部需求，对IP资产进行全面、科学、专业化的全寿命周期管理，从而构建持续竞争力，赢得长期发展。

2　专利资产全寿命周期管理节点

在管理层面上，组织应当以 IP 资产的全寿命周期为主线，识别相应的管理节点。通常情况下组织普遍认为知识产权的寿命周期包括了获取、维护、运用和保护这四个阶段，这是一种相对粗放式的划分，笔者将结合案例进一步论述与分析专利资产全寿命周期有效管理的环节与内容。

为了便于读者的理解，笔者将专利资产拟人化，把专利资产的生命周期与人生价值创造与实现的过程进行一一对照。自我们出生然后经过了漫长的求学阶段为步入社会打下基础，因此可以将此阶段类比为专利资产的获取（侧重于研发）和维护阶段；工作后逐步依靠前期知识积累获取薪酬并实现个人价值，因此以步入职场类比为专利资产的运营阶段；最后，即便我们退休后，无法活跃在社会经济活动中，但已经积淀的经验和技能仍可以通过传承重新焕发新的活力，产生新的知识，所以将退休阶段比喻为专利资产的再利用阶段。

2.1　"学前班"：研发立项

人生开始系统性知识积累的起始点在近年来已不再被界定为小学了，而是提前至了幼小衔接阶段的学前班。同样的，越来越多的组织意识到了任何一个研发项目的专利资产管理也不应当从项目启动才开始，而是应当在立项前期就深度介入。

部分组织在研发立项初期容易犯"拍脑门"的错误，拟立项目不是只看技术先进性强不强、转化为产品后能抢占多大的市场份额就能决定，而是应当开展系统性的评估。专利资产全寿命周期管理的千里之行，就从这一步开始。

至于这一步到底应该怎样起步，若干组织在实际工作中仍存在着许多的疏漏。笔者在从事企业知识产权管理体系审核工作时常遇到类似的问题：企业虽然建立了立项前的专利检索分析工作，但实际上却形同虚设，表 1 为此类企业常见的立项分析报告。

表 1　企业常见立项分析报告示意

立项分析报告

文件编号：×××—×××

项目名称	A 设备研发项目	项目周期	2018.4.1—2018.12.31
项目简介		略	
项目知识产权分析			
检索关键词	A 设备	检索人	自行检索
检索时间及途径	2018.3.30	关键技术的专利数量	1 件
专利权人信息	×机械设备公司	文献检索	学位论文 1 篇，期刊论文 15 篇
知识产权风险分析及防范预案	与该项目研究内容不同，风险低，建议公司将项目尽快立项实施		
竞争对手情况	×机械设备公司	整体预算建议	略
知识产权部意见	同意	最高管理者意见	同意

　　上面这个立项分析报告在企业中屡见不鲜，但是对于 IP 资产管理工作来说，工作完全没有做到位，无法为有效的资产产出和运营打好根基。企业表面上开展了知识产权检索和风险分析的工作，但如果仔细观察就能发现，该企业并未关注检索分析的有效性、未评估技术转化的可行性等重要问题，立项阶段的管理不过是有名无实。

　　针对研发项目的专利资产管理应当综合考量以下方面后进行合理的资源配置。

　　首先，组织应对研发项目的必要性做出判断，如拟研发项目是否与组织的经营发展相适应，分析项目相关技术领域的知识产权竞争态势，结合国家与行业的政策和发展趋势，确定立项的必要性。

　　其次，组织应对技术的可实施性展开评价。分析现有技术的发展路线和未来趋势，明确拟立项的技术主题和方向，排查项目中的知识产权风险，初步制订布局策略与规避方案。

　　再次，应明确组织为支持项目推进所需的各项资源。例如，组织需确定是否具备技术产业化潜力，以防因后续生产工艺技术难度过高，组织始终无法达到，导致创新成果一段时间内无法自行转化，组织也未合理策划并实施其他运营方式，使技术逐渐丧失了先进性，进而整个研发项目投入打了水漂。

最后，立项阶段的检索分析工作如何开展也需要组织进行有效的策划与配置。是由组织内部人员（通常是科研人员或知识产权专员）自行检索，还是委托外部专业机构展开工作，需要组织考虑研发项目及技术对生产经营、核心产品的重要性。例如，自行检索能否确保内部人员的专业能力充足，尤其是核心技术的评议，在经费和时间资源充足的情况下，建议筛选出合适的专业机构去做。当然，对于检索分析及评议工作的策划不仅在此阶段需要关注，在专利资产的全寿命周期内都应当持续关注。

2.2　"小学"：研发过程

纵观我们人生中的求学阶段，小学阶段经历了 6 个学年，可以说是最长的一段时间，映照到研发项目中则类似于漫长的研发过程。

一方面，组织在立项之初要审慎考量，周密策划；另一方面，组织在研发过程中须及时推进，建立项目评审机制，严防面铺得过大、研发产出缓慢、未及时跟进市场和政策的变化，最终导致的高投入、低产出。

2019 年 12 月，海正药业发布关于上海证券交易所对《海正药业开发支出有关事项问询函》的回复公告。公告显示，海正药业依据在研项目及引进第三方技术项目的梳理结果，确认研发项目开发支出转费用处理及计提外购技术相关无形资产减值准备。据悉，开发支出费用中有 3.27 亿元是因为终止了 20 个研发项目。这些研发项目中，很多在 2010—2013 年立项，到 2018 年还在推进过程中，但这一切都在 2019 年戛然而止。关于项目终止的原因，海正药业解释称，公司原研发覆盖产品领域众多，包括原料药、仿制药、生物药和创新药，但是公司的研发项目管理水平以及可以匹配的公司研发资源不能支持研发项目的全面有效推进，导致部分研发项目研发进度显著落后，后续已无研发或市场竞争优势，或不再适合继续推进。同时，目前新的医药市场形势等外部行业环境的改变，对医药企业研发效率、药品生产成本等提出了更高的要求。因此结合第三方评估意见审慎确认终止部分研发项目。

该案例进一步体现出了研发过程中专利资产管理应聚焦于监控与评估的机制，包括以下环节：①跟踪与监控内外部情况变化，如组织自身业务聚焦方向、外部技术及市场竞争态势等，综合判断在研项目的下一步决策；②制订 IP 资产产出的布局规划，及时推动研发项目中的创新成果产出，如结合市场营销策略适时申请专利；③定期开展项目 IP 资产评审，如评估专利组合的完整性，从多角度展开查漏补缺，形成二次开发方案。

如果把研发项目比作长跑比赛的话，那么最后的百米冲刺就是结项阶段。在此阶段，组织应该已经初步形成了 IP 资产的储备与布局，此时应当再次对于侵权风险、产业化可行性、市场价值和接受度展开评议，全面考量如何选择知识产权的转化方式。

2.3 "初中"：专利申请

通常从我们上初中开始，就建立了明确的目标：通过高考获取高等教育的入场券。而在专利资产的生命周期中，申请阶段也有着同样的特点，在一定的专利制度框架下展开策划与布局活动，在尽可能大的范围内获取权利，通过"授权"的这场"高考"。

在专利资产的全寿命周期中，无论是前期研发、专利申请、日常维护还是决策运营，件件都需要投入人力、物力和财力。但是如果想用专利向竞争对手展开进攻，最后却落得竹篮打水一场空的结局，相信是所有组织都不愿意看到的。

这种情况往往是由于组织未重视专利资产在申请阶段的有效管理，才导致专利资产变为一纸空文，丧失了其强大的增值功能。有两类做法十分不可取：一是组织或申请人只在意委托代理机构所带来的成本，为此一味追求低价格高授权率的承诺，甚至可能在自身不具备专利能力的情况下盲目地选择自行申请。二是组织尽管投入了一定的财力选择了外部机构，但是将全部工作一股脑地抛给了机构，不进行积极的沟通和监督，这样的情况下也有可能造成最终专利被授权、但保护范围过小和专利质量低下的结局。

组织应组建或者选择专业的团队，深挖核心技术，全面检索分析，在研发人员、知识产权管理人员和专利代理师间搭建起有效沟通的渠道，监控专利文件撰写质量，合理开展专利布局。也许有的组织会认为，这样看起来前期需要投入很多，但笔者并不是强调组织对所有专利申请都实行一样的操作流程。可以通过专利等级的划分，分清主次，将更多的人力财力等资源投入到更为核心的技术上去，一些外围技术可适当降低投入，这样的管理模式下，高价值专利（组合）的产出才会加大，专利资产的属性才能凸显，未来无论是自行实施或开展维权，都会成为一只有力的拳头。

2.4 "高中"：专利授权

我们在求学旅途中，高中阶段可以说是目标最为明确的一段时期。同样，专利授权阶段指的就是从递交专利申请后到获得授权期间的这段时间。这期间组织的管理目标很明确，一切都围绕着获得授权并尽可能取得较大保护范围而展开。

组织仍旧要避免将一切工作扔给代理机构的错误做法，即便由专利代理师答复审查意见，组织也应当制订好一套制度流程以确保其研发人员和知识产权管理人员能够参与到相关工作中。一方面，组织应对答复各类审查意见的期限和质量进行监控，并且将相应文件有效留存，能够在一定程度上确保专利资产的质量。另一方面，组织内部人员在加强与专利代理师协同工作的同时，也会逐步提升自身知识产权专业能力，以此良性循环促其组织构建起一支专业能力过硬的人才队伍，更好地服务于后续的专利资产管理（见图 2）。

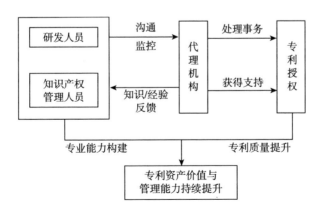

图 2　专利授权阶段的管理流程

2.5 "高等教育"：专利维护

当进入到高等教育阶段，人们就有了更多自主选择的权利：选择何种专业、进修什么学历、是否需要双学位……都可以根据自身的情况去进行抉择。同样的，到了专利资产的维护阶段，组织也需要开展动态的、综合的评估，始终以实现资产价值为目标，定期对现有专利资产进行盘点和策划。

就如同我们在大学毕业后可以选择继续研读，也可以选择直接就业。专利资产的维护也同样面临着选择，需要在产品中实施运用的技术自然需要维持专利权有效，如果随着市场和竞争格局的变化技术已逐渐被淘汰，那么当然也可以选择放弃维护。但一切决策的制订都应当是有理可依、有迹可循的，为此，专利资产维护阶段的重要管理输出包括以下几个方面。

（1）专利资产台账。这是专利资产盘点的基础性工作，并不是简单的列出一份台账，写明 IP 资产的类型、名称、法律状态等基本信息就足以支撑后续工作了。而是需要组织明确台账中所记录的各项要素对后续的管理工作会起到何种影响，以及针对不同的要素应实施什么样的监控和处理流程。

（2）评估分析报告。组织应当根据自身生产经营需求和知识产权管理能力，以实现专利资产价值为目的，结合组织商业经营策略，从技术、市场、法律等维度对现有专利资产进行评估，以便分类分级进行管理。

这里谈到的分类分级可以按照核心专利、重要专利和外围专利的进行类别划分，也可以按照可实施专利、可转让专利、可放弃专利等进行用途划分。

（3）专利资产运营规划。专利资产的评估与分级是组织制订运营策略的基础，为了盘活资产、节约成本，争取更大限度地发挥专利资产的价值，在此阶段，组织应当根据前期评估分析结果，做出运营规划。

哪些专利资产是对组织生产经营起到保障性作用的，哪些专利资产是逐渐丧失竞争优势的，哪些专利资产是有必要二次开发的……

这个阶段组织将统筹开展资源配置工作，一方面，要"物尽其用"，专利资产的存在必然会消耗组织资源，分类评级后对组织经营贡献更大的专利资产应给予更多的资源支持，而部分资产可以规划出让等方式；另一方面，要"查漏补缺"，对于现有资产的有效盘点会促进组织识别现有专利布局的不足，进而及时补充与优化，推动新的高价值专利（组合）的诞生。

（4）高价值专利资产运营计划。组织百里挑一筛选出来的高价值专利，自然是组织付出了较大的人力、时间和资金成本培植出来的，需要对其进行更为独立和全面的规划。对于高价值专利的运营应当识别其风险与机会，选择合适的运营方式。

值得注意的是，我们所讨论的价值始终有着多种表现形式。价值可以是直接的，也可以是间接的。关键性技术应用于自身产品使组织获利是价值体现，迷惑型专利阻击竞争对手也是价值体现。为此，这个阶段组织能否制定切合自身发展和市场环境的运营策略，对于IP资产的价值实现起到了决定性的作用。

（5）专利资产管理信息化系统。信息化系统的搭建对专利资产从获取到维护阶段的管理有着显著的重要作用。其持续贯穿在专利资产的全寿命周期的团队、分级评价、评估等过程文件的有效归集与管理中，便于后续查阅和追溯。

例如，四川九洲电器集团有限责任公司持续将专利所属技术领域、项目、产品线等信息录入知识产权管理系统，对产品、技术领域、研发部门等专利数量变化趋势进行统计分析；根据专利价值评价结果等因素，对研发部门、发明人的创新能力进行分析；自定义筛选要素，给月度、季度、年度技术创新工作提供数据支持，为公司在技术创新板块做决策和规划时提供基础[3]。

还有，海尔公司2018年启用了IPM知识产权管理系统，通过搭建高性能、配置灵活、可扩展、可动态优化的全流程模块化专利运营平台，实现全球专利资产管理和专利信息共享。将企业专利管理渗透在新技术和新产品开发、产品销售、产品或技术的进出口贸易等各个环节。所以新的IPM上线后，凭借其灵活的操作性，一方面，海尔可以将专利任务由低效的线下操作转为高效的线上操作，并且实现专利流程与现有研发流程对接，对专利布局、专利风险进行管控，避免侵权风险。另一方面，可以与代理机构进行系统对接，部分专利工作转移给代理机构操作，提高工作效率，降低人工成本[4]。

组织可以基于这些思路，通过搭建符合企业需求、与现有组织框架和业务流程有效融合的信息化平台，能很好地实现专利资产管理、专利风险管控和专利流程与研发流程的紧密对接，从而为专利资产的价值实现奠定坚实的基础。

综上所述，专利维护阶段看似如同一个人的高等教育阶段，有了更多的选择性，但这背后也需要更专业的管理能力加持，才能做出准确合理的判断，为后续的专利资产运营打下良好的基础。

2.6 "工作"：专利运营

十年寒窗无人问，一举成名天下知。

我们经过十数年的知识积累，最终走向职场的时候，如何将知识运用到实际工作中而实现价值，是能否"一举成名"的关键。同样，专利资产一头连着创新，一头连着市场，是科技成果向现实生产力转化的桥梁，而能否有效开展运营同样是组织实现资产变现的重要通道。

随着专利运营越来越得到广大组织的重视，也出现了多种多样的运营模式。但总体来说，企业专利运营模式主要包括：专利产品化、专利商品化、专利资本化、专利标准化，以及专利经营化[5]。其中，专利质押融资作为近年来的热门领域受到了许多科技型小微企业的关注。

2020 年 1 月 14 日，国家知识产权局发布的一组数据显示：2019 年我国专利质押融资达 1105 亿元，同比增长 24.8%，专利质押项目达 7060 项，同比增长 30.5%。由此可以看出，专利资产的有效运营能为组织带来丰厚的经济回报。

对于专利资产的运营模式，首先，要建立专利评价体系（可以引入第三方），对于不同的资产的特殊性进行总结，结合当前具体的内外部环境选择适合的专利运营模式。其次，不容忽视的是要建立合理的利益分配机制，激励相关人员主动开展技术的转移转化。

举例来说，大部分组织认同在专利运营中要顺势而为、以动应变，但是很少有企业真的能对自身的 IP 资产运用得当。华为公司一直是我国组织在 IP 资产管理方面的标杆。2020 年 2 月 6 日，华为宣布在美国得克萨斯州东区和西区法院向美国第一大通信运营商 Verizon（威瑞森电信）提起诉讼，请求 Verizon 为其网络中使用的 12 项专利支付费用，同时要求 Verizon 就其专利侵权行为对华为进行赔偿。此番诉讼能够体现出华为深厚的 IP 资产运营功底和较强的风险应对能力，值得广大组织学习和借鉴。

纵观近年来华为的发展历程，其一直秉持着一种"和平发展，互利共赢"的企业哲学，始终强调："诉讼是争取研发投入回报的手段，但不是华为的最优选方式。"

在贸易争端开启前，华为的 IP 资产管理策略侧重以下三个方面。

（1）保障研发：坚持自主研发，确保研发投入，开展广泛合作。

（2）专利战略：周密布局全球专利，实施标准专利战略。

（3）交叉许可：积极推动专利交叉许可，以消除由于知识产权垄断而形成的企业竞争壁垒。

但是随着被美国列入实体清单，继美国第二大移动运营商美国电话电报公司（American Telephone & Telegraph，AT&T Inc.）临时放弃销售华为 Mate 10 Pro 之后，2019 年，华为同样无缘 Verizon 这一运营商渠道。禁令使华为失去了美国市场，但无法击溃其知识产权壁垒。为有效应对，华为的 IP 资产运营原则依旧，但策略正在悄然改变。

尽管在 2019 年华为曾表示自己始终是产品销售为主的公司，不会将知识产权武器化，将与 Verizon 开展业务谈判。但自 2019 年 2 月以来，为了获取应得的费用，华为已先后和 Verizon 进行了 6 次面对面的会议，并向 Verizon 提供了详细的专利清单和 Verizon 使用华为专利的事实证据。2020 年 1 月 21 日在纽约也与 Verizon 进行了会晤，但双方至今无法就许可条款达成一致。

面对如此的外部局势，相信除了上述提及的三条策略外，华为还会新增一条：

（4）强势亮剑、敲山震虎——积极寻求第三方司法机关的裁决。当专利资产无法用于产品应用和市场开拓时，组织暂时"化身为 NPE＊"也未尝不可，以专利许可费和侵权诉讼为利刃，巧妙地劈开对手的阻击，或许是重新开启合作大门的有效途径。

综上，组织应全面地了解专利运营的各种途径，尤为重要的是要结合内外部情况动态选取最合适的方式去应用。同一件专利或者同一组专利组合，在面对不同内部发展需求和外部环境变化时，不能一成不变地展开运用。

2.7　"退休"：未雨绸缪与信息再利用

专利资产在寿命周期即将结束时就如同我们面临退休的局面一样，似乎

＊　NPE（non‐practicing entities，非专利实施主体）。

价值已被"榨干",但事实上,即便一项专利在走向失效,也仍然具备挖掘和使用的价值。当然,专利资产管理能力较强的企业通常会在失效前就做出周密布局,形成了专利组合。一些大型药企在这方面有着较强的功底,这其中,阿达木单抗(Adalimumab,商品名:Humira)专利资产的"常绿化"策略就引发过广泛的讨论。

Humira 是一种可自我注射的生物治疗药物,制药商艾伯维首先获得美国食品与药物管理局(Food and Drug Administration,FDA)批准的全人类单克隆抗体。该药物 1993 年开始与德国 BASF 合作研发,1994 年由合资企业提交了第一件技术专利,2000 年 BASF 以 69 亿美元向艾伯维实验室出售整个制药业务,2002 年 Humira 获得美国食品药品监督管理局批准。

迄今为止,Humira 在美欧日总共申请专利 386 项,其中美国专利 247 项,在美专利中 89% 的专利是在 2002 年药品上市后提交的,49% 的专利申请是由艾伯维在 2014 年第一件专利期满后提交的。截至目前,Humira 向欧洲专利局和日本专利局提交的专利申请数量分别为 76 项和 63 项。与美国相比值得注意的是,2002 年之后艾伯维提交的专利申请大部分已经被撤回:要么在审查期间被驳回,要么在专利受到诉讼后被撤销。

自第一项发明被提出并获得监管部门批准以来的这么长一段时间里,制药商以这样的速度提交专利申请是一种故意拖延竞争的"常绿化(evergreening)"策略。发达国家跨国制药企业常用这种专利策略,通过对现有化合物的微小改变和组合,不断在全球范围内申请新的专利以延长市场垄断时间。在这样的策略下,围绕一个化学药品,可以存在数十个专利,但其核心的发明却只有一个。

在这种"未雨绸缪"式的专利资产策略下,能极大地延长专利的寿命周期,达到强保护的效果。在建立了专利保护的堡垒之后,艾伯维在过去的 15 年里,得以依靠 Humira 在世界各地获取丰厚并且持续的回报。自 2002 年起,Humira 为艾伯维公司带来了共计 1000 亿美元的销售收入。其中,仅 2017 年 Humira 在全球销售额就达到 180 亿美元,其中 120 亿美元来自美国,仅 Humira 一项的收入就占到艾伯维总收入的三分之二。

除了在专利生命周期结束前就对其进行有效的布局以外,对于已失效的专利，组织也可以继续挖掘其价值，力求达到物尽其用。专利中蕴含着大量有价值的情报信息，失效专利中所蕴含着的技术动态信息同样不可小觑，可帮助企业进行内外部环境分析，服务于企业技术开发战略制定。

例如，可以根据专利流的走向来判断技术主题的新生、消亡及发展状况；或者基于生命周期理论，分析组织各技术功效所处的发展阶段，以及在不同时间段下组织对各技术功效重视程度的变化，从而可以更可靠地指导或预测将来的技术方向。通过在适当的时间开展上述分析，在结合外部环境分析的基础上，根据组织自身规模大小和研发能力强弱，可以辅助制定在产业发展的不同阶段满足组织实际的技术开发战略及战略要点。

因此，即便专利资产已走到了寿命周期的尾声，组织仍可通过提前布局和二次利用的方式继续实现专利资产的价值。

2.8 小结

组织对于专利资产的全寿命周期管理，最重要的在于意识到组织的 IP 资产管理不同于一般意义上的知识产权管理，也不应仅仅关注于专利申请管理、专利保护管理等基础性内容。可以说，专利资产全寿命周期管理是组织知识产权管理与资产管理的交叉与升级，将过去抽象、被动服务型的组织知识产权管理，转变为量化、主动型的管理，是组织知识产权管理的进阶阶段。

笔者通过专利资产管理所涉及的 7 个节点——项目立项、研发过程、专利申请、专利授权、专利维护、专利运营和信息再利用与组织在生产经营各个里程碑相结合，阐述了如何有效把控利润点的关键环节，以及关注每个节点的重要输出，为组织 IP 资产全寿命周期的管理提供了一些思路，适时的管控可以避免资产的流失和风险。

3 商业秘密资产全寿命周期管理

上文中笔者已经提及，不同类型的知识产权在获取、运用、保护、管理等各方面都有着较大的差异，必须要因材施教，才能走向成功。为此，笔者继续选取当前企业最易产生疏漏的商业秘密资产管理进行论述。

近年来，随着我国知识产权环境的不断优化，上至法律法规制修订、下至广大组织的意识和能力，都有了较大的改善。但是，组织对 IP 资产的关注却往往集中于专利和商标，轻视了对商业秘密资产的有效管理。

由此造成的结果也隐藏在了下面这组数据背后：

根据对最高人民法院及地方各级人民法院的知识产权民事一审案件的分析可得出如下数据——商业秘密纠纷案件在全部知识产权纠纷案件中占比为 1.45%，而在这为数不多的诉讼案件中，约 47.00% 的案件原告选择撤诉，最终获得全部或部分诉求的原告更是寥寥无几，仅占 12.00% 的比例。

通过这些数据可以看出，当前我国组织意识到侵权发生并采取维权的很少，能成功应对并有效举证的组织更少，最终获得法院支持的组织实在是凤毛麟角。这不仅仅是由于我国现行法律制度不够完善，更多的是广大组织对于商业秘密资产的全寿命周期管理的认知与有效实施方法的缺失所致。

2019 年 4 月 23 日，第十三届全国人民代表大会常务委员会第十次会议通过关于修改《中华人民共和国反不正当竞争法》的决定，本次修改主要针对商业秘密部分，包括扩展了商业秘密的范围、增加了侵权手段和侵权行为的情形、加大了对商业秘密侵权行为的惩罚力度等内容。例如，新法提高了对恶意侵犯商业秘密的民事损害赔偿责任，情节严重最高可处罚五百万元。《中华人民共和国反不正当竞争法》从 2017 年 11 月第一次修订，到 2019 年 4 月第二次修订，可以说是创下了新中国修法时间密度的新纪录。这体现出我国在保护商业秘密方面持续完善政策与举措，以期鼓励和保护公平竞争，从而大力推动经济健康发展。

随着近年来商业秘密泄露和侵权案件数量的激增，越来越多的组织认识到了问题的严重性。但是，相当一部分组织想管却不会管。实践中，常见的误区是有些组织将内部生产、经营过程中涉及的信息和技术全部作为商业秘密进行管理。这是一种对自身资产不负责的做法，也因此导致组织为不必要的商业秘密浪费有限的资源。

这种认知误区常会导致企业与全部员工签署保密协议，约定工作中接触的一切信息均为秘密信息，并自认为这种全面覆盖式的条款足以保护一切的秘密信息。细心的读者可以发现，笔者这里使用了"秘密信息"而非"商业秘密",这是因为组织未经识别与评估一股脑地把所有信息定为"秘密信息",而非法律所保护的"商业秘密"。大部分商业秘密案件中由于原告无法证明秘密性和保密性导致了所谓的商业秘密根本不成立。上述做法中的组织仅凭一份保密协议就认为万事大吉了,实际上却错过了商业秘密资产全寿命周期各个重要的管理节点。

那么究竟应当如何才能有效管理呢?笔者将分为商业秘密资产的获取、锻造、维护与实施、维权与运用四个阶段为读者详细阐述商业秘密资产的全寿命周期管理。

如果说商业秘密资产就像组织最为隐秘的神兵利器,那么组织应该明确想要什么样的兵器、能配合自身的哪些长处或者能补足自身的哪些短板,再精雕细琢地去锻造这把兵刃,细致耐心地保养它,最后运用它进攻或防护,持续为组织带来竞争优势。

为此,笔者以一件兵器的生命周期与商业秘密资产的全寿命周期进行对比,以便于向读者阐述管理要点。

3.1 "量身定制"——商业秘密资产的获取

当前,组织在商业秘密资产的管理上往往从第一步就有所缺失。武林高手在选择一种兵器前,不会随便选择,而往往会考虑这件武器是否适合自己使用。同理,商业秘密资产的管理应当始于获取前的合理策划。

以技术秘密为例,技术创新成果通常有两种:一种是获取专利权以寻求专利法的强有力保护;另一种是作为企业的商业秘密,根据反不正当竞争法,通过有效的保密手段进行自我保护。两种方式都是常用的途径,但组织往往在专利申请前注重分析评议,却忽视商业秘密保护前也需要进行评议与策划。

组织考量一项技术是否要作为商业秘密进行保护,一方面,应知晓其优劣势,一项技术成果作为技术秘密保护的好处在于,涉密信息不必公开、不用交费、无地域性。只要组织管理得当,这项商业秘密可以永久地保护下去。但另一方面,不利的因素在于权利人必须采取合理的保密措施,要求组织具备相应的管理能力;同时很重要的一点是他人可以依靠独立研发或反向工程获取该技术秘密。

基于此，部分组织认为：易被反向工程的技术信息最好申请专利，而其余的都使用商业秘密进行保护，这种途径可以帮助组织减少专利获权与维权过程中的各项支出，从而降低组织成本。在某些情况下的确是可行的，但笔者认为，组织专业团队进行全面评估，再根据评估结果制定相应的策略为上策。

下面给出一般组织适用的商业秘密资产获取前的评估分析表，各组织可以在实践中结合自身情况合理增减相应条目（见表2）。

表2　商业秘密资产获取前评估分析

评估维度	评估项目	评估指标	具体分析	结论
法律维度	可专利性	实用性、新颖性、创造性		
	保护强度	保护时限或地域		
		保护方式		
技术维度	技术本身	所属行业		
		技术类型		
		发明类型		
		生命周期		
	反向工程难易度	直接观察、识别		
		拆解、测绘		
		检测、分析		
		文献检索与挖掘		
	竞争意图	竞争对手规避难易程度		
		干扰或迷惑竞争对手		
管理维度	信息	信息内容、载体、密级		
	区域	等级与措施		
	人员	等级、权限、制度、约定		
	设备	认证、维护、更换、销毁		
维权维度	识别	侵权监控方式		
	举证	举证难易度		
	维权	维权途径与手段		
总体评估建议				

确认意见		签字		日期	

如表 2 所示，组织在确认形成商业秘密前应当从这四个维度综合考量与评估，这些维度中的评估指标相辅相成，可以帮助组织更好地做出决策。

（1）法律维度。组织应当综合评估该技术的可专利性和法律保护强度。从一定程度上来说，商业秘密的客体保护范围其实大于专利，因为专利对于技术方案有新颖性、创造性和实用性的要求，而商业秘密却仅涉及秘密性、价值性和保密性，其中秘密性也带有相对秘密的性质，可以说对于技术方案本身没有创造性的硬性要求。因此，一项技术方案如果想作为商业秘密进行管理，首先要考虑技术的可专利性。

此外，组织应评估期望的保护强度，如涉及该技术的产品需要在哪些地区布局、需要多长时限的保护周期、是否作为商业秘密保护具有较大的风险、是否需要进行技术拆解与布局形成专利和商业秘密组合，以及为实现上述目标组织需要投入多少成本。

（2）技术维度。在技术维度下需要考量技术本身所属的行业类别、技术类型（产品发明或方法发明）、发明类型（创新性发明和改进型发明）和该技术的生命周期。组织可以进一步确认相关指标，以发明专利为例，改进型发明常面临着技术秘密的保护而不能取得时间上的优先、竞争对手也容易进行相同改进的情况。此时，再将技术方案作为商业秘密保护就不合理了，建议组织尽早申请专利，也可以在满足说明书公开充分的基础上对实施最佳效果的最佳组合、优化条件等进行商业秘密保护，以期最大限度地获取价值。

相比于机械器具，有的配方类技术方案具有极长的生命周期，能够长期、稳定地为企业带来经济利益，而且经营越久越能为企业附加品牌价值。最经典的案例就是可口可乐的配方，这种情况下组织可以优先选择商业秘密保护，再结合合理的保密措施即可确保"永久"的保护，而不受专利 20 年期限的限制。

进一步地，组织还需要评估技术方案的反向工程难易程度。对于用肉眼很容易识别的机械构造，产品上市后他人只需通过简单的观察和分解，就能获知的技术方案，不具备商业秘密保护的意义，组织应选择在产品上市前进行专利保护。同样的，生化领域的某项技术秘密如果很容易通过检测获知其成分，也无法保密。相反的，如果在产品制备过程中需要添加一种试剂，但该试剂在后期处理中会从产品中去除，或者该试剂即便在产品中有残余也是无法被检测出来，这种情况下可以考虑通过商业秘密保护。

还有一点尤为重要，组织需要评估他人通过文献检索与挖掘获取该技术方案的可能性。鉴于上文曾提及过商业秘密无法阻止他人通过自主研发获取技术后使用，如果竞争对手同样研发出了相同技术并申请了专利，组织就可能面临着被逆转的结局。因此，企业在确定形成商业秘密资产前需要评估他人自主研发获取的可能性，以期降低风险。

（3）管理维度。许多组织在权衡是选择申请专利还是商业秘密保护时常有的观点：商业秘密保护由于不经过繁杂的流程手续和维权费用，因而管理成本较低。实际上，正是由于这种想法，造成了组织的商业秘密最终处于"不可控"的状态。

GB/T 29490-2013 中明确规定，企业应从涉密区域、涉密人员、涉密信息和涉密设备四个维度展开保密管理。组织应在商业秘密前期评估时就开始综合衡量为实现管理目标所需的各项资源，并且初步预估管理成本，才能作为后期持续有效开展管理活动的基础。

（4）维权维度。组织在确认商业秘密资产前需考虑涉及的技术是否利于取证与维权。在现有的商业秘密案件中，原告取证、举证的难度普遍较大，也是这类案件原告胜诉率低的重要原因之一。为此，建议组织在前期策划过程中需要留存那些关键证据，如哪些文件可以证明商业秘密的保密性，包括保密制度与岗位职责、保密协议或条款、保密培训记录及签到表；除了自身管理的证据，还需要考虑一旦遭遇泄露和侵权时，各类证据的获得。包括组织应策划使用什么样的方式和频次监控侵权情况、面对侵权时取证的可能性和维权途径的选择，如组织应考虑公证购买侵权产品、调取监控、开展司法鉴定和侵权赔偿审计等证据收集的难易程度。

3.2 "磨砺剑锋"——商业秘密资产的锻造

组织经过周密的评估，选择了"量身定制"的"宝剑"，才能继续前行，一步步地使其发挥效果。要想使用宝剑，必须先磨砺其剑锋，这反映到组织商业秘密资产管理中，要点就在于：精准界定秘点，针对性制定管理策略。

在实践中，组织如果不重视精准界定秘点的环节，不但可能造成管理成本的增加，还有可能扩大风险。

鉴于商业秘密主要分为技术信息和经营信息两类，接下来将对这两类分别进行介绍。

商业秘密中的经营信息一般包括企业经验决策、特殊的管理方法、营销方法、财务管理方法、质量控制方法、营销网络等内容。常见的情况是，企业认为某离职员工擅自泄露和使用该企业的经营信息（通常情况是原告公司的客户资料、销售网络或供应商资料），并为竞争对手谋取了利益，此时企业向法院请求判令被告停止侵权并赔偿，并提交相应的客户名单。但是这类案件中有相当一部分比例的原告最终都无法达到诉求，原因是其无法证明所述客户名单是能够体现秘密性的经营信息。组织一股脑地将所有的客户名单提交给法院，却不知道到底哪些内容是经过公开途径就可以直接获取并使用的，而哪些内容是企业经过调查研究、重新整理和筛选、形成的特定化的经营信息，只有这类信息才能成为组织的商业秘密。

因此，对于经营信息，组织应当建立跳出传统客户清单的固有模式，以 IP 资产管理为目的重新规划清单内容，明确经营信息的具体内容，尤其是要体现出组织付出了努力所形成的独特之处。以客户名单为例，清单中不应当只有公开途径能获取的客户名称、经营范围、所属地域、联系途径等内容，还需要明确客户需求类型、需求习惯、经营规律、价格承受能力、乃至是否建立起长期的交易关系等内容，并将相应的调研和证明材料妥善留存。此时组织就能够强有力地证明其经营信息的秘密性，同时也为将来自身举证打下了坚实的基础。

商业秘密中的技术信息包括但不限于技术方案、工程设计、制造方法、配方、工艺流程和技术指标。如果组织已经按照上文中提及的获取前策划的方式开展管理，由于进行了系统的分析和评估，并且已经策划了技术拆解与布局，那么在此阶段再进一步明确秘点就会水到渠成。但现实中更多的情况是，组织在上个阶段就没有做出细致的分析，到此阶段也就只是将部分技术信息一股脑地认定为技术秘密进行保护。

这不但不利于配套管理措施，也不利于后期的维权举证。现有案件中许多企业主张其技术信息是其商业秘密，但提供给法院的证据是涉及某个产品或某种工艺的全部技术信息。例如，组织通常会在诉讼过程中将某种产品涉及的多份图纸一股脑地提交，并认为全部涉及了自身的商业秘密。但事实上，这其中可能绝大多数属于所属领域的公知常识或行业惯例。

为此，建议组织应当明确技术创新点，如某种生产制造加工工艺中，具体哪几项参数是关键性技术数据，需要作为商业秘密保护。只有明确了秘点，才能有的放矢地策划保密措施、留存证据，如针对关键性技术参数采取"隐藏处理"等。

在明确界定商业秘密的具体内容后，企业需要建立系统的商业秘密台账。台账的建立可以参考上文的介绍，按照技术秘密和经营秘密进行划分，也可以根据组织的业务流程、岗位职能等进行划分。比如，以产品为单位进行梳理，一项产品设计不单包括了技术研发工作，也包括了采购与运作活动，那么技术图纸、工艺设计等作为技术信息，采购渠道、生产情况等作为经营信息，围绕不同的内容在台账中界定秘点后，进一步需要明确密级、保密方式、责任人、涉密人员等具体内容（见表3），以便于后期对该产品所涉及的相应商业秘密进行有效管理。

表3　商业秘密或涉密信息台账

涉密信息简述	信息类别	价值	密级	信息载体	访问范围		存放位置	其他
					内部人员	外部相关方		
××项目××技术研发进展	研发记录	高	绝密	仅有电子文件	仅××项目组	不得外传	××系统	

综上，界定商业秘密范围，是进一步夯实管理基础、系统性地做出决策的重要工作。在这个阶段，组织的目的应当是精准识别，并将商业秘密管理与组织中各个部门和业务流程有效地连接起来，为接下来的商业秘密保护工作做出指引。

3.3 "十年磨一剑"——维护与实施

利刃没有精心呵护，也会生锈或蒙尘。同样，商业秘密如果没有实现

"保密性"的要求，也将丧失其价值。对专利做到合理的保密并不简单，放任自流和草木皆兵都不可取，组织要经过漫长、持续、有效的管理过程，才能不断发挥商业秘密资产的价值。

组织可以基于现有管理构架和业务流程，构建适合自身生产经营需求的商业秘密管理体系。本文由于篇幅原因，主要从商业秘密管理中的四个维度展开讨论（见图 3）。

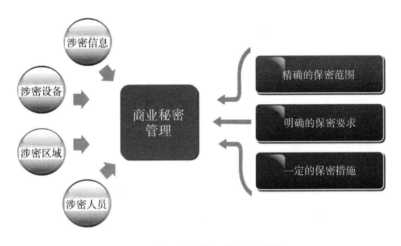

图 3　商业秘密管理维度与要求

（1）涉密信息管理。实际上，对于涉密信息的管理与前文的 1~3 部分基本重合。前文主要对具体管理节点的具体内容进行分析，那在这里就对整体管理流程进行总结归纳。

商业秘密资产管理中，涉密信息管理部分主要分为三大步骤。第一步是诊断调研，组织应根据专家团队的全面分析评估确认获取商业秘密资产的可行性，进一步明确秘点，也要全面识别商业秘密载体有哪些，并在这个过程中明确商业秘密保护中的权责，建立共识。第二步是风险分析，组织应聚焦于商业秘密可能面临的风险、预计带来的价值进行综合评估，对涉密信息进行分级。第三步是内控决策，基于对涉密信息的有效判断与梳理，至关重要的一点是需要指定符合商业秘密资产价值的保密措施（见图 4）。

图 4　涉密信息管理流程

《中华人民共和国反不正当竞争法》第 9 条第三款指出：本法所称的商业秘密，是指不为公众所知悉、具有商业价值并经权利人采取相应保密措施的技术信息、经营信息等商业信息。其中对于广大组织来说最容易出错的就是"采取相应保密措施"。仅用锁头把涉密的技术图纸锁在技术部的柜子里可以满足上述要求吗？答案在于所使用的内控措施是否满足"相应"两个字。如果这项涉密信息在前两步中分析得出是对公司发展起着生死存亡作用的重要信息，并且其存在多种载体（纸质、电子），那么上述内控决策就是不相应的，通俗地说就是权利人未采取合理的保密措施。因此，对于涉密信息管理的关键可以总结为找准关键、立足价值、建立制度。

（2）涉密设备管理。对于涉密设备的管理包括了软件及硬件设备，而管理要点也不应仅关注相关设备的配置，而应关注持续性和有效性。

田某在北京某公司任职，其间与公司签订了保密协议。在田某离职前一个月的时间里，他利用公司数据管理系统的漏洞，从公司数据库内先后下载文件 162 次，并通过网络共享传输的方式，将 3.3 万个并非由其设计经手的文件窃走。离职后，田某到同领域的深圳某公司工作，成为了该公司的项目副总经理，并利用其从北京某公司窃取的设备图纸进行设计、生产。随后，深圳某公司还将该设备申请了专利，导致该设备的核心技术方案被公开，最终给北京某公司造成损失超 200 万元。

部分组织的保密软硬件设置形同虚设，或者仅在建立和运行初期做过验证。这些设备设施是要以商业秘密的有效保护为目的而持续运行的，因此也应设置合理的频次，选择适当的方法，检验检测相关软硬件设备是否能持续满足管理需求。

（3）涉密区域管理。同涉密设备管理有异曲同工之处，涉密区域的管理要点同样在于持续性和有效性。

如果一个组织将内部 **90%** 的区域划定为保密区域，包括研发实验室、生产车间、仓库、财务部甚至办公室，就能说明其保密严格程度高吗？自然不是的。这种做法往往会导致组织的制度成为一纸空文。涉密区域的设置应结合组织的商业秘密类型和风险情况做出合理设置，对于涉密区域的管控措施（密码门、设卡、适当监控和记录等）应进行有效的规划，以便能保障企业正常经营不受影响。

一个典型的案例是美国凯迪拉克（Cadillac）公司诉凡尔纳工程（Verne Engineering）公司侵犯技术秘密案。原告指控被告侵犯其装甲车生产技术秘密。但在案件审理过程中，被告律师举证证明其可随意进入原告公司。原告公司内无门卫、无警示牌、满地图纸、参观者随处走动，甚至被告律师进入原告停车场后对原告主张的含有商业秘密的某品牌装甲车大摇大摆地拍照也无人阻拦。鉴于此情况，法官最终认为：原告对自己商业秘密不加防范，法律也没有必要加以保护，驳回原告诉讼请求。

组织应识别并明确涉密区域包括哪些设备，如电脑是否设置了拷贝权限、USB 接口是否可用、区域网络还是有外网，或为保密区域配备专用的打印机、传真机、碎纸机等设备；在有外来访客时须经由哪些程序、有哪些特定权限的人员带领进入、能参观和接触到哪些设备或载体；即便对于内部人员，也需要关注不同类别的人员能在涉密区域内展开哪些活动，并让每名员工知晓哪些是自己能为，哪些是自己不能为的。否则，加入组织的某名实习生由于不了解相关制度，实习期间无意拍摄了涉密区域的照片并泄露出去，也有可能被竞争对手获取并利用。这些都是在涉密区域管理时组织应关注的要点。

（4）涉密人员管理。涉密人员管理相对复杂，组织应综合运用制度手段、协议手段、培训手段和奖惩手段，形成人员意识和管理的双重约束。单独使用协议手段或制度手段都不能算是有效的人员管理。实践中这类案件屡见不鲜。

张某是广州某机械公司的员工，离职后泄露了该公司的商业秘密，为此，广州某机械公司向法院提起诉讼，举证材料为：①《定期保养及维修合同》及付款发票。②一份没有制订时间和公布时间的《公司员工规章制度》第二章规定了保密制度：公司职员都有保守公司秘密的义务，公司的秘密包括合同、客户资料和成本价、销售价等。③被告现公司分别与原告客户签订的《定期保养及维修合约》。④原告张贴《公司员工规章制度》的 4 张照片；1 张包括被告的"业务精英"照片。其中，证据 2 和证据 4 是为了证明原告建立了保密制度、并与被告（张某）签订了保密协议。但在诉讼过程中，被告辩称保密制度是在他离职后才建立的，即便是离职前已建立，但公司未对他进行告知，所以他并不知情。虽然原告提供了张贴《公司员工规章制度》的照片和被告本人照片，但也无法证明被告知情。最终，法院认定仅凭保密协议无法证明原告对于商业秘密进行了有效管理，驳回原告的诉求。

同样，想仅靠与人员签订竞业限制协议或依靠合同附随义务都是不可取的。组织需要综合制度手段——在公司、各部门员工规章制度中明确职责与权限，并确保传达给所有相关人员，留存本人知晓的证据，最好能在制订和发布过程中请员工本人签字确认已阅；协议手段——进一步和关键岗位的关键人员签署保密协议，如果涉及保密费用也应有效保存相应文件和记录，必要时可签署竞业限制协议，但必须遵守《中华人民共和国劳动合同法》第 23 条、第 24 条的规定，约定期限不能超过两年，在解除或者终止劳动合同后、在竞业限制期限内按月给予员工经济补偿等；培训手段——定期组织涉密人员开展保密培训，培植其保密意识，进一步推动保密工作的开展；奖惩手段——有功当奖、有过当罚，才能强化保密制度在员工意识中的影响力和约束力，如对于能识别工作流程中风险的员工给予奖金奖励，对于因非主观性错误而导致的损失采取责任人降低绩效等方式。

3.4 "利刃出鞘"——维权与运用

商业秘密资产在《中华人民共和国反不正当竞争法》第 9 条第三款中的定义指明其具有价值性，这种价值性是指为权利人带来现实的或者潜在的经济利益或者竞争优势。

商业秘密运营途径中最常见的是自行实施，但除此之外，笔者也想进一步就技术转让和品牌营销这两个途径进行介绍。

2019 年，上海某大学欲对生命科学学院某教授申请的"一种人 PD－L1

蛋白高亲和性肽及其应用"及技术秘密进行转让，拟转让价格为 810 万元人民币，拟受让单位为某生物科技有限公司。转让的技术秘密包括，相应的分子结构和检测技术秘密、前期药效学研究成果、前期抗肿瘤免疫调控机理研究成果等。高校依靠商业秘密资产获取了较高的价值变现，也给组织提供了一种运营思路：除了自行实施，转让或许可也是可以参考的途径。

除此以外，还有很多的途径也是实现商业秘密资产价值的康庄大道。例如，总价值高达 790 亿美元的可口可乐品牌，是世界上最值钱的品牌之一。关于可口可乐，最为人津津乐道的就是其配方的故事。无论是代号为"7X"的核心配方，还是存放秘方的保险柜，抑或是掌管秘方的三个人不能同坐一架飞机……这些形形色色的说法都是基于可口可乐公司的商业秘密，开展了系列的商业营销运作，从而为其打下了品牌运作的基石。

因此，商业秘密资产的有效运作，是利刃出鞘时的光芒万丈，既可以成为组织开展生产经营的基础保障，也能够为组织的品牌和商誉赋值。

正如本文所述，商业秘密资产的全寿命周期管理远比有些组织认为的购买信息安全平台或者签订保密协议要复杂得多。组织需要深入调研分析、有效搭建体系和实现持续改进，才能使管理的终端输出更多的价值。

4　结语

组织在面对知识产权侵权纠纷时，真正的敌人往往并不是涉诉的竞争对手，而恰恰是组织自己。这是由于组织在 IP 资产管理上的诸多疏漏，才给了对手可攻之处、可乘之机。

古语有训："无欲速，无见小利。欲速则不达，见小利则大事不成。"笔者认为，这个道理也可以应用到组织的 IP 资产管理上。只寻求专利授权就可能忽视专利质量、只追求降低管理成本就可能扩大侵权风险……

组织应在现阶段知识产权管理的基础上，进一步细化和完善，着眼于资产全寿命周期，以动态的、长远的眼光去看待 IP 资产管理的问题。

参考文献

［1］国家知识产权局．企业知识产权管理规范：GB/T 29490—2013［S］．北京：中国标准
　　　出版社，2013．

［2］冯涛，张小龙．价值视阈的知识产权属性分析［J］．科技管理研究，2014（22）．

［3］中规（北京）认证有限公司．名企聊知识产权［M］．北京：知识产权出版社，
　　　2019：2 - 12．

［4］开放创新平台．海尔IPM系统上线，助力企业管理全球专利资产［EB/OL］．（2018 -
　　　09 - 21）［2020 - 05 - 15］．https：//www. sohu. com/a/255311470_610719．

［5］蒋群．专利运营模式研究［J］．科技资讯，2019（12）．

第二章

IP 资产应用

剖析项目资产审计的难点与要点

王 旭

作者简介

　　王旭，中规（北京）认证有限公司，中规学院高级讲师。知识产权管理体系认证审核员、专利代理师资格。企业技术研发背景，曾在大型知识产权代理机构从事国内外专利代理工作多年。擅长对高技术、成长型企业量身设计适宜企业的知识产权培训课程体系。在专利挖掘与布局、涉外贸易过程中的知识产权风险管控方面有较为深入的研究。

　　现代资产管理贯彻的是"全寿命周期"的理念，而知识产权的资产管理，存在着寿命难以界定的问题，资产的起点和终点的定义难以精确定位。由于不同组织主体对于不同类型的资产划分差异较大，其"全寿命周期"内又存在部分阶段被人为分割，知识活动难以被量化评价，使知识资产、资产的全寿命周期概念无法完整地呈现。知识产权资产作为无形资产，必然要依托于人和物而存在，对其的管理也必然涉及人和物的管理，因此就带来了交叉管理，引发了管理范围边界模糊、容易被过度放大的问题。试图突破这些理论难题，需要大量的时间和经历，而效果不可期。因此，在资产管理的研究中，我们尝试施行由下至上、以点带面的策略。总结市场需求，从解决市场需求点的角度研究资产管理模式。

　　科学技术部官网数据显示 2019 年上半年，全国共签订技术合同 147100

项，成交额为 7239.0 亿元，同比增长 9.8% 和 23.6%，全国技术交易继续保持稳定增长势头。按知识产权类型统计，签订涉及知识产权的技术合同 59921 项，成交额为 3258.7 亿元，占全国技术合同成交总额的 45.0%。其中，技术秘密合同 32155 项，成交额为 1722.4 亿元；计算机软件合同 18826 项，成交额为 557.8 亿元；专利技术合同成交 6429 项，成交额为 857.9 亿元（见图 1）。按合同类型统计，四类技术合同中技术服务合同成交额为 3658.9 亿元，居四类合同之首，同比增长 20.6%；技术开发合同成交额为 2645.5 亿元，涨幅为 28.1%；技术转让合同成交额增幅达到 34.1%，为 772.3 亿元；技术咨询合同较上年有所下降，成交额为 162.2 亿元。从大环境来看，我们的知识资产正在越来越多地被转化的过程中。

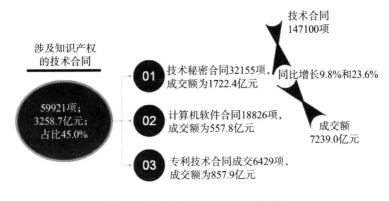

图 1　知识产权技术合同交易数据

目前，企业对于国家高新技术企业的申请及维护保有较高的热情，但随着国家高新技术企业数量的不断增加，各地方政府对高新技术企业把控越发严格，科技成果转化能力、研究开发组织管理水平等方面管理越发严格，稽查力度不断加大。研发项目管理、研发费用归集问题、知识资产和所属的主要产品（服务）的关联性等问题成为企业迈向高新技术企业路上的障碍。

基于上述对于资产管理大环境的分析，笔者根据组织对项目资产审计过程易出错或难于操作的方面进行了梳理，从研发项目出发，在项目各流程节点，剖析项目资产审计的难点，并结合相关难点问题进行要点分析。

1　知识产权审计

随着知识经济时代的到来、科学技术的不断进步，产品的价值构成也发生了巨大变化，产品中的物质比重不断下降，而知识和信息等无形资产的占比不断上升。无形资产在国家以及各类组织发展壮大过程中的作用也越来越大，各组织之间的竞争很大程度上集中在无形资产之间的竞争上。

欧洲知识产权服务平台（European IPR Helpdesk）指出，知识产权审计在帮助企业确定无形资产和通过研究与无形资产相关的知识产权判断资产强度方面作用显著，在辨明所有权、评估知识产权价值以及以最有效的方式保护知识产权方面意义重大。可以帮助组织更好地识别和监控整个知识资产组合，有效地利用和保护知识产权，建立有效的知识产权管理结构，使知识产权策略与商业策略一致，确定知识产权资产价值以及培养创造力和创新力。

当项目涉及以下情况时，应更加关注项目中的知识产权审计：①获得投资回报：企业可以通过盘点已有知识产权资产、进行头脑风暴发现更好的资产利用方式、进行技术许可获得额外收入来最大化投资回报。②收购或出售：当收购或出售企业或资产时，知识产权保护状态可能会影响成交价格。③投融资：在进行投资或融资时知识产权是一种重要的抵押品。④供投资者参考：潜在投资者希望确定企业知识产权状态是良好的。⑤声明与保证：在许可或者签订其他涉及知识产权的合同时，需要明确采用恰当的声明和保证。

知识产权审计是对组织拥有、使用或收购的知识资产的一个系统、彻底、聚焦方案解决的评价，以确定它们的法律地位、价值和知识产权相关的潜在风险、保护措施和利用方法。正式的知识产权审计一般有两个目的：识别、评估知识产权资产；预测和管理与企业知识产权组合有关的风险。

2016 年 4 月，美国律师事务所 Cowan Liebowitz & LatmanPC（科文莱博维兹莱特曼律师事务所）的律师 William M. Borchard（威廉·布尔查德）撰文从适用场景、耗时和成本、审计对象以及流程等方面梳理了知识产权资产审计的活动特点。William M. Borchard 指出，知识产权（专利权、商标权、著作权、商业秘密）可能是企业最具价值的资产，只要给予适当关注就会增加企业价值并创造商业效益。因此，企业应对知识产权审计加以重视。

知识产权审计中的检索和分析款项是其主要成本，所涉国家、商标标志、发明、著作权的范围越大费用越高，因此控制审计范围非常重要，从而估计尽职调查的耗时，以便较早地获得可能会使项目计划产生影响的信息。

由于知识产权资产涉及的内容广且杂，因此知识产权审计应聚焦于能帮助企业做出明智决策所需的信息，如果不考虑时间和成本，理应对所有的知识产权进行彻底调查，但在实际情况中企业必须选择真正需要审计的内容。

商标：哪个标志重要，哪个次要？有无计划扩大到其他产品、服务和国家？有无未被注册过的重要标志？是否有些可以被无效？

著作权：在电脑软件、包装材料、广告材料、网站、指导手册及其他可获著作权保护的项目中，哪些对企业是重要的？如果来自外部供应商，是否有合适的协议保证企业所有权？是否有限制将来使用的协议？

专利和商业秘密：什么技术是当前或将来的重要技术？是否所有专利申请都应被提交？是否有恰当的保密措施保护商业秘密？

域名：是否有所有相关域名的注册清单？是否都是在该企业名下注册的？是否应该与单一域名注册商合并？是否有新的域名需要注册或者现有域名需要被取消？

知识产权审计往往从列出知识产权清单开始，然后进一步检索，以明确是否权利已获得？是否官方文件已提交？是否有可能带来不利影响的未解决的质押或合同限制？在确定知识产权在哪些国家对组织现有和预期经营具有重要意义之后，可以审计以下记录：商标局、版权局、专利局记录、域名注册记录、在各地方办事处的质押记录、第三方许可记录、办公室政策声明和员工协议、独立承包商协议、诉讼和争议、和解和知情协议、转让协议、未注册标志、徽标和发明一览表、保密安全措施等。

2　项目审计

项目审计是指审计机构依据国家的法令和财务制度、企业的经营方针、管理标准和规章制度，对项目的活动用科学的方法和程序进行审核检查，判断其是否合法、合理和有效的一种活动。项目审计是对项目管理工作的全面检查，包括项目的文件记录、管理的方法和程序、财产情况、预算和费用支出情况以及项目工作的完成情况。项目审计既可以对拟建、在建或竣工的项目进行审计，也可以对项目的整体进行审计，还可以对项目的部分进行审计。

其工作内容是把项目的实施情况与其目标、计划和规章制度、各种标准以及法律法令等进行对比，把那些不合法规的经济活动找出来。然后通过审计和检查，评定项目的重大决策是否正确，项目计划是否科学、完备和可行，实施状况是否满足工程进度、工期和质量目标的要求，资源利用是否优化，以及控制系统是否健全、有效，机构运行是否合理等。通过实施审计，提出改进项目组织、提高工作效率、改善管理方法的途径，帮助项目组织者在合法合规的前提下更合理地利用现有资源，顺利实现项目的目标。简单来说，就是借用审计的方法对研究开发活动进行评估定位，为提高科技项目组织管理水平提供必要的改进与纠错信息。

通过审查项目实施和管理的实际情况，确定相关资料是否以事实为依据，并在鉴定的基础上作出书面的证明，具有高度的权威性。其依据是法规和标准，因而项目审计不是体现决策者的权力和意志，而是以原则和权威为根据的。近年来，多家中介机构因没有据实出具专项报告、工作中存在弄虚作假，被取消高新技术企业认定专项审计工作资格（见图2），使得相关合作企业的审计工作受到了不同程度的影响。因此审计工作的开展首要任务便是选聘合适的审计机构。

2019年10月31日，国务院国资委发布《中央企业混合所有制改革操作指引》，明确了审计工作重点，也为有审计需求的广大组织提供了参考依据。《中央企业混合所有制改革操作指引》指出，关于选聘审计机构应采取差额竞争方式，综合考察和了解其资质、信誉及能力。选聘的审计机构近两年内在企业财务审计中没有违法、违规记录，未承担同一混合所有制改革项目的评估业务，与企业不存在经济利益关系。选聘的评估机构应具有与企业评估需求相适应的资质条件、专业人员和专业特长，近3年内没有违法、违规执业国有资产评估项目记录；掌握企业及所在行业相关的法律法规、政策、经济行为特点和相关市场信息；与混合所有制改革相关方无经济利益关系。评估各有关单位：

　　在 2019 年高新技术企业认定的过程中，省高新技术企业认定机构在审查企业专项审计报告时，发现▇▇▇▇▇▇会计师事务所（普通合伙）、▇▇▇▇▇▇会计师事务所、▇税务师事务所有限公司等 3 家中介机构未客观公正地对企业的研究开发费用和高新技术产品（服务）收入进行专项审计或鉴证，没有据实出具专项报告，工作中存在弄虚作假的行为。

　　根据《高新技术企业认定管理办法》（国科发火〔2016〕32 号）和《高新技术企业认定管理工作指引》（国科发火〔2016〕195 号）有关规定，经省高新技术企业认定管理工作领导小组会议研究，现决定取消上述 3 家中介机构参与我省高企认定专项审计工作资格，现予以公告，自公告之日起 3 年内不得参与高新技术企业认定相关工作。

　　附件：3 家中介机构出具的 2019 年高新技术企业专项审计报告未通过情况表

福建省科学技术厅　　福建省财政厅　　国家税务总局福建省税务局

2019 年 12 月 24 日

图 2　取消中介机构相关审计资格的通知

对象为企业股权的资产评估项目，由产权持有单位委托，其中涉及增资扩股事项的，可由产权持有单位和增资企业共同委托。

3　项目资产阶段性审计

　　创新组织从科研立项、通过研发得到科研结果、科研结果用于产品的生产直到新产品品质提高带动了销售的增加，研究开发活动的各个阶段构成了整个项目的生命周期，这期间的项目资产不断地流入、流出产生项目资产的变动。而不同阶段有不同阶段的资产特性及审计重点。在进行项目资产审计时，应区分项目阶段，划分各阶段的审计要点，以便于通过审计可以及时发现各阶段不合理的经济活动，并能提出相应的改正建议，促使项目管理人员最大限度地实现对人、财、物使用的综合优化，从而尽可能地降低项目造价，提高项目收益。

　　笔者将结合研究开发项目管理过程的时间线对审计活动进行阶段性划分。从资产审计的计划阶段开始对审计活动进行基础建设；而后根据研究开发项目管理的生命线：从立项、研发、采购定点与外包到项目验收及成果保护，对项目进行阶段划分，从而实现对项目生命周期的资产管理活动进行审计；最后定位项目资产审计工作中，容易与其他项目或生产管理活动交叉的资产管理活动：材料设备管理以及财务管理，为时间线上的阶段划分进行查漏补缺，以保证项目资产审计活动的全面及准确性。

3.1 审计计划

审计计划是审计项目的开始，也是审计工作是否能如期有效开展的基础。因此，建立一个可行的审计计划是首要工作，其目的主要是明确审计工作开展的范围，为审计过程提供指导。计划包括：组建工作团队、明确团队成员责任、确定审计范围和审计预期期限以及给整个过程分配预算。根据所要执行的项目资产审计情况，确定各类资产审计的范围，对于确定科技项目的目标非常重要。

以新产品研发项目中的知识资产审计为例，此类审计可仅限于评估可能的侵权风险及知识产权保护。如产品业务规划涉及海外市场，则在此过程中应注意专利、商标等知识产权具有地域性和时间性的特性，在国外的专利技术或商标在国内不一定受法律保护。因此当开展的科技项目涉及海外或港澳台地区时，知识产权的地域性和时间性审查尤为重要。更广泛的知识产权审计则应合理计划从识别所有使用中的有形资产到风险管理的所有审计步骤。

为了在合理的时间期限内完成审计工作，最好能提前规划好每一步，并确保参与项目资产审计工作的每一名成员都知道相关时间节点。为项目资产审计分配的金额也应事先进行计算。需要注意的是，如果在执行审计的过程中需要寻求专业援助，预算将会大幅增加。

项目资产审计应绘制一个关于项目资产的整体且全面的画像。此类审计把项目中各类资产的组合看作整体进行详细评价，以检验该组织主体的项目管理模式。如果该组织主体没有进行全面的资产管理，那么项目资产审计则是构建项目资产管理模式和在组织主体内发展项目资产管理全面型文化的核心和基本步骤。

项目资产审计过程中存在一定的不确定性。因为准备阶段可能耗时很长，需要准备的材料内容比较庞杂，在这个相对较长的过程中可能导致管理者失去了对项目资产审计的兴趣，或者由不同部门准备的文档或财产目录被遗失或出错。为了避免这些风险，前期阶段的计划的时间、节点、任务、职责要完整且明晰。

3.2　立项准备阶段

研究开发活动的首要工作是创新计划管理，包含开始阶段、立项阶段、立项审批阶段。在此，我们将这三个阶段统称为立项准备阶段。组织在立项准备阶段需要根据对创新内外部环境的分析和项目既定目标的要求，确定创新的目标，并对未来创新活动过程的各类事项进行事前安排。立项准备阶段我们需要根据项目总体目标、策略来制订相应的管理计划，包括项目管理体系改进计划、实施计划等，指导科技研发活动的有序开展。

3.2.1　外部环境预测

组织应基于自身发展战略，根据项目管理的需要，分层分级地开展对外部环境的预测，以确定立项项目的立项基础，具体包括：

（1）形成知识产权专项调查报告。分析相关现有技术的发展路线和未来趋势，明确拟立项的技术主题和方向，排查项目中的知识产权风险，分析该项目所涉及的知识产权信息，包括各关键技术的专利数量、地域分布和专利权人信息等，初步制订规避方案。

（2）了解市场情况，形成市场分析报告。从宏观经济发展、行业形势、技术发展趋势等维度系统持续分析外部环境，规避风险。分析行业标准变化情况，评价组织内部标准与行业标准的符合性。通过分析其他组织的知识产权信息及组织信息，了解同行业竞争对手、合作伙伴的技术情况，评估该组织相对于竞争对手的技术先进性。必要时需要对竞争对手、合作伙伴开展知识产权尽职调查。

（3）建立、实施政策法规的识别和获取程序，定时更新政策分析报告。及时准确地分析法律法规、政策的变化和要求，识别法律法规、政策变化对组织的科技项目活动产生的影响。

3.2.2　内部环境评估

组织应根据项目的总体目标及项目主体的发展战略，对项目主体的内部环境开展系统性的分析与评估[1]，具体包括。

（1）衡量项目主体的资产状态、管理水平以及长、短期发展战略，预估项目资产转化最终成效，形成对该项目与组织主体发展需求相关情况分析；可以对项目决策是否遵循了科学的程序、决策依据是否充分、方案是否经过了优选等做出正确评价，从而避免或终止错误的决策。这一点，对防止盲目投资和建设决策中的重大失误非常重要。

（2）形成内部知识产权专项调查报告，了解组织知识产权的储备情况，对各项知识产权进行核查，获取知识产权清单；核查组织知识产权的当前法律状态、权属，提示过期知识产权、待缴费知识产权、非企业独立控制的知识产权（包括未转让登记到该组织名下的知识产权，该组织与其他组织共同持有的知识产权）；核查该组织与其他方签署的知识产权许可协议，了解重要知识产权的许可期限、许可范围及许可条件，评估其对该组织未来业务的影响；查询涉及知识产权的重大未决诉讼情况；针对核查出现的知识产权问题，提供解决方案。

（3）建立资源台账，考虑组织的人力资源、财务资源、物资资源及外部环境等约束条件；明确科技项目管理活动的责任部门、资源配置、时间节点等关键信息，能用于定期检查与评估，保障计划有效、高效执行，基于科学的方法进行统筹优化和优先级排序，时间资源配置最优。

根据对内外部环境的分析来确定研究开发的目标，制订可行性研究分析报告，而后进入立项阶段。由于研究开发活动的不确定性，结合可行性研究分析报告制订风险评估报告、风险防范策略与研发费用预算是立项准备过程中不可忽略的工作内容。在研发立项阶段提报"研发项目资金预算"，并按照分类规则详细地列明该研发项目涉及的费用，常见的做法是"研发项目资金预算"由技术研发部门编制，经审核后交财务部门及领导层审核，审批合格且经采用的"研发项目资金预算"应在财务部门备案，技术研发部门留底（见图3）。

立项准备阶段的可行性研究分析报告、风险评估报告、风险防范策略以及研发费用预算是组织管理者在审批阶段形成决策的四只砝码，也是组织战略发展的天平倾向的重要因素。

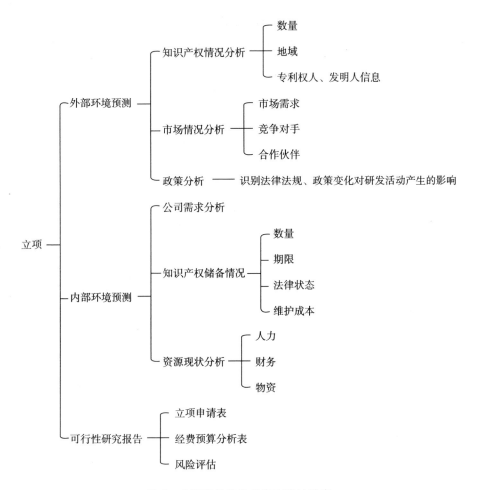

图 3　立项准备阶段的资产审计输出

3.2.3　立项准备阶段——审计常见问题

立项准备阶段的常见问题包括未进行有效的论证与评估、未针对项目内外部环境制订可行性研究以及未设置项目的终止条件等。当项目超出研发预期或产生资金链等问题时是否应及时止损，避免造成更大的资源浪费等，这些都需要在立项准备阶段进行充分的筹划与计划，才能为项目进入下一个阶段做好风险排查。

（1）关于评估论证。当审计过程出现特殊情况时，可能用到不同的审计技术，如审计目标资产涉及较多该领域的专业性知识，可以组织独立于申请及立项审批之外的专业机构和人员进行评估论证，出具评估意见。这时项目主体的项目管理人员或者外部顾问，需要先列出一个详细的清单，以免在进程中遗漏步骤。根据审计范围、组织规模、组织文化、分配的预算和时间，有多种方法或方法组合可以使用，如在线问卷调查、跟进访谈、合同、材料转移协定或法律文件分析、研究笔记回顾和 SWOT 分析等。

（2）关于可行性研究。组织主体应当根据实际需要，结合研发计划，提出研究项目立项申请，开展可行性研究，编制可行性研究报告。立项阶段未建立设计评估和充分的市场信息调研，产生的不真实的立项数据和条件参数被纳入立项决策中将会给项目带来更多的不确定因素。因此，完整的立项数据和条件参数对项目至关重要。以知识产权资产为例：包括每个知识产权资产的细节信息，如所有者，类型，发明者，设计者，作者，收购情况，持续维护或强制性要求，到期日期或续约日期等。由此产生的知识产权资料库使企业能够清楚地识别知识产权资产组合的范围，有效地追踪其状态，还能根据新的知识产权资产添加信息。在可行性研究报告中描述和评价在审计中发现的缺陷，提出并详述补救措施，分析知识产权资产是否服务于项目主体现有的战略目标，根据知识产权情况分析项目主体的优势、劣势及可能的机会和风险。报告提供对项目资产和项目管理结构的评价，可作为重新评估项目管理政策的指南和协调项目管理体系符合商业目标的工具。需要强调的是分析结果应该保密，应制定措施以防泄露。

（3）关于立项终止的条件。各类项目是针对理论性或试验性研究或在生产中进行研究的活动，项目活动过程往往可以输出直接应用于实际生产的技术或实用性产品。包含一个技术本身变成产品"化"的动态过程，因此一个动态过程在时间维度上便会有长有短，需要在这个动态的过程中进行条件设置，从而判断立项终止、中断、项目终止、中断的节点，也就是明确该项目审计工作的节点。

3.2.4　立项准备阶段——审计关键材料

立项准备阶段审计所需的重要资料为"可行性研究报告"。因为可行性研究报告中体现了对项目主要内容和配套条件的调查研究和分析，为审计工作指引被审计项目的主题脉络和整体情况，为此，可行性研究报告是立项准备阶段审计过程的关键材料。

可行性研究报告是从事一种经济活动（投资）之前，双方要对经济、技术、生产、供销直到社会环境、法律等各种因素进行具体的调查、研究、分析，确定有利和不利的因素、项目是否可行，估计成功率大小、经济效益和社会效果程度，为决策者和主管机关审批提供的上报文件。可行性研究报告通过对项目的主要内容和配套条件，如市场需求、资源供应、建设规模、工艺路线、设备选型、环境影响、资金筹措、盈利能力等，从技术、经济、工程等方面进行调查研究和分析比较，并对项目建成以后可能取得的财务、经济效益及社会影响进行预测，从而提出该项目是否值得投资和如何进行建设的咨询意见，为项目决策提供依据。

根据各类项目目标的不同，各类可行性研究内容侧重点差异较大，但一般应包括以下内容。

（1）投资必要性。根据市场调查及预测的结果，以及有关的产业政策等因素，论证项目投资建设的必要性。

（2）技术的可行性。从事项目实施的技术角度，合理设计技术方案，并进行比选和评价。

（3）财务可行性。从项目及投资者的角度，设计合理的财务方案，从组织理财的角度进行资本预算，评价项目的财务盈利能力，进行投资决策，并从融资主体的角度评价股东投资收益、现金流量计划及债务清偿能力。

（4）组织可行性。制订合理的项目实施进度计划、设计合理组织机构、选择经验丰富的管理人员、建立良好的协作关系、制订合适的培训计划等，保证项目顺利执行。

（5）经济可行性。主要是从资源配置的角度衡量项目的价值，评价项目在实现区域经济发展目标、有效配置经济资源、增加供应、创造就业、改善环境、提高人民生活等方面的效益。

（6）社会可行性。主要分析项目对社会的影响，包括政治体制、方针政策、经济结构、法律道德、宗教民族、妇女儿童及社会稳定性等。

（7）风险因素及对策。主要是对项目的市场风险、技术风险、财务风险、组织风险、法律风险、经济及社会风险等因素进行评价，制订规避风险的对策，为项目全过程的风险管理提供依据。

3.3 项目研发阶段

研究开发活动是指为获得科学与技术（不包括人文、社会科学）新知识，创造性运用科学技术新知识，或实质性改进技术、产品（服务）而持续进行的具有明确目标的活动[2]。创造性运用科学技术新知识，或实质性改进技术、产品（服务），是指企业在技术、产品（服务）方面的创新取得了有价值的进步，对本相关行业的技术进步具有推动作用，不包括企业从事的常规性升级或对某项科研成果直接应用等活动（如直接采用新的工艺、材料、装置、产品、服务或知识等）。

由对研究开发活动的定义可见，涉及研究开发活动的项目中，核心阶段为实施阶段的项目研发过程。该实施阶段就是上文中提到的"一个技术本身变成产品'化'的动态过程"中的"技术本身"孵化的过程，容易受到人力、财务、物资等各类资源变化的影响，需要对其进行动态情况监控。

动态情况监控需要能够反应项目资源及项目管理状态的真实情况。记录检测信息，保证数据质量；对于状态监控结果开展问题成因分析，为纠正和预防措施及持续改进提供支持；定期编制状态监控报告，并在合适的范围内发布；同时还需要对状况监控的成效进行评估。分析评估内容应涵盖立项准备阶段中所涉及的知识产权情况、市场需求情况、政策法规变化、资源情况等全部内容。综合考虑人力资源、财务资源、物资资源等资源配置，并根据内外部环境、资源等因素变化进行调整，与目标策略和计划保持一致；对项目研发过程的信息及时记录并满足检测及监控要求[1]。

上文中我们提到项目研发阶段承担着整个项目取得创新成果与否的重任，依照《促进科技成果转化法》，科技成果是指通过科学研究与技术开发所产生的具有实用价值的成果（专利、版权、集成电路布图设计等）[3]。且在 GB/T 29490-2013"管理规范"部分中，"8.2 研究开发"条款中也提出"研究开发阶段的知识产权管理包括：在检索分析的基础上，制订知识产权规划"。由此可见在该阶段制订知识产权规划这一工作内容必不可少。具体来说，应当综合分析，制订知识产权资产产出的规划，实施有效的知识产权布局；跟踪与监控内外部情况变化，如组织自身业务聚焦方向、外部技术及市场竞争态势等，综合判断在研项目的下一步决策；及时推动研发项目中的创新成果产出，如结合市场营销策略适时申请专利；定期开展项目知识产权资产评审，如评估专利组合的完整性，从多角度展开查漏补缺，形成二次开发方案；对于通过验收的研究成果，可以委托相关机构进行审查，确认是否申请专利或作为非专利技术、商业秘密等进行管理。对于需要申请专利或其他需要法律确立相关权利的研究成果（见图4），应当及时办理有关申请手续。

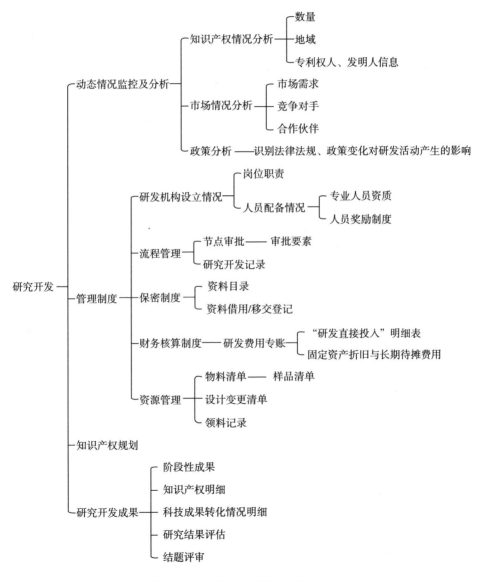

图4　研究开发阶段的资产审计输出

项目研发阶段不仅承担着整个项目能否取得创新成果的重任，还需要在该阶段引入与组织内外利益相关方的沟通交流活动，确保有关目标策略、制度约定等反映利益相关方关切，并促进外部利益相关方行为与组织预期目标、策略保持一致。外部利益相关方包括与组织的绩效、成功及其组织的活动产生的影响有相关利益关系的个人或团体，包括政府部门、监管机构、股东、员工、客户、合作伙伴、金融机构、承包商、供应商及社团等。管理制度就是对在研究开发过程中的各种要素在工作过程中的相互关系进行组合、配置，从而建立起一个有机整体的一种管理体系。一方面，需要设计有效的组织结构，需明确岗位职责，了解人员配备情况以保证专业人员具有合规的专业资质、同时具有完善的人员奖励制度；另一方面，确保组织的高效运作，梳理固化各级业务流程、价值流程和信息流程，形成纵向贯通横向协同的工作机制。通过制度化管理来保证组织的高效运作必须解决好组织内外部各种媒介问题，明确各类资源管理制度，如使用物料清单、样品清单、设计变更清单、领料记录等，建立沟通记录，减少重复对接，以提高沟通协作的效率，建立价值活动之间的顺畅沟通。

3.3.1 项目研发阶段——审计常见问题

项目研发阶段的常见问题包括未建立有效沟通渠道、未进行动态跟踪与监控以及各类资源配置出现延误等。当项目进入研发过程，这些都是本阶段需要重点关注的常见问题，否则可能会导致项目成果产出不如预期，或是项目无法在计划周期内完成等系列风险及问题的发生。

（1）由于信息沟通不畅导致相关记录、申请文件未及时更新的问题，是项目研发阶段审计工作最常见的问题之一。

信息沟通是对利益相关方之间信息的传递和反馈的必不可少的流程管理过程，以此来保证科技项目管理活动进行顺畅。有效的流程管理是双向的，包括自上而下、自下而上以及横向的沟通。流程管理中不但需要建立节点审批机制，明确审批要素，明确审批等级及其调查、评估、处理的相应职责和权限；建立应急响应机制，确保各个节点发生突发情况时能够组织内外部力量迅速采取措施；明确各类非常规情况调查内容和流程，包括组织调查团队、确定调查范围和方法、调查执行和总计汇报等关键环节。更加需要对项目管理活动中出现的非常规情况进行调查、记录及反馈，保存相关记录。相关记录不但作为流程管理中各环节的痕迹保留，同时也可作为后期问题或新项目的证据追溯。

GB/T 29490-2013 中 4.2.4 条款是对知识产权管理工作中相关文件的管理工作进行的规定，可以作为项目文件管理的参考：

4.2.4　外来文件与记录文件

编制形成文件的程序，规定记录的标识、贮存、保护、检索、保存和处置所需的控制。对外来文件和知识产权管理体系记录文件应予以控制并确保：a）对行政决定、司法判决、律师函件等外来文件进行有效管理，确保其来源与取得时间可识别；b）建立、保持和维护记录文件，以证实知识产权管理体系符合本标准要求，并有效运行；c）外来文件与记录文件的完整性，明确保管方式和保管期限。

（2）研发过程需及时跟踪与监控。仍然需要从宏观经济发展、行业形势、技术发展等维度系统持续地分析外部环境，规避发展规划风险。需要不断完善动态情况监控机制，形成监控与分析制度，按要求更新动态情况监控工作相关的记录文件。

需要分析行业标准变化的情况，评价组织内部标准与行业标准的符合性。通过分析其他组织的知识产权信息及组织信息，了解同行业竞争对手、合作伙伴的技术情况，评估该组织相对于竞争对手的技术先进性。建立项目评审机制，严防面铺得过大、研发产出缓慢、未及时跟进市场和政策的变化，最终导致的高投入、低产出，避免因研发项目进度控制不利，延误产品上市机遇期。

（3）上文中提到，项目研发阶段是"技术本身"孵化的过程，容易受到人力、财务、物资等各类资源变化的影响。基于这种情况，组织应当跟踪检查研究项目的进展情况，根据各部门上报的资料，对研发项目发生的费用进行核算并计入，考虑组织的人力资源、财务资源、物资资源及外部环境等约束条件，评估各阶段研究成果，基于科学的方法进行统筹优化和优先级排序，提供充足的资源支持。

发生在项目研发阶段的资源短缺问题大多会发生在人力资源（项目人员专业能力不足）以及财务资源（研发经费无法及时到位）两方面。由此便需要技术研发部门与财务部门加强沟通交流，通力合作来解决问题。技术研发部门要按研发计划制订并执行各项研发项目的研发预算，有效利用研发经费，并及时汇报研究开发进度与经费使用情况；财务部门需要视实际情况建立研发准备金制度，根据研发计划及费用预算，提前准备资金，确保研发资金的需求，同时有效地监督研发经费的使用，确保资金在计划、可控下运作。

3.3.2 项目研发阶段——审计关键材料

项目研发阶段的相关记录不但应作为流程管理中各环节的痕迹保留，同时也可作为后期问题或新项目的证据追溯，也可同样作为审计工作中需要关键核查的资料。例如，使用物料清单、样品清单、设计变更清单、领料记录、加班费清单等建立沟通记录，从而在审计工作中来了解制度建立与实施、资源配置、项目进度汇报、节点审批、审批要素等情况。如在项目研发阶段产生了成果输出，就需要使用研究结果评估报告、知识产权相关文件来提供证据支撑。

人力资源是组织最为重要的资产之一，尤其对于创新型组织和知识密集型组织来说，人才更是一种战略性资源。因此在审计工作中要重视人力资源，需要提供岗位责任说明、专业人员资格证明的相关文件，来体现人员配备情况。对于涉及关键信息的核心技术人员，必要时需要对该类人员提供其持续满足岗位技能要求的相关说明或技术人员画像等作为审计的关键输入材料。

3.4 研发项目采购定点及外包

我们所说的外包一般包括委外加工和委外开发两种情况。简单来说，委外加工就是我方来提供技术——其他企业帮我生产——然后最终的销售还是我方；委外开发就是外面的组织帮我方开发技术——我方将技术转型成产品——然后最终的销售还是我方。更加简单来讲呢，委外加工就是买帮工，委外开发就是买技术。从一定程度上可以将外包活动理解成采购活动的一种形式，因此在这一部分里，我们就将外包和采购一起来讲。

采购是年复一年的推动准时交付和不断缩短交货周期的绝对值。推动准时交付能够保证研发项目的原材料按时到达，不会因为晚到而耽误了本来已经排好的研发计划。因为一旦研发计划被耽误，就可能一步慢，步步慢。某些项目的研发就可能因此被扼杀在摇篮里。不断缩短交货周期从某个角度来说就是在与时间赛跑。之前曾在某个评价采购价值的文章里看到作者给管理层算的一笔账：如果企业 1 年采购约 65000 多种化合物，假设一种化合物每年只采购一次，当我们的平均绝对周期缩短 1 天，意味着我们省了 65000 × 1 = 65000 天，也就是说一年节省了 178 年的时间。

同样是在上面提到的那篇评价采购价值的文章中看到的这样一个案例：一家医疗器械公司，采购的产品有 X 光球管、影像增强器、线束器、光栅、医用显示器，这些就是我们在医院里看到的那些医疗设备的核心部件。如果这些核心部件出了质量问题会有什么后果？最常见的是医疗事故。如果由于 X 光球管有质量问题，导致拍出的 X 光片子上有阴影，结果被诊断为肿瘤，给患者做了手术。最终当然是肿瘤没找到，患者白白挨了一刀，元气大伤。

新供应商导入也好，新项目导入也好，量产了也罢，采购始终要为供应商的交货周期和产品质量负责。以新供应商导入为例，除了负责相关的商务事务外，采购负责协调包括研发、工艺、生产、运营等部门培训供应商，以便适应研发项目对于技术、产品、交付、服务、解决问题等诸多方面的要求（见图 5）。不仅要对采购品进行严格的把控，同时还需要对供应商的相关信息调查记录与分析。换句话说，不单单采购品在未来会成为项目的相关资产，供应商参与构成的供应链也将成为项目的相关资产，甚至转化成组织的资产。

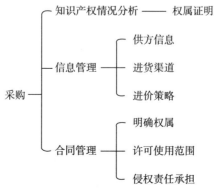

图 5　采购定点及外包活动中的资产审计输出

采购活动的初级目标是供料，就是确保有料。再者是价格控制，采购的角色转为谈判员，节支是采购的主要指标，在实际操作中，有些大公司利用规模优势，系统地取得最佳采购价，从而节省项目经费，甚至通过运用手段为组织带来更大的收益。然后会上升到总成本的把控，如很便宜地买了台设备，采购部门得到嘉奖，但由使用部门来埋单，因为使用、维修成本太高。此时，采购的角色转换为供应链管理，兼顾质量、运输、仓储、关税、汇率、使用、回收等。此时的质量就不仅是我们常常讲到的"某某东西好或者某某东西坏"的层面，这里容易被广大组织忽略的，也是我们在资产审计工作中要重点关注的问题是知识产权情况是否清晰。如若采购品的知识产权权属不清晰甚至涉及纠纷，那么包含该采购品的项目也将会涉及相应的问题。下面我们通过一个真实的诉讼案例来看一下，上述情况会对项目造成怎样的影响。

北京某小熊科技有限公司（以下简称"某小熊公司"）因公司需求，从广州某翼网络有限公司（以下简称"某翼公司"）采购了一款软件并在微信公众号中进行了使用。广州某北信息科技有限公司（以下简称"某北公司"）作为"依美微商控价系统 V1.0"软件（以下称涉案软件）的著作权人，发现某小熊公司在其微信公众号上使用了涉案软件。经查询，该软件来源及提供者为网页 xes. gzdy88. com，而该网页域名所有人为某翼公司，网页域名申请注册者为卓某祥。某北公司认为某小熊公司、某翼公司和卓某祥三者的行为涉嫌侵犯了其著作权，请求判令三被告停止侵权并赔偿经济损失等 100 万元。某小熊公司辩称：涉案公众号使用的某翼公司提供的微商控价授权管理系统（被诉软件）由某翼公司开发，某小熊公司不具备软件开发和代码审查技术，不能判断某翼公司开发的系统是否构成侵权，即使构成侵权，也应由某翼公司承担相应的法律责任。法院观点：某小熊公司能证明其使用的被诉软件有合法来源，其不承担赔偿责任，但某小熊公司未经许可为商业目的使用被诉软件复制品，侵犯了某北公司对权利软件享有的复制权，应停止使用并删除被诉软件。

该案例中某小熊公司没有对其采购的软件的知识产权情况进行充分的了解，从而使其在不知情的情况下卷入了其软件供应商的侵权纠纷当中，使其企业形象在一定程度上收到了不利的影响。虽然判决结果证明其不承担赔偿责任，但对于某小熊公司"停止使用并删除被诉软件"这一结果，也势必会对企业的项目运营产生不利的影响。

采购是公司的命脉，不仅在于成本节支，而且在于确保采购产品的质量和技术含量。源于对供应商的依赖程度增加，采购上升到战略层面。相应地，采购指标也增加了很多财务、运营方面的内容，如现金流、资产管理等原来由运营、财务部门负责的指标。采购关乎到公司的存亡，但其手段往往是第二阶段的价格谈判，说白了，就是利润转移。供方信息、进货渠道、进价策略等这些信息的管理便成为采购活动中的核心秘密和竞争武器，决定采购活动能否为项目资产提供全面增值的助力。采购的全面增值不是通过优化供应链、解决问题来降低供应链成本，而是通过强势做法转移成本到供应商处。组织与供应商之间的黏合剂便是采购或供应合同，供应链是否牢固，往往就要看合同中的相应条款是否扎实。采购的失败就在于没法打造一流的供应链，组织自然也就没法在供应链与供应链之间的竞争中脱颖而出。

GB/T 29490–2013 中 8.3 条款是对采购活动的相关管理，可以作为参考：

8.3　采购

采购阶段的知识产权管理包括：a）在采购涉及知识产权的产品过程中，收集相关知识产权信息，以避免采购知识产权侵权产品，必要时应要求供方提供知识产权权属证明；b）做好供方信息、进货渠道、进价策略等信息资料的管理和保密工作；c）在采购合同中应明确知识产权权属、许可使用范围、侵权责任承担等。

3.4.1　采购定点及外包阶段——资产审计常见问题

采购与外包阶段常见审计问题包括项目需求与需求处置策略产生偏差、供应商（外包商）的背景调查不全面等。当项目进入采购定点及外包过程，这些都是本阶段需要重点关注的常见问题，否则可能会导致项目形象受损，甚至遭受法律纠纷影响项目推进的情况的发生。

（1）要知道，"攘外"与"安内"相比，"安内"往往更困难，需要采购熟悉内外客户的业务并能从供应链的角度来阐述特定决策的影响。因此供应商的各类情况也需要根据项目需求给出相应的分析并确定处置策略。

茶饮店琉璃鲸推出的"五粮液金巧冰淇淋",在抖音、小红书、微博等社交平台走红。据琉璃鲸方面介绍,这款冰淇淋以黑巧克力为主要原料,添加了2~3克的五粮液白酒。在琉璃鲸五粮液冰淇淋上市后不久,喜茶也推出过"嫣红五粮液"和"金凤黑朗姆口味的醉醉冰淇淋"系列产品。对于该产品是否属于五粮液集团旗下产品或者是双方合作的系列产品等问题,五粮液集团回应称,这是商家自身的行为,公司并未接受过商家的沟通。那么这里就涉及商家在采购原材料的过程中,相关知识产权的许可使用范围是否明确:商家在制作食品过程中添加五粮液并告知大众的行为本身并不侵权,商家可以自行决定食品配方,但商家以驰名商标对自己的产品进行命名就涉嫌对驰名商标"五粮液"的侵权了。也就是说,如果采购部门在进行采购活动时了解到相应产品会使用到供应商的商标,那么采购活动中就不单单只是产品本身了,还需要得到相应的商标使用许可。

2018年4月4日,微软在其官方博客中宣布了一项新政策,承诺其技术方案合作客户将可以保留双方合作过程中开发出的任何专利。按照总裁Brad Smith(布拉德·史密斯)的说法,这项"分享创新计划(Shared Innovation Initiative)"的初衷是让客户安心,微软明确表示自己不会利用来自合作、合资企业的技术"进入其客户的市场并与之竞争"。在微软看来,双方共赢的做法是在靠技术帮助客户实现业务增长,以及让微软自身继续改善平台产品之间,找到一个良好的平衡点。举例来说,微软和韩国一家医院之前联手制造出了一套利用感应器搜集大夫手术中动作数据的运动追踪AI应用。其中所用到的技术虽然是微软开发,但专利和知识产权都归医院所有。而后者目前已有计划将相关软件售予其他医院,这样一来便又形成了新的业务和收入。随着科技公司和客户企业间的合作越来越多,专利、知识产权归属问题很多时候都会进入灰色地带,微软此举摆出了一种与其他企业不争的姿态。那么我们在回到"五粮液冰淇淋"的那个案例中来看,如果五粮液集团与微软集团有类似的策略,且采购部门了解相关情况,那么当自家产品受到质疑时也可以就前期对于供应商及采购品的知识产权情况的了解,及时给出公关回应,避免对企业造成不必要的影响。

(2)外包活动中往往都包含着创新合作。合作创新的前提与基础是合作伙伴即供应商的选择，供应商对合作创新起到关系成败的关键作用。对于供应商（这里也可以说是分包商）的资质审核，便是选择过程中的重要一环。常见的对供应商资质审查的内容有：企业营业执照和资质证书、人员素质、设备和技术能力、财务状况、工程经验、企业信誉、过往履约情况、知识产权情况、相关法律诉讼等。

3.4.2　采购定点及外包阶段——资产审计关键材料

上文中我们提到组织与供应商之间的粘合剂是采购或供应合同，供应链是否牢固，往往就要看合同中的相应条款是否扎实。

GB/T 29490-2013 中 7.5 条款是对合同管理的相关规定，可以作为参考：

7.5　合同管理

加强合同中知识产权管理：a）应对合同中有关知识产权条款进行审查，并形成记录；b）对检索与分析、预警、申请、诉讼、侵权调查与鉴定、管理咨询等知识产权对外委外业务应签订书面合同，并约定知识产权权属、保密等内容；c）在进行委托开发或合作开发时，应签订书面合同，约定知识产权权属、许可及利益分配、后续改进的权属和使用等；d）承担涉及国家重大专项等政府支持项目时，应了解项目相关的知识产权管理规定，并按照要求进行管理。

而无论是外包合同还是联合开发合同，相应条款也不能单纯地停留在纸面上，合同条款的有效与否应该成为审计工作中的要点。了解合同是否涉及招标文件，并对招标文件进行相应审查；了解合同条款是否为格式条款，且格式条款能否在本次采购活动中生效等。下面我们通过案例分析一下合同条款审计的重要性。

原告宁德新能源科技有限公司（以下简称"宁德公司"）向被告深圳市达特尔机器人有限公司（以下简称"达特尔公司"）下达一份采购订单，订购一台定制化生产设备，并在《订单交易条款》中明确"主要由买方提供技术参数、设计标准等技术数据、图纸、规格的设备。本合同项下产品属于专门为买方定制的设备，其知识产权归买方所有"。第二年，达特尔公司提出了相关专利申请（涉案技术），并于同年获得授权。此即案涉诉争专利。第三年，本案被告达特尔公司以本案原告宁德公司向博发公司采购上述设备涉嫌侵犯案涉诉争专利权为由，在另案中将宁德公司作为被告、博发公司作为第三人，告上法庭。第四年，本案原告宁德公司将被告达特尔公司诉至深圳市中级人民法院，称诉争专利根据《订单交易条款》的约定，宁德公司是该专利的唯一权权人，请求法院判令诉争专利权应当归原告所有。法院审理认为：原告主张诉争专利权应当归其所有而提交的五份核心证据（包括定制上述设备时的研究开发沟通记录），只能证明原告参与了案涉设备的研发，不足以证明案涉设备属于《订单交易条款》规定的"主要由买方提供技术参数、设计标准等技术数据、图纸、规格的设备"。据此，本院认定，《订单交易条款》第 7.7 条规定的知识产权归属条件并未成就，诉争专利权不应归原告所有。

通过上述案例，我们可以得出：

（1）原告在本案中一直强调案涉设备属于专门为其定制的设备，但《订单交易条款》设备知识产权归属的完整表述是"主要由买方提供技术参数、设计标准等技术数据、图纸、规格的设备，属专门为买方定制的设备，其知识产权属买方所有"。因此，即便案涉设备属于专门为原告定制的设备，但该设备的知识产权归原告所有，仍需满足设备为"主要由买方提供技术参数、设计标准等技术数据、图纸、规格的设备"这一前提条件，即原告所提供的研究开发记录不满足该条件。故仅凭"案涉设备属于专门为原告定制"这一事实，尚不足以认定诉争专利权应当归其所有。

此时，由于案例中所指的知识产权条款未能完全成立，宁德公司就这样"失去了"涉案专利权，并且面临着侵权的风险。由于宁德公司向第三方公司进行了设备采购，我们可以推断该项目对其生产经营是相对重要的，那么这样的结果便使宁德公司面临着这个项目土崩瓦解的危险。

（2）关于《订单交易条款》"知识产权"条款属性的问题。被告认为，在案证据表明原告在不同场合的订单交易条款中均原封不动地完整援用第七条"知识产权"条款，故该条款属于典型的格式条款；原告认为《订单交易条款》系双方协商一致达成的意思合意，不应将该条款简单理解为格式条款。依照《中华人民共和国合同法》第 39 条第二款的规定，"格式条款是当事人为了重复使用而预先拟定，并在订立合同时未与对方协商的条款"。《订单交易条款》"知识产权"权属的格式条款,依照《中华人民共和国合同法》第41 条的规定,"对格式条款的理解发生争议的,应当按照通常理解予以解释。对格式条款有两种以上解释的,应当作出不利于提供格式条款一方的解释。格式条款和非格式条款不一致的,应当采用非格式条款"。

在科技项目管理过程中,尤其是联合开发的科技项目管理中,各类规定的沟通及反馈往往影响着相应条款的生效与否,因此制度及约定的形成不能仅仅停留在制订层面,相应的反馈、沟通、记录对于制度及约定的成立起到决定性的作用。

3.5　研发项目验收

项目验收工作往往包括任务验收和资产验收两个部分。任务验收又可以按照各个部门或者小组的职能任务验收和项目任务验收两个阶段,在完成职能任务验收的基础上开展项目任务验收。

3.5.1　项目验收阶段——资产审计常见问题

对于职能任务验收,需要结合项目计划和职能划分,考核相关指标完成情况、任务对于项目的贡献、人才培养和组织管理等;涉及成果输出的,考核研究成果的水平及创新性、成果应用前景。形成职能任务验收报告,既要总结成绩也要分析问题。在职能任务验收工作过程中,可以同时检查项目进度情况,是否存在部分项目长期未结案的情况,分析其形成的原因,并出具长期未结案说明。对于项目任务验收,应当建立和完善研究成果验收制度,需要结合同行评议、第三方评估和测试、用户评价等方式开展验收工作。对于具有创新链上下游关系和关联性较强的相关项目,验收时需要有整体设计,形成项目任务验收报告。

对于资产验收阶段,需要了解项目实施过程中所形成的知识产权和技术标准情况,包括专利、商标、著作权等知识知识产权的取得、使用、管理、保护等情况,国际标准、国家标准、行业标准等研制完成情况;相关成果管理和保密情况,说明研究过程中公开发表论文和宣传报道情况、对外合作、接手外方资助等情况;保密项目和拟对成果定密的非保密项目还需要说明成果定密的密级和保密期限建议,研究过程中保密规定执行情况等,并将验收报告和相关技术文件归档管理，涉及科技报告、数据汇交、技术标准、成果管理、档案管理等。对于通过验收的研究成果，可以委托相关机构进行审查，确认是否申请专利或作为非专利技术、商业秘密等进行管理。企业对于需要申请专利的研究成果，应当及时办理有关专利申请手续。

3.5.2 项目验收阶段——资产审计关键材料

资产验收阶段重点往往是在无形资产上，无形资产的主要特点按照财务估价定律，由于外部环境的不断变化与货币时间价值的存在，资产的价值将随着变化有更大的不确定性。在目前知识经济环境下，核心技术成为组织竞争的焦点，为了竞争中取得主动权，组织加快了技术等无形资产的研发与更新速度。无形资产在不同的取得方式下，其成本的计量方式也不一样。目前常见的无形资产的取得方式一般有三种途径：外购、自己研发、赠予。实务中存在较大的操作空间是自我研发途径[4]。《企业会计准则第6号——无形资产》对于在两个阶段如何合理真实的计量无形资产的价值有详细规定。企业自我研发无形资产的过程分为研究阶段与开发阶段，由于研究阶段无形资产存在较大的不确定性，为此，企业研究阶段发生的支出，应予以费用化。企业应根据自行研究开发项目在研究阶段发生的支出，借记"研发支出——费用化支出"科目，贷记有关科目；期末应根据发生的全部研究支出，借记"管理费用"科目，贷记"研发支出——费用化支出"科目[6]。在开发阶段，研发投入转为无形资产的辨别度较高，因此具备条件的指出可资本化。相对研究阶段而言，应当是完成了研究阶段的工作，在很大程度上形成一项新产品或新技术的基本条件已经具备。

企业自行研究开发项目在开发阶段发生的支出，同时满足下列条件的，才能予以资本化，确认为无形资产[5]。

（1）完成该无形资产以使其能够使用或出售在技术上具有可行性。

（2）具有完成该无形资产并使用或出售的意图。

（3）无形资产产生经济利益的方式，包括能够证明运用该无形资产生产的产品存在市场或无形资产自身存在市场，无形资产将在内部使用的，应当证明其有用性。

（4）有足够的技术、财务资源和其他资源支持，以完成该无形资产的开发，并有能力使用或出售该无形资产。

（5）归属于该无形资产开发阶段的支出能够可靠地计量。

3.6 研究成果保护

如果把研发项目比作一场接力比赛的话，那么科技成果〔依照《促进科技成果转化法》，科技成果是指通过科学研究与技术开发所产生的具有实用价值的成果（专利、版权、集成电路布图设计等）〕相当于一次次的交接棒动作，贯穿在整个科技项目过程中。

随着科技体制改革的持续发力，尤其是资源配置、计划管理、科技成果转化等方面重大改革措施的出台，以及大众创业万众创新局面的兴起，科技成果转化为现实生产力的速度在加快，科技成果转化成功与否，也越来越成为衡量项目价值度的一把重要标尺。近年来大热的"科创板"话题中就给到了非常明确的标识，科创板定位决定了符合上市条件的公司必须具备自己的核心技术，且该技术能确保公司在相关技术领域具有可持续的市场优势。基于《关于在上海证券交易所设立科创板并试点注册制的实施意见》的规定，独立经营和持续经营的能力被列为上市发行的基本条件之一。而核心技术的独立性和可持续性很大程度上取决于相应的知识产权保护体系是否科学、完整、有效。因此这个问题也成为上市审核中上交所关注的焦点之一。

笔者通过对过去一年来拟科创板上市企业的问询函内容的观察，发现几乎所有公司的问询函中都会出现该问题，只是切入角度有所不同。例如，江西金达莱的问题是核心技术是否依赖第三方；广州佛朗斯的问题是核心技术是否存在快速迭代的风险；博拉网络的问题是发行人主要产品与核心技术、专利、软件著作权、业务许可和资质等匹配关系，如何保持核心技术的先进性；中联云港的问题是结合可比竞争对手的专利技术、所采用的技术路线等，充分分析公司核心技术是否具有先进性，是否属于通用技术，是否存在快速迭代的风险；北京连山科技的问题是详细说明该专利与核心技术之间的对应关系等。

3.6.1 研究成果阶段——资产审计常见问题

通过科学研究活动取得的科技成果，无论成果的价值多大，就目前有关知识产权保护的专门法律来看，很难直接产生独占权利，也就是说，科技成果想获得法律保护，首先，要通过某种途径依法确认才能产生相关的知识产权，一项科技成果可以拥有多项具备财产特征的知识产权，但拥有科技成果不等于自动拥有了知识产权。因此在科技成果的保护的工作中，获取法律保护这个动作更显得尤为重要，在 GB/T 29490-2013 中 7.1 条款是关于知识产权获取相关工作的规定：

应编制形成文件的程序，以规定以下方面所需的控制：a）根据知识产权目标，制订知识产权获取的工作计划，明确获取的方式和途径；b）在获取知识产权前进行必要的检索和分析；c）保持知识产权获取记录；d）保障职务发明人员的署名权。

其次，在研发过程中须建立项目评审机制，严防研发成果产出缓慢、未及时跟进市场和政策的变化。在审计工作中，应当综合分析知识产权资产产出的规划，判断是否实施了有效的知识产权布局；结合市场营销策略判断创新成果产出的适时性。

研究成果的审计工作不应仅仅聚焦在项目验收阶段，更应注意组织是否在项目进程中的各个阶段定期开展项目知识产权资产评审，如评估专利组合的完整性，从多角度展开查漏补缺，形成二次开发方案。

3.6.2　研究成果阶段——资产审计关键材料

通过了解创新成果的重要性，我们可以清楚项目成果保护工作是研发活动的中的重要环节，而这个环节中起到至关重要作用的便是保密制度的建立与实施，有效的保密制度实施是项目成果保护强有力的枷锁。而谈到保密制度，因各组织的业务内容和工作模式往往具有很大的差异，而各式各样的保密制度中都不乏"保密资料目录""资料借用或移交登记"，GB/T 29490-2013 中 7.6 条款也将其作为标准提出要求。

7.6　保密

应编制形成文件的程序，以规定以下方面所需的控制：a）明确涉密人员，设定保密等级和接触权限；b）明确可能造成知识产权流失的设备，规定使用目的、人员和方式；c）明确涉密信息，规定保密等级、期限和传递、保存及销毁的要求；d）明确涉密区域，规定客户及参访人员活动范围等。

保密制度的建立及有效运行，往往保护整个项目的存亡并保护科技项目的竞争力。在审计工作中，不光要了解保密制度的完善与否，还有考察执行情况——核对资料目录，是否存在资料外借且很久未归还的情况；拷贝数据、研发资料的借阅是否需要授权，核对资料借用申请单、移交清单等信息安全管理情况；核心人员是否签订保密协议或者竞业限制协议等核心研究人员管理情况。总的来说就是保密制度的审计并不是独立设立在某一个层面的，而是贯穿科技项目中的人力资源、信息资源、物资资源等多个维度中。

3.7 研发材料与设备管理

研发项目当中的研发材料与设备涉及直接投入费用、折旧费用与长期待摊费用、装备调试费用与试验费用等费用的审计。直接投入费用是指企业为实施研究开发活动而实际发生的相关支出。包括：直接消耗的材料、燃料和动力费用；用于中间试验和产品试制的模具、工艺装备开发及制造费，不构成固定资产的样品、样机及一般测试手段购置费，试制产品的检验费；用于研究开发活动的仪器、设备的运行维护、调整、检验、检测、维修等费用，以及通过经营租赁方式租入的用于研发活动的固定资产租赁费。折旧费用是指用于研究开发活动的仪器、设备和在用建筑物的折旧费。长期待摊费用是指研发设施的改建、改装、装修和修理过程中发生的长期待摊费用。装备调试费用是指工装准备过程中研究开发活动所发生的费用，包括研制特殊、专用的生产机器，改变生产和质量控制程序，或制订新方法及标准等活动所发生的费用。为大规模批量化和商业化生产所进行的常规性工装准备和工业工程发生的费用不计入归集范围。试验费用包括新药研制的临床试验费、勘探开发技术的现场试验费、田间试验费等。

研发材料与设备的管理证据主要体现在相关单据与记录上，且研发材料与设备作为资产是较为容易量化的，因此在管理上需要需要严格，并进行定期核对，重点关注各类单据的时间与编号连续性，单据涉及设计变更申请单、

BOM 表、联络单、样品清单、打样费支付凭证、领料单、出库单等。需要注意的问题是，非研发活动的原材料费用不计入研发费用。非研发活动的工装准备支出不计入研发费用。非研发活动的长期资产摊销不计入研发费用，重点检查计入研发费用的长期资产的摊销费用是否限于研发活动的长期资产的摊销。长期资产摊销费用涉及多个不同研究开发项目时，分类长期资产摊销费用在不同研究开发项目之间按照机器工时或其他合理标准分配。检查财务部门是否依据各研究开发项目的机器工时或其他标准统计单据分配长期资产摊销费用。

3.8 研发项目的财务核算

2020 年 3 月 20 日，根据《关于在上海证券交易所设立科创板并试点注册制的实施意见》和《科创板首次公开发行股票注册管理办法（试行）》，中国证监会制订了《科创属性评价指引（试行）》。科创属性评价指标体系采用"常规指标 + 例外条款"的结构，包括 3 项常规指标和 5 项例外条款。企业如同时满足 3 项常规指标，即可认为具有科创属性；如不同时满足 3 项常规指标，但是满足 5 项例外条款的任意 1 项，也可认为具有科创属性。3 项常规指标主要侧重反映企业的研发投入、成果产出及其对企业经营的实际影响，能够较为全面地衡量企业研发投入产出及科技含量。就此，大热的"科创板"话题中再次从研发投入的重要性的上给到了非常明确的标识。

基于研发项目财务核算的重要性，研发费用的审计可以说是出不得半点差错的，需要严格核查会计凭证、预算完成情况等核查凭据。笔者给出以下研发费用审计工作中的常见问题。

（1）研发费用核算不清、辅助账不完整、不规范或暂未建立。

（2）研发费用真实性存疑，如检查技术图书资料费、资料翻译费的是否有书面的资料；检查研发用的设备费用是否一次性记录入研发费用；检查专门用于中间试验和产品试制的模具、工艺装备开发及制造费等费用是否单独归集。

（3）研发费归集不合理，如研发人员人员年均费用远低于一般人员水平，直接投入占研发费总额的比例过高，不同研发项目支出金额、结构完全一样。

（4）委托外部研发的支出全额计入研发费，未按80%计入研发费。

（5）研发费用中其他费用占比超过20%。

（6）研发费用明细表和研发项目（RD）表不一致。

（7）委托外部研发支出与附件材料产学研合作协议所列不一致，如某研发项目为产学研合作项目，但该项目研发结构明细表中无委托外部研发支出。

（8）研发项目无证明材料，项目立项报告千篇一律，临时拼凑。

4　项目审计备忘

检索发现，北上广深四个一线城市的高新企业数量分别约为2.5万家、1.0万家、1.1万家、1.44万家，企业对于国家高新技术企业的申请及维护保有较高的热情。申请高新技术企业需要提供两个专项审计报告，这两个专项审计报告的结果也是企业申请高新技术企业的硬指标，需要由具有相应资质的会计师事务所出具[6]。下面笔者就针对上述两个专项审计以及申请专项审计报告前需要提供哪些资料等为读者提供一下备忘。

两个专项审计报告为：

（1）高新收入专项审计，是根据企业的主要产品（服务）与企业的研发成果（专利等知识产权）关联，这些研发成果转化后的产品（服务）创造的收入就是高新收入，这部分收入需要占到总收入的60%以上才可以达到高新技术企业认定的要求。

（2）研发支出的专项审计，是企业的研发投入（人工、材料、耗材、折旧摊销等）支出需要占到全部收入的一定比例以上（根据企业销售收入的规模从2%到6%不等）。

企业向会计师事务所申请专项审计报告，需准备以下资料：

（1）台账。

（2）各研发项目的立项申请表、经费预算表、计划表、结题评审记录表、取得阶段性成果（技术创新证明材料）、获得知识产权明细表、科技成果转化情况明细表等。

（3）企业研发机构设置情况说明（机构设置文件及管理章程）。

（4）项目立项的管理制度、科技投入财务核算制度、研发人员奖励制度。

（5）有关研发"直接投入"核算资料：①"研发直接投入"明细表（清单），包括计入研发费用的材料、模具、工装、夹具、仪器仪表、燃料动力、房屋租赁费用等；②研发材料领用凭单，房租租赁合同，模具、工装、夹具、仪器仪表等大额购置合同。

（6）有关研发人员"人员人工"核算资料。

（7）固定资产折旧与长期待摊费用资料：①研发用固定资产明细表，包括：（内容包括：资产名称、入账时间、原值、预计使用年限、预计残值、累计折旧）；②审核年度新增研发设备、及长期资产购置相关审批手文件及购买合同，如购置较多，按购置金额准备前五位的五份研发设备购置的相关资料；③研发与生产公用设备其折旧计入研发费用的分摊说明：论证（创新度、资源投入过多）、成本（时间长、存在舞弊）、成果（转化不足、保护不力）、技术（太复杂、不成熟、设计不合理）、决策（时机延误）、系统（客户沟通、供应商、分包商的能力及确认）、变更（不可预测问题的应对）、范围（客户需求不明确定义）、设备（需添加设备）。

综上所述，本文笔者对项目资产审计过程易出错或难于操作的方面进行了梳理，主要剖析了项目资产审计中的一些易发生的问题，分析了项目资产审计对于组织管理上的作用及应用方法，并结合一些实际案例给出了参考建议。在文章最后为高新技术企业申报所需的两个专项审计报告提供了相关备忘，愿广大组织在不断完善内部管理，提升科技成果转化能力和研究开发组织管理水平的同时，也可以享受国家相关优惠政策，为组织的创新发展提供更多的助推力。

参考文献

［1］国家电网公司. 资产全寿命周期管理体系规范：Q GDW 1683 – 2015［S/OL］. （2015 – 11 – 20）. https：//www. doc88. com/p – 6731599608771. html.

［2］科技部. 高新技术企业认定管理工作指引［EB/OL］. （2016 – 06 – 22）［2020 – 05 – 15］. http：//www. chinatax. gov. cn/n810341/n810755/c2200380/content. html.

［3］科技部. 高新技术企业认定管理办法［EB/OL］. （2016 – 02 – 04）［2020 – 05 – 15］.

http：//www. most. gov. cn/kjzc/gjkjzc/qyjsjb/201706/t20170629_133827. htm.

［4］崔也光. 无形资产的特征与计价方法的选择［J］. 会计研究，1999（2）.

［5］财政部. 企业会计准则第 6 号——无形资产［EB/OL］.（2020 - 05 - 13）［2020 - 05 - 15］. http：//kjs. mof. gov. cn/zhuantilanmu/kuaijizhuanzeshishi/200806/t20080618 _ 46242. html.

［6］中国注册会计师协会. 高新技术企业认定专项审计指引［EB/OL］.（2008 - 11 - 17）［2020 - 05 - 15］. http：//www. cicpa. org. cn/Professional _ standards/otherfiles/200811/t20081117_14567. html.

试论组织科技项目的标准化管理

王　旭

作者简介

王旭，中规（北京）认证有限公司，中规学院高级讲师。知识产权管理体系认证审核员、专利代理师资格。企业技术研发背景，曾在大型知识产权代理机构从事国内外专利代理工作多年。擅长对高技术、成长型企业量身设计适宜企业的知识产权培训课程体系。在专利挖掘与布局、涉外贸易过程中的知识产权风险管控方面有较为深入的研究。

党的十八大提出实施创新驱动发展战略，强调科技创新是提高社会生产力和综合国力的战略支撑，必须摆在国家发展全局的核心位置。习近平总书记指出，"创新是引领发展的第一动力。抓创新就是抓发展，谋创新就是谋未来"。创新的重要性不言而喻。在建设创新型国家的发展新形势下，近年来随着知识产权宣传教育工作的完善，知识产权保护的加强，有利地带动了创新环境和营商环境的持续优化。越来越多的组织开始树立保护知识产权就是保护创新的理念，不断提高组织的科技研发管理水平，重视科技研发业。

关于什么是创新，研究者们给出了许多定义。美籍奥地利经济学家约瑟夫·熊彼特据称是创新学说的鼻祖。他认为创新是企业家实行对生产要素的新的组合，包括引入一种新产品或提供一种产品的新质量，采用一种新的生产方式，开辟一个新市场，获得一种新原料或半制成品的新来源，实行一种新的企业组织形式。国际标准 ISO 9000—2015 对创新是这样定义的：创新——实现或重新分配价值的、新的或变化的客体。并且该定义的注释 1 还说：以创新为结果的活动通常需要管理。创新可用作名词也可用作动词，创新还具有多种形式，如从内容上可分为产品创新、技术创新、商业模式创新等；从程度上可分为渐进性创新、激进性和突破性创新；从规模上可分为个别创新、局部创新和系统创新；从时间上可分为连续性创新和非连续性创新……

科学技术的迅猛发展、生产生活方式的转变、思想价值观念的更新，为创新提供了富饶的土壤。然而创新是一个高风险和高不确定性的复杂过程。这一复杂过程被定义为研究开发项目（也可称为科技项目）：为获得科学与技术新知识，创造性运用科学技术新知识，或实质性改进技术、产品（服务）而持续进行的具有明确目标的活动。业界曾流传过这样一句话"不创新等于等死，创新等于找死"这句话道尽了创新的必要性和风险。创新是一种多学科、跨职能的复杂活动，它一般以技术为中心，涉及战略、组织、文化、市场、资源等要素，共同构成创新系统。同时创新又是一个多环节的过程，从创新战略规划、创意开发、新技术研发，到新产品生产和商业化，到创新绩效的评估，其中充满了风险和不确定性，各环节要在这一过程中相互配合和协作，才能共同实现创新的价值。而科技研发管理水平跟不上科技研发的脚步就是常见的创新风险源，完善组织科技项目管理机制，将创新管理与科技创新进行系统的、科学的、有效的融合，形成科技项目的标准化管理，才能驱动创新活动的可持续发展，紧跟科技和时代的步伐。

1　何为标准化

1981 年日本学者松浦四郎在他的著作《工业标准化原理》中开创性地用热力学中"熵"的观点来解释标准化的定义。他提出：从热力学的观点来看，宇宙中的"熵"必然始终在增加。换句话说，从有秩序状态转变到无秩序状态是一种自然趋势。熵的增加原则是自然界最重要的法则之一。虽然"熵"是一个热力学概念，但是我们会发现社会生活中的知识或事物的增加趋势同宇宙中熵的增加的自然趋势极为相似。标准化活动就是我们从无秩序状态恢复到有秩序状态而做出的努力，为从"丰富"简化为少数而做出的努力，为反对我们社会生活中熵的增加而做出的努力（见图1）。

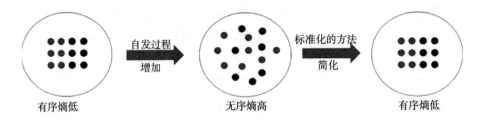

图1　用热力学中"熵"的观点来解释标准化的定义

因此，标准化本质上是一种简化，是社会自觉努力的结果。

经过了半个世纪的研究，当下我国对于标准化的定义：为了在既定范围内获得最佳秩序，促进共同效益，对现实问题或潜在问题确立共同使用和重复使用的条款以及编制、发布和应用文件的活动。

简单来讲，标准化就是一个过程活动。它囊括了达到最佳秩序前所需要的步骤、程序、保障、人员、财物支持、科学支持等[1]。虽然定义中以标准的制定颁布实施为主，但其他任意列项都不可缺省。

2　科技项目管理

科技项目管理是对创新过程的管理，即为了实现创新目标，运用管理职能（计划、组织、领导和控制）对创新过程的管理[2]。管理职能源于管理学过程理论之父法约尔，按过程来组织管理体系已成为业界的一种共识。

在一些人的眼中，标准是一种路径依赖，对创新会是一种约束，因此不能谈创新的标准化。实际上标准化是一种科学的理论和方法论，对创新亦有很好的指导作用，且目前在创新思维、创新方法和创新管理等方面已有不少标准化的成果。

2.1　创新管理体系标准

ISO 于 2013 年成立了 TC279 创新管理技术委员会，规划了 ISO 56000 系列创新管理国际标准 9 项，包括基础与术语、创新管理体系、创意管理、创新协作、知识产权管理等创新管理的内容。2019 年 ISO 发布了 3 项创新管理的国际标准，分别为 ISO 56002—2019《创新管理——创新管理体系指南》、ISO 56003—2019《创新管理——创新伙伴关系的工具和方法指南》和 ISO/TR 56004—2019《创新管理评估指南》。段首提到的 ISO 56000—2020 则是该系列标准中面世的第 4 项。

国内负责创新管理标准化的组织是 SAC/TC554 全国知识管理标准化技术委员会，其正在采标转化 ISO 56002—2019 和 ISO 56000—2020，采标的国家标准分别命名为《创新管理体系 第 1 部分：指南》和《创新管理体系 第 2 部分：术语》。

创新管理的国际标准 ISO 56002—2019《创新管理——创新管理体系指南》，为系统的创新管理提出了指导。该标准指出："组织的创新能力包括理解和响应其不断变化的环境条件的能力、追求新机会的能力、利用组织内人员的知识和创造力的能力，以及与外部相关方协作的能力"；"创新管理体系指导组织确定其创新愿景、战略、方针和目标，并建立实现预期结果所需的支持和过程"。依据 ISO 56002—2019 建立起的创新管理体系，可望系统化、规范化运行，从而提升组织的创新能力，增加创新价值。

ISO 56002—2019 标准借鉴了质量管理体系的思想，采用了 ISO 针对管理体系标准（MSS）的高层结构（high level structure），标准主体包括组织环境、领导作用、策划、支持、运行、绩效评价和改进等章节，与 ISO 9001《质量管理体系要求》相似。标准中的创新过程为识别创新机会、创建创新概念、验证创新概念、开发创新方案和部署创新方案。对于创新的主要成果——知识产权，该标准有专门的一节"知识产权管理"，该节给出了知识产权的范围和作用，规定了组织应该管控的具体内容，全面地列举了组织的知识产权管理活动和管理要点。

2.2　创新管理的 7R 法

所谓的 7R，是由七种潜在变化组成的架构，包括：重新思考（rethink）、重新组合（reconfigure）、重新定序（resequence）、重新定位（relocate）、重新定量（reduce）、重新指派（reassign）和重新做法（retool）七个步骤。

这七个步骤的意涵分别对应到 5W2H 分析法的 why（为什么），what（做什么），when（何时），where（何地），who（何人做），how much（多少），how（如何）。但 7R 特别强调的关键概念在于重新（re），也就是从 why，what 到 how 的每一个步骤都要先发散出各种可能性，再收敛出具有可行性的项目。

5W2H 分析法又叫七问分析法，是第二次世界大战中美国陆军兵器修理部首创。简单、方便，易于理解、使用，富有启发意义，被广泛用于企业管理和技术活动，对于决策和执行性的活动措施也非常有帮助，也有助于弥补考虑问题的疏漏。

发明者用五个以 W 开头的英语单词和两个以 H 开头的英语单词进行设问，发现解决问题的线索，寻找发明 5W2H 分析法思路，进行设计构思，从而搞出新的发明项目，这就叫做 5W2H 法（见图 2）。

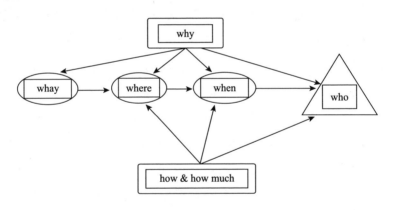

图 2　5W2H 法

（1）what？条件是什么？哪一部分工作要做？目的是什么？重点是什么？与什么有关系？功能是什么？规范是什么？工作对象是什么？

（2）who？谁来办最重要？谁来做最有效？谁是决策人？谁最受益？谁最不利？

（3）why？为什么用要做这个？不做行不行？有没有其他的可以替代？

（4）when？何时完成？何时是最佳的时间？何时最有利于完成任务？需要几时完成最合理？

（5）where？何地有重要的资源？要在何地办理这件事？

（6）how？怎么样做省力？怎么样做最快？怎么样最效率？怎么样做可以得改进？怎么样做用起来最方便？

（7）how much？多少？做到什么程度？数量如何？质量水平如何？费用产出如何？

提出疑问于发现问题和解决问题是极其重要的。创造力高的人，都具有善于提问题的能力，众所周知，提出一个好的问题，就意味着问题解决了一半。提问题的技巧高，可以发挥人的想象力。相反，有些问题提出来，反而挫伤我们的想象力。发明者在设计新产品时，常常提出：为什么（why）；做什么（what）；何人做（who）；何时（when）；何地（where）；如何（how）；多少（how much）。这就构成了 5W2H 法的总框架。如果提问题中常有"假如……""如果……""是否……"这样的虚构，就是一种设问，设问需要更高的想象力。

在发明设计中，对问题不敏感，看不出毛病是与平时不善于提问有密切的关系。对一个问题追根刨底，有可能会发现新的知识和新的疑问。所以从根本上说，学会发明首先要学会提问，善于提问。阻碍提问的因素，一是怕提问多，被别人看成什么也不懂的傻瓜；二是随着年龄和知识的增长，提问欲望渐渐淡薄。如果提问得不到答复和鼓励，反而遭人讥讽，结果在人的潜意识中就形成了这种看法：好提问、好挑毛病的人是扰乱别人的讨厌鬼，最好紧闭嘴唇，不看、不闻、不问，但是这恰恰阻碍了人的创造性的发挥。

综上，这样做的目的是，更加全面、更有条理地去分析问题，不盲目，不乱无章法地去做事。更加有效，可以准确界定、清晰表述问题，提高工作效率。有效掌控事件的本质，完全抓住了事件的主骨架，把事件打回原形思考。简单、方便，易于理解、使用，富有启发意义。有助于思路的条理化，杜绝盲目性。有助于全面思考问题，从而避免在流程设计中遗漏项目。

2.3　创新思维之六项思考帽

创新是通过创新思维产生创意，然后将创意落实到产品、过程或服务的活动，所以创新思维是非常重要的，而创新思维中最具标准化形式的是"六顶思考帽"。

六顶思考帽是英国学者爱德华·德·博诺（Edward de Bono）博士开发的一种思维训练模式，或者说是一个全面思考问题的模型。它提供了"平行思维"的工具，避免将时间浪费在互相争执上。强调的是"能够成为什么"，而非"本身是什么"，是寻求一条向前发展的路，而不是争论谁对谁错。运用德·博诺的六顶思考帽，将会使混乱的思考变得更清晰，使团体中无意义的争论变成集思广益的创造，使每个人变得富有创造性[3]。

六顶思考帽是德·博诺博士在创新思维领域的研究成果，一经发表便得到学术界和社会各界的广泛认同。1984 年首次个人承办奥运会成功并获得1.5 亿美元巨额利润的美国商人彼德·尤伯罗斯，将自己的超凡成就归功于水平思考法引发的新观念和新想法，他曾参加过德·博诺博士举办的青年总裁组织（younger president organization）六顶思考帽培训班。1996 年的美国联邦法律大会邀请德·博诺讲授六顶思考帽，听众是来自 52 个联邦国家和被邀请国家的 2300 多名高级律师、法官和知名人士。美国军方也认识到德·博诺博士以六顶思考帽为代表的创新思维工具的价值。海军上将 Cavy Admiral（卡维）请其担任顾问，为全球热点政治谈判提供咨询。20 名将军在纽波特的罗德岛开会，邀请德·波诺博士参加，用创造性思考工具讨论 YZK 的结果，他是参加会议的惟一普通公民和外国人。甚至连白宫也在推广德·博诺的水平思维方式。联合国的国际创新中心纽约分部曾邀请德·博诺对其职员进行训练，讲授六顶思考帽课程，希望能激发新思路、新想法。

六顶思考帽，是指使用六种不同颜色的帽子代表六种不同的思维模式。任何人都有能力使用以下六种基本思维模式[3]：

白色思考帽——白色是中立而客观的。戴上白色思考帽，人们思考的是关注客观的事实和数据。

绿色思考帽——绿色代表茵茵芳草，象征勃勃生机。绿色思考帽寓意创造力和想象力。具有创造性思考、头脑风暴、求异思维等功能。

黄色思考帽——黄色代表价值与肯定。戴上黄色思考帽，人们从正面考虑问题，表达乐观的、满怀希望的、建设性的观点。

黑色思考帽——戴上黑色思考帽，人们可以运用否定、怀疑、质疑的看法，合乎逻辑地进行批判，尽情发表负面的意见，找出逻辑上的错误。

红色思考帽——红色是情感的色彩。戴上红色思考帽，人们可以表现自己的情绪，人们还可以表达直觉、感受、预感等方面的看法。

蓝色思考帽——蓝色思考帽负责控制和调节思维过程。负责控制各种思考帽的使用顺序，规划和管理整个思考过程，并负责做出结论。

对六顶思考帽理解的最大误区就是仅仅把思维分成六个不同颜色，对六顶思考帽的应用关键在于使用者用何种方式去排列帽子的顺序，也就是组织思考的流程。只有掌握了如何编织思考的流程，才能说是真正掌握了六顶思考帽的应用方法，不然往往会让人们感觉这个工具并不实用。而帽子顺序的编制仅通过读书是难以达到理想效果的。

帽子顺序非常重要，我们可以想象一个人写文章的时候需要事先计划自己的结构提纲，自己才不会写得混乱；一个程序员在编制大段程序之前也需要先设计整个程序的模块流程。思维同样是这个道理。六顶思考帽不仅仅定义了思维的不同类型，而且定义了思维的流程结构对思考结果的影响。一般人们认为六顶思考帽是一个团队协同思考的工具，然而事实上六顶思考帽对于个人应用同样拥有巨大的价值。

一个人需要考虑某一个任务计划时，那么有两种状况是他最不愿面对的，一个是头脑之中的空白，他不知道从何开始；另一个是他头脑的混乱，过多的想法交织在一起造成的淤塞。六顶思考帽可以帮助他设计一个思考提纲，按照一定的次序思考下去。就这个思考工具的实践而言，它会让大多数人感到头脑更加清晰，思维更加敏捷。

在团队应用当中，最大的应用情境是会议，这里特指讨论性质的会议，因为这类会议是真正的思维和观点的碰撞、对接的平台，而我们在这类会议中难以达成一致，往往不是因为某些外在的技巧不足，而是从根本上对他人观点的不认同造成的。六顶思考帽就是特别有效的沟通框架。所有人要在蓝帽的指引下按照框架的体系去组织思考和发言，这样不仅可以有效地避免冲突，而且可以就一个话题讨论得更加充分和透彻。

在多数的团队中，团队成员被迫接受团队既定的思维模式，限制了个人和团队的配合度，不能有效解决某些问题。运用六项思考帽模式，团队成员不再局限于某一单一思维模式，思考帽代表的是角色分类，是一种思考要求，而不是代表扮演者本人。六项思考帽代表的六种思维角色，几乎涵盖了思维的整个过程，既可以有效地支持个人的行为，也可以支持团体在讨论中的互相激发。

下面是一个六项思考帽在会议中的典型的应用步骤。

（1）陈述问题（白帽）。

（2）提出解决问题的方案（绿帽）。

（3）评估该方案的优点（黄帽）。

（4）列举该方案的缺点（黑帽）。

（5）对该方案进行直觉判断（红帽）。

（6）总结陈述，做出决策（蓝帽）。

运用"白色思考帽"来思考、搜集各环节的信息，收取各个部门存在的问题，找到基础数据。戴上"绿色思考帽"，用创新的思维来考虑这些问题，不是一个人思考，而是各层次管理人员都用创新的思维去思考，大家提出各自解决问题的办法、好的建议和好的措施。也许这些方法不对，甚至无法实施。但是，运用创新的思考方式就是要跳出一般的思考模式。接着，分别戴上"黄色思考帽"和"黑色思考帽"，对所有的想法从"光明面"和"良性面"逐个进行分析，对每一种想法的危险性和隐患进行分析，找出最佳切合点。"黄色思考帽"和"黑色思考帽"这两种思考方法，都能进行否决或都进行肯定。到了这个时候，再戴上"红色思考帽"，从经验、直觉上，对已经过滤的问题进行分析、筛选，做出决定。在思考的过程中，还应随时运用"蓝色思考帽"，对思考的顺序进行调整和控制，甚至有时还要刹车。因为，观点可能是正确的，也可能会进入死胡同。所以，在整个思考过程中，应随时调换思考帽，从不同的角度进行分析和讨论。

六项思考帽的方法注重人的行为，而不分析行为背后的思想动机，它指明所有行动的规则，然后你只需要遵从这些规则。比如，你戴上"黑色思考帽"，即使显得如何具有攻击性，也不会有人阻止你。但是一旦戴上"黄色思考帽"，那就必须收敛起来，按照黄色思考帽的规则行动了。

六项思考帽是平行思维工具，是创新思维工具，也是人际沟通的操作框架，更是提高团队智商的一种有效方法，让每一次会议、每一次讨论、每一份报告和每一个决策都充满新意和生命力。这个工具能够帮助人们：提出更具建设性的观点；聆听别人的观点；从不同角度思考同一个问题，从而创造高效能的解决方案。用"平行思维"取代批判式思维和垂直思维。提高团队成员的集思广益能力，为统合综效提供操作工具。

3　标准化应用

相信每一个人都会时常羡慕盖茨、想成为"双马"（马云、马化腾），甚至想回到王欣大哥那个时代，一个人可以成就一个公司，可以成就一个经久不衰的产品。但是随着行业规模的不断壮大，各个新业态领域再也不是英雄遍地的年代了，工种越来越细，组织结构越来越复杂，项目管理就受到了越来越多的重视。

说到项目管理，"人治还是法制"便一直是一个非常大的争论点。从组织层面上来看，过程和制度是必要的，但是从执行层面和体系的制订层面要尽量做到足够的灵活，由人去控制流程。丰田公司有句话是这么说的"Be hard on the process, but soft on the operators（对流程应严苛，但对执行者应灵活）"，也是表达了这么个道理。

每个组织的科技项目管理体系都是逐步建立起来的，项目管理体系建立发展至今，一般分为三个阶段：

第一个阶段是组织成立初期，主要依托客户的需求，业务相对比较简单，团队规模较小且一人身兼多职。在项目过程中，大多数情况是 1 ~ 2 个人在一个项目上，也无所谓协作，有句话说得好"just do it（想到什么就做什么）"。但由于是初创团队，以及业务延展不稳定的特点，有大量的不稳定需求的出现，造成的重复劳动，不断推翻重做。此时的项目管理是无序的，有时甚至是混乱的，对过程几乎没有定义，成功取决于个人努力。管理是反应式的。但是随着业务规模和人员规模的不断壮大，这种情况愈发的不可控，所以，需要一定的规范、方法去保障团队的生产过程。

随着业务的发展，组织进入了第二个阶段。开始制订研发项目相关规则和管理架构，划分出各自负责的范围，同时需要找出一套相互配合的方法和原则，不然各工种之间的衔接会消耗很多成本和资源，并且越是分得清楚越是个大麻烦。此时"研发体系及流程规范 1.0 版本"就这样催生出来了。一般来说第一版管理规章都不太成熟，可能会存在着相关的缺陷。因为"1.0 版本"多是照搬别人的已有过程，漫长而痛苦的试错—改造—再试错—再改造的过程便由此开始，且在这个过程中整个团队的工作效率和士气均会受到打击。此时，管理者的职能就尤为重要，在实行的过程中，在推进的最关键或者说最困难的阶段，管理者可起到稳定团队、保障生产的关键作用。通过反复"试错—改造—再试错—再改造的过程"，曾经出现的需求、质量、配合等一系列问题，都不是那么的突出了，或者说都得到了不同程度的解决，此时科技项目管理体系流程初步建立了起来。也就是建立了基本的项目管理过程，来跟踪费用、进度和功能等，同时制订了必要的过程纪律，可以重复之前类似项目取得的经验教训。但是随着业务的发展，队伍越来越大，人员越来越多，更多更复杂的问题又显现出来了。

有句话这么说的：专业的人干专业的事，专业的工具干专业的事，专业的职能干专业的事。组织发展到第三个阶段，业务流转和研发体系中出现了很多问题，于是需要对项目中的职能进行更加细致的划分，让各个职能部门的人融入到项目体系中去。首先在职能体系下对人员需要具有一定的规范和梳理，基于原有的项目管理过程和体系，各职能部门编制基于部门的职能手册，手册内容包含部门岗位成员的职责范围、基本的工作流程和规范。接下来是项目层面，常见的做法是将项目划分为几个基本的阶段——开始、立项、审批、研发、项目结束、成果转化，并且对每个阶段的参与者和相应职责做出详细的规定（见图 3）。

科技项目标准化管理体系需要与组织的其他管理体系保持协同，且符合全面、可优化、可持续、系统性和基于风险的要求。形成基于计划管理、组织管理、过程管理、成果管理的持续改进的闭环管理机制。梳理固化各级业务流程、价值流程和信息流程，形成纵向贯通横向协同的工作机制。通过状

图 3　常见的科技项目标准化管理流程

态及绩效检测、事件管理、审核以及合规性评价等工作，对项目管理及项目管理体系进行分析评价，并基于分析评价结果制订纠正、预防、持续改进等措施，对项目管理及项目管理体系实施持续改进提升。通过优化配置资源、加强基础管理等措施，为建立、实施、维护并持续改进管理体系提供支持和保障，包括优化组织架构、加强人员培训、提高员工能力、完善体系文档、建立协同工作机制和内部沟通程序等内容。

3.1　计划管理

研究开发活动的首要工作是创新计划管理，包含开始阶段、立项阶段和审批阶段。创新计划是指创新组织根据对创新内外部环境的分析和创新组织既定目标的要求，确定创新的目标，并对未来创新活动所做的事前安排。由于创新活动的不确定性，创新的计划工作难度很大，不少创新活动事前无法进行详细的安排，但创新的环境分析和创新战略选择是创新计划中不可忽略的两项工作。创新组织结合内外部环境分析才能对创新战略做出适当的选择。

部分组织在研发立项初期就犯了"拍脑门"的错误。拟研发的项目不是只看技术先进性强不强、转化为产品后能抢占多大的市场份额就能决定的。而是应当开展系统性的分析与评估。计划管理应根据项目管理总体目标、策略来制订相应的管理计划，包括项目管理体系改进计划、实施计划等；指导科技研发活动的有序开展。同时需要考虑组织的人力资源、财务资源、物资资源及外部环境等约束条件；明确科技项目管理活动的责任部门、资源配置、时间节点等关键信息，能用于定期检查与评估，保障计划高效执行，基于科学的方法进行统筹优化和优先级排序，时间资源配置最优。组织应基于发展战略，根据各项项目管理的需要，分层分级地开展对外部环境的预测和对内部环境的分析。

根据对内外部环境的分析来确定研究开发的目标，制订可行性研究分析报告，而后进入立项阶段。由于研究开发活动的不确定性，结合可行性研究分析报告制订风险评估报告、风险防范策略与研发费用预算是计划管理过程中不可忽略的工作内容。

可行性研究分析报告、风险评估报告、风险防范策略以及研发费用预算成为组织管理者在审批阶段形成决策的四只砝码，也是组织战略发展的天平倾向的重要决策因素。

3.1.1 外部环境预测

创新外部环境分析，首先需要从宏观经济发展、行业形势、技术发展等维度系统分析外部环境，识别发展机会，为组织的科技项目规划提供决策信息，规避发展规划的风险。需要分析行业标准变化情况，评价组织内部标准与行业标准的符合性。GB/T 29490-2013 中 8.1 条款中：

> b）立项阶段的知识产权管理包括：通过知识产权分析及与市场调研相结合，明确该产品潜在的合作伙伴和竞争对手。

再者需要及时准确分析法律法规、政策的变化和要求，识别法律法规、政策变化对组织的科技项目活动产生的影响。GB/T 29490-2013 中 5.3.3 条款是关于法律的要求：

> 最高管理者应批准建立、实施并保持形成文件的程序，以便：a）识别和获取适用的法律和其他要求，并建立获取渠道；b）及时更新有关法律和其他要求的信息，并传达给员工。

创新外部环境分析还需要分析相关现有技术的发展路线和未来趋势，明确拟立项的技术主题和方向，排查项目中的知识产权风险，形成知识产权专项调查报告，初步制订规避方案（见图4）。GB/T 29490-2013 中 8.1 条款中：

a) 立项阶段的知识产权管理，包括：分析该项目所涉及的知识产权信息，包括各关键技术的专利数量、地域分布和专利权人信息等。

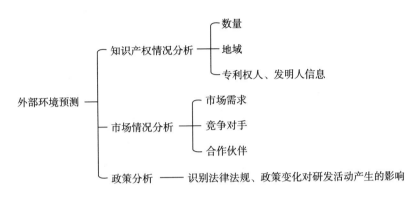

图4 创新外部环境分析

通过分析其他组织的知识产权信息及组织信息，了解同行业竞争对手、合作伙伴的技术情况，评估该组织相对于竞争对手的技术先进性。必要时需要对竞争对手、合作伙伴开展知识产权尽职调查。

审查知识产权的保护范围，是知识产权尽职调查中常常忽略的问题。以发明专利为例，专利保护范围首先体现在权利要求书保护范围方面，如果权利要求书的专利保护范围过窄，竞争者很容易规避该项专利或者真正核心的部分不被保护，导致该专利实际上处于不被保护的状态。其次，专利保护范围体现在侵权可视度方面。如果权利要求未针对侵权主体、侵权行为、侵权产品、侵权证据等进行布局，将会降低专利的抗侵权能力，从而导致专利技术经济价值的降低。因此，在审查专利保护范围时，首先要审查目标专利的权利要求的保护范围是否过窄，竞争者是否容易规避该项专利，其次审查目标公司的核心技术是否在权利要求的保护范围内，最后还要审查专利的侵权可判定性，从而确定该项专利经济价值和战略价值。

知识产权与有形资产有很大的不同，具有地域性和时间性。在国外拥有的专利权或商标权若在国内未获得相应权利是不受法律保护的。因此当开展的科技项目涉及海外或我国港澳台地区时，知识产权的地域性和时间性审查尤为重要。

3.1.2 内部环境预测

创新内部环境分析，组织应对研发项目的必要性做出判断，如拟研发项目是否与组织的经营发展相适应，并分析项目相关技术领域的知识产权竞争态势，结合国家与行业的政策和发展趋势，确定立项的必要性。

创新内部环境分析需要充分收集创新资源的健康运行状态与绩效，分析创新资源运行存在的问题；分析创新资源绩效，从资源统筹、保障能力角度提出创新资源管理工作改进提升的建议。梳理创新资源管理相关的风险点，制订风险管理措施，降低创新资源管理活动的不确定性，规避和降低资产风险，同时收集的所有数据应保证适宜、充分和准确[4]。结合人力资源、基础设施资源、财务资源、信息资源等组织现状，全面分析创新资源投入能力、创新资源转换能力和创新成果产出能力。GB/T 29490-2013 中的第六部分——资源管理，也分别从 6.1 条款人力资源、6.2 条款基础设施、6.3 条款财务资源和 6.4 条款信息资源四个方面对于知识产权管理体系中的资源管理进行了规定（见图 5）。由此可见，GB/T 29490-2013 在一定程度上可以为组织科技项目的标准化管理奠定基础。

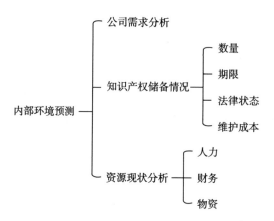

图 5　创新内部环境分析

创新内部环境分析在知识产权排查工作中与创新外部环境分析类似，还需要了解组织知识产权的储备，排查项目中的知识产权风险，形成知识产权专项调查报告，初步制订规避方案。GB/T 29490-2013 中 8.1 立项条款中：

　　a）立项阶段的知识产权管理，包括：分析该项目所涉及的知识产权信息，包括各关键技术的专利数量、地域分布和专利权人信息等。

根据要求，知识产权专项调查报告应对各项知识产权进行核查，获取知识产权清单；核查组织知识产权的当前法律状态、权属，提示过期知识产权、待缴费知识产权、非企业独立控制的知识产权（包括未转让登记到该组织名下的知识产权，该组织与其他组织共同持有的知识产权）；核查该组织与其他方签署的知识产权许可协议，了解重要知识产权的许可期限、许可范围及许可条件，评估其对该组织未来业务的影响；查询涉及知识产权的重大未决诉讼情况；针对核查出现的知识产权问题，提供解决方案。

3.2　组织管理

组织管理的职能就是对研究开发目标的各种要素在工作过程中的相互关系进行组合、配置，从而建立起一个有机整体的一种管理活动（见图 6）。研究开发项目准备阶段中的各种计划都是通过组织职能的作用来实现的。

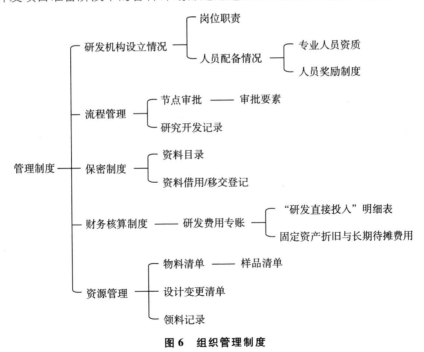

图 6　组织管理制度

组织职能主要有两项任务：一是设计有效的组织结构，需明确岗位职责，了解人员配备情况以保证专业人员具有合规的专业资质、同时具有完善的人员奖励制度；二是确保组织的高效运作，梳理固化各级业务流程、价值流程和信息流程，形成纵向贯通横向协同的工作机制。要保证组织的高效运作必须解决好组织内外部各种媒介问题，明确各类资源管理制度，如使用物料清单、样品清单、设计变更清单、领料记录等建立沟通记录，减少重复对接，以提高沟通协作的效率，建立价值活动之间的顺畅沟通。

组织科技项目管理总体目标、策略应确保在全员得到有效沟通的前提下，以确保全员达成共识并保证目标达成及策略有效实施；同时，对非商业秘密目标、策略内容与外部利益相关方（与组织的绩效、成功及其组织的活动产生的影响有相关利益关系的个人或团体，包括政府部门、监管机构、股东、员工、客户、合作伙伴、金融机构、承包商、供应商及社团等）进行必要沟通，确保有关目标、策略反映利益相关方的关切，并促进外部利益相关方行为与组织预期目标、策略保持一致；管理计划应在各部门、各专业上下有效沟通，确保计划执行的一致性和完整性；同时，确保有关计划反映利益相关方关切，对外与利益相关方就非商业秘密计划内容进行充分沟通，促进利益相关方与有关行动满足组织计划要求；项目管理相关规范、技术标准、制度及流程的制订、实施和宣导应在组织主体范围广泛开展，以确保充分、适宜并广泛知情，从而能够很好地贯彻执行；对外，则非商密相关内容与利益相关方进行充分沟通，确保项目管理体系有关内容能反映利益相关方关注重点，并能够遵守执行；项目管理风险评估与管控决策结果在内部有效沟通，确保内部对风险有效控制，并间接作为相关部门单位借鉴预防的参考；对外，需要与利益相关方进行必要沟通，反映利益相关方风险管控关切，并促进其采取相应的应对措施；项目应急管理需在组织内外部进行充分必要沟通，以确保应急预案、应急物资或装备状况、应急演练、应急响应等业务活动能够满足利益相关方的关切并知情，确保应急管理能够顺利开展；科技项目管理体系的持续改进工作应在组织内外部充分进行必要的沟通，确保持续改进成果在组织主体范围内推广应用，并满足利益相关方的利益要求。

3.2.1　流程管理

流程管理是对利益相关方之间信息的传递和反馈的过程管理，以保证科技项目管理活动进行顺畅。有效的流程管理是双向的，包括自上而下、自下而上以及横向的沟通[4]。

流程管理中应建立节点审批机制，明确审批要素，对项目管理活动中出现的非常规情况进行调查、记录及反馈，保存研究开发记录。明确审批等级及其调查、评估、处理的相应职责、权限；建立相应应急机制，确保各个节点发生突发情况时能够组织内外部力量迅速采取措施；明确各类非常规情况调查内容和流程，包括组织调查团队、确定调查范围和方法、调查执行和总计汇报等关键环节。GB/T 29490-2013 中，"8.2 研究开发"中提出：

> f) 研究开发阶段的知识产权管理包括保留研究开发活动中形成的记录，并实施有效的管理。

下面我们通过案例来了解一下流程管理中，调查、记录及反馈在创新活动中的重要性。

2015 年 1 月 9 日，原告宁德新能源科技有限公司（以下简称"宁德公司"）向被告深圳市达特尔机器人有限公司（以下简称"达特尔公司"）下达一份采购订单，订购一台定制化生产设备，并在《订单交易条款》中明确"主要由买方提供技术参数、设计标准等技术数据、图纸、规格的设备，属专门为买方定制的设备，其知识产权属买方所有"。

2016 年 3 月 17 日，达特尔公司提出专利申请（涉案技术专利），并于同年获得授权。被告达特尔公司在双方签订《订单交易条款》后，在未通知原告的情况下向国家知识产权局提出名称为"一种锂电池双面贴保护膜设备"的实用新型专利申请，并于 2016 年 7 月 27 日获得授权，专利号为 ZL201620208112.0，专利权人为达特尔公司，此即案涉诉争专利。

2017 年 11 月 1 日，本案被告达特尔公司以本案原告宁德公司向博发公司采购上述设备涉嫌侵犯案涉诉争专利权为由，在另案中将宁德公司作为被告、博发公司作为第三人，诉至福建省福州市中级人民法院。

2018 年 3 月 22 日，本案原告宁德公司将被告达特尔公司诉至深圳市中级人民法院，称诉争专利是被告达特尔公司以其名义申请，其是该专利的唯一权利人。根据《订单交易条款》的约定，请求法院判令诉争专利权应当归原告所有。

法院认为：原告主张诉争专利权应当归其所有而提交的五份核心证据（包括定制上述设备时研究开发沟通记录），只能证明原告参与了涉案设备的研发，不足以证明涉案设备属于《订单交易条款》规定的"主要由买方提供技术参数、设计标准等技术数据、图纸、规格的设备"。据此，本院认定，《订单交易条款》第7.7条规定的知识产权归属条件并未成就，诉争专利权不应归原告所有。

通过分析这个案例，我们可以得出：

（1）原告在本案中一直强调案涉设备属于专门为其定制的设备，但《订单交易条款》设备知识产权归属的完整表述是"主要由买方提供技术参数、设计标准等技术数据、图纸、规格的设备，属专门为买方定制的设备，其知识产权属买方所有"。因此，即便案涉设备属于专门为原告定制的设备，但该设备的知识产权归原告所有，仍需满足设备为"主要由买方提供技术参数、设计标准等技术数据、图纸、规格的设备"这一前提条件，即原告所提供的研究开发记录不满足该条件。故仅凭"案涉设备属于专门为原告定制"这一事实，尚不足以认定诉争专利权应当归其所有。

在科技项目管理的过程中，尤其是联合开发的科技项目管理中，研究开发记录或将成为相应权属归属的重要证据。

（2）关于《订单交易条款》"知识产权"条款属性的问题。被告认为，在案证据表明原告在不同场合的订单交易条款中均原封不动地完整援用第七条"知识产权"条款，故该条款属于典型的格式条款；原告认为，《订单交易条款》系双方协商一致达成的意思合意，不应将该条款简单理解为格式条款。依照《中华人民共和国合同法》第39条第二款的规定，"格式条款是当事人为了重复使用而预先拟定，并在订立合同时未与对方协商的条款"。《订单交易条款》"知识产权"权属的格式条款，依照《中华人民共和国合同法》第41条的规定："对格式条款的理解发生争议的，应当按照通常理解予以解释。对格式条款有两种以上解释的，应当作出不利于提供格式条款一方的解释。格式条款和非格式条款不一致的，应当采用非格式条款。"

在科技项目管理过程中，尤其是联合开发的科技项目管理中，各类规定的沟通及反馈往往影响着相应条款的生效与否，因此制度及约定的形成不能仅仅停留在制订层面，相应的反馈、沟通、记录对于制度及约定的成立起到决定性的作用。

3.2.2 保密管理

创新活动中组织管理的核心往往在其保密制度的建立，而谈到保密制度，因各组织的业务内容和工作模式往往具有较大差异，而各式各样的保密制度中都不乏"保密资料目录""资料借用或移交登记"等。GB/T 29490-2013 中提出：

> **7.6 保密**
>
> 应编制形成文件的程序，以规定以下方面所需的控制：a) 明确涉密人员，设定保密等级和接触权限；b) 明确可能造成知识产权流失的设备，规定使用目的、人员和方式；c) 明确涉密信息，规定保密等级、期限和传递、保存及销毁的要求；d) 明确涉密区域，规定客户及参访人员活动范围等。

保密制度的建立及有效运行，往往事关项目的存亡并保护科技项目的竞争力。随着知识经济时代的发展，人才资源的流动更为积极活跃，也给科技成果的保护带来了新的挑战。随着人才的流动，不可避免地对创新技术的持续转化和深入研究带来影响。同时还伴随着知识产权泄露的风险。"国民游戏"《王者荣耀》便出现过保密层面的"事故"，且靠较为完善的保密制度及风险应对措施在一定程度上挽回了损失。

上海一中院二审判决，前腾讯员工徐某华违反劳动合同中的竞业限制条款，需要向腾讯返还 1940 余万元。徐某华于 2009 年 4 月加入腾讯游戏，负责网游开发运营，同时签订了《保密与不竞争承诺协议书》。2014 年 5 月，徐某华从腾讯离职，不过在 2014 年 1 月他就私下成立了自己的公司沐瞳科技。腾讯发现，沐瞳科技开发出了一款名为"Mobile Legends"的网游，经过比对，腾讯认为这款网游大量抄袭《王者荣耀》。腾讯随即将徐某华告上法庭，二审判决，徐某华按照双方协议约定，返还其基于腾讯授予股票获得的所有实际收益，向腾讯方面支付人民币 19403333 元。除了要赔偿巨额竞业限制补偿外，腾讯认为，沐瞳科技开发的"Mobile Legends"侵犯了《王者荣耀》的著作权，已经提起了诉讼，要求停止这款游戏运营，并赔偿损失。

无独有偶，近年来很多互联网公司的保密制度都受到了不同程度的冲击。在保密制度中遭受最多冲击的是来自人员管理方面的问题。

2014年12月，网易曾发布声明，质疑陌陌创始人唐某违反与其签订的竞业限制约定。网易称，2003年12月至2011年9月，唐某在网易工作。但2011年7月，唐某尚未从网易离职，在外开设陌陌公司。唐某在网易期间，利用职务之便，获取网易提供的各种信息、技术资源，创立了"陌陌"，从而窃取了网易公司商业利益，丧失基本职业操守。陌陌则在其招股说明书中对此回应，网易声明中没有任何直接针对陌陌的指控，其所有指控基本是针对唐某加盟陌陌之前的行为。

另一起索赔5000万元的竞业限制案件，发生在2019年12月22日。每日经济新闻当时曾报道，百度把自己曾经的自动驾驶事业部总经理，当时还是景驰科技创始人兼CEO的王某告上了北京知识产权法院，主要涉及商业秘密和同业竞争，索赔5000万元。被告为前自动驾驶事业部总经理王某及王某所经营的美国景驰公司。百度当时有一个明确的指控是：通过离职不归还电脑和打印机的方式窃取公司机密。

在此大环境中，包括腾讯在内的诸多互联网公司，在与员工签订劳动合同时，选择与员工签订保密协议或者竞业限制协议，对保密义务和竞业限制义务等内容进行约定。由此可见保密制度的设立并不是独立在某一个层面的，而是贯穿于科技项目中的人力资源、信息资源、物资资源等多个维度中。

3.2.3 从政策看科技项目的组织管理

从国家政策层面，包括《高新技术企业认定管理办法》GB/T 29490-2013等，多项国家对于技术研发型企业管理的政策和制度中均对科技项目的组织管理进行了明确规定。

《高新技术企业认定管理办法》中，对于研究开发组织管理水平的评价规定为：由技术专家根据企业研究开发与技术创新组织管理的总体情况，结合以下几项评价，进行综合打分：企业组织架构、研发基础（设备设施、基础条件、设备采购）；关于研究开发的组织管理制度（管理制度、研发投入核算体系、辅助账）；与国内外研究开发机构开展多种形式产学研合作；科技成果转化的组织实施与激励奖励制度、开放式的创新创业平台；科技人员的培养进修、职工技能培训、优秀人才引进和人才绩效评价奖励制度。

《高新技术企业认定管理办法》中对于研究开发组织管理水平的评价打分项分别为：①制定了企业研究开发的组织管理制度，建立了研发投入核算体系，编制了研发费用辅助账；②设立了内部科学技术研究开发机构并具备相应的科研条件，与国内外研究开发机构开展多种形式产学研合作；③建立了科技成果转化的组织实施与激励奖励制度，建立开放式的创新创业平台；④建立了科技人员的培养进修、职工技能培训、优秀人才引进，以及人才绩效评价奖励制度。

GB/T 29490-2013 也有相应的规定，具体为：①6.3 财务资源条款：应设立知识产权经常性预算费用，包括用于知识产权申请、注册、登记、维持、检索、分析、评估、诉讼、培训、知识产权管理机构运行、知识产权激励的费用，以确保知识产权管理体系的运行。②5.4.2 机构条款：建立知识产权管理机构并配备专业的专职或兼职工作人员，或委托专业的服务机构代为管理，承担制订企业知识产权发展规划，建立知识产权管理绩效评价体系，参与监督和考核其他相关管理机构，负责企业知识产权的日常管理工作的职责。③6.1.6 激励条款：明确员工知识产权创造、保护和运用的奖励和报酬，以及造成知识产权损失的责任。④6.1.2 教育与培训条款：组织开展知识产权教育培训，包括：规定知识产权工作人员的教育培训要求，制订计划并执行；组织对全体员工按业务领域和岗位要求进行知识产权培训，组织对中高层管理人员进行知识产权培训，组织对研究开发等与知识产权关系密切的岗位人员进行知识产权培训，并形成记录。

3.3 过程控制

过程控制是调整组织研究开发过程并确保它们能够与期望的创新目标相一致或相吻合的管理活动的过程。过程控制本质上就是对研究开发过程的风险控制，创新风险不仅会引发财务风险，也可能导致组织发生有形的经济损失，甚至会导致时间损失、机会损失、心理损失等各项无形损失。这就需要对整个研究开发过程进行控制，以提高研究开发效率效果，保证科技项目管理所有阶段的成本、风险和资源得到监控和有效管理，满足：按照计划开展项目管理活动；依据项目管理相关制度标准对项目管理活动的执行过程进行监控；综合考虑人力资源、财务资源、物资资源等资源配置，并根据内外部环境、资源等因素变化进行调整，与目标策略和计划保持一致；对活动过程的信息及时记录并满足检测及监控要求。

　　研究开发活动阶段以实施动态监控为主，反映项目资源及项目管理状态的真实情况。首先需要确定状态监控指标，明确监控方法、频率、数据来源、采集方法、统计分析要求等，满足定性及定量分析的要求；记录监控信息，保证数据质量；对于状态监控结果开展问题成因分析，为纠正和预防措施及持续改进提供支持；定期编制状态监控报告，并在合适的范围内发布；同时还需要对状况监控的成效进行评估（见图7）。

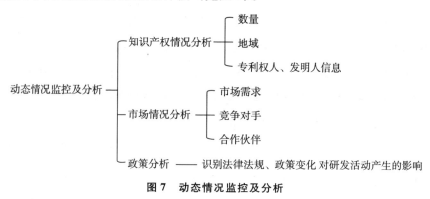

图7　动态情况监控及分析

　　GB/T 29490-2013 中 8.2 条款是对知识产权动态情况监控及分析的相关规定：

> 　　研究开发阶段的知识产权管理，包括：对该领域的知识产权信息、相关文献及其他公开信息进行检索，对项目的技术发展状况、知识产权状况和竞争对手状况等进行分析；跟踪与监控研究开发活动中的知识产权，适时调整研究开发策略和内容，避免或降低知识产权侵权风险。

　　科技项目的过程管理中仍然需要从宏观经济发展、行业形势、技术发展等维度系统持续分析外部环境，规避发展规划风险。需要分析行业标准变化情况，评价组织内部标准与行业标准的符合性。通过分析其他组织的知识产权信息及组织信息，了解同行业竞争对手、合作伙伴的技术情况，评估该组织相对于竞争对手的技术先进性。必要时需要对竞争对手、合作伙伴开展知识产权尽职调查。

再者需要及时准确分析法律法规、政策的变化和要求，识别法律法规、政策变化对组织的科技项目活动产生的影响。《公开发行证券的公司信息披露内容与格式准则第 41 号——科创板公司招股说明书》第五十四条规定，发行人应披露主要产品或服务的核心技术及技术来源，结合行业技术水平和对行业的贡献，披露发行人的技术先进性及具体表征。披露发行人的核心技术是否取得专利或其他技术保护措施、在主营业务及产品或服务中的应用和贡献情况。发行人应披露核心技术的科研实力和成果情况，包括获得重要奖项，承担的重大科研项目，核心学术期刊论文发表情况等。发行人应披露正在从事的研发项目、所处阶段及进展情况、相应人员、经费投入、拟达到的目标；结合行业技术发展趋势，披露相关科研项目与行业技术水平的比较；披露报告期内研发投入的构成、占营业收入的比例。与其他单位合作研发的，还应披露合作协议的主要内容，权利义务划分约定及采取的保密措施等。

以上交所问询为例，关注企业是否建立了完善的知识产权管理体系并有效运行，且要求企业做详细说明。例如，江西金达莱、博拉网络和北京木瓜移动都曾在上市审核过程中被问及"相关商标、专利、软件著作权等知识产权管理的内部控制制度是否建立健全并有效运行"（见图 8）。除了管理制度体系，知识产权管理人员是否专业充足，管理机构是否设置合理也是审核机构的关注点。《中华人民共和国证券法》第 13 条：公司公开发行新股，应当符合下列条件：具备健全且运行良好的组织机构，创新管理体系作为企业组织机构的重要组成部分受到关注也是情理之中。由此可见，创新主体可以借用科技项目资产审计的方法对研究开发活动进行评估定位，为提高科技项目组织管理水平提供必要的改进信息。

上述问询项目均是涉及知识产权的来源方式以及对于科研或研发过程的知识产权的管理。知识产权来源可以通过自主研发的方式原始取得，也可以通过受让或许可的方式获得，这反映了技术的独立性和在某种程度上的可持续性。研发过程的保密管控和成果的权利归属能够反映企业对于知识产权管理的成熟度。

项目状态：
撤回

papaya
木瓜移动

科创板
知识产权相关
问询问题

➡ （1）核心技术及专利在主营业务中的作用
（2）知识产权管理的内部控制制度是否建立并有效运行
（3）知识产权的法律状态，是否存在知识产权提前终止等异常情况

图8　案例——知识产权管理制度和体系

3.4　成果管理

组织一方面在立项之初要审慎考量，周密策划；另一方面在研发过程中须及时推进，建立项目评审机制，严防面铺得过大、研发产出缓慢、未及时跟进市场和政策的变化，最终导致的高投入、低产出。具体来说，应当综合分析，制订知识产权资产产出的规划，实施有效的知识产权布局；跟踪与监控内外部情况变化，如组织自身业务聚焦方向、外部技术及市场竞争态势等，综合判断在研项目的下一步决策；及时推动研发项目中的创新成果产出，如结合市场营销策略适时申请专利；定期开展项目知识产权资产评审，如评估专利组合的完整性，从多角度展开查漏补缺，形成二次开发方案。

如果把研发项目比作一场接力比赛的话，那么科技成果［依照《促进科技成果转化法》指通过科学研究与技术开发所产生的具有实用价值的成果（专利、版权、集成电路布图设计等）］相当于一次次的交接棒动作，贯穿在整个科技项目过程中。组织应该已经初步形成了知识产权资产的储备与布局，此时应当再次对于侵权风险、产业化可行性、市场价值和接受度展开评议，全面考量如何选择知识产权的转化方式。在研发项目的全生命周期中，知识产权资产的深度挖掘与布局策略应贯穿始终。组织应充分考虑如何从技术到专利，适时形成知识产权资产，确保研发项目中各个里程碑的重要输出，有效地把控各个为组织带来利润的关键点。即便组织最终无法或无计划将研发成果产业化，还可以通过知识产权资产的转移转化（科技成果转化是指为提高生产力水平而对科技成果进行的后续试验、开发、应用、推广直至形成新产品、新工艺、新材料，发展新产业等活动）为项目增收。目前这类案例很多，研发项目并不是只能通过销售产品获得回报，还包括自行投资实施转化；向他人转让该技术成果；许可他人使用该科技成果；以该科技成果作为合作条件，与他人共同实施转化等科技成果转化形式，良好的知识产权资产策略也可以为项目赋值。

GB/T 29490-2013 中 8.2 条款是对研究开发成果管理的相关规定：研究开发阶段的知识产权管理包括督促研究人员及时报告研究开发成果，及时对研究开发成果进行评估和确认，明确保护方式和权益归属，适时形成知识产权（见图9）。

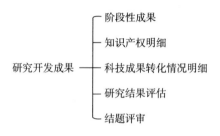

研究开发成果
├── 阶段性成果
├── 知识产权明细
├── 科技成果转化情况明细
├── 研究结果评估
└── 结题评审

图 9　研究开发成果

科技成果的转化是针对理论性或试验性研究各阶段的研发成果，转化为可以直接应用于生产实际的技术或实用性产品。包含一个技术本身变成产品的"化"的动态过程，因此一个动态过程在时间维度上便会有长有短，如何在这个动态的过程中判断科技成果形成并且可以实施转化的节点，成为科技项目成果管理工作中的一个难点。因此应建立和完善研究成果验收制度；定期检查项目进度情况，是否存在部分项目长期未结案的情况，分析其形成的原因；对于通过验收的研究成果，可以委托相关机构进行审查，确认是否申请专利或作为非专利技术、商业秘密等进行管理。对于需要申请专利的研究成果，应当及时办理有关专利申请手续。

每一个创新主体都可能面临类似的处境：花了大力气进行研发，也形成了一定数量的知识产权成果，甚至有的组织申请了大量的专利，但是这其中很多是"专利泡沫"，他们无法有效保护组织的产品、也无法作为组织与竞争对手进行博弈的武器、或许还会被轻易的宣告无效……

随着科技体制改革的持续发力，尤其是资源配置、计划管理、科技成果转化等方面重大改革措施的出台，以及大众创业万众创新局面的兴起，科技成果转化为现实生产力的速度在加快。2020 年 2 月 21 日，教育部网站发布了《教育部 国家知识产权局 科技部关于提升高等学校专利质量促进转化运用的若干意见》（以下简称《意见》）。近年来，我国高校专利申请量和授权量一路飙升，但是与国外同等水平大学相比，我国高校专利还存在"重数量轻质量，重申请轻实施"等问题。为此，《意见》明确提出：停止对专利申请的资助奖励，大幅减少并逐步取消对专利授权的奖励，可通过提高转化收益比例等"后补助"方式对发明人或团队予以奖励。将专利转化等科技成果转移转化绩效作为一流大学和一流学科建设动态监测和成效评价以及学科评估的重要指标，不单纯考核专利数量，更加突出转化应用。同时，反对发布并坚决抵制高校专利申请量和授权量排行榜。

科技成果管理是对科技成果的管理。在组织的科研管理中占有十分重要的地位，科技成果是人类宝贵的财富，是推动经济建设和社会发展的必要资源，其推广和应用于社会，是科研任务的出发点和最终归宿。科技项目成果管理工作中需制订科研成果管理条例和有关的规章制度，并组织实施；组织对科研成果的评价鉴定，对成果的科学价值、经济价值、社会价值、应用可能性等进行审查评议，作出恰当的评价或鉴定意见；组织科研成果的交流，促进推广应用，使应用性的科技成果尽快地发挥作用；组织科研成果的考核，对优秀成果进行鼓励和奖励；登记、汇总和上报科研成果材料，并协助有关部门建立科研成果档案；贯彻执行科学技术保密规定，保护国家科技财富。

通过科学研究活动取得的科技成果，无论成果的价值多大，就目前有关知识产权保护的专门法律来看，很难直接产生独占权利。也就是说，科技成果想获得法律保护，首先要通过某种途径依法确认才能产生相关的知识产权，一项科技成果可以拥有多项具备财产特征的知识产权，但拥有科技成果不等于自动拥有了知识产权。因此在科技成果的保护的工作中，获取法律保护这个动作更显得尤为重要，在 GB/T 29490-2013 中 7.1 条款是关于知识产权获取相关工作的规定：

应编制形成文件的程序，以规定以下方面所需的控制：根据知识产权目标，制订知识产权获取的工作计划，明确获取的方式和途径；在获取知识产权前进行必要的检索和分析；保持知识产权获取记录；保障职务发明人员的署名权。

结合现有的创新主体相关的管理制度、标准、法规或方法，如本文中分享的 GB/T 29490–2013、《高新技术企业认定管理办法》、创新管理的 7R 法等，来完善组织科技项目管理机制，将创新管理与科技创新进行系统的、科学的、有效的融合，形成科技项目的标准化管理，才能驱动创新活动的可持续发展，紧跟科技和时代的发展。利用"标准化"这块他山之石，更好地实施我国知识产权和创新战略的落地开花。

4 标准化之未来

习近平总书记指出："标准助推创新发展，标准引领时代进步。"中国积极实施标准化战略，以标准助力创新发展、协调发展、开放发展和共享发展。

本文通过标准化的应用案例介绍了标准化对创新具有的重要意义。在创新的诸多方面，标准化提供了相应的工具或规范条款。我们可以依靠标准化的方法，完善组织科技项目管理机制，将创新管理与科技创新进行系统的、科学的、有效的融合，形成科技项目的标准化管理。此外，创新自身的标准化工作还有许多值得深入研究的地方，期待标准制定者和使用者的共同努力，紧跟科技和时代的步伐，驱动创新活动的可持续发展。

参考文献

[1] 李春田. 标准化概论［M］. 北京：中国人民大学出版社，2014.

[2] 韦影，盛亚. 创新管理——计划、组织、领导与控制［M］. 杭州：浙江大学出版社，2016.

[3] 博诺，冯杨. 六顶思考帽［M］. 太原：山西人民出版社，2013.

[4] 国家电网有限公司. 资产全寿命周期管理体系规范：Q GDW 1683 – 2015［S］. 北京：国家电网有限公司，2015.

IP策略在科研组织核心项目中的应用

刘成雄　续芯如　陈　福

作者简介

刘成雄：教授级高级工程师，秦皇岛玻璃工业研究设计院有限公司副院长。新世纪百千万人才工程国家级人选，享受国务院特殊津贴专家，河北省省管专家，主要研究领域为玻璃技术和工程应用方面。

续芯如：工程师，秦皇岛玻璃工业研究设计院有限公司科研管理部，从事项目研发及项目知识产权管理工作，河北省二级创新工程师，主持和参加10余项省部级、国家级科技计划项目，近五年组织申报多项专利与论文发表。

陈福：教授级高级工程师，秦皇岛玻璃工业研究设计院有限公司科研管理部部长，注册安全工程师，国家二级创新工程师，主持和参加的科技项目近20项，拥有多项授权专利并出版专著等。

秦皇岛玻璃工业研究设计院有限公司（以下简称"秦皇岛院"）始建于1953年，是我国玻璃行业最早成立的科研设计单位之一。1999年作为国家第一批转制的科研院所，进入中国建材集团（世界500强企业第203位），是国务院国资委直属中央企业的三级企业，也是我国目前唯一集科研、设计、装备制造、质量检测和玻璃标准化管理为一体的综合性玻璃工业研究设计单位。秦皇岛院是国家级知识产权优势企业，国家级工业设计中心，河北省工业设计中心，河北省高新技术企业，河北省创新型企业，河北省首批创新方法示范院所，河北省"巨人计划"创新创业团队。建设有河北省玻璃节能减排工程技术创新中心，河北省玻璃深加工产业技术服务中心。

为贯彻实施创新驱动发展和知识产权战略，强化知识产权创造、保护和运用，秦皇岛院全面贯彻实施《知识产权管理规范》，并于2018年通过认证，形成了完整的知识产权体系，为知识产权工作提供了根本遵循和行动指南。在玻璃工艺技术、玻璃生产技术装备和节能减排技术领域实施了专利布局，对现有的国内外项目的技术装备形成了良好的技术保护，有效保障工程研发设计项目的知识产权权益。

秦皇岛院主营业务分为四大板块：工程设计中心，工业研究中心，国家级窗口技术信息平台和高新产业装备制造园区。研发设计并完成了浮法玻璃、超白压延玻璃、高硼硅防火玻璃、光学玻璃、瓶罐玻璃、中铝和高铝电子玻璃等国内外生产线100余条，完成了浮法玻璃生产线相关工艺技术及装备、玻璃生产线节能减排技术装备和深加工玻璃装备近80台（套）。目前正在承担3项"十三五"国家重点研发计划项目和13项中国建材联合会"第二代中国浮法玻璃"项目研发，"浮法玻璃熔窑综合节能技术"和"浮法玻璃质量操作软件研发及应用"获得建材联合会第二代中国浮法玻璃技术装备优秀研发成果。

秦皇岛院先后与中国建筑材料科学研究总院、武汉理工大学、浙江大学和天津工业大学等知名高校紧密合作，与山东金晶科技股份有限公司、中国南玻集团股份有限公司、洛阳玻璃股份有限公司、上海耀皮玻璃集团股份有限公司、旗滨集团和秦皇岛奥格集团等大型骨干企业建立了合作交流机制，实现了基础实验手段的共享、联合申报项目、一起制定、修订标准、开展专题学术讲座和参观互访等活动。通过项目研发将进一步提升秦皇岛院在玻璃行业的地位、促进行业发展和转型升级。推动了中国"洛阳浮法"工艺和装备制造在海外的应用，加快了我们的高端技术装备的应用推广，为秦皇岛院带来了良好的经济和社会效益。

作为中国"洛阳浮法玻璃技术"的第一发明单位，秦皇岛院占有六席中的两席，中国第一条工业化通辽浮法玻璃生产线是由秦皇岛院设计制造的，结束了我国没有浮法玻璃工业生产线的历史，秦皇岛院第一个将中国"洛阳浮法"工艺技术应用到东欧国家，并在越南建设有东南亚最大的浮法玻璃生产线。

本文将以秦皇岛院承担的科研项目为出发点，通过项目全生命周期各阶段及维度、科研项目中知识产权产生的过程、知识产权机制的建立、知识产权的拓展应用等逐一展开，谈谈知识产权策略在科研项目的申请、立项、研发过程、结题验收和成果转化中的应用，针对科研项目的特点分析知识产权的作用，希望对研发机构和科研人员有所启发与促进。

1 科研项目与知识产权

知识产权是指人们就其智力劳动成果所依法享有的专有权利，通常是国家赋予创造者对其智力成果在一定时期内享有的专有权或独占权。

知识产权主要分为两大类：一类是著作权（也称版权、文学产权），是指自然人、法人或者其他组织对文学、艺术和科学作品依法享有的财产权利和精神权利的总称，通常是指计算机软件著作权和作品登记。另一类是工业产权（也称产业产权），是指工业、商业、农业、林业和其他产业中具有实用经济意义的一种无形财产权，主要包括专利权与商标权。

科研项目包括国家各级政府成立基金支撑的纵向科研项目、来自于企事业单位的横向科研合作开发项目。

纵向科研项目的经费来源于上级机关、项目主管部门拨款。由各级政府及其职能部门、各基金委、各类学术团体发布，分为国家级项目、省（部）级项目、市级（不含县级市）项目共三类。

横向科研项目是指由企事业单位、公司、团体或个人委托进行研究或协作研究的各类课题，包括通过开展科技开发与协作；技术成果的转让；科技咨询等技术性服务；由企事业单位资助的项目；国际间企业合作项目等。

随着科技的飞速发展和市场竞争的日益激烈，依靠科技提高国家竞争力、发展国民经济日渐成为世界各国的共识。在激励科技创新、保持竞争优势的同时，为保护科技成果，保障科研人员、科研单位乃至国家的利益不被侵犯，知识产权管理逐渐成为各国政府关注的重点。科研项目知识产权管理已成为我国知识产权保护、知识产权管理工作中的重要环节。

2　知识产权策略在科研项目中的应用

专利制度是一种用来确认和保护发明创造权利的法律制度，也是国际上通行的一种用法律和经济相结合的手段来推动科学技术进步的管理制度。在知识经济时代，科研计划项目的立项、研究、成果鉴定、成果转化等各个不同的阶段都与专利制度有着密切的关系，科研单位应充分利用专利制度中各种行之有效的方法，对科研项目管理实行全过程的保护，防止国有无形资产的流失，更好地发挥具有自主知识产权的科研成果的技术优势和市场竞争力[1]。

组织在研发过程中应将获取自主知识产权意识贯穿于整个项目的立项、研究实施过程、验收和推广应用全过程中。确保项目研发的成果能够及时获得保护。在项目立项前，应进行文献检索，以避免重复劳动、重复研究及造成侵权行为，逐步实现未经文献检索尤其是专利文献检索的项目不予立项；在项目研究过程中，进行专利文献的持续跟踪检索，及时了解研发项目有关领域新的知识产权产生情况，适时对项目的研究方向、技术路线做出相应的调整和补充；对阶段研究成果及最终研究成果，适合评估进行知识产权的及时申请；经评估暂时不适合申请专利的，应作为技术秘密严格加以保密，保证研发成果的及时保护和顺利实施。

2.1　项目立项阶段

目前，多数纵向科研项目在立项之前需要有相应的研究基础，其中包括知识产权、著作、论文等作为基础研发条件的支撑，如国家重点研发计划项目，河北省重大科技成果转化项目，河北省科技计划项目，秦皇岛市重大科技成果转化项目等都需要具有相应的知识产权作为基本申请条件；由企事业单位、公司、团体或个人委托横向科研项目在研发和转化过程中也需要知识产权作为条件，一般是通过研发后形成成熟的工艺技术或装备，以专利保护的核心技术等形式来体现。以此，减少和降低研发成果产生的知识产权风险，无论针对委托方还是研发方注重知识产权的及时保护，可以减少风险的发生，促进成果的转移转化。

科研项目立项阶段需要进行的知识产权管理工作主要包括：管理者通过调研领域的知识产权现状确定科研项目的重点发展领域，编写项目申报指南和年度实施计划等，同时应承担起建设项目领域知识产权信息资源建设的责任，构建信息数据库或信息平台，为项目的顺利实施提供基础和保证；项目承担部门及主要研发人员要在内部建设和完善知识产权管理制度，且管理者应在合理分析科研项目重点发展领域知识产权现状的基础上，确定本单位申请项目的具体发展方向，也应有针对性地提出相关的知识产权保护和应用方案，并在相应科研项目的经费预算中预留出知识产权事务费等相关经费，最终递交材料申请并附项目可行性报告；最后，由管理者组织专家进行立项评审，申请单位的知识产权管理制度完善与否应作为评价指标之一（见图1）。其中，知识产权现状研究、信息资源建设环节、知识产权整体架构和知识产权布局可委托中介服务机构（如科技查新机构、科技信息机构等相关机构）来负责实施[2]。

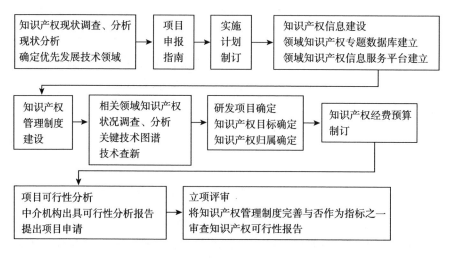

图1 项目立项知识产权管理流程

纵向项目在申请阶段一般约定：按照国家科技成果相关规定，严格执行《科技成果登记办法》，实行国家科技计划重大成果报告制度，项目实施过程中取得重大成果时，及时向科技管理部门的计划管理机构报告。并根据科技成果特点，按照法律法规的规定适时选择申请专利、进行著作权登记等适当方式予以保护。在不影响课题的专利申请或其他知识产权保护的前提下，课题产生的学术报告、论文和专著需要对外发表时，标注所属国家科技计划专项经费资助字样和计划课题编号。知识产权与科研成果涉及国家机密的，严格遵照《中国人民共和国保守国家秘密法》和《科学技术保密规定》及相关规定实施管理。在不影响知识产权保护、国家秘密和技术秘密保护的前提下，积极推动课题产生的知识产权和科研成果的转移和运用，加快知识产权的商品化、科研成果的产业化。

纵向项目课题涉及多方参与的，参与单位在按各自任务进行研究过程中，形成的知识产权与成果以及由其带来的相关收益归所在单位所有。课题承担者与其他研发者共同研究开发的成果，共同研究开发方之间必须以合同的形式约定有关知识产权的分享办法，避免结题时出现知识产权纠纷。对可能形成专利的科研成果，建立专利申请的登记制度，以保证科研成果能够符合专利审查条件的相关要求等。

2.2　项目研发阶段

目前，大多数科研项目在研发过程中需要完成一定数量的知识产权。一般在任务书中会有明确的知识产权种类与数量要求，研发成果经评估确定哪些适合申请专利，哪些通过软件著作权登记进行保护，哪些属于技术秘密的范畴。研发过程中产生的相关技术秘密包括技术诀窍、专有技术、技术方案、工程设计方案、制造方法、配方、工艺流程、技术指标、计算机软件、数据库、作业平台、研究开发记录、技术报告、检测报告、实验数据、试验结果、图纸、样品、样机、模型、操作手册等。

项目在研发过程需持续监控国内外知识产权情况，根据调查结果进行分析，指导项目专利布局与申请工作。例如，玻璃类的研发项目争取形成自主知识产权，可以通过玻璃的组成、熔化、澄清、成形、退火至精密加工等核心技术方面，也可以通过项目研发过程中产生的关键组成配方、制造方法、工艺流程等申请发明专利，还有研发过程中的重要设备申请实用新型专利，主要装备的外形变化等申请外观专利，项目研发过程中为配合主要设备或技术装备而形成的源代码、软件代码、控制代码、控制程序等申请计算机软件著作权进行保护。全方位地进行知识产权布局，或最大限度降低知识产权风险，提升项目的自主度比例。

项目研发阶段的知识产权管理在时间上没有明显的前后关联，但各工作之间存在显著区别，因而将其分为6个不同的模块：由项目的承担单位负责项目组织实施，一般需要细分项目知识产权目标并分别形成知识产权分析报告；在项目实施过程中，承担者和管理者均需进行领域知识产权动态的持续跟踪和详细分析，对可能影响本项目发展的重大风险进行评估，并适当调整开发方案；项目承担者需建立论文发表的登记审查制度并及时对科研开发成果进行保护，以确保项目知识产权成果能够及时得到法律的保护；在项目研发的进行中，管理者需要对承担单位实施进度进行检查，同时监督承担者对成果的保护情况、重大风险处理情况等，若造成损失则需承担相应的责任。其中，动态跟踪和申请保护环节可分别依托科技信息机构和知识产权事务所等中介服务机构进行操作（见图2）。

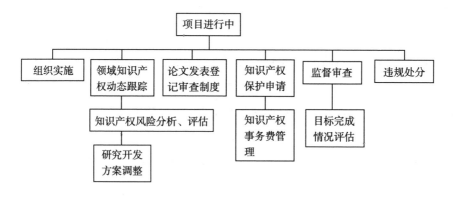

图2　项目进行中知识产权管理流程

以某纵向科研项目为例，其中发明人李工程师提出一项关于"一种玻璃窑炉用燃烧系统及其加热方法"专利申请。经检索评估，发现专利申请稿中只有燃烧装置的位置信息，获得授权的可能性较低，且创造性也不高。后经研发小组针对现有技术的分析、讨论，通过对现有玻璃窑炉的燃烧方式改变、现有燃料及助燃介质的供给方式和燃烧方法的改进、现有玻璃窑炉的换向产生的温度波动进行的改进、增加碹顶燃烧装置、玻璃窑炉加热方式和加热位置的变化等对燃烧系统进行了整体的改造，这样能够稳定玻璃液的温度制度，减少玻璃液的温差，提高玻璃的熔化效率。该专利通过提案、检索、评估、返回挖掘、找区别点、引导研发策略的进一步深化等，最终形成的专利能够应用于现有玻璃窑炉改造和新建的玻璃窑炉中，适应性强、应用范围广。这充分说明知识产权策略的应用在很大程度上促进了项目成果的保护与后期可应用性的延展，达到了项目预期的目的。

一般情况下，项目的承担单位和参与单位，均需要设立知识产权管理机构和项目管理办公室，负责项目知识产权相关工作，包括专利分析、专利预警、专利应用、专利布局、专利保护等。该机构将及时检索国内外最新公开的相关专利、论文等，进行分析和预警，并快速产生对策，保障项目的知识产权安全；通过对公开专利技术方案的深入分析，为项目团队提供技术参考，辅助项目研发过程；依据科技项目研发计划，制定知识产权布局策略，并结合研究进展，指导、组织、协调项目主持单位和参与单位的专利申请、论文发表工作，及时保护科技研发项目的各项研究成果。

2.3　项目验收和成果转化

纵向项目在验收时一般需要根据任务书的要求完成相应的知识产权类型和数量。专利一般是指受理的数量和种类，计算机软件著作权一般是指完成登记的数量。

通过验收的项目可以进行成果鉴定和各级奖励的申请，这时对知识产权的要求，是指授权的专利和完成登记的计算机软件著作权。

纵向项目成果管理及合作权益分配，其申报单位和参与单位本着"合作、共享"的原则，共同协商确定项目成果及合作权益分配方式：项目承担单位、参与单位在项目立项前各自所获得的知识产权及相应权益均归各自所有，不因共同申请的项目而改变。

在共同申请并获批的项目执行过程中，产生的科技成果，一般情况下各单位按如下方式进行。

（1）根据项目任务分工，在各方的工作范围内独立完成的科技成果及其形成的知识产权归各方独自所有。一方转让其专利申请权时，其他各方有以同等条件优先受让的权利。

（2）在项目执行过程中，由各方共同完成的科技成果及其形成的知识产权归各方共有。一方转让其共有的专利申请权的，其他各方有以同等条件优先受让的权利。一方声明放弃其共有的专利申请权的，可以由另一方单独申请或者由其他各方共同申请。合作各方中有一方不同意申请专利的，另一方或其他各方不得申请专利。

（3）由各方共同完成的技术秘密成果，各方均有独自使用的权利。未经其他各方同意，任何一方不得向第三方转让技术秘密。共同完成的科技成果的精神权利，如身份权、依法取得荣誉号、奖章、奖励证书和奖金等荣誉权归完成方共有。

（4）项目参与各方对共有科技成果实施许可、转让专利技术、非专利技术而获得的经济收益由各方共享。收益共享方式应在行为实施前一般需要另行约定。

项目验收和成果转化时，首先，项目承担部门和主要研发人员需要向管理者提交项目成果清单，如有未完成目标的情况则需要提交情况说明及完成期限等，一般知识产权材料需提交申请文件页，含有人员页、权利要求页，如专利已授权则需要提供授权页，并确定成果管理方式；其次，承担单位应针对项目成果提交应用推广的实施计划，并制订成果转化应用方案，与实施企业详细沟通技术方案和工艺技术目标，降低技术风险，减少实施过程中的损失，确定在应用过程中的知识产权保护策略；再次，由管理者联合行业相关专家或知识产权中介服务机构进行组织验收评估；最后，项目的管理者和承担单位应为项目实施的团队或个人提供报酬，并对有重大贡献的人员进行奖励，以进一步刺激发明创造和科技创新，促进科研成果的转化，加快形成知识产权布局（见图3）。

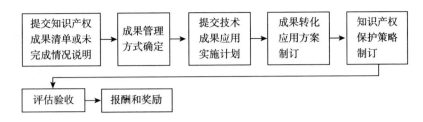

图3 项目验收知识产权管理流程

科技项目经过研发技术成熟后，相关工艺配方或技术装备在成果转化过程中，匹配相应的知识产权可以有效促进项目成果的转化，并通过转化的依据，进行知识产权资产价值评估的参考。一般在研发项目中的核心技术以专利的形式进行保护，这样能够减少和降低研发成果的知识产权风险，促进科研成果的转化和转移，加快科学技术形成生产力，使更多的科研成果能够通过转化应用到实际中，形成整个科研项目的全链条设计实施，也可以更好地发现知识产权策略与项目融合与促进的作用。

一项科研成果经过鉴定并申请专利之后，后续的专利实施工作仍非常艰巨，并且对科研成果的转化有着重要的影响。专利成果较一般成果信誉高，易于转化为生产力。应充分利用这些特点加强成果专利化和专利成果的推广应用。从加强技术创新，增强科技持续创新能力的高度，提高科技人员对保护知识产权的重要性和自觉性的认识，进一步提高知识产权管理水平，加强科研项目工作中的知识产权保护。

2.4 项目成果管理

项目成果后期管理可分为承担者和管理者两部分。承担者主要进行成果转化应用、成果再创造和拟放弃成果备案。管理者需要对成果信息进行统计和公报以促进公众对科研项目的了解，并推进科技成果的转化应用。同时，管理者应采取措施促进产业技术创新联盟的建设，为成果转化应用创造条件。技术交易中介服务机构可参与到成果转化应用中，促进科技成果的价值创造。

科研项目在研发过程中，受各种因素的限制，只有一部分能够成功转化成真正的生产力，在转化过程中，良好的知识产权保护会大大促进项目的落地实施。下面，用秦皇岛院两个科研工程项目作为案例解读如下。

（1）玻璃熔窑全氧燃烧技术及装备项目。为实现玻璃熔窑的节能降耗、提高产品质量，秦皇岛院联合国内院所、高校和企业承担了国家科技支撑计划"玻璃熔窑全氧燃烧技术的研究"课题任务，通过对全氧燃烧玻璃熔窑计算机数学模拟、全氧熔窑结构、耐火材料及配置方案、全氧燃烧熔制技术、现场制氧技术、配合料预热技术以及高效的纯氧——燃料喷枪等方面的研究、开发和应用。在科研项目的带动下，研究开发了具有自主知识产权的玻璃熔窑全氧燃烧技术和配套材料，实现了全氧燃烧设备的国产化，项目整个研发过程中共计产生专利50余项，通过研发产生相关延伸产品在玻璃生产线上应用后性能优良。该项目通过由中国建材联合会组织的部级技术鉴定，获得中国建材联合会、中国建筑材料集团有限公司的三项奖励，出版专著一本，并获得国家重点新产品证书。

（2）能源管理系统项目。我国已成为世界平板玻璃生产的第一大国，总产量超过全球产量的60%，现阶段的玻璃工厂自动化程度虽然有了很大的提高，但仅限于对生产工艺控制环节相关的部分，对于各种能源消耗数据及生产数据还停留在人工采集阶段，手工录入统计报表，并逐级上报，资料留存不够完整，效率低下，人为影响因素较大，不能满足大范围的数据采集需要，更无法进行数据对比分析，对指导企业节能降耗方面没有达到实际效果。同时，各个生产与管理部门之间不能形成有效的信息共享链，存在信息孤岛现象，很难为全面决策提供科学准确的信息。秦皇岛院根据玻璃企业的实际需求，从最基础的应用开始，开发的能源管理系统，在玻璃生产线上应用先后接入5000余点，目前运行稳定，监控、故障诊断、数据缓存等功能的实现，大大提高了系统的可靠性。帮助企业提高效能利用率及管理水平，实现了节能减排。

上述两个项目，其中"玻璃熔窑全氧燃烧技术的研究"是基于国家课题任务进行的研发项目，另一个"能源管理系统项目"是基于企业实际问题与需求，定制研发并实现成功应用的项目。在两个项目立项、研发、结项过程均进行了知识产权规划策略的应用，并通过两个项目的结题与实际应用效果可以看出知识产权对项目转化的贡献与价值。

3 科研项目中知识产权的产生过程

知识产权产生的过程一般是在科研项目进行中产生或者工程项目实施过程中产生的，由项目研发人员提出专利申请，由秦皇岛院科研管理部评估是否能申请专利，通过代理机构进行新创性检索，科研人员根据上述的材料和专利的基本模板进行专利文件的撰写，专利在后期的实审答辩时一般由专利代理机构提出答辩的方向、改进措施，或增加新的建议，再由发明人根据专利代理提出的整体框架进行技术方案的补充或完善。由工程项目产生的专利，工程技术人员根据现场工艺流程提出改进方案、工艺过程、技术装备等提出具体的修改措施，申请和修改流程与科研项目基本一致。

秦皇岛院的核心技术是组成配方和生产工艺，这类更适合申请发明专利。发明专利是指前所未有、独创、新颖和实用的专利技术或方法；一般分为产品发明和方法发明。根据我国专利法的规定，所谓发明是指对产品、方法或者其改进所提出的新的技术方案。①产品发明，是指用发明人所提供的解决特定问题的技术方案直接生产的产品，产品发明取得专利权后，称为产品专利，产品专利只保护产品本身，不保护该产品的制造方法。②方法发明，是指为制造产品或者解决某个技术问题而创造的操作方法和技术过程。此处的"方法"，可以是化学方法、机械方法、通信方法以及工艺规定的顺序所描述的方法。这意味着未经方法发明专利权人的许可，任何单位或者个人不得使用其专利方法以及销售依照该专利方法直接获得的产品。

发明专利也可以采用如下的分类方法：①首创性发明又称开拓性发明。这是指一种全新的技术解决方案，在中外技术史上从未有过先例，此发明为人类科学技术的发展开创了新的里程碑，是绝对新颖的发明。②改进性发明是指在现有技术的基础上，在保持其独特性质的前提下，又改善了其性能并使之具有新的功效的改进技术方案。与首创性发明相比，改进性发明对前人的技术成果的依赖性较强。③组合性发明是指把已知的某些技术特征进行新的组合，以达到新的目的的一种技术解决方案。

3.1 组成配方专利形成过程案例

在含有玻璃组成性能的项目研发过程中，组成配方形成专利的主要过程是，一般以现有配方为基础，根据项目研发玻璃材料的具体性能要求，对玻璃形成氧化物（如 SiO_2、P_2O_5、B_2O_3 等）、网络外体氧化物（如 Li_2O、Na_2O、K_2O、CaO、MgO、SrO、BaO 等）、网络中间体氧化物（如 Al_2O_3、ZnO 等）进行相应的调整。

（1）二氧化硅是玻璃形成骨架的主体，是主要的玻璃形成氧化物，以硅氧四面体（SiO_4）的结构组成不规则的连续网络结构。引入二氧化硅的作用，是提高玻璃的熔制温度、黏度、化学稳定性、热稳定性、硬度和机械强度，同时它又能降低玻璃的热膨胀系数和密度。

P_2O_5 是玻璃形成氧化物，P^{5+} 具有四面体的配位，可以形成四面体（PO_4）网络，为了保持电中性，每一个四面体的 P—O 键必须有一个双键，这就为磷酸盐基团从硅酸盐网络中分离出来创造了条件。P—O 键与 Si—O 键组合形成网络共同体，P_2O_5 能够降低玻璃形成温度，降低玻璃液黏度，促进玻璃的澄清和均化。

B_2O_3 是玻璃形成氧化物，硼氧三角体（BO_3）和硼氧四面体（BO_4）为结构组元，在硼硅酸玻璃中与硅氧四面体共同组成结构网络，B_2O_3 能降低玻璃的膨胀系数，提高玻璃的热稳定性和化学稳定性，增加玻璃的折射率，改善玻璃的光泽，提高玻璃的机械性能，B_2O_3 还起助熔剂作用，加速玻璃的澄清和降低玻璃的结晶能力，B_2O_3 常随水蒸气挥发，硼硅酸盐玻璃液面上因 B_2O_3 挥发减少，会产生富含 SiO_2 的析晶料皮。当 B_2O_3 引入量过高时由于硼氧三角体增多，玻璃的膨胀系数等反而会增大，发生反常现象。

（2）Li_2O、Na_2O、K_2O：这些碱金属氧化物起到助熔，能够起到加速玻璃熔制和澄清的作用，Li_2O、Na_2O、K_2O 混合碱效应，共同作用降低玻璃表面张力，起到促进熔化的作用。MgO、CaO、SrO、BaO 这些碱土金属氧化物能够改善玻璃性能，其中 MgO 增加玻璃的透明度，CaO 能够调整其玻璃的料性，调节玻璃的黏度——温度曲线，BaO 能够有效提高玻璃的光学性能。

（3）Al_2O_3 属于玻璃的中间体氧化物，当玻璃中 Na_2O/Al_2O_3 大于 1 时，形成铝氧四面体并与硅氧四面体组成连续的结构网。Na_2O/Al_2O_3 小于 1 时形成八面体，置于硅氧结构网的空穴中。Al_2O_3 能降低玻璃的结晶倾向，提高玻璃的化学稳定性、热稳定性、机械强度、硬度和折射率，减轻玻璃对耐火材料的侵蚀，Al_2O_3 能提高玻璃的黏度。大多数玻璃中都引入 $1\% \sim 3.5\%$ 的 Al_2O_3，一般不超过 10%。

ZnO 是玻璃中间体氧化物，在一般情况下，以锌氧八面体（ZnO_6）作为网络外体氧化物，当玻璃中的游离氧足够时，可以形成锌氧四面体（ZnO_4）而进入玻璃的结构网络，使玻璃的结构更趋稳定。ZnO 能降低玻璃的热膨胀系数，提高玻璃的化学稳定性和热稳定性、折射率。

在玻璃组成配方中新专利的产生，正是基于这些组成玻璃基本氧化物种类和数量调整、增减来实现新的玻璃配方组成，从而实现全新的玻璃性能，满足研发项目的需求和实际应用各项要求。

3.2　项目知识产权拓展运用案例

目前大多数科研项目的研发过程一般是产学研项结合，怎样通过知识产权来实现深度结合，从而实现知识产权的进一步挖掘，将产学研相结合的研发模式扩展为包含产学研、成果转化、行政政策、人才培养、科技金融、中介服务、外部环境、大数据和云服务等科研相关条件，实现一体化设计、全产业链综合利用，将知识产权的相关内容进一步拓展，提升知识产权的应用效能、发挥其引领作用。接下来，用两个秦皇岛院的案例展开说明知识产权拓展应用情况。

（1）浮法玻璃生产线智能冷端项目。浮法玻璃生产线智能冷端项目研发是产品与服务的结合、是基于"工业 4.0"平台及物联网、大数据库技术的智能化数字冷端解决方案，秦皇岛院基于整套工艺流程进行了相应知识产权布局。

通俗讲浮法玻璃生产线智能冷端项目包括技术研发与装备研发，是一种汇集了玻璃生产订单、玻璃质量检测、玻璃冷端生产设备、玻璃跟踪反馈等各种有用信息的综合分析和处理系统，从而制定出最理想、最智能的玻璃优化、切割、输送、堆垛方案的控制系统。整个冷端系统由质量检测系统、优化切割系统、输送控制系统、堆垛控制系统与信息反馈跟踪监控系统共五大部分组成，各系统间采用不同的通信方式相联。

①根据实验生产线现有工艺流程及国产自动化设备配置情况，制定冷端全厂一体化控制策略、提供解决方案及其过程。

②依托标准化智能控制实验室，搭建智能控制 IT、通信及工业控制物理平台；部署智能化专家软件，配置自动化设备技术数据大数据库。

③冷端生产线现场部署物联网传感器及现场 I/O 模块，将设备与控制系统通过统一归约数据接口对接；主要包含：冷端生产线智能传感器；冷端生产线智能化通信总线；国产自动化设备数据库；冷端一体化生产控制策略组态及调试。

④生产线整体调试及其应用，实现冷端一体化控制系统上线运行，参与生产中运维及决策。对共性关键技术进行适应性改造，也能够向玻璃、陶瓷、石膏板等切割输送采装行业推广，扩展本项技术装备在相关领域的应用。

秦皇岛院针对该项目上述各个技术分支、系统要求等进行科技成果评估，布局完备知识产权，拥有专有技术软件的著作权和相应专利权。该项目在玻璃行业高新科技成果产业化推广中，不断升级创新的新型数据化、通用化、智能化、在线式的冷端自控系统。新型的冷端自控系统，相比较传统的简单速度控制、顺序输送，增加通用标准的通信接口、建立起实时跟踪玻璃物质流的数据流，并且在精确跟踪的数据流基础上，搭建经过复杂精密运算的专家软件，从而将整个冷端生产线的产品和设备均纳入控制范围，将生产线的所有元素变得有序和可控，合理分配设备符合、提高生产效率、降低能耗和产品损失。

（2）智能矿山云平台项目。我国已成为世界水泥、砂石矿生产第一大国，我国水泥生产 2018 年达 22 亿吨，全国石灰石开采总量约为 22 亿吨。但是，国内矿山资源的综合开采利用率一直较低，智能化装备的应用也较少。智能矿山是利用大数据存储与分析平台和矿山物联网平台，实现生产管理的网络化、远程化、遥控化乃至无人化，采矿作业环节实现智能化，矿石加工过程实现自动化乃至智能化，运输调度实现无缝化，来提高资产利用率、经营效率和生产力。最终实现高效、节约、安全的矿山新模式。

针对矿山资源开采行业的背景与现状，秦皇岛院采用云系统平台全面实现矿山工业物联网系统的重要基础研究，并实现系统的开放和可扩展性，向下实现各种感知数据的接入，向上为智能应用子系统开发提供组态化开发工具及协同设计服务等，最终实现矿山万物互联、平台融合、系统联动与智慧运营，整体知识产权布局分为云系统架构和云应用专业模块。例如，通过研发适合水泥砂石矿山特点的虚拟化和云计算技术，构建矿山云数据中心，实现计算资源、存储资源和网络资源的统一规划与集约建设。研究和开发内置平台服务和工具，提供数据综合服务、业务服务、可视化服务、协同设计服务、业务流程服务和大数据分析服务等服务和工具。

智能矿山和云服务的应用与推广，将减少低品位石灰石的剥离，使矿山明显延长服务年限，并大大减少废石场占地面积，从而提高资源的综合利用率，减少了对生态环境的影响。同时，将有力地推动露天石灰石的技术水平和管理水平的大幅度提高，全程实现量化管理，过程可追述；杜绝或减少安全事故，促进露天石灰石的技术进步。

通过在智能制造领域中的应用和拓展知识产权，将浮法玻璃生产线智能冷端技术及装备、云平台在智能矿山中应用项目进一步发展和细化，秦皇岛院将进一步实现以技术发明为基础，以实用新型专利和外观专利为外围，以软件著作权为程序开发，以 PCT 专利为重点，全面开展外在包装和设计，实现企业生产线一体化的知识产权全方位的保护。同时，结合知识产权体系建设，实现将标准与秦皇岛院实际情况相结合、促进秦皇岛院知识产权保护到应用过程的规范化管理。

4　科研项目的知识产权机制

建立科研项目的知识产权相关机制，能够加强知识产权管理的规范化、系统化和流程可控化，通过在科研项目中按照科研人员申报，科研管理部审核，专业代理机构修改，保证专利的申请质量，保证项目产生的技术成果能够得到及时有效的保护，推动科研项目中的知识产权规范管理，促进科研成果的快速转化，使更多的科研项目成果能够转化成真正的生产力。

4.1 组织管理与协调机制

科研项目的研发按照"基础理论、共性技术、产业示范和应用评估"四位一体的全系统研发思路，共同协商确定了项目组织管理与协调机制。

（1）项目团队按照"术业专攻、精诚合作"的原则开展课题研究，充分发挥高等院校在基础理论与共性技术方面的科研优势、企业在装备制造与产业化集成方面的专业能力，建立高等院校与企业间"交互共享、迭代进步"的合作机制。

（2）项目申报单位负责组织实施，制订总体研究计划，任务逐级分解、分步实施；明确时间节点，严格考核指标；落实项目法人管理责任制；在技术、人才、资金、管理各方面为项目实施提供必要的研究开发条件和保障。

（3）项目团队设立专家组和管理办公室。专家组对项目实施方案和技术路线进行科学论证和指导，对项目研究进展进行评估。项目管理办公室设在申报单位，负责推进各参与单位项目实施进度、监督各参与单位项目经费管理、促进各单位之间的沟通与协调、及时传达上级主管部门精神和要求。

（4）课题承担单位负责协调课题参与单位的工作内容、检查工作进度、督促提交工作总结，布置上级主管部门和项目管理办公室下达的任务。

（5）参与单位严格执行国家关于科研经费的各项管理规定，在项目实施过程中，加强经费管理、会计核算及资产管理等工作，项目经费独立建账、单独核算，按照要求编制年度预算报告、决算报告及年度执行情况统计等。

（6）项目团队内部建立资源互通机制，共享人才、技术、平台、数据等资源。

（7）各个参与单位自行组织实施月例会协调各自研究工作；各个课题团队每季度组织召开课题进度与协调会一次；项目团队每半年组织召开项目工作汇报会一次，协调各课题阶段工作和考核年度工作进展；各课题承担单位每年提交课题年度工作报告，并上报项目管理办公室，由技术专家组评估，形成项目年度执行情况报告；根据上级主管部门要求及项目实际情况，不定期召开项目协调会。

（8）各参与单位分别负责收集、整理在项目实施过程中的总结和形成的技术成果，在项目结题前，形成规范、完整、系统的技术文件资料。

4.2　激励和监督机制

把知识产权工作摆在重要位置，从提高综合国力、发展知识经济的战略角度看知识产权保护工作；培养知识产权方面高水平的专业管理人才和服务人才，开展国际交流。建立良好的政策导向，调动知识产权保护的积极性，将专利拥有数量、专利技术转化效果、计算机软件登记数量等知识产权量化指标以及知识产权工作机构设置和工作人员落实情况等，纳入评价考核体系，提高和调动对知识产权保护的积极性。建立健全知识产权保护与管理的各项规章制度，使知识产权工作科学化、规范化、法制化。建立一个权力集中、机构严密、制度健全的知识产权管理体系，在加强知识产权工作的同时也要规范科技管理。要有促进科技创新的利益机制、激励机制，要明确知识产权的归属[3,4]。

完善知识产权所有人的义务：报告专利实施情况的义务；保护研发过程中获得的合作研发单位的商业秘密的义务，并采取适当措施及时获取相应的知识产权；谨慎利用其他合作研发单位的现有研究成果，对于合作研发单位尚未公开的研发成果，应在符合研发目的的范围内进行使用。

明确规定合作研发单位之间的接触权。接触权是指研发单位对其他参与研发的单位既有科研成果或者背景知识所享有获得许可或进行使用的权利。合作研发单位之间应对接触权作出如下明确规定：接触权适用的范围；除另有约定外，合作研发单位之间基于研发的目的使用接触权不需支付许可费；接触权的有效期从项目开始至项目结束，若提供既有技术的单位提前退出，则不影响有效期；授予接触权一般不包括分许可权，以降低法律关系的不确定性。

以科技人员为重点，建立和完善有利于创造和保护知识产权的激励机制和监督机制：一是引导科技人员正确处理好发表论文、成果鉴定、成果转让、成果奖励等与知识产权保护的关系，把获得知识产权的数量和质量作为科技人员职称评聘和收入分配的重要标准，从而拥有更多的具有自主知识产权的科研成果；二是明确参与科技项目的人员对科技成果及其知识产权应承担的责任、人员流动及退休时的责任等，形成监督机制；三是为知识产权的申请创造良好的环境，为具备条件的科研项目申请专利提供优惠条件，以确保有良好应用前景的项目及时获得保护，扩大知识产权在项目全流程的申请和应用[5]。

5　知识产权促进科研项目的意义

在知识经济时代，知识产权作为一个企业乃至国家提高核心竞争力的战略资源，凸显出前所未有的重要地位和作用。由于全球科技、经济的快速发展，知识产权保护客体范围和内容的不断扩大和深化，这也给知识产权法律制度和理论研究提出崭新的课题。

保护知识产权有利于调动科研工作者从事科学研究和文艺创作的积极性、主动性、创造性。知识产权保护制度致力于保护权利人在科技和文化领域的智力成果。只有对权利人的智力成果及其合法权利给予及时全面的保护，才能调动人员的创造主动性，促进社会资源的优化配置。保护知识产权能够为企业带来巨大经济效益，增强经济实力。知识产权的专有性决定了企业只有拥有自主知识产权，才能在市场上立于不败之地。越来越多的企业开始意识到技术、品牌、商业秘密等无形财产的巨大作用，而如何让这些无形资产逐步增值，有赖于对知识产权的合理保护，同时，知识产权是一个动态发展的概念和迫切需要深化研究的领域。保护知识产权，有利于促进对外贸易，由于国际经济、文化交往的发展，知识产权的地域性受到了空前的冲击，知识产权法律关系也日益国际化，如知识产权法律关系的主体，是指依据知识产权法律确认享有权利和承担义务的人，包括个人、集体、法人、合伙等。能够推动促进引进外商和外资投资。保护国内外自然人、法人或者其他组织的知识产权[6]。

未来知识产权的发展无论从国家政策、企业发展导向，还是科研项目实际需求上都会随着经济社会发展而得到进一步发展和深化，主要体现在以下几个方面。

第一，知识产权管理制度化。自主创新的关键是科技创新。而要促进科技创新就需要完备的知识产权制度体系和机制。通过实践证明，知识产权制度是世界各国普遍采用的促进科技创新与进步的基本法律制度和有效机制。是国家层面推动技术创新的核心政策手段。因此，从自主创新的规划角度分析，知识产权管理将向制度化方向发展。

第二，科技创新成果商品化。科技创新成果的初衷是为满足人民物质文化需要，通过项目的研发，形成具有自主知识产权的研究成果，通过成果的转化和应用，促进经济发展和人民生活水平的提高。由于受体制和旧机制的束缚，加上科技成果转化的中间链条比较薄弱，导致大量具有发展前景的科研项目成果不能及时转化和应用。因此，从自主创新的政策导向角度分析，科研成果将向商品化、市场化方向快速发展。

第三，关键技术领域产权自主化。经济建设和发展需要依靠知识创新和科技成果的应用，由于长期以来存在"大而全"和"小而全"的思想，造成国内相当多的科研资源分散。导致科技自主创新能力较差。高新技术拥有自主产权的较少，很多关键技术还受制于人，没有形成自主知识产权，中国制造业要想解决"卡脖子"问题实现高质量发展，需要工业基础科学技术的提高做支撑。为解决制约工业发展的问题，工信部发布了《关于加快推进工业强基的指导意见》，提出加快推进工业强基，提升关键基础材料、核心基础零部件、先进基础工艺、产业技术基础发展水平，夯实工业发展基础，推进工业大国向工业强国转变。因此，从科研自主创新的获取角度分析，未来我们必须在关键技术领域拥有自主知识产权。

参考文献

［1］陶遵丽，谷维龙，蒋志文．加强科研项目管理中的知识产权保护［J］．山东水利，
　　2003（1）：37．

［2］傅钰，彭洁，赵辉．科研项目知识产权全过程管理体系构建——基于政策解构分析
　　［J］．科技进步与对策，2015，32（6）：120 – 125．

［3］李颖．国防科技自主创新对知识产权管理的影响研究［J］．现代管理科学，2008
　　（3）：59 – 61．

［4］杨敏，陈海秋．国家投资科研项目成果的知识产权归属探讨［J］．北京航空航天大学

学报（社会科学版），2007，20（1）：50 – 53.

［5］袁茜．互联网时代我国科技成果转化中的知识产权效率研究［J］．对外经贸，2015
（8）：109 – 112.

［6］李娜，李平女．基于自主知识产权的我国高技术产业发展探析［J］．产业研究，2014
（33）：37 – 38.

第三章

IP 资产转化

资产评估助力 IP 资产价值转化

王　梅

作者简介

　　王梅，中规（北京）认证有限公司，中规学院高级讲师，全国首批专利信息实务人才，知识产权管理体系认证审核员，专利代理师资格，基金从业资格。在知识产权资产转让、出资、质押融资、投贷联动等知识产权评估方面具有丰富的实践经验，可有效协助组织运用知识产权评估和知识产权价值分析解决知识产权交易、知识产权投融资等资产价值转化方面的项目。

　　2008 年 6 月 5 日，国务院发布《国家知识产权战略纲要》，其中明确提出实施知识产权战略，确定了 2020 年把我国建设成为知识产权创造、运用、保护和管理水平较高的国家[1]。为了提高知识产权运用和保护主体的知识产权管理水平，国家知识产权局制订 GB/T 29490-2013，由国家标准化管理委员发布并于 2013 年 3 月 1 日起正式实施。GB/T 29490-2013 通过策划、实施、检查、改进，对知识产权管理体系提出要求[2]。

　　纵观 GB/T 29490-2013，知识产权资产评估贯穿于企业知识产权资产管理全生命周期，如知识产权申请、维护、权属变更、权属放弃的评估，实施、许可和转让、投融资、重组、涉外贸易等活动前的知识产权评估，争议处理活动中的知识产权评估，立项、研究开发、生产、销售及售后等活动中知识产权的评估[3]。对知识产权资产的评估，不论出于技术、法律或经济角度，归根结底均是对知识产权资产价值的评估。知识产权被称为"知识经济的货币"，知识产权资产评估作为创新主体知识产权管理的重要组成部分之一，对创新主体的知识产权创造、运用、保护和管理有着深远的意义。

本文主要从知识产权资产价值转化过程中涉及的各类评估，以及依据不同目的如何选择适应的评估方法展开论述，并结合案例分析知识产权资产评估方法和价值转化的实践应用，以期让组织了解知识产权资产评估的基本方法和应用场景，并能够有效运用知识产权资产评估助力组织实现知识产权资产价值转化。

1　知识产权资产评估概述

资产评估属于价值判断的范畴。早在 16 世纪尼德兰的安特卫普出现了世界上最早的商品交易所时就有了资产评估活动。一般而言，市场经济利用"无形的手"对资源进行合理配置，市场对公开交易的资产由供求价格机制定价。但生产要素市场所流通的"资产形态"是复杂的，一方面，大部分资产组合是独一无二的，不易像普通商品那样通过市场解决定价问题。另一方面，受资产特性、交易机制等固有局限或其他主客观条件影响，有时可能会出现市场价格失灵的状况。此时，就需要通过价值判断和估计解决资产定价问题[4]。

20 世纪 80 年代末 90 年代初期，在经济体制改革和对外开放政策背景下，由于社会主义市场经济的需要，我国资产评估行业应运而生。经过了 30 年的风雨历程，资产评估已发展成为我国现代服务业不可或缺的重要组成部分。在国有企业改革和发展的每个阶段，资产评估成为必不可少的基础环节和目标资产定价的主要依据，为保障市场各类产权公平交易提供客观公正的价值尺度。在发挥资产定价功能方面，上市公司重大资产重组项目 90% 以上均采用资产评估报告作为定价依据，首次公开募股前股份公司设立时注册资本的核定，绝大部分也是由资产评估提供验资依据。资产评估行业参与资本市场业务的项目数量和规模越来越大，质量和水平大幅提升，功能和作用日益增强，为保障资本市场安全高效运行和整体稳定发挥了重要作用[5]。

价值和价格是资产评估的基本概念。经济学上的价值理论，其基本任务是解决价值的决定和衡量问题。劳动价值论的核心观点是商品的价值是由劳动决定的；效用理论的核心观点是商品的价值是由人们对商品效用的主观评价决定的；均衡价格理论的核心观点是商品价值是由供求决定的。

美国《专业评估执业统一准则》（USPAP）2016—2017 年版给出了价值和价格的概念。对于价值的概念，其给出的表述是"资产购买方、出售方或使用方与该资产之间的货币关系"，并认为"价值表达的是一个经济概念。因此价值从来就不是一个事实，永远是对某项资产根据特定价值定义在某一特定时点价值多少的意见"。对于价格的概念，其给出的表述是："某项资产的询价、报价或支付的金额。"《专业评估执业统一准则》注释中进一步陈述"价格是个事实，无论它是公开披露还是保密。由于特定买方或卖方的财务实力、动机和兴趣不同，为某项资产支付的价格与他人对该资产的价值判断可能相同或不同"。

资产评估就是依据市场的价格形成机制，通过模拟市场条件，运用合理的技术方法，确定特定用途资产在约定时点的价值。资产评估作为价格机制的补充手段，是资产价值发现及衡量的重要工具。反应和揭示资产的价值是资产评估的基本作用[6]。

资产评估中的资产或作为资产评估的对象资产更接近于经济学中的资产，即由特定权利主体拥有或控制的经济资源，可以为特定的权利主体带来未来的经济利益，并不完全局限于企业的资产。其扩展包括具有内在经济价值和市场交换价值的所有有形和无形权利。例如，企业中的某些自创的无形资产被视为资产估值中的资产，而不是会计估值中的资产[7]。

资产按照流动性进行分类，可以分为流动资产和非流动资产。流动资产是指预计在一个正常营业周期内变现、出售或耗用，或者主要为交易目的而持有，或者预计在资产负债表日起一年内（含一年）变现的资产，以及自资产负债表日起一年内交换其他资产、清偿负债的能力不受限制的现金或现金等价物。流动资产主要包括货币资金、应收票据及应收账款、预付款项、存货等。非流动资产是指流动资产以外的资产。主要包括长期股权投资、固定资产、在建工程、无形资产、开发支出等。

无形资产是指特定权利主体拥有或者控制的没有实物形态的可辨认非货币性资产。无形资产有广义和狭义之分，广义的无形资产包括货币资金、应收账款、金融资产、长期股权投资、专利权、商标权等。会计上，通常将无形资产作狭义的理解，即将专利权、非专利技术、商标权、著作权等称为无形资产。

知识产权资产，是指知识产权权利人拥有或控制的，能够持续发挥作用并且带来经济利益的知识产权权益。知识产权资产包括专利权、商标专用权、著作权、商业秘密、集成电路布图设计和植物新品种等[8]。知识产权资产是无形资产的重要组成部分，但知识产权不一定是会计主体账面的无形资产，知识产权需要同时满足两个条件才能被确认为无形资产，即被企业拥有或控制，且能够为企业带来经济价值[9]。

1.1　知识产权资产的确认

进行知识产权评估前，首先需要了解如何确认知识产权资产，本文笔者通过对知识产权资产确认的标准、初始确认和再确认三个层级展开说明。

1.1.1　知识产权资产确认标准

需要通过能够控制知识产权产生的经济利益、产生的经济利益很可能流入企业和成本能够可靠计量这三个方面进行知识产权确认。

（1）能够控制知识产权产生的经济利益。特定权利主体能够控制知识产权产生的经济利益。一般来说，如果企业有权获得某项知识产权产生的经济利益，同时能约束其他人获得这些经济利益，则说明企业控制了该项知识产权，或者控制了该项知识产权产生的经济利益。具体表现为企业拥有该项知识产权的法定所有权，或企业与他人签订了协议，使企业相关权利受到法律的保护。反之，如果没有通过法定方式或合约方式认定企业拥有控制权，则说明相关知识产权项目不符合资产的定义。

（2）产生的经济利益很可能流入企业。作为特定权利主体知识产权予以确认的项目，必须具备产生的经济利益很可能流入特定权利主体这项基本条件。根据《企业会计准则第 6 号——无形资产》第五条，企业在判断无形资产产生的经济利益是否很可能流入时，应当对无形资产在预计使用寿命内可能存在的各种经济因素作出合理估计，并且应当有明确证据支持。在实务中，要确定知识产权创造的经济利益是否很可能流入企业，应该考虑相关的因素，如企业是否有足够的人力资源、相关的硬件设备、原材料等来配合知识产权为企业创造经济利益，以及是否存在相关的新技术、新产品冲击与知识产权相关的技术或产品市场等。

（3）成本能够可靠地计量。对于无形资产来说，这个条件显得十分重要。例如，一些高新技术企业的科技人才的知识就无法可靠地计量。即便科技人才与企业签订了服务合同，且合同规定其在一定期限内不能为其他企业提供服务，则虽然这些科技人才的知识在规定的期限内预期能够为企业创造经济利益，但由于这些知识难以辨认，加之为形成这些知识所发生的支出难以计量，因而不能作为企业的无形资产加以确认。

1.1.2 知识产权资产的初始确认

知识产权资产的初始确认是指当一项知识产权交易或事项已经发生并符合确认的基本标准时就应当予以记录，并记入财务报表。初始确认是一个项目的第一次确认。知识产权的初始确认，依据知识产权的取得方式不同分为外购知识产权确认和自创知识产权确认两种。

（1）外购知识产权确认。购买知识产权是为增加特定权利主体的获利能力而进行的投资，出售方将其看作收益，而购买方将其作为成本。外购知识产权应以实际发生交易时的实际成本予以确认。

（2）自创知识产权确认。自行研究开发项目的支出，应当区分研究阶段支出与开发阶段支出。研究阶段是指为获取并理解新的科学或技术知识而进行的独创性的有计划调查。开发阶段是指在进行商业性生产或使用前，将研究成果或其他知识应用于某项计划或设计，以生产出新的或具有实质性改进的材料、装置、产品等。例如，生产前或使用前的原型和模型设计、建造和测试；含新技术的工具、夹具、模具等的设计；不具有商业性生产经济规模的试生产设施的设计、建造和运营；新的或经改造的材料、设备、产品、工序、系统或服务所选定的替代品的设计、建造和测试等。按照审慎性原则，在研究阶段发生的支出全部费用化，在开发阶段符合资本化条件的支出确认为知识产权资产的账面价值，不符合资本化条件的进行费用化处理。

1.1.3　知识产权资产的再确认

如果一个知识产权项目在初始确认之后发生变动，就要进行后续确认。例如，专利权在取得、购买时应该按照交换价值进行初始确认，在以后的资产负债表日应当按照成本与可收回金额孰低的原则进行后续确认，这就要求不仅要确认一项知识产权资产的价值，而且要确认其贬值损失。又如，在财务报表中还会列示某些知识产权资产的调整项目，如减值准备，以确定知识产权的净额。另外，知识产权资产的更新速度远远快于其他资产，一旦过时失效，便一文不值。当某些知识产权项目过时失效时，应终止确认，将其剩摊余价值转为费用[10]。

1.2　知识产权资产会计计量

知识产权资产通常是按照历史成本计量的，即以取得知识产权并使之达到预定可使用状态而发生的一切合理必要的支出，作为知识产权资产的成本。本文笔者通过对知识产权资产初始计量、后续计量、资产处置和期末计价四个层级展开说明知识产权资产会计的计量。

1.2.1　知识产权资产初始计量

知识产权资产的取得方式不同，其价值的构成也不相同，如外购知识产权、自创知识产权、投资者投入的知识产权。

（1）外购的知识产权，其成本包括购买价款、相关税费，以及直接归属于使该项资产达到预定用途所发生的其他支出。其中，直接归属于使该项资产达到预定用途所发生的其他支出，包括使无形资产达到预定用途所发生的专业服务费用、测试无形资产是否能够正常发挥作用的费用等，但不包括为引入新产品进行宣传发生的广告费、管理费用及其他间接费用，也不包括在无形资产已经达到预定用途以后发生的费用。对于一揽子购入的无形资产，其成本通常应按该无形资产和其他资产的公允价值相对比例确定。

（2）自创知识产权，其成本包括自满足无形资产确认条件后至达到预定用途前所发生的支出总额。进入开发阶段，很可能形成一项新产品或新技术的基本条件已经具备，此时如果能够证明满足无形资产的定义及相关确认条件，所发生的开发支出可资本化，计入无形资产成本。已经计入各期费用的研究与开发费用，在该项无形资产符合确认条件后，不得再资本化。

（3）投资者投入知识产权资产的成本，应当按照投资合同或协议约定的价值确定，合同或协议约定价值不公允的，应按公允价值入账[11]。

1.2.2 知识产权资产后续计量

知识产权资产后续计量，主要包括知识产权资产使用寿命的确定和知识产权摊销，具体如下。

（1）知识产权资产使用寿命的确定，应当估计该使用寿命的年限或者构成使用寿命的产量等类似计量单位数量；无法预见知识产权为特定权利主体带来经济利益期限的，应当视为使用寿命不确定的知识产权资产。

特定权利主体持有的无形资产，通常源于合同性权利或是其他法定权利，而且合同或法律规定有明确的使用年限。源于合同性权利或其他法定权利的无形资产，其使用寿命不应超过合同性权利或其他法定权利的期限。合同性权利或其他法定权利能够在到期时因续约等延续，且有证据表明企业续约不需要付出大额成本的，续约期应当计入使用寿命。合同或法律没有规定使用寿命的，特定权利主体应当综合各方面因素判断，以确定无形资产能为其带来经济利益的期限。经过上述方法仍无法合理确定无形资产为特定权利主体带来经济利益的期限的，才能将其作为使用寿命不确定的无形资产。

在确定使用寿命时应考虑的因素包括：运用该资产生产的产品通常的寿命周期、可获得的类似资产使用寿命的信息；技术、工艺等方面的现阶段情况及对未来发展趋势的估计；以该资产生产的产品或提供的服务的市场需求情况；现在或潜在的竞争者预期将采取的行动；为维持该资产带来经济利益能力的预期维护支出，以及企业预计支付有关支出的能力；对该资产控制期限的相关法律规定或类似限制，如特许使用期、租赁期等；与企业持有的其他资产使用寿命的关联性等。

（2）知识产权摊销。使用寿命有限的知识产权资产，其摊销金额应在使用寿命内系统合理地摊销。使用寿命不确定的知识产权资产不应摊销。知识产权资产按照无形资产摊销方式进行摊销。无形资产的应摊销金额为其成本扣除预计残值后的金额。

已计提减值准备的无形资产，还应扣除已计提的无形资产减值准备累计金额。使用寿命有限的无形资产，其残值应当视为零，但下列两种情况除外：一是有第三方承诺在无形资产使用寿命结束时购买该无形资产；二是可以根据活跃市场得到预计残值信息，并且该市场在无形资产使用寿命结束时很可能存在。特定权利主体摊销无形资产，应当自无形资产可供使用时起，到不再作为无形资产确认时止。特定权利主体选择的无形资产推销方法，应当反映与该项无形资产有关的经济利益的预期实现方式。无法可靠确定预期实现方式的，应当采用直线法摊销。无形资产的推销金额一般应当计入当期损益（管理费用、其他业务成本等）。某项无形资产所包含的经济利益通过所生产的产品或其他资产实现的，其摊销金额应当计入相关资产的成本。特定权利主体至少应当于每年度终了，对使用寿命有限的无形资产的使用寿命及摊销方法进行复核。无形资产的使用寿命及摊销方法与以前估计不同的，应当改变摊销期限和摊销方法[12]。

1.2.3　知识产权资产处置

知识产权资产处置，主要是指无形资产出售，或是无法为企业带来未来经济利益时，应予转销并终止确认。

特定权利主体租让无形资产使用权形成的租金收入和发生的相关费用，分别确认为其他业务收入和其他业务成本。特定权利主体出售无形资产，应当将取得的价款与该无形资产账面价值的差额计入当期损益（营业外收入或营业外支出）。

无形资产预期不能为特定权利主体带来经济利益的，应当将该无形资产的账面价值予以转销，其账面价值转作当期损益（营业外支出）。

1.2.4　知识产权资产期末计价

特定权利主体应当在资产负债表日判断无形资产是否存在可能发生减值的迹象。减值迹象的判断标准参照固定资产的期末计价。无形资产存在减值迹象的，应当进行减值测试，估计其可收回金额。计算确定资产可收回金额应当经过：第一步，计算确定资产的公允价值减去处置费用后的净额。第二步，计算确定资产预计未来现金流量的现值。第三步，比较资产的公允价值减去处置费用后的净额与预计未来现金流量现值，取其较高者作为资产的可收回金额。

特定权利主体在计算出资产可收回金额后，应将其与资产的账面价值（资产取得成本扣除累计折旧或累计摊销及累计减值准备后的金额）进行比较，如果资产的可收回金额低于其账面价值的，应当将资产的账面价值减记至可收回金额，减记的金额确认为资产减值损失，计入当期损益，同时计提相应的资产减值准备。

1.3 知识产权资产评估类型与方法

资产评估是使用专业的理论和方法对资产的价值进行定量的估计和判断。具体可以分为：广义的、专业角度的、法律角度的资产估计三个层次。

广义的资产评估是估计和判断资产的价值，这个价值可以是定量价值也可以是定性价值。广义的资产评估包括市场参与者在进行知识产权创造、管理、资助等决策时，对知识产权资产进行评估辅助其进行决策。此种情形目前在企业中由企业根据自身发展情况开展，评估出的价值通常作为知识产权创造、管理、资助的决策参考。

专业角度的资产评估是由资产评估专业人员和评估机构依据一定的执业标准对知识产权资产的价值进行评定估算的专业化活动。专业角度的资产评估既可以作为市场交易中价值的判断依据，也可以为知识产权相关决策提供参考依据。

法律角度的资产评估是依据《中华人民共和国资产评估法》（以下称《资产评估法》）所做的评估，是指评估机构及其评估专业人员根据委托对不动产、动产、无形资产、企业价值、资产损失或者其他经济权益进行评定、估算，并出具评估报告的专业服务行为。《资产评估法》第三条规定：涉及国有资产或者公共利益等事项，法律、行政法规规定需要评估的（以下称"法定评估"），应当依法委托评估机构评估。法定评估业务主要包括两类：一是涉及国有资产或者公共利益等事项的评估；二是法律、行政法规规定需要评估，如《证券法》《企业国有资产法》等都有这方面的规定。

知识产权评估属于企业资产评估的范畴，它包括知识产权现在的价值和未来价值在内，并强调未来收益。1979 年联合国颁布的 *Guidelines for Evalua-*

tion of Transfer of Technology Agreement（《技术转让协定评价准则》）系统说明了无形资产的评估方法，奠定了知识产权价值评估方法的基础[13]。目前，关于知识产权资产评估方法的研究众多，主要为传统的成本法、市场法、收益法和实物期权法。近些年，广义上的知识产权价值评估增加了多种评估方法，如综合模糊评价法、计量经济法、机器学习与模拟仿真方法等非市场基准的知识产权评估方法等。

以市场为基准的评估方法。包括收益法、成本法、市场法和实物期权法。收益法是依据被评估知识产权合适的预期获利能力和适当的折现率，得出知识产权的现值，评估知识产权的价值。成本法是计算知识产权产生过程所花费的所有费用来衡量知识产权的价值。市场法是指采用现行市价法对知识产权价值进行评估，参照相同或相似知识产权的市场价值，评估知识产权价值。实物期权法是一种动态评测知识产权实际价值的方法。对于实物期权法来说，在管理方面因其自身有着一定的灵活性，所以逐渐受到重视。

非市场为基准的评估方法。近年来，国内外逐渐涌现出了以非市场基准来研究知识产权价值的评估方法。非市场为基准的评估方法基本思路在于基于知识产权数据库中的信息，应用实证研究方法分析不同信息和知识产权价值之间的关系，在此基础上以知识产权价值影响因素为变量来构建知识产权价值评估模型。非市场为基准的评估方法主要包括模糊综合评价法、计量经济模型方法、机器学习与模拟仿真方法。

（1）模糊综合评价法在分析知识产权价值影响因素的基础上，建立知识产权价值评估综合指标体系，并运用模糊评价的方法给被评价知识产权的每一个因素赋值，最后得到知识产权价值的综合评价结果。模糊综合评价法简单易理解，但是这种方法得到的结果通常不是以价值金额形式体现的，以专利为例，该方法得到的往往是专利价值度或者价值等级的概念，只能作为专利运营（转让、质押贷款、许可等）或者管理的参考，不能直接作为依据。

（2）计量经济模型方法一般以知识产权价值估计值作为因变量，以选取的知识产权价值影响因素作为自变量，选取与待评估知识产权同质的样本，运用历史数据进行多元回归分析，在此基础上建立知识产权价值的评估模型。然后，运用该模型进行知识产权价值评估计算。计量经济模型方法也易于理解，但一方面，该方法很难获取同质知识产权价值的大量样本，从而难以开展回归分析，影响模型的建立；另一方面，这类方法往往假设知识产权价值与影响因素之间呈线性关系，这种假设本身可能存在一定的局限性，从而影响到模型的准确性。

（3）机器学习与模拟仿真方法是近年来随着人工智能技术的发展出现的运用一些基于机器学习的知识产权价值评估方法。例如，一种利用系统动力学模型对专利价值进行动态模拟的思路，在对专利价值形成过程，以及影响专利价值的技术、市场和竞争等多种因素构成的复杂反馈系统进行分析的基础上，运用系统动力学的结构——功能模型来实现对专利价值的动态评估。这种基于机器学习与模拟仿真的专利价值评估方法在理论上存在一定的可行性。但是，实际应用中还需要对相关指标、算法等进行进一步的完善[14]。

2 知识产权资产评估方法及其适用性分析

知识产权资产评估，是指资产评估机构及其资产评估专业人员遵守法律、行政法规和资产评估准则，根据委托对评估基准日特定目的下的知识产权资产价值进行评定和估算，并出具资产评估报告的专业服务行为[15]。资产评估方法是估算资产价值的技术手段。确定知识产权资产价值的评估方法包括收益法、市场法和成本法三种基本方法及其衍生方法。执行知识产权资产评估业务，应当根据评估目的、评估对象、资料收集等情况，分析上述三种基本方法的适用性，本文笔者将着重以市场为基准适用的三种评估方法展开讨论，并辅以案例进行说明。

2.1 收益法

收益法是依据被评估知识产权资产合适的预期获利能力和适当的折现率，得出知识产权资产的现值，评估知识产权资产价值的方法[16]。采用收益法评估知识产权资产，一般是通过测算该知识产权所产生的未来预期收益并折算成现值，来确定被评估知识产权资产的价值。收益法的评估技术思路为任何一个理智的投资者在购置或投资某一知识产权资产时，所愿意支付或投资的货币数额不会高于所购置的知识产权资产在未来能给其带来的回报，即收益额。用于评估的收益额可以有不同的口径，如净利润、净现金流量等。该方法用数学式可表达为

$$V = \sum_{i=1}^{n} \frac{R_i}{(1+r)^i} \qquad (1)$$

式中，V 为评估价值；R_i 为未来第 i 年的预期收益；r 为折现率；n 为收益年限；i 为年序号。

在知识产权资产评估中，收益法有两种形式。

2.1.1　增量收益法

增量收益法又叫溢价利润法，适用于增加收入型和节约成本知识产权资产，其基本思路是将使用该专利的企业与相同或相似的未使用该专利的企业进行比较，预测使用该专利的企业额外获得的利润（增量收益）并进行折现得到评估值的一种方法。其公式与收益法基本公式大致相同。

使用增量收益法时需要注意：首先用增量收益法评估知识产权资产价值时，可获得增量收益的期限为真正的收益期，实践中，可采用法律、合同协议约定来确定具体时间；其次，要避免多评或漏评，如为多个专利资产组合评估单项资产时，增量收益到底属于哪一因素[17]。

2.1.2　许可证费用节省法

许可费节省法多用于知识产权资产使用权转让、出租的评估。其评估技术思路为存在一个可比的、资产状况大致相同且未使用该知识产权资产的企业，使用该知识产权资产的企业较可比企业在许可费支付上节省的金额，将其合理折现得到该知识产权资产的价值。其中，许可费包括期初入门费和以每年经营业绩为基础的分成费两部分。

许可费节省法公式为收益法基本公式的变形为

$$V = Y + \sum_{t=1}^{n} \frac{kR_t}{(1+r)^t} \qquad (2)$$

式中，Y 为入门费；K 为许可费率；R_t 为经营业绩、分成基数。

入门费又叫保底费，是受让方在与专利转让方确定比例收费前扣除的一笔费用；许可费率在有可比相似的许可费率时，可选用市场费率，也可通过

收益分成确定；折现率通常用风险累加法、回报率拆分法确定。

在组织采用收益法进行评估时，主要参数指标为确定收益期限、收益额和确定折现率，具体如下：

（1）确定收益期限。知识产权资产收益期限，是指无形资产能够持续发挥作用，并能产生经济利益的时间，实务中通常取知识产权法定年限、合同期限和经济寿命中较短者。

（2）确定收益额。采用收益法评估知识产权资产价值时，需要对知识产权资产的收益额进行预测，包括增量收益估算与收益分成估算。

在增量收益估算中将知识产权资产划分为由于产品价格的提高形成的收入增长型和由于企业成本的节约形成的费用节约型。

收入增长型包括两种情形：①生产的产品能够以高出同类产品的价格销售。此时，在销售量不变、单位成本不变的情况下，知识产权资产增量收益额为使用被评估知识产权资产后单位产品价格的增加值与产品销售量的乘积。②生产的产品采用与同类产品相同价格的情况下，收入数量大幅度增加，市场占有率扩大。在单位价格和成本不变的情况下，知识产权资产增量收益额为使用被评估知识产权资产后产品销售量的增加值乘以产品价格与单位成本差额的乘积。

收益分成估算。知识产权资产的价值来源于其创造的经济收益中知识产权资产的贡献。实务中，在增量收益不容易获得的情况下，通常采用分成率法获得知识产权资产的收益额。分成率法是目前国际和国内技术交易中常用的一种实用方法，具体包括销售收入分成率法和销售利润分成率法，公式如下

知识产权资产收益额＝销售收入×销售收入分成率

或

知识产权资产收益额＝销售利润×销售利润分成率

实务中，知识产权资产的销售收入或者销售利润为预测值，分成率通过测算得到。销售收入分成率，俗称"抽头"，通常在利用国际上常用的行业销售收入分成率经过调整获得。

经验数据法是常被采用的一种利润分成法，一般根据"三分"或者"四

分"分成法或其他经验比例原则估计利润分成率。其中，"三分"分成法假设企业的收益是资金、劳动力和技术三项因素共同创造的，技术占比33%，因此分成率为33%；"四分"分成法假设企业的收益是资金、劳动力、技术和管理四项因素共同创造，技术占比25%。实务中，可在上述分成基础上考虑被评估知识产权资产的实际情况对分成率进行修正。

（3）确定折现率。知识产权资产的折现率需要在合理考虑知识产权资产运营风险的基础上进行适当测算和使用。知识产权资产折现率的测算方法包括风险累加法和回报率拆分法。实务中多采用风险累加法进行计算。

风险累加法是指将知识产权资产的无风险报酬率和风险报酬率量化并累加，进而确定知识产权资产折现率的一种方法。无风险报酬率是指在正常条件下的获利水平，是所有的投资都应得到的投资回报率。风险报酬率是指投资者承担投资风险所获得的超出无风险报酬率以上部分的投资回报率，根据风险的大小确定，随着投资风险的递增而加大。知识产权资产折现率为无风险报酬率和风险报酬率的加和。

通过一个采用收益法评估的案例，更深入地了解收益法。

案例背景：国内水性涂料领导者A公司欲成立子公司B，拟用3项发明专利进行出资。资产评估接受A公司的委托，对A公司3项专利权在评估基准日2018年9月30日的价值进行评估，为A公司拟对B公司出资目的提供价值参考依据。3项授权发明专利对应的产品为P。

评估关注：本案例评估需要关注技术产品未来各年收益的预测、委估资产的经济年限、折现率、技术分成、序列年值共5个方面。

（1）技术产品未来各年收益的预测。技术产品未来各年收益额以技术产品所能带来的主营业务收入为计算口径。在综合考虑专利现有的应用情况、未来发展趋势及技术产品市场、企业竞争能力等因素的基础上，评估人员认为委托方实现未来收益是客观和可行的。以未来收益预测能够实现为前提条件，技术产品未来收益预测（见表1）。

表1 技术产品销售收入预测 单位：万元

项目	时间								
	2018年10—12月	2019年	2020年	2021年	2022年	2023年	2024年	2025年	2026年
产品P	700	5000	7000	10100	12800	15200	16600	17200	17300
主营业务收入合计	700	5000	7000	10100	12800	15200	16600	17200	17300

（2）委估资产的经济年限。知识产权资产收益期限，是指无形资产能够持续发挥作用，并能产生超额经济收益的期限。确定意向技术的经济年限，需要根据技术产品的寿命周期、技术的先进性、垄断性、保密性、实用性、创新梯度、法律保护状况等因素综合判断。我国《专利法》规定，发明专利保护期为20年，自申请日起算。经过对本次技术产品的分析，同时考虑到近年来技术发展步伐加快，技术更新周期的缩短，坚持审慎性原则，确定本次评估的知识产权——3项专利权无形资产的收益期限为8.25年。

（3）折现率。折现率采用风险累加法计算。折现率 = 无风险报酬率 + 风险报酬率。其中风险报酬率为行业风险报酬率 + 经营风险报酬率 + 财务风险报酬率 + 其他风险报酬率。

国债收益率通常被认为是无风险的，因为持有该债权到期不能兑付的风险很小，可以忽路不计。无风险报酬率选取评估基准日剩余期限8—9年期国债到期收益率平均值3.74%。行业风险报酬率考虑到该项目属于水性涂料行业，符合社会需要，符合国家产业发展政策，风险较小，取2.00%。经营风险报酬率考虑到公司的决策人员和管理人员在经营管理中可能出现失误而导致公司盈利水平变化从而产生投资者预期收益下降，经营风险取2.00%。财务风险报酬率考虑到公司在发展过程中，可能出现的外部融资情况，取2.50%。其他风险报酬率包括了国民经济景气状况、通货膨胀等因素的变化可能对企业子期收益的影响，由于受世界金融危机的影响，国民经济景气度可能下降，其他风险报酬率取1.50%。至此，折现率 = 3.74% + 2.00% + 2.00% + 2.50% + 1.50% = 11.74%。

（4）技术分成率。是指技术本身对产品未来收益的贡献大小。本次评估及技术分成率的确定，主要考虑联合国贸易和发展组织的大量材料统计，一般情况下技术的提成率约为净销售的 0.53% ~ 10.00%，绝大多数为 2.86%。此次委估的知识产权——专利权分成率上限取 6.00%，技术分成率下限为 0（见表 2）。

表 2　委估技术自身特点比重

评价因素	权重（%）	评分值	加权评分值
先进水平	20	90	18.00
成熟程度	20	89	17.80
实施条件	10	89	8.90
保护力度	10	88	8.80
行业地位	5	90	4.50
获利能力	30	88	26.40
其他	5	85	4.25
合计	100	—	88.65

$$技术分成率 \ R = m + r(n - m)$$
$$= 0 + 88.65\% \times (6.00\% - 0) \tag{3}$$
$$= 5.32\%$$

本次技术分成率取 5.32%，考虑近年来技术发展加快，技术更新的周期缩短，在不久的将来可能会出现性能更优越的替代技术，因此在接近寿命最后两年考虑分成率下降。

（5）序列年值。该项目评估基准日为 2018 年 9 月 30 日，则序列年期 2018 年 10—12 月 $t_1 = 0.25$，2019 年 $t_2 = 1.25$，2020 年 $t_3 = 2.25$，以此类推。

综合以上五个方面的分析，将上述参数代入评估模型（见表 3）。

表 3　评估计算　　　　　　　　　　　　　　　　　　单位：万元

项目	时间								
	2018 年 10—12 月	2019 年	2020 年	2021 年	2022 年	2023 年	2024 年	2025 年	2026 年
主营业务收入	700	5000	7700	10100	12800	15200	16600	17200	17300
分成率	5.32%	5.32%	5.32%	5.32%	5.32%	5.32%	5.32%	5.32%	5.32%

项目	时间								
	2018年 10—12月	2019年	2020年	2021年	2022年	2023年	2024年	2025年	2026年
分成额	37.24	266.00	409.64	537.32	680.96	808.64	883.12	869.29	830.62
序列年限	0.25	1.25	2.25	3.25	4.25	5.25	6.25	7.25	8.25
折现率	11.74%	11.74%	11.74%	11.74%	11.74%	11.74%	11.74%	11.74%	11.74%
折现系数	0.9726	0.8704	0.7790	0.6971	0.6239	0.5583	0.4997	0.4472	0.4002
折现值	36.22	231.53	319.11	374.57	424.85	451.46	441.30	388.75	332.42
合计	3000.21								
取整	3000.00								

经以上实施步骤，国内水性涂料领导者 A 公司委估 3 项专利权无形资产价值为人民币 3000.00 万元。

1989 年，Gordon V. Smith（戈登·史密斯）最早对无形资产进行了研究，对无形资产概念进行界定的同时，还对已有的无形资产评估方式进行比较分析，得出收益法在多种评估方法中更加适合无形资产评估。收益法的优点在于基于知识产权的使用价值去评估其价值，可以相对客观地反映出该权利的有用性。同时结合特定的时间现值进行折算，考虑了风险收益率和无风险收益率。所以收益法更多地从权利人的角度去思考问题，有利于权利人更积极地参与知识产权的运营。

在实践中，对于知识产权未来的收益经济行为发生的双方或许会存在不一致的看法。由于知识产权本身的特性及在评估过程中的诸多影响因素，在使用收益法的过程中，收益范围、收益年限、收益额、折现率、分成率这些参数的确定可能存在一定难度，且有一定的主观性。因此，收益法在实践应用中也在不断完善。收益法评估过程是一个整体，应该从整体的角度分析各个参数的选取，分阶段、动态地预测评估对象未来预期收益及风险[18]，如采用"动态分成率"，动态地分析知识产权在整个生命周期中对企业收益贡献的变化，以符合其价值实现规律；专业地评估每个阶段所面临的风险水平，确定动态折现率[19]。

收益法广泛应用于知识产权资产转让、许可、重组等运用方式，以及知识产权争议处理及赔偿定额中[20]。总体而言，收益法适用于知识产权交易市场发展稳定一段时期后，有明确的产品化方向的知识产权资产。

2.2　市场法

市场法，是指利用市场上同样或类似资产的近期交易价格，经过直接比较或类比分析以估算资产价值的各种评估技术方法的总称。市场法的内在合理性体现在任何一个正常的投资者在购置某项资产时，所愿意支付的价格不会高于市场上具有相同效用的替代品的现行市价。因此，根据替代原理，采用比较或类比的思路及方法即可评估出资产价值。

采用市场法评估知识产权资产的价值时，根据现实交易中知识产权资产价值的不同计量方式，可以将市场法价值计量方式分为总价计量方式和从价计量方式。总价计量方式，又称绝对计量方式，是以一个总价值计量一项无形资产的价值。例如，一项专利资产的转让价值是 300 万元、一项商标转让价值是 800 万元即是以总价计量方式计量价值。从价计量方式，又称相对计量方式，是按照知识产权资产所组成的业务组可以获得的"单位收益"计量知识产权资产的价值。例如，一项专利资产的转让协议中规定，专利资产的受让方将受让的专利资产用于自身生产业务后，需要每年按照专利产品销售收入的 5% 的费用支付给专利的出让方，或者按照经营利润的 30% 的费用支付给转让方。

采用从价计量方式进行市场法评估知识产权资产时，分成率的测算是关键。分成率实质是单位产品收益中应该分给知识产权资产的比率，是一项针对知识产权资产贡献率的指标，应当与知识产权资产相关业务资产组的获利能力指标进行区分。测算分成率的方式主要有对比公司法和采用市场交易案例法。

对比公司法就是在国内上市公司中选择与被评估知识产权资产拟实施企业与同行业的公司作为"对比公司"，通过"对比公司"中知识产权资产所创造收益占全部收入的比例来测算"对比公司"知识产权资产的分成率。然后，通过"对比公司"知识产权资产分成率进行相关因素的调整后，测算出被评估标的知识产权资产的分成率。其中，调整系数反映了影响知识产权资产分成率高低的关键因素，如技术类知识产权资产分成率的高低通常与技术类知识产权资产对应产品的销售利润率的大小有关，一般高利润率的技术产品技术分成率就高，反之则低。

采用市场许可费交易案例法需要根据市场许可费交易案例数据对分成率进行测算。目前，国外已经有专业的无形资产许可费数据库，如美国的无形资产交易数据库 ktMINE，目前收集了超过 13000 多个无形资产许可交易案例，是目前国际上最为全面的专业数据库之一[21]。

在市场发达的情形下，可比资产与被评估资产比较和调整可比性时，理解简单、易于掌握。从市场出发，相对真实地反映资产的市场价格认知。数据来源于市场，也就更贴近市场，同样地易于被认同和接受。在交易市场完备的条件下，市场法应该是最有效的一种资产评估方法[22]。

我国知识产权交易市场有限，发展不成熟、不发达，交易体系还不健全，促使知识产权在评估时得不到有效的信息[23]。知识产权创新性、垄断性的技术特征决定了知识产权市场交易的相似性小、知悉范围窄，甚至大部分交易处于保密状态，增大了获得参照物的难度。在知识产权进行交易的数量及市场较为活跃时，参照物的获得难度会降低。如果需要对估值进行多项调整，则该方法可能会过于主观化。

因此，市场法一般是知识产权交易市场非常成熟时的选择[24]。

2.3 成本法

成本法的基本思路是重建或重置被评估资产，通过估测被评估资产的重置成本，然后估测被评估资产已存在的各种贬值，并将其从重置成本中予以扣除而得到被评估资产价值的各种评估技术方法的总称。成本法的应用逻辑为在条件允许的情形下，任何潜在的投资者在决定投资某项资产时，所愿意支付的价格不会超过该项资产的现行构建成本。

采用成本法进行评估时，主要参数指标为重置成本测算和贬值率测算。在重置成本测算中，企业还需考虑是自创知识产权还是外购知识产权。

重置成本的测算：①自创知识产权资产的重置成本，通常采用重置核算法进行核算。重置核算法，即将知识产权资产开发的各项支出按现行价格和费用标准逐项累加，并将资金使用成本和合理利润考虑在内。②外购知识产权资产的重置成本包括知识产权资产的购买价和购置费用。外购知识产权资产的重置成本计算可以采用市价类比法和物价指数法。市价类比法为在知识产权交易市场中选择类似的参照物，再根据功能和技术先进性、适用性对参照物的价格进行适当调整，从而确定其现行购买价格的一种方法。物价指数法是以知识产权资产的账面历史成本为依据，用物价指数进行调整，进而测算重置成本的方法。

贬值率的测算：预测知识产权资产收益时，一般利用其效用随时间的变化来预测贬值率。通常可以采用剩余经济寿命法，该方法通过对被评估知识产权资产剩余经济寿命的预测和判断以确定被评估知识产权资产贬值率，此时，贬值率为知识产权资产已使用年限占知识产权资产经济寿命的百分比。

通过一个采用成本法评估的案例，更深入地了解成本法。

案例背景：A 研究所自 2013 年开始研发某设备及其制作方法、检测和监测装置技术，历经数年终于研发成功，并将研究成果于 2014—2017 年申请了与该设备及其制作方法、检测和监测装置相关的 5 项专利。2019 年该研究所拟将该 5 项专利转让给 B 公司，故委托资产评估机构就 A 研究所转让某设备等相关的 5 项专利进行资产评估，评估基准日为 2018 年 12 月 31 日。

评估关注：本案例评估需要关注重置成本的计算、技术贬值率的确定共两个方面。

（1）关于重置成本的计算，需要考虑研发成本、专利维护成本、开发利息、投资利润、交易成本、交易税金等。

①研发成本。经审核，5 项专利技术实际支付的直接研发成本 252.98 万元，间接成本 28.00 万元，专利申请费用 1.71 万元，共 282.69 万元（见表 4）。

表4 专利技术研发成本

全部技术发生的费用			金额（万元）
研制成本	直接成本	材料费	18.31
		测试化验加工及计算分析费	39.02
		设备费	22.31
		人员费	142.36
		专家咨询费	0.14
		国际合作与交流费	0.17
		差旅费	8.50
		出版、文献、信息传播、知识产权事务费	3.12
		会议费	1.32
		燃料动力费	9.81
		其他费用（预算外）	7.92
	间接成本	管理费	15.00
		公摊费用	13.00
交易成本	技术服务费		—
	交易过程中的差旅费及管理费		—
	手续费		—
	税金		—
专利申请费用			1.71
合计			282.69

由于 A 研究所提供的开发成本是历史开发成本与评估基准日无形资产重置成本存在差异，需要对历史开发成本进行适当的调整，由于在确定历史成本时，评估人员已协助委托方进行了符合会计准则的确定。同时考虑到设备类、费用类支出的物价、人员工资标准变化不大，故不再对其进行调整。

②专利维护成本。研发成本中已含有专利维护成本，故不再计算。

③开发利息。各技术的研发周期为 2—5 年，故取 3—5 年期贷款基准利率为 4.75%，考虑资金为均匀投入，经计算，则资金成本 = 282.69 × 4.75 × 5/2 = 33.57（万元）。

④投资利润。经了解，国内尚没有权威机构发布科研事业单位的投资利润率，考虑到本专利是以生产电子芯片为目标，故采用国务院国资委财务监督与考核评价局发布的《企业绩效评估标准值》中的电子工业中的成本费用

利润率中的优秀值 9.70% 为投资利润率。开发利润 = 282.69 万元 × 9.70% = 27.42（万元）。

⑤交易成本。由于国有单位资产转让额在一定金额以上需在产权交易市场内挂牌交易，但本次交易额较低，可不进场交易，故不再考虑产权市场交易服务手续费。

⑥交易税金。根据财政部《财政部 国家税务总局关于全面推开营业税改征增值税试点的通知》文件规定，技术交易免税。

综上，该案例的技术重置成本 = 研发成本 + 专利维护成本 + 交易成本 + 交易税金 + 开发利息 + 开发利润，也就是 282.69 + 0.00 + 0.00 + 0.00 + 33.57 + 27.42 = 343.68（万元）。

（2）技术贬值率计算。某设备及其制作方法等相关的 5 项专利属于电子技术，虽发明专利保护期长达 20 年，但电子技术基本 5 年左右就更新换代。一般更新换代周期与技术含量呈正相关。由于全部研发成本无法分拆，收益期以第一个专利申请日（2014 年 4 月 8 日）开始计算，至 2022 年 12 月 31 日为止，共 8.74 年，已使用 4.57 年。技术贬值率 = 已使用年限/（已使用年限 + 尚可使用的年限），也就是 4.57 /（4.57 + 4.17）= 48%（取整）。

经以上实施步骤，A 研究所委托评估的 5 项专利资产估值 = 343.68 × 48% = 164.97（万元），成本法评估结果为 164.97 万元。

通过上述案例及相应指标的计算，可以看出，成本法遵循了市场经济的客观规律，依赖于历史成本数据，为企业决策提供了必要的依据、有利于企业成本管理、简化成本计算工作。当收入流很难与知识产权资产相关时，成本法尺度清晰、计量方便。

成本法的成本信息相对比较容易获取，操作简便，但成本信息并不能够真正反映专利的真实价值。一方面，无形资产会计准则规定的会计处理方式过于强调谨慎性原则，使最终形成的知识产权资产成本计量不完整，并不能反映开发过程中的全部成本，从而低估了资产。另一方面，成本法计算的价值不包括知识产权产生的经济利益[25]。

因此，成本法一般适用于处于市场最初形成阶段的知识产权资产。

2.4　期权法

期权法是一种动态评测知识产权实际价值的方法[26]。主要包括蒙特卡洛、决策树及实物期权这三种分析法。期权法采用的评估公式为

$$V = PN(d_1) - Ie^{-rt}N(d_2) \tag{4}$$

其中，

$$d_1 = \frac{\ln \dfrac{P}{I} + (r + \dfrac{1}{2}\sigma^2)T}{\sigma\sqrt{T}} \tag{5}$$

$$d_2 = d_1 - \sigma\sqrt{T}$$

式中，V 为知识产权的评估值；r 为无风险利率；P 为知识产权的预期收益现值；I 为知识产权的投资成本；T 为知识产权的剩余年限；σ 指代知识产在预期收益方面的波动率；N 指代的是累积正态分布函数。

对于期权法来说，在管理方面因其自身有一定的灵活性，所以逐渐受到重视，比较适合知识产权权利人进行相应的决策。对交易中介而言，需要得出具体的评估价值作为交易参考，因此这种评估方法不太适合[27]，笔者在此就不赘述了。

3　资产评估助力知识产权资产价值转化

在评估实务工作中，资产评估的目的是资产评估工作进入实质性阶段后首先要考虑的重要因素，确定资产评估的目的是解决为什么要进行资产评估的问题。资产评估作为一种资产价值判断活动，是为满足特定资产业务的需要而进行的。其中，资产业务是指引起资产评估的经济行为，即资产评估结论的具体用途。资产评估结论的具体用途，直接或间接地决定和制约资产评估的条件、价值类型和方法的选择。

一般情况下，组织需要进行知识产权资产评估目的通常包括转让、出资、质押、法律诉讼、财务报告等。笔者将针对组织常见的以知识产权资产转让、质押、出资和法律诉讼为目的的资产评估展开说明。

3.1 以转让为目的的评估

知识产权转让包括所有权的转让和使用权的转让。知识产权使用权的转让，即知识产权许可，包括独占许可、排他许可、普通许可三种类型。我国非常重视知识产权交易市场的发展，近年来得益于一系列鼓励性政策法规的引导，在知识产权交易规模、知识产权资产评估等方面取得了很大发展。2009—2016 年，中国专利转让数量由 3.4 万次增长至 15.5 万次，全国商标转让数量由 7.22 万件增至 16.89 万件。知识产权交易日益上升的交易额更是在一定程度上提升了创新主体的创新能动性。

案例一 医院专利挂牌交易前了解价值评估

A 医院是集医疗、教学、科研、预防、康复与保健为一体的综合性三甲医院，其运动医学研究领域在国内贡献突出，目前已在运动医学关节治疗领域形成众多研究成果并申请国家发明专利保护。基于促进科技成果转化的出发点，现 A 医院欲将其膝关节置换和股骨头手术相关专利进行挂牌交易。挂牌交易前，A 医院拟了解相关专利资产价值，为确定转让交易价格进行参考，委托评估公司对相关专利资产进行评估。评估公司接受 A 医院委托后成立项目组，对专利资产进行了必要的核实及查对。经评估，确定相关专利的评估价值为 550 万元，为 A 医院专利挂牌交易定价提供了价值参考。

案例二 专有技术的独占使用权转让评估

自然人甲，高级工程师，从事某型号特种不锈钢的熔炼、轧制、热处理研究工作，为 A 公司高级经理，某国家级研究院特聘专家，曾主持过多项钢板关键技术的关键设备自主化研发工作，并成功试制出首件核电站特殊规格不锈钢板材，发表论文数篇，拥有发明专利 6 项。该特殊规格不锈钢板材制造技术为其非职务发明，其专有技术权属已经过律师认定。A 公司因业务规划发展需要，计划将甲的特殊规格不锈钢板材制造专有技术产业化，因此与甲协商购买其专有技术的 5 年独占使用权。双方达成初步合作意向后，A 公司委托评估公司对该特殊规格不锈钢板材制造专有技术的独占使用权进行评估，用做购买该技术的价值参考。经评估，自然人甲的特殊规格不锈钢板材制造专有技术 5 年独占使用权的价值为 1300 万元。经双方协商，最终甲与 A

公司以 1300 万元成功达成交易。

以转让为目的的知识产权资产评估，评估的目的是确定转让标的知识产权资产的价值，为转让定价提供参考。转让标的可以是单项知识产权资产的所有权或者使用权，也可以是知识产权资产组合的所有权或使用权。在实务中，知识产权许可、转让时，交易双方对涉及的知识产权价值评估的认识和确认会存在偏差，一般需要双方通过博弈并且参考评估结果的基础上确定出双方均可接受的价值。

3.2 以质押为目的的评估

知识产权质押是指知识产权权利人以合法拥有的专利权、注册商标专用权、著作权等知识产权中的财产权为质押标的物出质，经评估作价后向银行等融资机构获取资金，并按期偿还资金本息的一种融资行为。当前我国正处在由知识产权大国向知识产权强国迈进的战略机遇期。国家知识产权局发布的数据显示，2019 年我国专利、商标质押融资总额达到 1515 亿元，同比增长 23.8%。其中，专利质押融资金额达 1105 亿元，同比增长 24.8%，质押项目 7060 项，同比增长 30.5%。知识产权质押融资已成为当前科技型中小企业常见的一种信贷融资手段。

对知识产权质押的评估需求，主要包括：贷款发放前设定质押权的评估、实现质押权的评估、贷款存续期对质押品价值动态管理所要求的评估。知识产权质押是常见的以质押为目的的资产评估经济行为之一。在知识产权质押经济行为中，资产评估机构的评估，能够有效提高质押担保质量，保障银行等机构的债权安全，为及时量化和化解风险提供有效的专业支持。

（1）贷款发放前设定质押权的评估是指单位或个人在向金融机构或者其他非金融机构进行融资时，金融机构或非金融机构要求借款人或担保人提供其用于质押资产的评估报告时进行的评估。评估目的是了解用于抵押或质押资产的价值，作为确定发放贷款的参考依据。

案例三　　医药企业通过核心知识产权获得 1000 万元贷款

A 公司是一家以开发治疗用生物医药制品为主的研发型高科技企业。经过几年的迅速发展，公司已成为国家火炬计划重点高新技术企业、北京市生物医药产业 G20 创新引领企业。A 公司拥有一支药物研发全产业链的高素质研发及管理团队，在临床前研究、临床研究、生产与质量管理、药厂建设、药品经营等方面积累了丰富的经验。公司新药研发管线丰富且成熟度高，目前公司大力投入的在研新药项目已进入临床研究阶段，预计 2022 年后会陆续上市。因新药研发投入大、周期长，公司急需流动资金解决研发过程中的部分资金短缺问题，因此拟通过知识产权质押的方式获得低成本的债权融资。经评估公司评估，A 公司 3 项核心知识产权价值为 8800 万元，为 A 公司通过知识产权质押融资提供了有力的价值参考依据。最终，A 公司通过质押该 3 项核心知识产权，获得银行 1000 万元的贷款，有效缓解了企业的资金压力。

从这个案例可以看出，知识产权资产质押融资金额并不等于知识产权资产价值，知识产权资产通常按照一定的质押率打折质押。目前，知识产权种类众多且价值差异较大，知识产权质押率国家没有统一标准。在国内众多的实践案例中，知识产权资产质押率一般在 10% ~ 60%。

（2）实现质押权的评估发生在当借款人到期不能偿还贷款时，贷款提供方作为质押权人可以依法要求将质押品拍卖或折价清偿债务，以实现质押权。这个环节的资产评估的目的是确定质押品的价值，为质押品折价或变现提供参考。

（3）贷款存续期对质押品价值动态管理所要求的评估通常由金融机构要求的评估机构在规定的时间，以及市场发生不利变化时对质押品进行价值评估，评估的目的是监控质押品的价值变化，为贷款风险防范提供参考。

在建设创新型国家的宏观背景下，科技型中小企业是我国经济发展的重要推动力量。然而，由于大部分科技型中小企业正处在成长阶段，"资金量少、技术占比大、融资风险高"的特征决定了银行等金融机构难以确立对他们的信任，难以从银行获得贷款支持，这对科技型中小企业的快速发展造成一定限制。知识产权质押融资能够帮助我国科技型中小企业突破"融资难"的瓶颈，对于扶持科技型中小企业的发展、促进科技成果的转化、鼓励技术创新具有重要意义[28]。

3.3 以出资为目的的评估

知识产权出资是指知识产权所有人将能够依法转让的知识产权专有权或者使用权作价，投入标的公司以获得股东资格的一种出资方式。根据《中华人民共和国公司法》（以下简称《公司法》）及《工商登记管理条例》的相关规定，公司以知识产权等非货币资产出资的，应该对出资知识产权的价值进行评估作价。原《公司法》（2005年修订版）第27条规定全体股东的货币出资金额不得低于有限责任公司注册资本的百分之三十，2013年新修订的《公司法》中取消了对该出资结构的限制。

笔者选取以出资为目的两类主要评估：非货币资产出资评估、IPO企业知识产权资产出资，逐步展开说明。

（1）非货币资产出资的评估包括非货币资产出资评估和企业增资扩股中确定股东出资金额和股权比例的评估。非货币资产出资的评估目的是为确定可出资资产的价值提供参考。资产评估的结论用于揭示出资财产的市场价值，避免公司股东借此虚高公司资本，以保障企业的股东、债权人以及社会公众的利益。以非货币资产对公司进行增资扩股时需要对被增资企业的股权价值进行评估，作为确定新老股东股权比例的依据。评估的目的是为确定股东出资金额和股权比例提供参考。

案例四　化工企业核心知识产权作价 3000 万元入股

A公司成立于2003年，是专业从事金属表面加工新技术、新工艺、新产品研究、开发、生产销售的企业。其金属表面处理技术主要用于汽车、船舶、机电、机械、五金工具、航天航空等制造业零部件的表面处理，该技术已通过国际TS16949质量体系认证。2010年开始，A公司开始立项研究一款广泛用于金属表面提升其表面清洁度的新型高分子聚合物助剂，并于2016年研发成功并获得国家发明专利保护。针对该新产品，A公司拟专门成立B公司进行产品的生产和销售。为了解决货币资金出资困难的问题，A公司拟通过知识产权出资解决该问题。A公司委托评估公司对其核心专利价值进行评估。最终，A公司成功以该专利出资3000万元，出资金额占B公司注册资金的50%。

企业运用知识产权资产出资有诸多优点。首先，知识产权资产出资可以避免占用出资人流动资金，缓解出资人资金不足的困难，使出资人可以将更多的资金用于企业日常运转或创新研发过程。其次，《中华人民共和国企业所得税法》（以下简称《企业所得税法》）第 12 条规定，在计算应纳税所得额时，企业按照规定计算的无形资产摊销费用，准予扣除。知识产权在出资或增资入账后，每年进行税前摊销，可以达到合理避税的目的。最后，知识产权资产出资不仅体现企业实力，帮助企业吸引投资，还可以帮助企业提升形象和影响力。

（2）实践中，知识产权出资作价是以其评估价值为基础，由增资企业全体股东确认实际的增资价额，对增资价额与评估作价间的差额部分一般的处理方式是计入企业的资本公积。工商部门对企业出资的知识产权的价值只做形式审查——只要求企业在办理工商登记的时候提供相应的评估报告，并不会对评估报告的合理性进行评价，这就为企业试图通过评高无形资产的价值，以达到扩大注册资本或其他特殊股权安排的目的留下了极大的操作空间。

对于 IPO 企业而言，如果历史上存在非货币资产出资合法有效性和注册资本足额实缴等瑕疵，应及时依法采取补救措施。如果瑕疵情形严重构成重大出资瑕疵或者重大违法行为，则可能对企业发行上市构成实质性障碍。同时，拟上市公司为有限责任公司的，应进行改制"整体变更"为股份有限公司，这一过程同样需要对有限公司的净资产进行评估和办理验资，否则无法办理变更为股份公司的工商登记。

案例五 某生物公司拟申请创业板 IPO 引发知识产权价值评估争议

武汉某生物股份有限公司拟申请创业板 IPO 引发了知识产权价值评估争议。根据该公司预披露的招股说明书，其前身设立时，有出资人以"管理秘诀"出资，根据某资产评估事务所出具的《资产评估报告》，该"管理秘诀"的评估价值高达两千多万元，最终该公司的全体股东决定以该"管理秘诀"作价两百多万元增资。此次知识产权出资引起极大关注。

从法律上分析，此次出资至少存在以下两点问题：①关于出资财产的类型。根据《公司法》，股东可以用作有限责任公司出资的资产包括货币或者实物、知识产权、土地使用权等用货币估价并可以依法转让的非货币财产，但是法律、行政法规规定不得用作出资的除外，如劳务出资。"管理秘诀"属于哪一类型资产值得讨论。从内容上判断，"管理秘诀"最可能属于知识产权中"商业秘密"的范畴。对此，生物公司应该详细说明"管理秘诀"的范围、内容、表现载体等，是否具有人身依附性和可复制性，能否转让等。②关于"管理秘诀"的评估价值和出资额。"管理秘诀"不同于专利、专有技术等知识产权，其价值无法通过转化为产品或服务相对稳定地计算出来，其评估价值高达两千多万元确实令人叹为观止，自然容易引起关注。尽管该"管理秘诀"最终增资的价值为250万元，但是因差额部分的价值会进入公司的资本公积，仍然会对该公司的资产情况造成重大影响。如公司无法说明该"管理秘诀"是否已经或者能够按照评估报告中采用的评估方法最终实现评估价值，则其本次出资将存在不实的极大可能，必然会对其上市造成影响[29]。

习近平于2018年11月5日在首届中国国际进口博览会开幕式上宣布设立科创板，并在该板块内进行注册制试点。自上海证券交易所设立科创板并试点注册制以来，拥有核心技术的科技创新企业备受关注，而知识产权体系的建立和维护是核心技术的重要评价标准。截至2019年10月28日，共有59家科创企业获得发行注册许可，其中36家实现首次公开发行并上市交易。在企业上市过程中，知识产权出资和评估成为上海证券交易所审核问询的重要问题之一。

案例六　企业科创板上市过程中因为知识产权出资和评估问题被审核问询

上海证券交易所在《关于中微半导体设备（上海）股份有限公司首次公开发行股票并在科创板上市申请文件的审核问询函》中，要求保荐机构及发行人律师核查以下事项并发表明确意见：（1）中微有限专利出资的具体内容，是否涉及职务发明，是否与发行人主营业务相关；（2）专利出资的评估作价程序是否合规；（3）前述出资形式是否符合《公司法》相关规定。

上海证券交易所在《关于深圳光峰科技股份有限公司首次公开发行股票并在科创板上市申请文件的审核问询函》中，要求发行人说明李屹用于出资的专利是否涉及职务发明，是否存在高估的情形，如涉及是否存在出资瑕疵；上述专利技术是否实际转移至公司，以及在公司生产经营中发挥的具体作用，目前的使用状态；相关评估机构是否具备证券期货相关业务评估资格。

尽管经回复后，两家企业均顺利在科创板挂牌上市，但以上案例足以给企业敲响警钟。如何正确利用知识产权出资，避免出资过程中出现评估不合规等问题，避免知识产权出资和评估成为上市的拦路虎，值得企业高度重视。

3.4　以法律诉讼为目的的评估

资产评估可以为涉案标的提供价值评估服务，评估结论是司法立案、审判、执行的重要依据。以法律诉讼为目的而涉及知识产权资产评估的情形主要包括以下几种：一是因知识产权资产侵权损害而导致的知识产权资产纠纷，此种情形在以法律诉讼为目的知识产权资产评估中最为常见；二是因违约导致的知识产权资产损失纠纷；三是因知识产权资产买卖交易等引起的仲裁；四是因公司、合伙关系解散或者股东不满管理层的经营、决策等而涉及的知识产权资产纠纷等。

案例七　华为诉三星专利权侵权获赔 8050 多万元

2016 年 6 月 27 日，华为公司将三星公司起诉至泉州中院，诉称三星公司共计 16 款手机产品涉嫌专利侵权，并索赔 8050 万元。2017 年 4 月，泉州中院一审判决，三星公司 22 款产品构成专利侵权，三星公司赔偿华为公司 8050 万元，且被告承担案件的诉讼给费用。2018 年 9 月 30 日，国家知识产权局专利复审委员会发布了 8 份与三星公司专利相关的专利无效宣告复审决定。2018 年福建省高等人民院经审理作出二审终审判决：维持泉州中院一审判决，驳回三星公司的上诉请求。

《最高人民法院关于审理侵犯专利权纠纷案件应用法律若干问题的解释（二）》第 27 条规定[30]，权利人因被侵权所受到的实际损失难以确定的，人民法院应当依照《专利法》第 65 条第一款的规定，要求权利人对侵权人因侵权所获得的利益进行举证；在权利人己经提供侵权人所获利益的初步证据，而与专利侵权行为相关的账簿、资料主要由侵权人掌握的情况下，人民法院可以责令侵权人提供该账簿、资料；侵权人无正当理由拒不提供或者提供虚假账簿、资料的，人民法院可以根据权利人的主张和提供的证据认定侵权人因侵权所获得的利益。

销售额的认定。原告华为公司针对相关涉案移动终端的销售数量提交了经公证的 IDC 数据。IDC 数据显示 2014 年 7 月到 2016 年 7 月，涉案移动终端的销售量为 39237504 台，销售金额为 151.39 亿美元。即使从总销量中扣除三星公司提出的与 GalaxyA5（2016）、GalaxyA7（2016）不同的 GalaxyA5、GalaxyA7 产品，涉案移动终端的销量亦达到 31422259 台，销售金额则为 127.17 亿美元。而这仅为被告在中国地区涉案移动终端的销售数量，在中国制造出口的涉案移动终端销售数量并不包括在内。案件审理过程中，法院多次向被告提出，要求提供相应的销售数据及利润率，但被告均拒绝提供或是延迟。因此，法院在确定被告涉案移动终端的生产、销售数量时，销售数量以 31422259 台为基数、销售金额 127.17 亿美元为基数，根据被告的具体情况进行调整。

销售利润的认定。原告华为公司针对利润率提供了经公证的"三星电子株式会社 2015 年财报"，其 2015 年的销售利润率为 13.2%，法院考虑到三星电子株式会社为被告的上级投资集团公司，虽并非本案当事人，但其利润率仍具参考性。被告针对利润率提供了工信部 2014 年国产手机的调查数据，数据显示：国产手机的行业平均利润率为 12%。法院综合以上数据分析大致得出被告在中国地区销售涉案移动终端所获利润区间，最低值以工信部调查的 2014 年国产手机行业平均利润率来确定，为 4.07 亿美元；最高值以三星电子株式会社 2015 年财报披露的销售利润率 13.2% 来确定，为 16.79 亿美元。将汇率假定为 6.5，则被告在中国地区销售侵权产品大致获利在 26.45 亿 ~ 109.11 亿元人民币。由于被告在中国制造而出口涉案移动终端销售数据的缺乏，使得专利权人实际损失及侵权人侵权获利无法确定，不存在可参考的许可使用费，所以本案法官采用法定赔偿法来确定专利侵权损害赔偿额。结合上述被告在中国地区的侵权获利，综合考虑被侵权专利的创造性、是否为标准必要专利、侵权人的主观恶意程度、侵权程度（侵权持续时间、销售数量等）确定赔偿原告华为公司经济损失 8000 万元及合理费用 50 万元[31]。

知识产权侵权损害赔偿数额计算是当下我国知识产权案件审理的难点，已有法学界人士呼吁要建立科学的损害认定机制来维系知识产权的应有市场价值。美国法院在专利权、著作权和商标侵权损害赔偿计算中不断尝试运用资产评估技术，并取得效果。在实践中，我国无形资产评估的计算方法，尚未有效地转化为知识产权损害赔偿的裁判方法。我国知识产权法关于损害赔偿数额的认定，设置了四种方法，即权利人因被侵权所受到的损失（实际损失）、侵权人因侵权所获得的利润（侵权所得）、许可使用费的合理倍数（许可使用费）以及人民法院根据侵权情节判决的赔偿（法定赔偿）[32]。因此，提出价值指标构成、构建分析框架、设计运算步骤、归纳计算公式，是资产评估工作在完善损害赔偿司法定价体系中应有的重要任务。

4　资产评估的作用与意义

随着我国社会主义市场经济体制的建立和发展，越来越多的知识产权权利主体已经认识到知识产权能够给组织带来的经济效益。知识产权资产评估可以作为组织投资发展的量化价值依据，也在一定程度上成为组织确定经营战略的一项重要工具。

本文通过对知识产权资产的确认和会计计量、知识产权资产评估的方法及其适用性、知识产权资产评估应用及价值转化的实践三个方面展开的论述。并重点论述了知识产权资产评估的收益法、市场法、成本法及其适用性，以及在转让、质押、出资、法律诉讼评估目的下知识产权资产评估的应用及案例分析。愿通过本文的论述，使组织能够充分了解知识产权资产评估的基本方法，并能够有效地将其运用到知识产权全生命周期的管理和知识产权运营中去，与企业经营战略相结合，为组织知识产权资产价值转化提供启发或新思路。

参考文献

[1] 国务院．国家知识产权战略纲要 [EB/OL]．（2008 - 06 - 05）[2020 - 01 - 15]．ht-tp：//www. sipo. gov. cn/ztzl/zxxzscqjy/qgzxxzscqjysdsfgzzcwj/1064903. htm.

[2] 国家知识产权局．企业知识产权管理规范：GB/T 29490-2013 [S]．北京：中国标准出版社，2013.

[3] 李新爱，高智伟．知识产权价值评估的研究 [J]．科技与创新，2019（54）.

[4] 中国资产评估协会．资产评估概述 [M]．北京：中国财经出版社，2019.

［5］权忠光．守望过去 引领资产评估行业新发展 ［J］．中国资产评估，2018，12.

［6］中国资产评估协会．资产评估概述 ［M］．北京：中国财经出版社，2019：3 – 5.

［7］王文艳．论资产评估与会计的关系 ［J］．财会月刊，2010（9）：34 – 35.

［8］中国资产评估协会．知识产权资产评估指南 ［EB/OL］．（2017 – 09 – 08）［2020 – 01 – 15］．http：//www. cas. org. cn/pgbz/pgzc/55876. htm.

［9］余丹．谈知识产权价值的会计确认方法 ［J］．财会研究，2019（1）：160.

［10］颉茂华．知识产权会计与信息批露研究 ［M］．北京：企业管理出版社，2019：29 – 33.

［11］中国资产评估协会．资产评估相关知识 ［M］．北京：中国财政经济出版社，2019：29 – 33，107 – 116.

［12］徐世敏．知识产权证券化的理论与实践研究 ［M］．北京：中国金融出社，2019：4 – 6.

［13］UNIDO. Guidelines for Evaluation of Transfer of Technology Agreement ［J］. Unido Development&Transfer of Technology, 1979 (12).

［14］徐鲲，张楠，鲍新中．谈知识产权价值的会计确认方法 ［J］．财会月刊，2010（9）：34 – 35.

［15］中国资产评估协会．知识产权资产评估指南 ［EB/OL］．（2017 – 09 – 08）［2020 – 01 – 15］．http：//www. cas. org. cn/pgbz/pgzc/55876. htm.

［16］中华人民共和国国务院．国有资产评估管理办法 ［EB/OL］．（1991 – 11 – 16）［2020 – 01 – 15］．http：//gzc. www. sust. edu. cn/info/1040/1510. htm.

［17］刘玉．收益法在专利资产评估中的应用 ［J］．中国企业家，2020（7）：14.

［18］于磊，李璐．基于价值实现规律的专利资产评估动态收益法改进 ［J］．会计之友，2012（27）：33 – 34.

［19］梁美健，周阳．知识产权评估方法探究 ［J］．电子知识产权，2015（10）：74.

［20］彭禹铭．机构投资者对企业知识产权价值评估方法研究——以 A 药业为例 ［D］．重庆：重庆理工大学，2017.

［21］中国资产评估协会．资产评估实务（二）［M］．北京：中国财经出版社，2019：43 – 50.

［22］侯海旺．TF 公司知识产权价值评估研究 ［D］．四川：电子科技大学，2019.

［23］周丽俭，徐光军．知识产权价值评估文献综述 ［J］．商业经济，2018（7）：111.

［24］李新爱，高智伟．知识产权价值评估的研究 ［J］．科技与创新，2019（1）：55.

［25］申海成，张腾．知识产权评估的驱动因素、存在问题及对策 ［J］．评估研究，2019（2）：127.

［26］ CHANG J R，HUNG M W，TSAI F T. Valuation of intellectual property：a real option approach ［J］. Journal of intellectual capital，2005，6（3）：339－356.

［27］ 李鹏. 知识产权价值评估与交易策略研究 ［D］. 河南：郑州大学，2018.

［28］ 王明. 科技型中小企业知识产权质押融资风险分担机制研究 ［D］. 重庆：重庆理工大学，2017.

［29］ 张武军，张唯玮，贾晨. 创业板上市公司知识产权问题研究 ［J］. 公司治理，2019（7）：74.

［30］ 盘佳. 论惩罚性赔偿在专利侵权领域的适用——兼评《中华人民共和国专利法修改草案（征求意见稿）》［J］. 重庆大学学报，2014，20（2）：115－122.

［31］ 李姣. 专利侵权损害赔偿的价值评估——以华为诉三星专利侵权案为例 ［D］. 武汉：中南财经政法大学，2018.

［32］ 吴汉东. 知识产权损害赔偿的市场价值分析：理论、规则与方法 ［J］. 法学评论，2018（1）：69.

IP 资产实施许可与转让的实践应用

窦军梅

作者简介

窦军梅，国核自仪系统工程有限公司知识产权专业带头人，长期在企业一线从事知识产权工作。国家知识产权贯标认证学习平台专业教师、上海市闵行区知识产权协会专家库特聘专家、中国专利协会第一届、第二届知识产权纠纷调解委员会人民调解员。

国核自仪系统工程有限公司（以下简称"国核自仪"）是国家电投的成员单位，主营业务有核电工程仪控系统设计、系统集成、安装调试等工程技术服务，核电仪控设备成套供应，核电仪控设备研发，核电仪控系统备品备件和运行技术支持，系统仿真、电站管理系统、弱电工程和中低压电气设备等。经过十多年发展，国核自仪承担 5 个国家重大专项和多个上海市级重点科技项目，研制出适用于各类型商用核反应堆的完整"和睿系列"核电站数字化仪控系统设备，培养了一批数字化仪控系统研发和工程应用的专业人才队伍，取得了一大批高水平的技术研发成果；在工控产业领域组织开展科技创新和技术攻关，自主攻克了一系列关键技术，取得了阶段性的成果。

知识产权工作是国核自仪的立司之本，经过多年积累，知识产权拥有量和质量进一步增加，专利授权量逐年增高，形成了专利、商标、软件著作权和技术秘密综合的知识产权保护模式；建立了知识产权管理体系并通过了

GB/T 29490-2013 认证；知识产权的水平和拥有量能够有效支撑创新型企业建设；知识产权环境进一步完善，创造、运用、保护和管理知识产权的能力显著增强；截至 2020 年 3 月，国核自仪累计申请专利 154 项，其中专利发明专利 93 项，国际专利 3 项；累计授权专利 87 项，其中专利发明专利 31 项，国际专利 4 项；申请并获得软件著作权 94 项；现有技术秘密 24 项；提出商标申请 44 件，取得商标注册证 41 件；编制标准 12 项，其中主编 3 项，国际标准 1 项，国家标准 2 项。

在工业经济与知识经济时代，智力竞争成为知识经济与知识社会的必然选择，知识产权贸易已经成为国际贸易中的一种主要形式，全球价值链分工地位的重要基础。比较发达的国家和地区，形成了一套相对成熟的知识产权转让、实施许可转让机制，实现知识产权为标的或知识产权产品的贸易。作为知识产权从业者，如何对标国际先进企业的知识产权管理实践，挖掘公司 IP 资产价值，促进 IP 资产的运营管理，提升 IP 资产升值是重要的工作课题之一。

知识产权的许可转让是知识产权权利人行使其知识产权的方式，也是实现其知识产权价值的主要途径[1]。本文知识产权的许可和转让只限于知识产权的财产权。

1 知识产权实施许可

知识产权许可指许可方（权利人）在保留其所有权的前提下，将其全部或部分知识产权财产权，许可他人在一定范围和期限内行使，简称许可[1]。知识产权许可在知识产权包括的所有权利集合中，保留所有权，将其中部分或全部财产权利让渡给他人。知识产权许可将无形的资产转化为有形的资产，许可人可能自身不具备最大限度地利用知识产权的能力，通过许可既可以使自身利益最大化，也实现了社会收益的最大化；被许可人一般不缺乏资金、市场、人才等其他经济资源，独缺知识产权，通过许可的方式，双方实现了双赢[2]。

1.1　法律依据

《专利法》第 10、12、15、47～58、60、65、69、70 条；

《中华人民共和国专利实施条例》第 14、73、74、84、89、90 条；

《中华人民共和国商标法》（以下简称《商标法》）第 43、47、57、63、67 条；

《中华人民共和国商标法实施条例》第 66、69、82 条；

《著作权法》第 8、10、16、22、23、24、27、34～40、43～48 条；

《中华人民共和国著作权法实施条例》第 10、12、20～25 条；

《中华人民共和国合同法》第 342、344～346、351、352、372 条；

《中华人民共和国知识产权海关保护条例》第 6、7、14 条；

《中华人民共和国计算机软件保护条例》第 8、16～19、21～24 条；

《中华人民共和国信息网络传播权保护条例》第 5～8、10、18、26 条；

《中华人民共和国集成电路布图设计保护条例》第 22～31 条；

《中华人民共和国集成电路布图设计保护条例实施细则》第 10、31、34、36、37 条；

《中华人民共和国专利行政执法条例》第 8、41、43 条。

相关的法律有《反不正当竞争法》《中华人民共和国反垄断法》《中华人民共和国民法》《中华人民共和国刑法》《劳动合同法》等，条例有《国防专利条例》《技术进出口管理条例》《进出口货物原产地条例》《著作权集体管理条例》等，办法有《知识产权对外转让有关工作办法（试行）》《国家科学技术秘密定密管理办法》《专利实施强制许可办法》《商标使用许可合同备案办法》等。

1.2　知识产权实施许可分类与特点

知识产权许可根据双方当事权利人权利、义务的不同，可以分为独占许可、排他许可、普通许可和交叉许可四种许可方式，这四种许可方式的特点、权利限制、应用等具体见知识产权许可方式比较分析表（见表 1）[1]。

表 1 知识产权许可方式比较分析

类型	许可人	被许可人	特点
普通许可	允许被许可人在规定的地域范围内使用约定的知识产权内容 自己依然可以使用 与第三方就该项知识产权许可证的权利	在规定的地域范围内使用约定的知识产权	许可方处于强势地位
排他许可	允许被许可方在规定的地域内独家实施其知识产权 许可方可自己实施知识产权	在规定的地域内独家实施其知识产权	被许可方在规定的地域内具有优势
独占许可	允许被许可方在规定的地域范围内独占该项知识产权 任何第三方、许可方自己无权使用	许可方在规定的地域范围内，拥有独占该项知识产权的使用权	被许可方在规定的地域内处于绝对强势地位
交叉许可	许可双方将各自的专利权、商标或专有技术使用权相互许可，供对方使用。权力可以是独占的，也可以是非独占的	权力可以是独占的，也可以是非独占的	许可方和被许可方双方实力均衡或者技术互补

根据知识产权的保护类型不同，分为专利许可、商标许可、技术秘密许可、软件许可、著作权许可、集成电路等许可类型，各项许可方式的范围、特点、权利限制、应用等具体见知识产权许可类型比较分析表（见表2）。

表 2 知识产权许可类型比较分析（类型）

类型	定义或权利	分类	特点
专利许可，又称专利许可证	专利技术所有人或其授权人许可他人在一定期限、一定地区、以一定方式实施其所拥有的专利，并向他人收取使用费用	制造许可、使用许可、销售许可	订立专利实施许可合同，支付使用费
商标许可	通过签订商标使用许可合同，许可他人使用其注册商标的权力	独占使用许可、排他使用许可，普通使用许可	适用于已具有领域行业范围声誉的商标，通过商标许可合同，支付使用费

类型	定义或权利	分类	特点
软件许可,又称软件许可证	由软件作者与用户签订,用以规定和限制软件用户使用软件(或其源代码)的权利,以及作者应尽的义务	按使用时间分为终身许可证、年度许可证	一般是一种格式合同用户通过承诺或签订协议取得限定范围的使用权,可免费或收费
著作权许可,又称著作权许可证	著作权人授权他人以一定的方式,在一定的时期和一定的地域范围内商业性使用其作品并收取报酬的行为	独占使用许可(专有使用许可)、排他使用许可、普通使用许可	一般利用许可使用合同将著作财产权中的一项或多项内容许可他人使用并收取许可使用费
技术秘密许可	权利人保持其总体权利中的所有权、收益权、处分权,而在一定条件下将技术秘密许可给他人使用、收益;具有相对性,可能有若干个独立的权利人或若干个合法的被许可方	独占使用许可、排他使用许可,普通使用许可、交叉许可、分售许可	许可技术具有秘密性,是一种实用、可靠,并能够在合同约定的领域内应用的成熟技术
集成电路许可	权利持有人对其布图设计进行复制和商业利用	独占使用许可、排他使用许可,普通使用许可	通常与专利权、著作权(技术文件)等组合,以产品、系统等形式的整体技术实现许可

1.2.1 专利许可

专利许可是企业发挥专利最大经济效益的方式之一。一般国际大企业推行积极的专利许可战略,延长衰老的产品生产能力,维持较长的强势市场和经济优势;专利权人通过许可证将被许可人特定的市场资源加入到自己的固有市场资源中,使其专利产品或服务覆盖到不可能延及的市场,缩短市场推广时间;专利权人通过许可获得专利许可费,在技术上控制竞争对手,撬动市场,联合同盟打败垄断者,授权其他厂商销售自己的专利产品,使两家受益,锁定用户。

企业可以选择适当的时机接受专利许可:发展自己的技术创新能力,将来不用再受制于人;通过制造专利产品、销售和发行专利产品的许可证,取得实质上控制专利的使用;专利权人在授予专利垄断权时,为被许可方提供了进入这个市场的机会，取得与客户的联系；可以获得技术许可方全面的技术投入，迎头赶上；为取得后发技术优势，迎头赶上后再进一步，反过来取得技术优势。

专利许可通过专利实施许可合同实现，合同主要条款一般包括：专利技术的内容、合同种类、合同期限和地域范围，技术指导和技术服务条款，专利权瑕疵担保和保证条款，专利许可使用费用及其支付方式，违约责任以及违约金或者赔偿损失额的计算方法。另外，还可以约定当事人双方认为必要的其他事项。例如，不可抗力条款，改进归属，争议的解决等。下面选择专利许可合同的部分内容详细说明。

（1）项目信息，包括专利名称、专利申请人、专利权人、申请日、专利号、专利有效期限及专利权的保护范围等。

（2）专利许可实施方式和授权范围，专利许可实施方式选择许可类型：独占实施许可、排它实施许可、普通实施许可之一；授权范围即技术实施的地域、期限、使用方式等的范围。

提醒：对于产品发明或者实用新型专利，可以采取全部生产制造试验销售环节，也可以选择其中生产许可，使用许可或销售许可任一环节。

（3）双方的权利义务。许可方应当承担支付专利年费的义务，合同生效期限内向受让方提供的技术资料、向受让方提供的技术指导等；受让方向转让方支付许可证使用费用，支付方式，期限和实施本专利技术方式；如排他实施许可合同的许可方不得许可合同外第三方实施该专利；独占实施许可合同的许可方不得自己实施或者许可第三方实施该专利等。

提醒：实践中，为使合同主题突出、框架合理，又能约定具体的可操作性强，可跟踪的履责内容，建议将许可方的技术资料、技术指导及工作计划等以详细的资料清单、验收文件等作为合同附件，必要时包括后续改进的分享办法、专利产品的质量验收办法等。

（4）担保条款，包括技术性能担保条款和专利权完整担保条款。合同订立时，许可方如果不如实向受让方告知约定权利缺陷，受让方有权拒绝支付使用费，并要求许可方补偿由此而支付的额外开支。

提醒：技术性能担保条款指许可方承诺对许可专利技术的技术性能和指

标承担保证义务，当专利技术在实施中达不到约定的技术指标时，许可方应退还全部（或部分）使用费，并补偿受让方由此而花费的额外开支；注意许可方不对实施本专利可能产生的经济效益（如利润、产值、销售额等）承担保证义务。

专利权完整担保条款指许可方向受让方保证合同订立时，专利权不存在专利权受物权或抵押权的约束、专利权的实施受到另一个现有的专利权限制、有专利先用权的存在、有强制许可证的存在、有被政府采取"计划推广许可"的情况或专利权项下的发明属非法所得等缺陷。

为保障专利许可实现预期目标，许可前被许可方要提前调研：如了解被许可的专利何时申请，何时到期，专利费是否按期缴纳，专利族在哪些国家中有效，专利的权利请求是否有漏洞，是否存在纠纷诉讼或有可能引发纠纷诉讼，专利的实际价值如何，并购是否包括有关的发明骨干等，做到心中有数，防范后期风险。

1.2.2 商标许可

商标使用许可是企业开拓市场的战略之一，商标使用许可可以利用商标的无形价值、信誉载体，快速增加许可方产量和辐射面，扩大市场占有率，进一步提高商标的知名度并获得收益；被许可方使用他人已有较高知名度的商标能扩大商品销售，短时间内带来可观的经济效益，同时也为企业可持续发展创造强势品牌奠定基础。商标许可通过发放商标许可证，使被许可人得到一定条件下使用该商标的权利，所有权仍然属于注册人。商标使用许可有三种形式，普通使用许可最常见，多用于被许可人生产能力有限或者产品市场需求量较大情况，可以选择多个被许可人，许可费用相对较低，如加盟连锁经营的商标许可等；独占使用许可的被许可方利用该方式可以获得一定程度的独立诉权，可直接起诉侵权者，因此许可费用最高，被许可人要从产品竞争的市场效果慎重考虑，是否有必要采用此方式；排他许可的两个合法使用商标主体在一定的期间、地区使用可并行存在一个市场内，共享使用利益，同时许可人不得把同一许可给予任何第三人。

实践中，商标许可主要用于：利用他人的努力经营增加商标的价值；无力开发更大市场的商标权利人通过许可，使自己的产品到达更广阔的市场；

初创企业借助有影响力的商标积累实力，后期逐步创立和培育自己品牌。

商标使用许可有的是独立的许可协议，有的是包含在其他合同中的商标使用许可条款，如附随于技术许可、特许经营等合同的商标使用规定等，严密的商标许可合同或协议，促进合作双方合作顺畅，利益最大化。商标许可合同一般包括商标名称、许可类型、授权范围、价格和支付条款、质量保证和监督条款、使用范围条款、合同期限条款、合同备案条款、违约条款等。下面就商标许可合同的部分条款进行详细说明。

（1）商标信息，商标名称或标识、已注册的类别、注册号以及有效期限等。

（2）商标许可类型和授权范围，商标许可类型选择许可类型独占实施许可、排它实施许可、普通实施许可等；授权条款包括使用期限、许可商品类别等。

（3）双方权利义务，许可方按照合同约定注册商标标识及相关资料以及保证商标的有效性，被许可方应遵守法律法规和合同约定，未经许可方授权，不得以任何形式和理由将注册商标许可第三方使用。

提醒：双方使用注册商标以核准的注册商标和核定使用的商品为限，不得超出核定使用的商品范围；许可方要尽心维护商标权，保证商标权的确定性和稳定性，维护被许可人的使用权；被许可方注意必须在使用该注册商标的商品上标明自己的企业名称和商品产地，避免不当使用；不得任意改变许可方注册商标的文字、图形或者其组合，不得超越许可的商品范围使用注册商标。

（4）质量保证和监督条款，许可方有权监督被许可方使用注册商标的商品质量，被许可方应当保证使用该注册商标的商品质量。

提醒：实践中，双方要牢牢把握对商品质量的控制，许可方慎重选择合作伙伴，密切注视被许可人的生产销售、产品质量、售后服务等，监督生产过程、工艺制作、产品检验和管理等，必要时应终止合同，收回商标使用许可权；被许可方要考虑满足产品质量是否还需要许可方提供技术支持，是否涉及关联技术的许可使用等。建议双方根据产品的要求制订具体的质量保证和监督条款。

（5）备案条款，本合同自签订之日起三个月内，由双方分别将合同副本交送所在地县级工商行政管理机关存查，并由一方报送商标局备案。

为防止商标许可期间不利于企业名声和商品信誉的事情发生，商标许可前，许可方要对被许可人的资格能力审查，涉及生产能力、企业信誉、管理能力和技术水平等进行考察；被许可方要调研许可人的资质，关注商标的授权、保护期限、是否续展、是否受地域限制、是否正在申请或处于争议、是否存在被撤销风险等事项，商标权人或其特别授权的代理人是否有权利进行商标授权；双方应提前就合同终止后的剩余货物的销售期限、剩余商标标识如何处理进行约定，防止纠纷。另外，签订商标许可使用合同时，许可方和被许可方都应从长远考虑商标的价值，注意保护自己的商业利益，如广州医药集团（以下简称"广药集团"）"王老吉"商标授权许可香港鸿道集团使用，按照国际惯例，商标使用费应缴销售额的 5%，但广药集团与香港鸿道集团"红罐王老吉"延续 2020 年的合同约定每年收取商标使用费约 500 万元，远远低于品牌的正常市场价值。

1.2.3　著作权许可（不包括软件著作权许可）

著作权许可使用是著作权利用的基本方式之一，是著作权人实现财产权利的重要途径。著作权许可可以将著作财产权中的一项或多项内容许可他人使用，同时向被许可人收取一定数额的著作权许可使用费；许可使用能够维持著作权主体不变，又可以借助社会力量开发、利用自己的作品；著作权是由复制权、演绎权、传播权（或称表演权）等组成的"权利群"，这些权利可按任何一种适合双方的排列组合方式被授予或者被保留，与专利、商标、商业秘密等其他知识产权组成"权利群"的集合许可使用；不是作品的物质载体；它隐含权利人占据主动授权的特征，为避免著作权人权利滥用，还受反垄断法的调整与控制。

著作权许可使用一般适用于传播推广的文化领域，通过传统的图书广播电影电视，以及现在的互联网网络、智能通信设备等实现传播推广，常见许可期限为 5—10 年，永久性的许可比较少见。著作权许可促进文化作品得到社会的承认，产生社会效益和经济效益，调动著作权人的创造性和积极性，促进文化事业的繁荣发展，另外通过 WTO 等机制，更好地推动对外版权贸易。著作权许可使用一般应以书面合同形式予以确认，有协议和许可证两种形式合同的类型居多，具有诺成性合同、双务合同、有偿合同或要式合同的特征。按照作品的使用方式分类有出版合同、表演合同、录制合同（录音录像合同）、改编合同、播放合同、制片合同和翻译合同等。笔者选择"著作权许可使用"的出版、表演、录制和播放等合同进行了分类比较（见表3）。按照著作权人授权范围，又分为专有使用合同和非专有使用合同，如图书出版合同为专有使用合同，除图书出版合同外，其他的合同都可以是非专有使用合同；另外，还可以按照著作财产权的转移性质、是否全部许可，以及订立著作权合同的方式等进行分类。

表3　著作权许可合同分类比较

类别		权利	特点
出版合同	图书出版	复制权发行权	著作权人必须按照约定期限交付作品。 出版者必须按照约定的质量和期限出版图书。 图书出版者经作者许可方可修改、删节作品。 图书重印、再版作品应当通知著作权人，并支付报酬。图书脱销后，图书出版者拒绝重印、再版的，著作权人有权终止合同。 约定图书出版者享有专有出版权但没有明确其具体内容的，视为图书出版者享有在合同有效期内和在合同约定的地域范围内以同种文字的原版、修订版出版图书的专有权利
	文章发表	复制权发表权	文章发表合同的一方当事人是文章作者或者其他著作权人，另一方当事人是报社、期刊社或者其他人，如网络服务商。 通常以口头或者默示的方式达成协议，签订书面发表合同的相对比较少
表演合同		表演权	除了属于合理使用范围内的表演外，表演他人作品都应该经过著作权人的许可。 表演的是经过演绎创作的作品，如是外国人创作的作品的中译本，或由小说改编的剧本，要同时征得演绎作品著作权人的许可和原作品著作权人的许可。 签订表演合同的人可以是表演者，也可以是组织演出活动的人
录制合同		录制权	录制者使用他人作品制作录音、录像制品应该取得著作权人的许可。 被录制的作品是演绎作品，应取得演绎作品著作权人的许可
播放合同		广播权	播放者使用他人未发表的作品时，应该取得著作权人的许可。 电视台播放他人已经发表的影视作品应当取得著作权人的许可

著作权许可合同的标的是著作财产权，主要条款内容有：作品信息，主体身份，许可使用的权利种类（著作财产权均可以许可），如专有使用权还是非专有使用权，许可地域范围和期间，付酬标准和办法，侵权责任担保，违约责任、协商、仲裁、合同的变更、续签等。下面选择"图书出版合同的部分内容"进行详细说明。

（1）作品信息，作品名称，作者，作品的内容、篇幅、体例、图表、附录等以及其相关要求。

提醒：实践中，作品信息的相关要求可以将专项内容作为合同附件。

（2）双方的权利和义务：作者保证具有合同约定的作品专有使用权，在约定的期限内将作品的誊清稿交付出版商，交付的稿件有作者的签章；出版商确认著作权合法有效，在约定期限内出版作品；双方约定作品的名称、作品进行修、删、节、增加图表及前言、后记及校样等事项；合同有效期内，未经双方同意，任何一方不得将约定的权利许可第三方使用。

提醒：实践中，建议设计较为灵活的交付方式条款，保证合同的顺畅履行，使双方利益最大化。例如，作者因故不能按时交稿，可以约定必须在交稿期限届满前通知出版商，另行约定；作者到期仍不能交稿，出版商可以终止合同。出版商因故不能按时出版，应在出版期限届满前通知作者，另行约定；出版商到期仍不能出版，作者可以终止合同；另外，出版商应按约定报酬标准的比例向作者支付赔偿金。

合同可以设计选择项条款，确定出版商与作者的义务：如"出版商尊重作者确定的署名方式，不得更动作品的名称，不得对作品进行修、删节、增加图表及前言、后记"或"出版商可以更动作品的名称，对作品进行修改、删节、增加图表及前言、后记，但改动结果应得到作者的书面认可"条款；如"作品的校样由出版商审校"与"作品的校样由作者审校，作者应规定期限内签字后退还出版商；作者未按期审校，出版商可自行审校，并按计划付印"等条款。

（3）支付报酬的方式和标准：包括稿酬和加印数稿酬的标准，一次性付酬费用，版税的计算方法，最低印数、预付日期和预付报酬等。

（4）作品的原稿保管，指原稿的保存、退还、损坏等事项。

（5）作品重印再版，包括重印再版启动的条件，期限或者费用支付，样书赠送以及作者修改核查权限等。

随着中国网络版权消费日益活跃，版权保护运用的内在需求急剧拓展，版权＋新技术的交易愈来愈成为企业关注的方向。著作权使用许可实践中应注意：获得非专有使用权的人不得再将其权利许可给他人；避免许可使用范围对市场的分割；被许可人若要以合同中未明确提到的方式使用作品，需著作权人重新确认；合同的效力不能扩展到在签订合同时尚不存在或尚不为人所知的使用方式或传播手段等，如数字网络环境下，图书出版合同可以延伸明确约定"作者是否授权出版社对其作品进行数字化利用和转授权，以及作品数字化利用的收益如何收取和分配"等事项。

1.2.4 技术秘密许可

技术秘密许可是全球化经济使用广泛和最普遍的贸易、投资形式之一，许可的是技术秘密的使用（实施）权。许可合同可一次许可生产到销售、使用全过程的全部权利，也可许可其中一个阶段的权利，如生产许可、加工包装许可、销售许可、营利性使用许可等。许可方式一般分为普通实施许可、独占实施许可、排他许可、交叉许可、分售许可。普通实施许可适用于市场容量足够大；独占实施许可适用于被许可方在约定的时间地域生产或销售方面的独占市场；排他许可适用于许可方自己有一定的实施能力，不能占领全国市场，培植被许可方增加收入；交叉许可适用于许可方与被许可方双方实力相近、技术可互补，以技术结盟共享市场，双方权利对等、不需支付费用；分售许可一般适用于原许可为独占实施许可，分许可必须有许可方明确授权，并向许可方多付费；企业实践中根据许可方式之间的差异性，选择性价比高的许可方式。

技术秘密是权利人已采取严格的保密措施、不为公众所知悉的技术信息，保护措施有预防性保护、保密条款、升级式保护等，因此靠保密手段维持其独占优势和经济价值，面对反向工程、善意第三人使用以及独立研发的权利限制。技术秘密使用许可是技术交流和实现 IP 资产价值的方式之一，实践中通常较少以单项技术秘密实现许可，一般结合在产品、系统、技术、项目中实现许可，如技术秘密与大量的技术信息（未采取保护措施）形成综合性的技术方案，技术秘密与专利、商标、软件、数据库等组合保护某一项技术以实现整体技术进行许可，是技术秘密许可的常见形式。

技术秘密使用许可合同的标的是处于秘密状态的无形资产（非专利技术），属于技术合同管理范畴，合同主要条款有：技术秘密信息，技术秘密的提供与保密管理，提供技术方式，验收标准和验收方式，权利保证条款，许可使用费及支付方式，违约金数额或者损失赔偿额的计算方法，后续改进的提供与分享，争议的解决办法等。下面选择技术秘密许可合同的部分内容详细说明。

（1）技术秘密信息，包括名称、技术内容，以及是否包括品牌授权等。

提醒：实践中，还可能包括与技术相关的生产、工艺、产品种类、技术性能指标和功能等。

（2）许可类型和授权范围，许可使用的类型，许可区域、权限。

提醒：授权范围详细界定被许可方允许转让的技术范围，以及进行生产或销售，市场规模、在何地域、何时间内许可方不得再许可他人使用，被许可方有无权利进行分许可等内容；另外，双方均应恪守授权范围约定，不能超范围许可或超范围实施。

（3）权利和义务，包括保密管理（保密内容、范围、期限、措施、失密责任等），双方的保证责任：许可方保证为许可使用技术秘密合法持有者，未向其他第三方透露或许可使用，不存在阻碍本合同实行的权利瑕疵，并承诺该技术秘密可有效转化为生产成果；被许可方在使用许可方技术秘密应严格保守许可方技术秘密，不得向社会公众、本协议之外的任何第三方公布或披露该技术秘密等。

提醒：实践中，许可方在约定期限和许可区域范围的市场严格保管技术秘密，不得向合同或协议之外的任何第三方公布、披露该技术秘密，以及许可使用该技术秘密生产及销售产品；被许可方制订相应的保密管理制度，并监督其内部技术或工作人员严格遵守保密约定并妥善保管该技术秘密的资料、文档文件等。

（4）提供技术方式和改进，包括技术培训、技术服务、技术咨询和升级，如双方对产品涉及的技术新改进和发展的约定；技术秘密的指导培训及市场推广，许可方有义务对被许可方工作人员进行该项技术的指导和培训，协助被许可方将该技术秘密有效转化为产品。

提醒：技术新改进和发展条款可以设计成选择性条款，如"双方应相互免费将改进和发展的技术资料提供给对方使用"或者"改进和发展技术，其所有权属于改进和发展一方，另一方不得利用这些技术资料去申请专利和转让给第三方"。

实践中，技术秘密指导培训及市场推广的内容可以合同或协议的附件专项内容约定，使合同具体化、可操作性强、易于监督检查，方便管理节省费用，如为了尽快掌握技术和占领市场，可约定"许可方有义务在被许可方销售产品过程中委派专人配合被许可方进行市场推广及销售"；或结合业务降本增效，约定"前期无须许可方招聘专业对接人员以节省许可方商务费用及办公室租赁费用"；或维护客户资源，约定"许可方有义务对被许可方已销售产品提供售后服务支持"等；或为减少纠纷，提前约定"被许可方有义务承担许可方具体服务事项产生的人员工资及差旅费用、被许可方负责在中国市场宣传推广费用"等。

技术秘密与专利相比较，具有自主性、无期限性、无地域性、相对安全性、内容可变性和高风险性的特点，技术秘密的许可次数越多，失密的风险就越大，因此保密管理是技术秘密许可的重要环节：实践中除了具体可实施的保密措施，还应扩展到权利人单位与职员劳动合同中的保密约定和单位制订的保密措施，以及适应市场的需求对技术的更新改进升级等；对于投入市场后发现有失密风险或可能已被侵权的技术秘密，权利人应当果断申请专利，以防被他人抢先申请而使自己陷于被动。

1.2.5　复合许可和软件许可

复合许可指一项许可活动中包含至少两项的知识产权保护类型，如专利与技术秘密组合许可，软件著作权与商标、技术秘密组合许可等，又称混合许可。实践中，许可的产品、技术由不同的技术点、创意组成，或应用于特定的市场，需要采用综合的知识产权保护模式，因此以技术、产品做为整体许可的活动一般采用复合许可或者多项专利（技术秘密）集中（成批）许可等。

《计算机软件保护条例》规定，计算机软件是指计算机程序及其有关文档，计算机程序包括源程序和目标程序，文档是用来描述程序的内容，组成、设计、功能规格、开发情况、测试结果及使用方法，如程序设计说明书、流程图、用户手册等，是一种具有很强功能性和复制性、存储在各种介质上的无形信息。软件的来源、类型、应用不同，知识产权保护的方式也不同，如为市场推广提前注册软件产品的商标，以代码编制的程序进行计算机软件著作权登记，大数据、数据库架构式软件采用技术秘密保护，软件中的新算法或运行流程与相应的硬件系统结合的技术可以发明或实用新型专利保护，如顾泰来的"无固定取还点的自行车租赁运营系统及其方法"的发明专利等。另外，与视觉界面布置有关的软件还可以申请外观专利或带图形用户界面（GUI）进行保护。因此，软件许可其实是复合许可的典型方式之一，通过组合式知识产权保护提升了 IP 价值，软件资产与其他资产相比，具有更新快、垄断性强、市场准入门槛高、对硬件配套和依赖较强等特点[3]。

随着大量移动智能终端的使用，极大拓展了软件和信息技术市场，强劲推进软件和信息技术的演进，加快高质量发展，软件许可贸易成为数字经济、智慧经济的重要驱动力，价值日益凸显。软件许可最普遍的方法是许可证贸易，软件许可证由双方当事人签订许可合同，许可对象是软件的使用权和复制权，按照许可证使用期限分为终身许可证、年度许可证；终身许可证可终身无限制使用软件，多用于个人用户领域；年度许可证一般由客户与软件开发商签订协议，按年付费，多用于商业软件领域，如租赁软件等，便于客户灵活选择开发商；另外按照许可范围分为简单使用许可合同和向用户提供软件的源程序许可合同，简单使用许可软件有日常应用办公、网络软件、手机App 软件等，向用户提供软件的源程序有基于客户需求的定制化软件等；按照软件许可收费方式有免费和付费两种情况，免费软件许可一般用于个人用户、产品测试或者快速占领市场销售策略，付费软件更注重专业性，如专用于制图、设计等，客户范围是某些特定领域、行业或者应用的企事业单位等；按照许可使用权利的不同，分为独占、排他和普通使用三种，排他性强度依次为独占使用许可最强，现实中只有少数对软件经销许可采用该方式；排他使用许可次之，一般不对软件用户采用这种许可方式；普通使用许可不享有任何排他权利，目前市场上购买的各种商品化软件的使用权大都属于普通使用许可。按照使用许可是否直接由权利人发放，分为主许可和分许可（也称从属许可），主许可直接由软件著作权人发放许可，通过被许可人与软件著作权人直接订立软件使用许可合同实现；分许可由被许可人根据软件权利人的授权向他人发放使用许可。传统的软件版权贸易以交付软件载体为特征，现代的网络环境贸易软件许可人可以通过网络直接传输软件，或以非独占许可的方式通过网络分发软件。

软件许可合同具有三方面特点：大型软件一般采用"要约与承诺"的常规合同，基于软件广泛性的应用使用大量启封合同，越来越普遍的互联网软件订立使用许可合同或网上注册获得软件使用许可。合同的主要内容有：软件名称，使用说明，许可使用的权利种类，权利和义务、许可地域范围、期间，违约责任，付酬标准和办法，侵权责任等。下面以一个计算机专用系统软件许可协议的部分内容详细说明。

（1）软件信息，软件名称，软件介绍，或者设计文档（具体描述软件的构成、使用、实现功能以及注意事项等）。

提醒：如果软件涉及组合式知识产权保护，建议将软件技术的知识产权以清单形式作为合同或协议的附件。如需要，构成该计算机专用系统的每个可独立使用的子程序，可分别签订使用许可，以作为合同或协议书的补充。

（2）许可使用的权利类型和授权范围，许可实施类型选择许可类型独占实施许可、排他实施许可、普通实施许可等；确定软件可以使用的范围，即技术实施的地域、期限、使用方式等的范围。

提醒：授权范围通常预定软件的使用人数、使用机器的数目以及可作备份的数目做出限制。例如，在专用软件许可合同中，软件所有人一般只允许用户一家使用；只允许用户在双方同意规定在合同中的计算机上使用；只限于在用户可直接控制的终端上使用；除非加付使用费以获得额外的授权，否则不能将软件置于网络或工作站上使用；一般只允许用户为备用而复制一份有关软件。软件许可合同中通常禁止被许可人把软件拷贝转让他人或向他人发从属许可证[3]。

（3）双方的权利和义务，包括双方的承诺、技术提供方式、保护与保密责任、终止协议的卸载条件等。

提醒：提供技术方式包括许可程序和许可资料，安装、初级培训及调整，可以制作详细的列表、文件以附件形式作为合同或协议的附件。例如，×××计算机系统许可程序和许可资料清单，安装培训安排表（许可方应根据附件内容向被许可方提供安装和初级培训，如果需要的话还应提供初始调整服务等）；维护即许可方根据约定将改正许可软件中的错误和故障，如果在此期间许可方还开发出该许可软件的更新版本，则将提供给许可方等。

承诺条款发挥"亲兄弟明算账"的作用，担保软件与说明书或用户手册上所讲的功能及性能相符，或者担保软件符合特定的性能标准，负责修补软件瑕疵[3]。例如，"许可方申明合同约定的软件是专有产品"，"任何第三方无权使用该许可软件或其中任何一部分向他人出售、出租、转让权利或者以其他形式进行转让或提供利用"，以及"被许可方同意没有得到许可方书面明确准许，不得实施……"此处"不得实施"有：除被授权人员外，将许可软件全部或部分地向他人提供或以其他形式供他人利用；除一份备用许可程序和若干份被许可方人员获准接受培训及获准使用许可软件所必须要的许可资料外，制作、指使制作或许可制作该许可软件的拷贝；除准于使用该软件需要向其揭示的被授权人员外，向其他人泄漏或允许这种泄漏等行为。

责任限制条款可限制用户可以采取的救济方法、限制损害赔偿的数额以及用户提出请求的期间等。例如，软件商通常合同中明确其唯一责任为更换软件或修补软件，以使软件具备其所担保的功能，但如无法修补时，许可人最大的赔偿责任限度为退回用户所付的使用费[3]。

卸载条件可以约定为"终止软件使用权协议时，被许可方应将该许可程序从指定位置卸载，并随同提供给被许可方，被许可方复制的所有拷贝也应原原本本返还许可方"。

（4）版权标识，在明显位置标识软件的版权以及注意事项。

提醒：许可软件的所有拷贝和其介质包含有许可软件程序或其任何部分的所有拷贝，都应该按照约定说明附上提示，在无法登载这种提示的场合，也应在适当的地方以适当的形式注明其内容。例如，"版权所有1995，公司根据中国版权法，本资料为未出版作品。在本资料中还含有属于公司商业秘密的某些思想和概念。未经许可对本资料进行复制或以其他方式加以揭示必将受到严厉处罚"。

（5）改进的权利：约定双方在许可活动中形成的新改进的权属和使用方式。

提醒：改进条款可以根据不同的实际情况设计成可选择的条款，如"由被授权的人员单独进行的或与其他被授权的人员共同进行的任何改进，其成果将属于被许可方"，或"如果这种改进包含有许可方的信息，权属归于……"或"如果被许可方所进行的这种改进涉及许可软件……"等。

目前，智慧技术、大数据、互联网、移动互联装备等软件市场的快速成长，与软件许可使用的活动或贸易越来越多，新资源、新经验、新风险拓展了软件许可的范畴，也给 IP 资产许可提供了新舞台和新课题。实践中，知识产权工作要早规划、早介入、早发现、早处理，丰富软件许可使用的内涵；软件许可使用者要注意不得以任何理由，在无须通知的情况下，对服务作出修改、暂停或中断的权利，是否采取合理的措施保护用户的信息，保证不得向任何第三方公开、泄露；在使用本软件时，是否同意将其自身的信息公开等。

2　知识产权转让

知识产权市场交易中的知识产权转让行为越活跃，知识产权利用率就越高，给知识产权权利人带来的转让收益愈丰厚。企业通过 IP 资产转让活动，完善知识产权管理实践的同时，也为企业创造了利润，提高了经营效益。

知识产权转让是指知识产权权利人将其所拥有的知识产权全部或者部分，在法定有效期内有偿转移给他人所有的行为[1]。

2.1　法律依据

《专利法》第 10、47 条；

《专利法实施条例》第 14、31 条；

《商标法》第 42、47 条；

《商标法实施条例》第 5、14、17、31、32、37、47、47 条；

《著作权法》第10、25、27条；

《中华人民共和国著作权法实施条例》第9、25条；

《合同法》第322、326、339～342、347、349～351、354条；

《集成电路布图设计保护条例》第22条；

《集成电路布图设计保护条例实施细则》第10、11条；

《中华人民共和国知识产权海关保护条例》第27条；

《计算机软件保护条例》第8、10、20、21、22、24条；

《信息网络传播权保护条例》。

相关的法律有《反不正当竞争法》《反垄断法》《民法》《刑法》《劳动合同法》等，条例有《国防专利条例》《技术进出口管理条例》《著作权集体管理条例》等，办法有《知识产权对外转让有关工作办法（试行）》《国家科学技术秘密定密管理办法》《专利实施强制许可办法》《促进科技成果转移转化行动方案》等。

2.2 知识产权转让分类及特点

按照知识产权的种类，知识产权转让包括专利权转让、商标权转让、著作权转让以及其他知识产权转让（技术秘密转让和技术转让）四种形式（见表4）[1]；从知识产权的具体职能角度来看，知识产权转让分为所有权的转让和使用权的转让。

表4 知识产权转让分类对照

类型	对象	法律后果	特点
专利权转让	专利申请权或授权专利权	权利主体变更，受让人成为新的专利权人 原权利人不享有专利权，不得实施	转让是要约行为 向国外转让要办理手续 不变更发明人 转让不破许可
商标权转让	注册商标申请状态的商标	商标注册人、申请注册人的变更	转让是要约行为 联合商标、防御商标一并转让 混淆商标或不良影响商标不得转让 保证质量一致性 转让不破许可

类型		对象	法律后果	特点
著作权转让		著作权财产权的全部或部分	著作权人身权因永久性不可剥夺，不得转让著作权财产权的变更	著作权转让是财产权的转让 转让与著作权作品载体无关 转让订立书面合同并可以登记备案 未明确转让权利不经著作权人许可不得行使
其他	技术秘密转让	技术秘密转让是财产权（实施权）	技术文件和技术方案权属的变更 技术秘密的转让方不因转让丧失此技术的复制使用等能力	技术秘密具有相对专有权 转让订立书面合同并按照约定提供技术资料，进行技术指导，保障技术的实用性和可靠性
	技术转让	技术转让相对成熟技术或已经完成的技术	契约形式约定，技术在国家、地区、行业内部或之间以及技术自身系统内输入与输出的活动过程	定向性由技术在空间上发展的不平衡决定的 功利性因技术转移所带来的市场机会和商业价值 重复性是技术使用权变更，不影响技术的拥有权 市场性显现出技术转移自身独特的市场化特征

2.2.1　专利转让

专利转让可以转让专利申请权和专利权，即对已经被国家专利行政部门受理的专利申请转让和对已被国家专利行政部门授权的专利的转让。

专利转让是企业拥有或占有的专利及其价值的提升与增益的主要方式，也为提升企业的创新提供了源源不断的动力支持。通过转让，转让人获得专利财产收入和合作开发的机会，提供更广泛领域的布局，增加名气和增强对专利的信心；受让人获得有价值的技术方案，缩短研发时间，节省开发的经费，取得合作机会，促进自有技术开发和增强研发基础，实现专利池布局，获得有价值的证书，扩大营销宣传效果，打击对手。

专利转让一般通过专利转让合同实现，专利转让合同的成立，须经过国家知识产权局专利局登记和公后才能生效。专利转让合同条款[1]：发明创造的信息，专利实施许可情况，提供技术方式和改进，价款及支付方式，责任，争议解决办法等。下面以专利转让合同的部分内容进行详细说明：

（1）项目信息，包括专利名称、专利权人、申请人、申请日、专利号、法律状态、有效期限以及专利权内容等。

提醒：专利权内容以简洁明了的专业术语准确、概括地表达专业技术领域和现有技术状况。

（2）转让方式和范围，转让专利申请权和还是授权专利，转让的期限、关联业务以及限制等。

提醒：合同转让方确认收到受让方的全部转让费为正式专利权转让标志。

（3）专利实施许可情况，专利转让方在合同成立前与他人订立的专利实施许可合同情况，包括应用范围，市场规模等。

提醒：专利权转让合同不影响转让方在合同成立前与他人订立专利实施许可合同的效力，并根据合同约定原专利实施许可合同的承担方式，以及转让方已实施专利的处理方式。

（4）提供技术方式和试制，转让方为保障受让方实现专利转让合同的目的，进行与专利技术有关的技术服务、咨询、培训或生产合同产品的试制，以及技术人员的差旅费、食宿交通费用的分担等。

提醒：技术提供方式可以是转让方在合同有效期内派遣技术专家到受让方，对合同产品的图纸和技术资料进行解释，并就设计、制造、调试和检验，以及维修等方面进行技术指导，以使转让方在保证合同产品性能的情况下，能尽快实现合同产品的生产；必要时以合同附件形式详细制订技术服务安排表、技术资料清单等。

试制条款可以根据付款的进度、资料提供多寡以及产品生产情况约定。例如，"受让方收到……的付款和该产品的资料，标志试制成功，执行合同全部条款，受让方才有权生产、销售合同产品，在作广告宣传时和包装文字中，可以使用专利产品字样和专利权人的名字及专利号"；"标志试制失败，合同终止，受让方不支付……比例的转让费，无权继续试制、生产、销售合同产品等"。

（5）资料和资料交付，交付材料包括专利资料，让与方已许可他人实施的专利实施许可合同书，参考资料等。资料交付明确交付方式、时间约定等。

提醒：交付材料可以在合同中以交付材料清单体现，必要时，提交上级主管部门或国务院有关主管部门的批准转让文件。

（6）侵权和专利失效，转让方保证是专利的合法持有者及正式转让前的有效性，如有第三方指控受让方实施的专利侵权，承担由此引起的一切法律和经济的责任等；合同成立后，转让方的专利权被撤销或宣告无效的处理等。

提醒：实践中，不同的合同阶段，约定的侵权条款也不同。例如，"合同签订前，受让方正式转让前发现第三方侵犯本专利权的维权诉讼责任由转让方承担；正式转让后，侵权要由受让方交涉或起诉；合同成立后，转让方的专利权被撤销或被宣告无效时，或第三方向知识产权局提出请求撤销专利权或请求专利复审委员会对本专利权宣告无效，由合同约定的一方处理"。

（7）过渡条款，即合同生效专利局登记公告之日，转让方维持专利的有效性的责任和费用负担，合同登记公告后受让方的责任等条款。

专利转让实践中，受让方成为新的合法专利权人后可以与他人订立专利转让或实施许可合同；两个以上的专利权人共有时，一方转让其拥有专利权的，另一方可以优先受让其共有的份额；无论是对于转让人的知识产权保护，还是通过受让人实现专利价值，专利转让的双方应该通过合法合理的程序来完成。另外，双方要全面统筹专利转让前后有关的事项，未雨绸缪，尽可能保护双方权利，避免不确定因素影响转让活动。

2.2.2　商标转让

商标转让是商标权利人将商标所有权转让给他人，可以买卖，也可以以商标出资或赠送，转让的对象可以是注册商标，也可以是申请商标，转让人和受让人应当签订转让协议，并共同向商标局提出申请转让，注册商标经核准公告，受让人自公告之日起享有商标专用权，并保证使用该注册商标的商品质量。注册商标的转让形式有合同转让、继承转让和因行政命令而发生的转让。

当今企业之间的竞争是商业模式的竞争，商标转让作为知识产权贸易的形式之一，可迅速建立品牌，在最短的时间内支持企业使用和开展市场推广宣传与布局。商标转让（此处"转让对象为注册商标"）与注册商标对比具有三个方面的优势：时间短转让周期6—10个月，比商标注册1—2年节省时间效率高；成功率高风险小，注册商标的通过率不高，转让商标是核准的注册商标；商标价值高，转让商标已经通过市场认可有一定的知名度、积累了一定的品牌价值，购买方可利用品牌的前期优势，短时间内拓展市场和提升产品影响力。

商标转让通常以合同方式实现转让，合同的主要条款有：被转让注册商标的基本情况（包括许可情况），双方权利和义务，转让费用及支付方式，合同生效方式和生效时间和违约责任及双方签字等。下面以商标转让合同的部分内容详细说明。

（1）商标信息，包括商标名称，注册号、国别、图样、注册日期、取得注册所包括的商品或服务类别，商品或服务的具体名称，下一次应续展的日期；以及该商标曾与签订过的商标使用许可合同等。

（2）转让性质和范围，包括商标权转让的方式，转让商标的商品种类（或服务的类别及名称），转让条件和地域范围等。

提醒：商标权转让方式有永久性和非永久性，非永久性商标权转让，应约定商标权转让的期限，转让方将在本合同期满之日起收回商标权；另外双方要约定转让的生效条件，如可选择"合同生效"或"办妥商标转让变更注册手续"。

（3）双方权利和义务，约定双方享有的权利、履行的责任，保证（承诺）事项等。

提醒：实践中，约定条款可以有"双方承担保守对方生产经营情况秘密的义务，合同生效后的变更手续办理和费用负担由……负担"；"在……条件下，受让方不得泄露转让方为转让该商标而一同提供的技术秘密与商业秘密"；"转让方应保证没有第三方拥有该商标所有权，在合同有效期内，不在该商标的注册有效地域内经营带有相同或相似商标的商品，也不从事其他与该商品的产、销相竞争的活动"。

（4）商品质量的保证，包括商标质量要求标准、监督以及相关的技术指导等约定。

提醒：实践中，建议将与商标转让的质量、技术等制订可实施、可监督、可检查、可惩罚的闭环式约定条款。例如，是否提供制造该类商品的技术指导或技术决窍要另外签订技术转让合同或另行增加费用；转让方是否必须提供商品说明书、商品包装法、商品维修法，提供经常购买该商品的客户名单；转让方是否对非永久性转让监督受让方的生产，并有权检查受方生产情况和产品质量。

为了避免商标转让导致产品混淆、质量下降等风险，商标转让要统筹考虑，如在同一类或者类似商品上注册的相同或者相近商标必须一并转让，联合商标、防御商标必须一并转让，避免商标分割转让导致产品来源混淆；已许可他人使用的商标，除非必须征得被许可人的同意，不得随意转让；转让人承诺是注册所有人，转让商标为有效商标；转让注册商标的合同或协议要向商标局提出申请；共有商标不得单独决定转让；签订合同尽量约定为分期支付；转让方要明确受让方符合法律法规适用范围，未依法获准从事经营活动的自然人作为商标权的受让方是受限的；受让方了解商标注册的名义地址是否与转让方营业执照上的名称和地址一致；另外，有的国家规定转让商标要连同企业一同转让，我国未作规定，但应规定受让人保证使用转让商标的商品质量。

2.2.3　著作权转让（不包括软件著作权转让）

新网络、新媒体、大 IP 经济时代使著作权转让交易规模不断扩大，交易范围不断扩展，著作权转让可以通过买卖、互易、赠予或遗赠等方式完成，以转让登记制度保障交易安全，增强交易人的交易信心，节约其交易成本，实现财富的安全流转。著作权是综合性权利，有很大的经济价值，它的人身权具有永久性、不可剥夺性，不能转让；著作权的各种财产权可分别进行转让，如出版权转让给出版社，表演权转让给演绎团体，播放权转让给网络电视等；单一财产权还可以根据使用方式不同分别转让给不同的对象，如将翻译权中的少数民族版翻译权转让给某出版社；另外还可以根据地域、期限转让；著作权转让与财产所有权转让不同，著作权的原始主体和继受主体可能对同一作品各自分享利益，转让与作品载体所有权无关；著作权转让和有时间限制、可届满权利回归的著作权许可不同，它是其部分或全部在整个保护期内让渡给他人的无期权利，是不可逆转的。

著作权采用"自动保护"原则，属于知识产权中的特例，它无须经过确认取得权利，实行不强制登记备案制，但从维护权利和防范风险、可对抗第三人等角度出发，建议企业办理著作权登记。通过著作权转让可提高著作权的使用率，受让人对作品享有相应的财产所有权并使用、处分和收益，如受让人利用自身的资源优势，可采取多种形式，快速传播作品，丰富文化内涵，促进社会进步，获取高价值收益。

著作权转让一般以书面合同形式实现，具有诺成、有偿、双务等的合同特点，合同主要条款有：作品名称及相关信息，转让权利种类和地域范围，转让价金，交付期限和方式；违约责任；双方认为需要约定的其他内容等[1]。下面以"词曲著作权转让合同的部分内容"进行说明。

（1）作品信息：名称，曲作者、身份证号，词作者、身份证号，以及其他证明资料。

（2）费用及支付方式：采取一次性买断或还是后期分成的方式，以及各方式的支付条件，指定的账户信息等。

（3）转让范围和条件：如转让是否有区域限制，期限选择等。

（4）双方的权利和义务：转让方保证其享有音乐作品的完全著作权，受让方在使用转让作品时，应尊重和保护词曲作者的署名权，修改的条件和限制等。

提醒：署名权包括网名、笔名等，如网名只限在网络上发表作品时使用，真实姓名则在除网络发表以外的制作唱片等方面使用，如因编曲或传播等需要网名；另外，可具体约定修改权限，如"受让方以对转让作品的内容作适当修改和完善要事前征求作者方的书面同意，保证转让作品的完整性，不得单方歪曲和篡改转让作品等"。

（5）保密条款：双方未经对方书面许可不得将所知晓的对方的商业或个人秘密泄露给任何第三方；双方所提供相关资料仅供实现本协议目的使用，双方保证在履行本协议的过程中或者协议履行完毕后，未经对方书面许可不得向任何第三方泄露。

为防止著作权转让纠纷，转让时应注意：转让活动必然是权能完整的财产权转让，即无论出版权、改编权或其他任何一种财产权转让，都必须将使用、收益、处分的权能一并转让；明确规定被许可人使用作品的方式，约束被许可人不能另行以超出合同约定的方式去使用作品；出版者、表演者、录音录像制作者、广播电台、电视台等取得他人的著作使用权时，不得侵犯作者的署名权、修改权、保护作品完整权和获得报酬权。

2.2.4　技术秘密转让

技术秘密转让主要以贸易形式、技术合作形式、综合转让等三种形式进行，通过"事实专有权"的合法持有人靠保密手段维持其独占优势和经济价值。技术秘密具有可变性，如在一定的条件下可转化为专利、软件著作权等，因此技术秘密转让双方合作时慎重拟定转让过程中技术秘密状态变动的条款，如"专利申请提出以后、公开之前当事人之间就申请专利的发明创造所签订的转让合同，受让人应承担保密义务，不得妨碍转让申请专利的行为；专利申请公开以后，批准之前订立的转让合同，申请人要求实施其发明的单位或个人支付适当的费用；专利申请被批准以后，签订的技术秘密转让合同为专利实施许可合同；专利申请被公开驳回，技术秘密转让合同效力终止，或经双方当事人协商，改为技术服务合同；转让的技术秘密经证明是能独立运用、并具有一定的经济价值和技术价值的，签订阶段性技术成果转让合同或协议"等。

技术秘密转让合同转让的不是技术秘密的所有权，而是技术秘密的实施权，合同的主要内容有：合同名称，涉及的技术、法律、经济用语的解释，技术秘密的提供与保密义务，授权范围，转让方的技术培训、服务、咨询义务，受让方的协助义务，验收标准和验收方式，权利保证条款，许可使用费及支付方式，后续改进的提供与分享，违约条款和争议的解决办法等。下面是技术秘密转让合同部分内容的详细说明（参照国家科技部监制的《技术合同示范文本》的技术秘密转让合同书）。

（1）项目信息：包括技术秘密名称和技术秘密概括（注以简明、规范的专业术语概括技术特征），技术秘密内容等。

提醒：技术秘密内容包括技术要点、技术指标，参数作用或者用途，关键技术，生产工序流程和技术成果工业化程度的注意事项等，表明技术内在的特征是有效的，为当事人计算使用费或者转让费提供依据。

（2）技术秘密资料：包括技术文字、图形、图片资料，与技术秘密相关的样品、样机、原材料等。

（3）技术秘密使用范围：使用技术秘密地域、期限，受让是否享有再行转让的权利，技术秘密实施状况等。

提醒：实施状况是转让方自主技术秘密实施的时间、地点、方式以及许可他人使用该技术秘密的时间、地点、方式等。

（4）保证条款：转让方保证涉及的技术秘密不侵害他人的任何权利，保证涉及的技术秘密具有实用性、可靠性。

（5）保密条款：签约各方对技术秘密在合同有效期内均负有保密义务，双方对技术秘密申请专利权的约定和保密责任的解除等。

（6）提供技术方式和后续改进：提供技术方式包括技术指导的派遣人员、技术培训、产品试制，验收检测标准和方法等，后续改进包括改进技术成果是否告知对方、权益分享、费用支付等。

提醒：提供技术方式要保证技术的实用性、可靠性，能够应用于生产实践，具备商品化开发的可能性，保证在一定条件下重复实验可以得到预期的效果，并在合同中载明后续开发的责任，以便受让人能够使用和实施；按照合同约定提供技术资料等[4]。

改进技术成果权益分享，可以选择不同的约定方式，如"属于研究开发一方享有，另一方有权使用"，或"属于签约各方共有，各方均有实施使用的权利，其所获得的利益由使用方各自享有。但一方如果转让后续改进的技术秘密，需经另一方的同意"，或"签约各方就后续改进技术秘密成果权益问题另行约定"。

为防止技术秘密转让的风险，要严谨设计转让双方的违约条款：转让人未按约定转让技术，提供的技术秘密达不到约定的技术指标和要求；实施专利或者使用技术秘密超越约定的范围；违反约定的保密义务，受让人按照合同约定使用非专利技术引起的侵权纠纷的惩罚措施。另外，关注承诺或有效性条款，如"转让人是否保证技术秘密的有效性（有效性主要体现在保密性上）"。

2.2.5　复合转让、软件转让和技术转让

复合转让与"复合许可"的"复合"意思一致，指一项转让活动中包含了至少两项及以上的知识产权保护类型转让，也称混合转让。通常应用于作

为整体的技术、产品转让，可以是专利、技术秘密、软件著作权、商标等 IP 资产转让的组合。

由软件可组合式知识产权保护推断，软件转让也是复合转让的典型方式之一，其中软件著作权转让必须实行登记，凡已经办理登记的软件，受让方应当在转让合同正式签订后 3 个月内向软件登记管理机构备案，否则不能对抗第三者的侵权活动；软件经过登记后，软件著作权人享有发表权、开发者身份权、使用权、使用许可权和获得报酬权，同时可以向社会宣传产品，提升软件版权的声誉。

近些年民用市场、专业领域的移动设备、5G 技术、大数据技术的蓬勃发展应用，使软件转让在知识产权贸易中的比重越来越大，转让方可以通过转让提升企业品牌价值及品牌形象，增加企业无形资产价值；受让方通过软件转让快速获取所需技术，提升企业功效，享受国家相关的软件法律法规的扶持政策和融资、税收、出口优惠政策。

通常软件转让方式以书面许可占绝大多数，也有不少通过口头形式实现软件转让合同的主要内容有：软件信息，转让的权利种类（复制权、发行权、翻译权等著作权人的原始权利），转让范围和条件，转让金，交付条件以及违约责任等。下面以"计算机系统软件转让协议部分内容"进行详细说明（以软件著作权登记保护形式为例）。

（1）软件信息，软件的名称，软件著作权登记证书编号，登记日期等。

（2）转让的权利种类和授权范围，对转让的方式、地域、期限、权限，以及软件的范围，生效日期等进行约定。

提醒：转让方式可以是部分转让也可以是全部转让，期限可以选择短期也可以选择永久。

（3）软件资料的交付，包括交付方式，资料存储形式，时间，具体的内容等。

提醒：交付方式可以选择网上、移动端自行下载，或是通过存储设备安装等。

资料包括但不限于完整源代码（所有实现附件所列软件功能和特征的完整源代码）和附属文档（源程序的相关说明文档及关键算法描述，包括但不限于程序的整体功能框图、类图及类的关系图、关键算法的说明文档、关键代码的程序注释）。

（4）权利和义务，双方关于转让的权属、费用和市场，提供技术等事宜的约定。

提醒：实践中，转让方应保证具有转让的软件著作权的权利，且不侵犯任何第三方的合法权益；转让方向受让方转让的软件著作权包括但不限于发表权、署名权、修改权、复制权、发行权、出租权、信息网络传播权、翻译权以及其他原由转让方享有的全部权利。

针对再转让可以约定"未经受让方同意，转让方不得将产品著作权再次转让第三方或授予第三方代理销售权，或以任何方式向第三方透露与该软件相关的技术细节"；另外，可以约定优于市场零售价的销售条款以及受让方取得该软件的著作权后对产品的署名权、支付方式和费用等具体事项。

提供软件技术，包括技术指导、咨询、培训以及后期的服务、升级等，必要时制订详细的提供技术清单或者技术工作安排进度表，作为合同附件。

（5）登记，双方办理与软件有关的专利、著作权转让登记手续和费用支付的约定。

（6）保密，双方约定的保密责任和期限。

提醒：实践中，建议对于保密责任以及涉及的相关资料等进行详细约定。例如，双方保证对在讨论、签订、执行本协议过程中所获悉的属于对方的且无法自公开渠道获得的文件及资料（包括商业秘密、公司计划、运营活动、财务信息、技术信息、经营信息及其他商业秘密）予以保密；未经该资料和文件的原提供方同意，另一方不得向任何第三方泄露该商业秘密的全部或部分内容；法律、法规另有规定或双方另有约定的除外等。

为保障软件转让双方的合法利益，软件著作权转让应注意：受让方要关注合同约定转让的权利必须与计算机软件著作权证书所记载的权利一致，对转让软件的可靠性和合法性做调查，不得超出转让的范围，对受让软件是否能达到预定的目标或预期收益做充分的预测；合作开发的软件需经共有著作权权利人一致同意；著作权共享软件可以分割使用的，开发者对各自开发的部分可以单独享有著作权的，可单独转让各自的分割部分。另外，双方要了解软件著作权转让合同是否符合法律的限制规定，提前调查对方的资信状况，向外国人转让的需向国务院主管部门办理登记，涉外的软件著作权注意合同的管辖法院条款。另外，如果转让的软件中包含实现新算法、功能专利、技术秘密或基础数据库，并且是不可分割使用的，受让方要与转让方协商，是否可整体转让或者获得相应的许可使用，防止后期纠纷；同时转让方也要跟踪检查软件的关联性知识产权的市场特点，防止受让方超范围使用转让权限造成侵权。

技术转让是技术持有者将自己独有的新技术以有偿的方式转让给接受者，以使其提升生产能力，增强企业市场竞争力的过程。技术转让包括的内容有专利技术、商标，以及非专利技术，如专有技术、传统技艺生物品种、管理方法等，现代的产品技术越来越复杂，这时仅有专利技术尚不能保证生产出有市场竞争力的产品，需要技术秘密的配合，有时候还需要软件、数据库或者专有技术等，技术转让通常大多数属于复合转让，因技术市场的行为、产品的复杂性而多样，分散在转让的创意、研发、中试、交易到产业化等全过程，不是固定统一的形式，具有复杂性、重复性和市场性等特点[4]，与贸易成本、技术报酬、市场规模等因素有关。

（1）技术的复杂性导致了转让的复杂性。技转集合衔接各种技术资源，涉及知识面宽，领域跨度大，过程漫长节点繁多；非专利技术的知识一般由技术持有者（创造者）私有，是黏性的，不随专利的转让而丧失技术创造使用能力；技术成熟程度的高低、技术发展的差异态势、技术环境的不同，技术吸纳能力大小，均是影响技术转让活动复杂的因素。

（2）活跃的技术转让行为加速了社会的发展和技术进步，具有重复性。技术商品使用价值的流转实质上是使用权转移，不影响让渡者的技术拥有权，是显著的非完全让渡，一定条件下技术供给方能够不加限制、不断重复出卖技术，技术的购买者也可以在一定范围内连续不断地转卖该技术。

（3）技术转让市场化特征明显。供求规律制约着技术转让的活动频次、效率和成本，技术的研制费用、生命周期、转让成本、机会成本、体制环境以及转移潜在的经济价值决定交易价格，技术的命运与产品的销路息息相关，市场竞争刺激技术吸纳需求和技术转让，强化了技术转让者对技术的有限垄断和延续了技术转让的进程。

技术转让兴起于开放型国际贸易环境，为引进方的经济和市场提供了巨大的机会，它既能起到示范和激励竞争的作用，又能对引进企业起到引领和拉动作用，外溢效应具有普遍性[5]。实践中，跨国公司的海外扩张、追赶型技术企业多是通过"移植型"模式实现技术转让，因此成本较高；技术实力较为均衡的组织之间采用"嫁接型"模式实现技术的某一单元技术，或关键工艺设备等流动，所以对原有技术依赖性较强，成本较低，发生风险的频率较大。

综上所述，知识产权的无形性、专有性、时间性与地域性，决定了 IP 资产转让行为必须在现行法律法规与有效转让合同的框架内方可发生，是归属于民事法律的私权转让行为，相关争议纠纷适用于民事法律法规处理。实践中，交易前采用科学合理的价值标准和评判体系评估待转让知识产权的经济价值，为双方合理定价，促进科学技术转化，做好服务工作；关注国际知识产权转让中的搭售条款或其他不合理条件，保证产权交易健康有序地进行，维护市场秩序。

3　许可和转让的实践应用

通过本文前两部分可见，知识产权许可和转让是连接知识产权与市场的必经通道，通常以合同或协议方式实现。笔者结合实践，给出两者之间的特点（见表5）。组织可依据自身实际情况，制定客观的差异化 IP 资产许可和转让策略，为企业持续性发展提供决策依据。

表5　知识产权许可转让对照

项目	权属	对价	范围	条件
许可	未变更权利人	无偿或有偿	预定范围和期限的知识产权转让权利可以部分，也可以全部	许可对象是授权专利、注册商标、登记著作权、认定技术秘密等
转让	变更权利人	无偿或有偿	全部权利	出让人必须依法享有相应的知识产权许可对象既可以是授权登记的，也可以是申请或形成状态的

知识产权实践中，许可和转让两项活动有时候单独进行，有时候两项活动同时组合使用。目前，越来越多的企业开始重视知识产权的自主创新与应用管理，知识产权权利人根据自己的意愿，在自愿、平等、等价有偿的原则下，自主转让许可知识产权，既提高知识产权的推广应用效率，又能推动知识产权创新、科技进步、提高企业效益。

知识产权许可转让涉及许可转让的谈判、产权价值评估、许可转让合同的签订、与许可转让有关的信息知情、市场分析等资料的占有与掌握等方面，企业层面丰富完善 IP 资产的许可转让管理实践经验，可推动知识产权许可转让的健康有序发展；管理层面国家地方密集的科研成果推广应用政策，催动了如火如荼的知识产权贸易化，知识产权交易市场是提供商标、专利、版权等知识产权的交易、转让、许可、投融资的渠道，是为科技成果及知识产权转化所搭建的综合服务平台，近几年如雨后春笋般兴起的国营民营各类知识产权交易中心，行业内影响力前列的有：上海联合产权交易所知识产权板块、中国技术交易所、国家技术转移平台东部分中心、国家知识产权运营上海国际平台、七弦琴国家知识产权运营平台等，这些专业有效率先进的产权交易系统平台，利用以项目为核心的多维资源组合、以竞价转让或许可方式、以知识产权经纪人为纽带的专家管理评价体系、基于无线浏览的 WAP（无线应用协议）门户、以即时通信工具为主的特点，通过畅通的信息发布渠道，完善的服务功能，丰富的项目运作经验，拓宽科技型中小企业融资渠道，引导民间资本开拓新的投资领域；实现知识产权的价值，激发企业科技创新积极性；使 IP 资产得到充分的利用和增值，同时促进知识产权相关业务有关的行业有序、快速发展。

如第 2 部分所述，技术转让具有复合转让和复合许可特点。如何做好技转工作？需要技术转让各方全面统筹规划技术转让的全过程，根据技术转让项目特点，整合成果、服务、知识产权、人才、实验室及设备、各方技术特长以及研究领域等进行管理；技术转让各方制订"全面统筹、局部细致"的既统筹宏观全局的管控机制又具有实操性强的合同条款，如结合专利、技术特征、技术方案、技术问题、技术效果、整体性甚至包括算法特征、商业规则和方法特征的整体考虑，确定详细的许可权限、转让范围等，保障项目有序推进，顺利完成。有些复杂大型长期的技术转让项目结合了知识产权许可和转让两项活动同时进行的特点，采用复合（混合）许可转让方式，融合技术秘密、专利、商标和软件等的转让许可。本节以一个大型的技术转让案例详细分析知识产权许可和转让的实践应用，体现两者互相促进、相互影响，相得益彰。

3.1　技术转让案例

以国内引进国际先进的化工 PE 项目为例，大型的化工项目涉及环境、建筑、过程测量和控制（自动化仪表、控制系统、信号系统等）、关键大型设备（大容器、化工燃料制备设备、化学工业炉）、生产工艺、材料、运输、监控、测试和验证、水处理、采暖通风和废物处理等多专业、跨行业技术，以及为满足化工行业的行业管理标准，关联涉及项目的设计、工程、制造、装配、建设、安装、测试、调试和启动、运行、项目管理、维修和检验等诸多组织，通常此类大型项目，以技术提供方主导牵头建立联队（以下简称"A 联队"），作为转让或许可方；引进技术的国内牵头单位组建联队作为受让方（以下简称"B 团队"）；项目包括与此相关联的许可方所有、部分控制或拥有的知识产权及其职务劳动智力成果、信息释放、保密及供应链等的全过程管理。依据 PE 项目知识产权许可转让管理模型（见图 1）对应不同领域行业的企事业单位，工作任务内容不同，管理的复杂性、难度加大，为保证全面管控，不产生管理漏项，要求事事有人管，件件有落实，针对分许可客户类型不同，分许可用户分散，部件、技术供应商之间的限制等，建立多层级、跨领域、多专业的转让许可分级管理机制（注：此案例属于技术转让案例，指整体技术的迁移，涉及技术转让的内容较少，经验分享部分描述以许可方式为例）。

明确各级组织的职责。国外 A 联队是 PE 技术转让的主供应商；B 团队统一管理 PE 技术转让，具有使用权及分许可权；B 团队按照技术转让合同将 PE 项目技术使用权按任务包有偿分许可到分许可用户；分许可用户须取得 B 团队及 A 联队认可、愿意接受 PE 项目有偿技术转让及其相关合同条款约定的组织和单位，无分许可权；供应商是经 B 团队及分许可用户认可的，按要求进行分包工作的组织和单位，根据许可技术的某项内容在来图加工、来料加

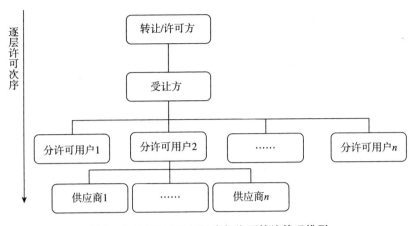

图1 化工 PE 项目知识产权许可转让管理模型

工的基础上生产具体产品或提供服务。

规范各级的授权幅度和管理要求。转让方、受让方与分许可用户之间要约定清晰的职责、权属，协商和惩罚机制；转受双方明确转让的技术范围和许可的技术范围；确定分许可用户的技术、产品分许可使用的管理，分许可用户要报转让方审批确定相应的资格和许可技术范围；分许可用户作为分系统、部分技术的提供方，对下游的供应商进行管理，报受让方审批和转让方备案或登记，特殊的物项、技术、服务等需要受让方审核报转让方审批；B团队定期跟踪检查各级的合同执行情况，查找并发现问题，属于协商内容的在相应等级或者专项工作会议中沟通；属于违反合同约定的事项，根据合同条款进行赔偿、停工、缩小授权、限制某些范围、终止等处罚。

3.2 技术转让经验分享

国际先进企业积累了大量的技术转让的成熟经验，严谨的合同条款设计、规范的管理机制、缜密的检查落实手段，是保障技术转让各方权利义务的基础。笔者以技术、专利、软件、标识、供应链、保密及信息分类列举说明。

3.2.1 技术和专利管理

（1）根据 PE 技术转让项目多领域、跨行业、多专业的复合型特点，合同中明确技术许可的类型、期限、权属、区域、技术使用范围限制等。

A 联队根据技术高低、难易等进行分级，按照不同专业标准的要求分类以附件形式，详细列示"技术转让的领域、范围和内容以变更"以及约定差异化的技术管控力度，包括相关的技术资料清单、存储、交付方式等。

提醒：建议在合同设计保留更新技术资料清单的条款，为后期项目进行中技术的完善、项目履行预留空间。

分许可用户通过技术转让分许可获得的限定区域的使用权，如约定仅为在中国境内非独占的、无限期的分许可技术使用权，分许可技术的所有权没有转让，仍然属于转让或许可方 A 联队；转让或许可方具有适用于不大于产能 a 以内的 PE 技术所有权。

（2）为促进 PE 技术完善并保持技术的先进性，以及拓展应用市场，转让方设计了层层递进、环环相扣的改进回授条款。

受让方结合许可技术理念开发大于产能 a 的新项目或产品，受让方拥有其开发的产能 b（大于产能 a）的知识产权；转让或许可方也参与改进活动的，双方共同协商确定产权。

合同期内和外，受让方拥有 PE 技术的使用权，有权改进许可技术并拥有该改进部分的所有权及处置权，许可方仍拥有原许可技术的所有权及处置权。

合同期内，转让或许可方做出的任何应用于技术的改进通知受让方，并免费授予受让方或分许可用户使用；分许可用户应将其做出的任何应用于技术的改进通知受让方，受让方将这些改进免费回授给许可方中国境外排他使用权。

合同期内，规定了促进中外双方动态交流 PE 改进许可技术的改进互授机制——转让或许可方改进授予许可方、许可方改进回授转让或许可方，中外双方完成的许可技术改进，在一定的条件和范围内实施互授使用权。

提醒：此处的互授机制发挥了知识产权"交叉许可"类型的作用。

（3）规范 PE 技转技术在中国境内申请或授权的专利的管理，减少项目执行过程中的纠纷，提升合同履行的效率。

转让或许可方以附件形式提供详细的 PE 技术专利清单，并根据合同准予专利相关的许可方、分许可用户使用，这些专利包括 A 联队在中国×××× 年×月×日发布并生效的专利。另外，基于技转项目技术需要，转让或许可方增加新专利技术及时告知许可方，并根据协商机制确定新专利技术的使用权和费用。

提醒：①做好事前调查，做到心中有数。合同谈判前，受让方要组织相关专业的专家，对转让或许可方提供的专利清单中的技术开展专利检索分析判断选择，如专利清单有 200 件专利，经检索分析，发现其中 30 件与 PE 项目无关，另外 20 件的同族专利存在被无效、申请驳回，被诉或是公知技术等情况……以及其他专利权属不稳定现象等，这些都可以为受让方增加更多的谈判空间。②严格事中管控，及时调整策略。合同执行中，对于长期的系统工程，受让方要定期跟踪转让或许可方专利清单中的专利法律状态以及新增专利的监控，如作为分许可用户初期关联性专利有 28 件，经过 5 年以后，发现有效专利仅有 10 件，新增 2 件申请专利，这时转让方对受让方的技术限制大大降低，分许可用户方可有效利用失效专利技术在非 PE 产品、服务上，获取技转项目的增值收益。③提前事后规划，布局未来市场。受让方充分分析 PE 项目的各专利技术特点，通过使用提升自身能力同时，开展创新性、规避性设计，或拓展原技术的应用范围，形成以原专利技术为基础的外围专利圈或应用专利群，规划布局类似项目适宜的目标国，如相关专利技术到期，受让方可及时在非限定市场开展相关经营活动，另外在第三方市场，可利用外围专利的成果与转让方通过协商、交叉许可等方式，实现合作双赢，共同提高。

（4）建立保障 PE 技术转让项目实现的技术服务机制，包括技术咨询、技术支持、技术培训等，通过技术服务，支撑 PE 技术转让项目的有序推进。

针对"提供技术方式"在合同中设计相应的章节，或建立培训课程包、技术服务咨询、服务待遇等附件，对转让方派遣合格的人员实施技术服务的启动时机、服务期限、任务工作量、服务人员的资质和数量，以及实现的技术效果等进行详细的规定，确保技术转让项目的设备质量控制和进度。例如，针对技术支持服务，分别从生产技术支持、生产制造程序、进度管理和不符项、审查支持管理等分项具体规定。

3.2.2 软件管理

（1）对软件管理采取统一协调的责任机制，明确各类软件的使用条件、权利与义务。

对于 PE 项目的控制系统、信号系统等涉及的计算机程序，可以提供目标码或可执行代码（机器可读码）和源代码（可读码）等形式，建立专项文件规定软件转让的范围和内容。

转让方的软件代码以电子介质数据文件的形式交给受让方，电子媒介数据文件包含源程序、计算公式或者例题，以及有关代码文档，适用的资料有：用户说明书、软件手册和专题报告，确保计算机软件使用；初次安装和测试时转让方要提供技术支持；合同期内，转让方定期提供计算机软件和文件的全部更新，同意属于 PE 技术转让合同范围的、×××专业系统的计算机软件代码被识别，免费提供等。

转让方将 PE 技术转让软件按合同约定分发，协助安装和测试，并及时反馈软件问题；分许可用户对接收的每项软件（包括文档）都应及时进行安装测试并完成评估，重要的软件进行独立验算和自主安装，形成专项"技转软件接收及测试报告"。

作为分许可用户未事先获得转让方的书面许可，不得对 PE 技转范围内以目标码形式提供的计算机代码进行逆向集成、逆向编译、逆向设计或以任何其他方式对其逻辑及一致性进行全部或部分解码；分许可用户有权对以源代码形式提供的计算机代码进行修改，对以源代码形式提供的计算机代码的修改被视为"改进"。

（2）针对商业性软件和第三方软件制订使用管理策略或规定，保障项目进展，同时防范风险。

商业计算机软件不属于技术转让范围。受让方和分许可用户可以直接从供货商处获得商业计算机软件，或需要的话，转让方协助获取，以及在首次安装该软件或测试时提供技术支持。

提醒：做好免费软件、开源软件等使用的风险评估。基于近几年中美贸易战、中兴华为等一次次知识产权事件，警醒"天下没有免费的午餐"，中国制造要想不受制于人，必然要有中国创造这个"脊梁"。中国文化崇尚传道受业教化，形成了好为人师乐于分享的千年习惯；与脱胎于资本主义形成期，西方资本家不遗余力维护利益建立的知识产权机制，两者之间的了解接受还是有兼容难度的，因此中国大众也是现在才慢慢意识到"免费和开源也是有限制的"，如 C、C＋＋、JAVA 等常用计算机语言软件经常作为基础软件安装在不同系统和设备中使用，通过下载软件前声明或者免费使用协议等，个人用户可以免费使用，但是作为第三方软件应用于某项产品并能获取到经济利益呢？就不属于免费范畴了，如 PE 项目涉及第三方免费软件、商业软件等使用，就有必要进行一次关于软件清单内相关软件的法律方向知识产权分析评议，并提供具体的意见建议或制订风险防范措施。

3.2.3　供应链管理

（1）转让方应制订缜密操作性强的供应链管控措施，清晰界定各环节传递信息的权限，实现完整、可靠信息传递的同时，约束供应商对技术信息采取有效的保护措施。

供应商工作范围应限于使用许可技术中的某项内容在来图加工的基础上生产一个或多个具体部件，或按分许可用户指示提供服务，而不能用于特定分包工作以外的其他目的。

披露含转让方产权信息的文件前，应将潜在供货商或供应商的名单、工作范围、拟披露的文件信息报受让方备案，受让方根据规定通知转让方；受让方有权以书面要求方式从分许可用户处获得其与供应商间任何协议中的使用权及保密条款的复印件；对于 PE 项目终端客户的关联单位使用技术转让信息进行国内采购一般无须备案登记，也无须成为分许可用户。

利用含有第三方产权信息的文件进行分包或设备、材料采购询价时，相关单位的采购部门分包采购时与供应商或潜在供应商联系签署"保密协议"，包括：供应商及其代理不得透露或传送任何保密资料给任何第三方；供应商不得将任何保密资料用于履行其与第三方间签署的分包合同规定的义务以外的任何目的；在规定保密及使用权的条件下，采购方按照文件分发规定或流程对供应商或潜在供应商分发含第三方知识产权信息的文件，供应商或潜在供应商接收释放技术转让信息并按照约定对信息保密管理；若未被选中，应索回含第三方产权信息的文件。

提醒：实践中，供应商的管理可以通过合同等措施规范；难点在于对潜在供货商或者需要公开招标议标的应标商，企业在市场前期调研时需要与他们交流信息，或招标时发出"技术规格书"等资料，这些文件属于 PE 技转管控的"技术信息"，但是采购方与应标商尚处在是否确定合作的待定阶段，信息不易受控。

（2）转让方组织建立了 PE 技术转让项目有关的设备、部件、子系统等供应链联盟，保障 PE 技术转让项目整体的质量和进度，同时以联盟形式布局未来市场，谋取最大化利益。

转让方 A 联队是包括设计、设备提供商、工程管理等组织的团队，在受让方 B 团队及其分许可用户等以 PE 技转技术资料为基础进行询价采购配件、子系统和服务时，A 联队成员单位要向转让方反馈，并由 A 联队确认，采购是否基于实现 PE 技术转让项目？如果属于 PE 技术转让项目的授权范围就放行；如果不是，除不能实现采购还要追加违规释放技术信息的责任。

提醒：技术的拥有者和转让方可以是技术转让或许可的服务联盟。实践中，技术转让方常常处于主导地位，对技术转让的作为或不作为，直接制约着技术转让能否实现或实际成效差异，如 A 联队的关键设备供货商，通过前期与 A 联队的定制化合作，签订了 PE 领域某个范围内的战略（技术）联盟协议，也意味着形成了特定或某一领域的技术垄断，以至于限制了受让方从公开采购渠道获取所需的产品和服务，仅限 A 联队单一渠道（高价或严苛条件）采购，形成某种形式的滥用市场支配地位的行为。

3.2.4　商业秘密、保密、版权标识、信息释放

（1）PE 技术转让项目使用的资料、文件等，在显著位置布置权利人的产权标识，以及相关的使用注意事项等，保障各方权利的同时防范风险。

含转让方产权信息文件，对于 PE 原始技术转让文件的复制文件，受让方或分许可用户应在复制文件上保留转让方的产权声明标识；对于原始技术转让文件的翻译文件，受让方或分许可用户应在翻译文件上保留转让方的原有产权声明标识；对于含转让方产权信息文件，也应在适当位置标注中英文声明标识（见图 2）。

> 本文的知识产权属×××及其相关产权人所有，并含有其保密信息。对本文件的使用及处置应严格遵循获……约定的条件和要求。未经×××事先书面同意，不得对外披露、复制。
>
> This document is the property of and contains proprietary information owned by……

图 2　PE 文件标识示例

规定分许可用户以及其供应商不得将技术转让方 A 联队的名称或标识作为商标使用，无论标识是单独或者结合其他文字或符号使用。

提醒：企业知识产权管理也可参照工业安全的"三不伤害"概念："不伤害自己、不伤害他人、不被他人伤害"，不伤害自己指企业知识产权管理不要出现低级失误和漏洞；不伤害他人指企业不侵犯他方受法律保护的知识产权；不被他人伤害指企业及时跟踪同行和竞争对手的知识产权动态，避免公司知识产权被他方侵权使用和获益等。例如，作为 PE 技术转让一方，因为国际采购，直接拿 A 联队标识的文件作为"技术规格书"等作为招标文件，这种行为就是自己伤害自己。

（2）根据 PE 项目技术资料流转以及管理需要，规范技转信息的收发管理机制。例如，各单位建立各自的收发技术转让制度，保护转让方的权利，降低受让方违约风险。技术信息范围广泛，涉及所有有关的技术性数据、资料、图纸、计算机程序、材料和知识，包括但不限于专有技术或其他与技术和产品开发利用相关信息，无论其是否专有，是否申请专利，转让方拥有该信息，或具有合法转让权利，或可控制。

分许可用户在规定保密及使用权的条件下，以完成规定的分包为限，可将含转让方产权信息的文件透露给供应商。

作为受让方的×××单位建立技术转让文件收发流程：办公室对技术转让的技术资料进行归档和规定分发；技术中心的各专业组确定本专业对供应商的技术释放范围；技术中心负责人对释放技术信息进行合规性、保密性、准确性、完整性以及适宜性审核，包括知识产权信息文件（图纸）标识等。

（3）将与技术转让有关的技术资料全部纳入公司"商业秘密"管理，全面提升该项目的保密管理级别，实践中，容易因过度保密导致流程冗长和降低效率。

合同约定原则上技术转让文件应作为分许可用户单位的"商业秘密"，技转文件保密管理应纳入分许可用户所在单位保密体系，受让方组织对分许可用户技转文件的保密管理检查。

（4）建立严格的保密管理体系，明确 PE 项目各方的权利和义务，并结合实际对各流程环节和参与对象进行行之有效的管理、检查和监督。

受让方和分许可用户应加强公众、员工、供方、客户 4 个对象，信息公开（互联网或论文或展会等）、保密协议、知识产权声明标识、分许可用户等分包采购、生产或办公设施、终端用户及其代理等询价采购六个环节的保密管理。

受让方和分许可用户按技术转让分许可协议履行相应的保密义务：对于转让方标有"保密"或"所有权"的技术转让信息或技术资料，进行严格保密且不泄露供应商以外的任何第三方；所在单位全体工作人员应遵守技术转让文件保密要求，未经书面批准，不得以任何形式自行复制和向任何其他人转让和使用技术转让文件，不得泄露技术转让文件中的保密资料，或将保密资料用于分许可协议目的以外的场合，并在离职时退还所有相关的保密信息。

受让方的各使用单位应强化员工的商业合同履约及其保密警示教育，加强技术转让文件的流转监管和保密检查，定期检索及清查互联网技术转让文件或信息，一旦发现问题及时采取应对措施。

提醒：保密管理无处不在，严密的体系更需要严格的落实监督行动。例如，2010 年左右可以发文档挣百度积分，某项目现场招聘的临时劳务人员上传了暂时性使用的与技术转让有关的资料（现在百度已经消除此类问题），被转让方定期专人的监控发现，受让方受到"技术信息违规释放处罚"，通过多付费用解决，可是造成的影响不易很快消除，给转让方留下了受让方管理缺位、不诚信等印象。

对于违反保密约定存在知识产权管理漏洞，导致含有转让方的技术转让文件、信息、专有技术等泄密、公开、超范围使用等问题，受让方和分许可用户应承担相关法律责任、损害赔偿和由此引起的相关费用。

提醒：实践中，对"技术资料"整体认定为"商业秘密"，严格的保密规定实现了有效管控，同时也容易造成大量非正常的技术秘密（不符合技术秘密的认定标准）按照商业秘密管理，成本高、效率低，保密管理碎片化的特点不利于信息分享。例如，PE 项目中含有许多不适用于知识产权保护的内容：已向社会、公众公开的行业公知技术信息；任何人都可以通过公开的文献、科技资料或其他技术途径了解的技术，包括国内外公开的技术信息，行业标准、公开发表的学术论文，网站合法公布的技术资料以及工业领域已使用的公知技术等。建议受让方合同谈判前还要做好技术清理，如不易提前获取全部技术资料的，也要按照专利、公知技术、受让方已有知识产权、转让方知识产权等分类在合同中制定分级管理措施。

本案例 A 联队在 PE 项目技术转让合同条款的设计、管理机制的规范、严格慎重检查落实手段等方面具有较为完善先进的经验优势，结合 PE 项目设计严密的知识产权合同架构和条款可有效保护交易双方的权益，顺利推进 IP 资产交易，由此可见，IP 资产实施许可和转让的知识产权条款在涉及高技术含量的交易中相当重要。实践中，运用成熟的 PDCA 闭环式工具，对合同准备、签订、履行、终止、关闭合同的全生命周期进行系统管理，它不仅包括前期的准备和订立（主要包括供应或承包商的选择、尽职调查、合同起草、合同谈判、合同订立），还包括中期合同履行，以及后期的合同终止、合同关闭。凡合同条款内容所涉的业务部门也都需要参与相关环节，保障"权利和义务的履行"，实现合作共赢；规则联系实际，灵活运用闭环式管理，从合同的全面性、阶段性、系统性三方面结合业务实际梳理关键路径，分析过程之间的关系，设计分层分级的知识产权许可转让管控模式，制订细致的可操作性强的合同条款，减少执行争议，提升合同管理效益。因此，企业合作前要梳理相关技术的知识产权，建立知识产权清单，以契约形式清晰界定知识产权归属，明确技术限制、保密要求、利益分配和市场分配，对各个阶段知识产权的接口管理、实施方式和办理流程详细约定，使经办人员易于操作，流程简单，减少合作纠纷。

随着智慧型技术的应用和大数据统计分析的普及，传统的行业也经受着跨领域、跨行业的横向技术冲击，大型或集成性的项目，一般参与单位多，资质要求不同，需求产品服务差异性大，具有跨领域、跨专业的高综合性、复杂性的特点，对标国外先进企业的知识产权交易实践，为技术吸纳者提供借鉴思路，为"走出去"的技术供给方了解参考经验，形成转（让方）受（让方）互异、相互制约、协调互动的良性应用，促进 IP 资产实施许可转让的选择余地越来越大，市场机会越来越多。

4 总结

在 IP 贸易越来越活跃、复杂化的今天，IP 资产实施许可转让不仅可以使知识产权得到充分的利用，给相关的权利人带来收益，还可以促进与知识产权业务有关的行业有序、快速发展。IP 资产许可转让包含诸多的技术性、法律性的细节，与知识产权兼具技术性和法律性的特点一致。实践管理中，企业知识产权工作者要协调技术、法律的问题，理顺并贯彻"IP 资产许可转让与企业经营发展战略有机组合"的工作思路，针对知识产权管理工作具有综合性、广泛性、复杂性、渗透性等特征，采取多样性的管理手段，结合自身的发展目标、条件进行优势分析，包括专门机构的设置、专门人员的配备与培训等，切实建立起一套包括许可转让管理在内的知识产权应用管理长效机制并贯彻落实，保障企业的可持续发展。

IP 实施许可转让的各方应本着"不忘初心、牢记目标"的宗旨，避免初期双方片面盲目"欢天喜地共同合作"，中间"各怀心思同床异梦"离心离德，后期"利益纠葛同室操戈"两败俱伤的失败教训，建立一种良性的前期"亲兄弟明算账的共同合作"契约关系，中期"开诚布公同舟共济"致力于解决问题的互助机制，后期"资源共享同获利益"的共赢效果，真正实现 IP 实施许可转让的各方初衷，善始善终，为未来更广阔、更深入的合作发展奠定基础，积累资源，丰富经验。

参考文献

［1］许春明，张玉蓉．知识产权基础［M］．上海：上海社会科学院出版社，2018.

［2］李蕾．知识产权使用许可问题研究［D］．河北：河北经贸大学，2011.

［3］李慧．计算机软件许可合同有关问题研究［D］．北京：对外经济贸易大学，2000.

［4］应嫣．中美技术秘密转让法律制度的比较研究［D］．上海：华东政法学院，2005.

［5］张林刚，严广乐．考虑知识传播的技术转让契约设计［J］．科技学学研究，2007，25（2）.

知识产权维权策略与实务

胡唤娣

作者简介

胡唤娣，中粮可口可乐饮料（山东）有限公司法务部经理，曾任律所专职律师，处理过数起知识产权纠纷，加入中粮可口可乐后，主导开展公司知识产权贯标项目，青岛、济南两厂均顺利通过了审核认证。

中粮可口可乐饮料有限公司（以下简称"中粮可口可乐"）是由两家世界 500 强企业——中粮集团和可口可乐公司合资组建，而中粮可口可乐饮料（山东）有限公司（以下简称"公司"），是中粮可口可乐下属 19 家省级子公司之一，成立于 1997 年，总部位于青岛，现有青岛与济南两个装瓶厂。

公司在"言而有信、业绩至上、以人为本、共创多赢"的核心价值观的引导下，励精图治、锐意开拓，取得了卓有成效的业绩，各项业绩始终保持在中国区前列。

公司视产品质量为企业的第一生命，从原料采购、生产工艺、品质控制到销售全过程，严把质量关，采用国际通用的质量或食品安全、环境及职业健康安全管理体系标准，并以优异的成绩通过了 ISO 9001、QES 符合性、FSSC 22000 和 SGP 等多项食品安全质量体系的认证和审核，以优质的产品和服务赢得了市场，为消费者和客户提供合格、优质、放心的产品，真正做到了让消费者放心、使客户满意，多次被相关政府部门授予"质量工作先进单位""食品安全工作先进单位"等多项荣誉称号。

在自身发展的同时，公司不忘肩负的社会责任：在可持续发展理念下，积极参与教育、体育、环保和公益等方面的社会活动，并在奥帆赛、"市长杯"足球赛、志愿者活动、平安校园等方面做出尤为突出的贡献，推动当地社会公益文化事业发展，被多次评为"公益事业特殊贡献单位"。

在国家倡导加强知识产权创新和标准化管理的大环境下，公司于 2019 年主动推进实施知识产权贯标工作，通过制订、实施各类知识产权体系文件及专项培训等，确立并实施公司的知识产权方针"崇尚创新精神，尊重知识产权"，公司全员创新意识得到大幅提升，并顺利通过认证机构的审核认证，取得知识产权管理体系认证证书。

1　知识产权维权概述

可口可乐之父伍德鲁夫曾经说过："即便全世界的可口可乐公司全部被火焚毁，只要人们没有忘记可口可乐这个品牌，我们就能够筹集到足够的资金，将其完全重建。"

这句话一语道出知识产权对企业发展的巨大威力。知识产权做为企业的无形资产，毫不逊色于有形资产。现代社会，企业以创新做为其核心竞争力，而知识产权则以创新为其灵魂，因此保护企业的知识产权，就是保护企业的核心竞争力。

知识产权保护体系中重要的一环就是如何通过合理布局预防被侵权以及被侵权后可以采取哪些策略、方法来制止侵权行为，维护企业依法享有的知识产权权利，即如何维权。而要做到精准、高效的维权，准确辨识何种情形下企业的知识产权受到了侵害，何种情形下属于合法使用，则是首先需要了解的。在此基础上，制订具体的维权策略及综合运用多种维权方式则是维权的关键环节。

我国《中华人民共和国民法总则》第 123 条 明确规定了我国知识产权保护的对象：

（1）作品。

（2）发明、实用新型、外观设计。

（3）商标。

（4）地理标志。

（5）商业秘密。

（6）集成电路布图设计。

（7）植物新品种。

（8）法律规定的其他客体。

其中著作权（版权，保护对象：作品）、专利权（保护对象：发明、实用新型、外观设计）、商标权（保护对象：商标标识）是我国知识产权保护的三大主要对象，也是企业或个人最常见的知识产权类型。

本文将主要以上述三大类知识产权为例，就知识产权维权实务和策略进行阐述。

2　侵权行为和合法使用

著作权、专利权、商标权法律保护的对象是什么？分别以何种形式给予保护？哪些不属于法律规定的保护对象？哪些是法律规定不适用的保护对象？如何在法律规定的框架内对上述权利合法使用，以及哪些情形属于侵权行为？要回答上述问题，我们需要区分何为知识产权的侵权行为，何为知识产权的合法使用。为了便于说明比对，笔者总结制作了著作权、专利权、商标权汇总表以释明（见表 1）。

表1 著作权、专利权、商标权汇总

内容	著作权	专利权	商标权
保护对象	具有独创性的各种形式的作品，无论是否发表：文字作品；口述作品；音乐、戏剧、曲艺、舞蹈、杂技艺术作品；美术建筑作品；摄影作品；电影作品和以类似摄制电影的方法创作的作品、图形作品和模型作品、计算机软件、其他作品等	发明，实用新型，外观设计	以保护注册商标为主（商品商标、服务商标、集体商标、证明商标）对于未注册驰名商标、知名商标、普通商标的保护力度和强度有限
保护形式	我国实行自动保护原则，作品一经完成即受保护；其中软件著作权实行自愿登记制度，国家鼓励进行软件著作权的登记	申请登记注册，授予专利权证书	申请登记注册，授予商标权证书；构成未注册驰名商标、知名商标、普通商标，但保护力度和强度有限
不保护对象	依法禁止出版、传播的作品；违背法律、宣传反科学、反人类、危害公共安全、破坏社会善良风俗的反动、淫秽的言论等作品	违反法律、社会公德或者妨害公共利益的发明创造；违反法律、行政法规的规定获取或者利用遗传资源，并依赖该遗传资源完成的发明创造	违反法律强制性规定的：国家或政府组织标志、带有民族歧视性、带有欺骗性易误认、有害社会主义道德风尚或其他不良影响等
不适用对象	法律、法规，国家机关的决议、决定、命令和其他具有立法、行政、司法性质的文件，及其官方正式译文；时事新闻；历法、通用数表、通用表格和公式	科学发现、智力活动的规则和方法、疾病的诊断和治疗方法、动物和植物的品种、用原子核变换方法获得的物质、对平面印刷品的图案、色彩或者二者结合做出的主要起标识作用的设计	仅有本商品的通用名称、图形、型号的；仅直接表示商品的质量、主要原料、功能、用途、重量、数量及其他特点的；其他缺乏显著特征的（以上所列标志经过使用取得显著特征，并便于识别的，可以作为商标注册）；以三维标志申请注册商标的，仅由商品自身的性质产生的形状、为获得技术效果而需有的商品形状或者使商品具有实质性价值的形状

内容	著作权	专利权	商标权
合法使用	通过订立许可使用合同、转让合同；合理使用：为学习、研究、新闻报道以及非营利性活动使用，详见《著作权法》第22、23条	强制许可：由国务院专利行政部门依职权或依申请给予的；通过订立许可使用合同、转让合同；专利法意义上的合理使用：权利用尽后的使用、先用权人制造使用、外国临时过境交通工具上的使用、非生产经营目的利用，详见《专利法》第69条	通过订立商标许可使用合同、转让合同；商标法意义上的合理使用：一般限于对商品自身的特征或者功能、用途的描述或说明，详见《商标法》第59条
侵权行为	未经许可发表或未支付报酬的，详见《著作权法》第47条	未经许可实施他人专利行为；假冒他人专利行为；以非专利产品冒充专利产品；以非专利方法冒充专利方法	在同一种商品上使用与他人注册商标相同的商标；在同一种商品上使用与他人注册商标相近似的商标；在类似商品上使用与注册商标相同的商标；在类似商品上使用与他人注册商标相近似的商标

通过上述内容，在确定知识产权侵权行为及合法使用时，还有些具体情形，需要特别关注，笔者将其分为著作权、专利权、商标权进行一一论述。

2.1　有关著作权的合理使用与侵权行为

著作权保障的是思想的表达形式，而不是思想本身，法律的限制性规定也需要兼顾人类文明的积累和知识的传播，因此《著作权法》除了规定著作权被侵权的情形，同时还规定了何种情况下可以合理使用（《著作权法》第22条、23条）。

2.1.1　著作权的合理使用

著作权的合理使用包括五层含义：使用要有法律依据、使用是基于正当理由、使用不需经作者与著作权人同意、使用不需支付报酬、使用不构成侵权。

合理使用著作权时，仍需注意以下两点，否则也会构成侵权：①权利人明确声明未经同意不得使用（转载、复制）的，需事先征得权利人的同意。②权利人未明确声明的情况下，可以不用征求权利人的同意，也不必向其支付报酬，但在使用时必须注明作品的出处和作者。

此外，企业的经营性商业行为使用知识产权，无论其是否直接获益，均不属于《著作权法》规定的合理使用，均需获得权利人许可及支付报酬。企业常见的经营性商业使用情形包括：产品使用（标签、标贴、包装、外包装使用）；传统媒体使用（广告片、宣传图片、宣传用语、中插广告、贴片广告、创可贴广告）；企业自媒体使用（企业官方网站、产品官方网站、微信公众号、微博）；线下活动使用（横幅、店招、门店装饰、宣传册等物料）。

2.1.2 著作权侵权行为

随着互联网的快速发展，侵权案例激增，新类型著作权形式不断涌现，下文中笔者以著作权网络侵权行为的案例进行分析。

网络目前已成为人们获取知识和信息的主要平台之一，通过网络，大量音像和文字资料的获取变得唾手可得，网络游戏、网络文学的快速发展，尤其是近年视频自媒体，如抖音、快手等的快速崛起，其平台上诸多原创视频，在未经著作权人授权的下载、转发及背景音乐的滥用等，稍不注意就是侵权行为，使得著作权的网络侵权情况激增，相较传统的侵权行为，网络侵权形势更加复杂，取证更加困难。

网络侵权行为按主体划分，可分为网站侵权（法人）和网民（自然人）侵权，按侵权的主观过错划分为主动侵权（恶意侵权）和被动侵权，按侵权的内容划分为侵犯人身权和侵犯财产权（或同时侵犯）。

网站侵权多为主动性侵权，而网民的侵权多为被动性侵权，但如果复制了别人的作品并以自己的名义发表，那就是主动、恶意的侵权，我们通常把这种情况叫做抄袭。而现实中，对于与抄袭形式上类似的借鉴要与抄袭区分开来，抄袭是指不劳而获，剽窃他人劳动成果，而借鉴则是通过模仿来创新，具有自己的见解和独创性。

网络侵权不但涉及个人侵犯原创者著作权、个人侵犯平台著作权的情况，网站平台间的著作权侵权行为也屡见不鲜。例如，2018 年北京互联网法院挂牌成立后，受理的第一起案件，抖音起诉百度旗下的"伙拍"短视频平台，称该平台侵犯其信息网络传播权等著作权。抖音作为原告诉称：其在"抖音短视频"平台上发布的，由创作者"黑脸 V"独立创作完成的"我想对你说"短视频，属于《著作权法》所保护的作品，原告对于该短视频享有独家排他的信息网络传播权等权利。被告未经原告许可，擅自将上述短视频在其拥有并运营的"伙拍小视频"上传播并提供下载服务，侵害了原告对该短视频享有的信息网络传播权。虽然最终法院驳回了抖音方面的全部诉讼请求，但认定涉案短视频具有独创性，是受《著作权法》保护的作品，同时法院认定被告履行了"通知—删除"义务，不构成侵权。

《著作权法》第 2 条、第 3 条规定了其保护对象的多样性，对于传统的著作权作品表现形式大家耳熟能详，而随着科技的进步，作品的表现形式也日益多样化，对于非传统的作品表现形式，其是否具有独创性，是否属于《著作权法》保护的对象，往往成为著作权侵权案件判定的难点。例如，日常我们经常看到的造型各异的音乐喷泉，通过灯光、色彩、音乐、水型等多种设计元素构成一幅动态立体的美妙造型，其美轮美奂的效果给人以美的享受。那么这些造型设计各异的音乐喷泉设计者对其拥有著作权吗？2018 年"中国喷泉著作权纠纷第一案"——北京中科水景科技有限公司诉北京中科恒业中自技术有限公司、杭州西湖风景名胜区湖滨管理处侵犯其音乐喷泉著作权案件，历经二审，最终北京知识产权法院认为：尽管不同于常见的绘画、书法、雕塑等美术作品静态的、持久固定的表达方式，但是，由于喷泉客体是由灯光、色彩、音乐、水型等多种要素共同构成的动态立体造型表达，其美轮美奂的喷射效果呈现具有审美意义，构成美术作品。未经许可喷放涉案作品且未署名著作权人的，构成侵权行为。该案因涉及音乐喷泉喷射效果的呈现是否构成作品、属于何种法定作品类型的法律认定，被称为"中国喷泉著作权纠纷第一案"。

音乐喷泉被认定为属于《著作权法》保护的美术作品，那么利用 AI 生成的作品是否受《著作权法》保护呢？深圳市南山区人民法院（以下简称"法院"）的一纸判决给出司法方面的答案：AI 生成作品属于《著作权法》保护范围。该案原告腾讯公司状告被告上海盈讯科技有限公司未经授权许可，抄袭腾讯机器人 Dreamwriter 撰写的文章，并通过其经营的"网贷之家"网站向公众传播，侵犯了其著作权，该案为人工智能写作领域第一案，最终以腾讯公司胜诉告终。法院审理认为，从涉案文章的外在表现形式与生成过程来分析，此文的特定表现形式及其源于创作者个性化的选择与安排，并由 Dreamwriter 软件在技术上"生成"的创作过程均满足著作权法对文字作品的保护条件，属于我国著作权法所保护的文字作品。法院同时认为，涉案文章是由原告主持的多团队、多人分工形成的整体智力创作完成的作品，整体体现原告对于发布股评综述类文章的需求和意图，是原告主持创作的法人作品。法院最终认定，被告未经许可，在其经营的"网贷之家"网站上向公众提供被诉侵权文章内容，其行为侵害了原告享有的作品信息网络传播权，应承担相应的民事责任。

2.2 有关专利权的合理使用与侵权行为

专利权保障的是人类在工业技术方面进行发明创造活动所产生的智力成果，鼓励技术发明创造，但法律不能因为保护个体权利而阻碍整个社会科技的发展，法律的限制性规定也需要兼顾促进科学技术进步和经济社会发展，因此《专利法》除了规定专利权被侵权的情形，同时还规定了哪些条件下可以实施强制许可（《专利法》第48、49、50、51条）以及何种情况下可以合理使用（《专利法》第69、70条）。

2.2.1 强制许可及其他侵权行为

专利权的强制许可是根据《专利法》规定，由国务院专利行政部门依职权或依申请，不经专利权人同意，直接允许其他单位或个人实施其发明创造的一种许可方式，又称非自愿许可。

（1）关于专利权强制许可，需要注意：①取得实施强制许可的单位或个人不享有独占的实施权，并且无权允许他人实施。②取得实施强制许可的单位或者个人应当付给专利权人合理的使用费。

专利强制许可制度的设立是为了平衡专利权人的财产权和社会公共权益。我国《专利法》规定了专利强制许可制度，强制许可的对象仅指发明和实用新型专利，而不包括外观设计。强制许可的情形包括：专利在规定时间内未实施或未充分实施、为消除或减少垄断行为的不利影响、国家出现紧急状态或者非常情况时、为了公共利益的目的等。

（2）专利侵权行为，除表 1 中所述法律明确规定之外，在理论上和实践中还存在以下两种侵权行为：①过失假冒，指行为人本意是冒充专利，随意杜撰一个专利号，而碰巧与某人获得的某项专利的专利号相同。在这种情况下，即使该行为无假冒故意，但其行为结果仍然构成了假冒他人专利，侵权人应承担民事责任。②反向假冒，指行为人将合法取得的他人专利产品，注上自己的专利号予以出售，这种行为显然不构成"假冒他人专利"，但事实上侵害了合法专利权人的标记权，仍是一种侵权行为，侵权人应当承担民事责任。

2.2.2　专利权的合理使用

专利的合理使用是指在法定的情形下，未经专利权人许可，未向专利权人支付使用费而使用其专利技术，不构成侵犯专利权，具体包括如下情形：

（1）权利用尽后的使用、许诺销售或销售。即专利产品或者依照专利方法直接获得的产品售出后，使用、许诺销售或销售该产品的，不构成侵犯专利权。

（2）先用权人的制造与使用。即在专利申请日前已经制造相同产品、使用相同方法或者已经作好制造、使用的必要准备，并且仅在原有范围内继续制造、使用的，不构成侵犯专利权。

（3）外国临时过境交通工具上的使用。即临时通过中国领陆、领水、领空的外国运输工具，依照国际条约，或者依照互惠原则，为运输工具自身需要而在其装置和设备中使用专利的，不构成侵犯专利权。

（4）非生产经营目的的利用。为科学研究和实验目的，为教育、个人及其他非为生产经营目的使用专利技术的，可以不经专利权人的许可，不视为侵权行为。

2.3　有关商标权的合理使用与侵权行为

《商标法》主要保护注册商标，对于未注册驰名商标、知名商标及普通商标保护力度和强度均较低，因此我们可以考虑从法律的原则规定及其他非《商标法》法律规定等方面寻求突破，如诚实信用原则的概括保护、根据知名程度分级保护、著作权保护等。

2.3.1 商标的合理使用

（1）商标合理使用的情形：①注册商标中含有的本商品的通用名称、图形、型号，或者直接表示商品的质量、主要原料、功能、用途、重量、数量及其他特点，或者含有的地名，注册商标专用权人无权禁止他人正当使用。②三维标志注册商标中含有的商品自身的性质产生的形状、为获得技术效果而需有的商品形状或者使商品具有实质性价值的形状，注册商标专用权人无权禁止他人正当使用。③商标注册人申请商标注册前，他人已经在同一种商品或者类似商品上先于商标注册人使用与注册商标相同或者近似并有一定影响的商标，注册商标专用权人无权禁止该使用人在原使用范围内继续使用该商标，但可以要求其附加适当区别标识。

（2）商标合理使用的构成要件：①主观上，使用人必须基于善意，不是出于利用他人现有商誉或者造成相关公众混淆的目的而使用。实践中，判断使用人是否出于善意，可以通过考察注册商标的显著性、使用是否是由于表达方式的有限性所造成的必需的、不可避免的使用，使用方式是否合理，是否采取了避免混淆的措施，使用的后果是否造成了相关公众的混淆等来判断。②客观上，合理使用以描述商品特征或者说明商品功能用途为内容。包括正常使用自己的名称和地址、合理描述商品的质量用途、地理来源、重量等。③从后果看，不会导致相关公众的混淆、误认。

2.3.2 《商标法》规定的侵权行为

（1）商标侵权类型：假冒、仿冒行为，具体可包含以下四种情况：在同一种商品上使用与他人注册商标相同的商标；在同一种商品上使用与他人注册商标相近似的商标；在类似商品上使用与注册商标相同的商标；在类似商品上使用与他人注册商标相近似的商标。

第一种行为是假冒行为，更多地涉及产品质量、食品安全的范畴，其余是仿冒行为，更多地涉及反不正当竞争、知识产权的范畴。

（2）销售侵犯商标权的商品。这类侵权行为的主体是商品经销商，不管行为人主观上是否有过错，只要实施了销售侵犯注册商标专用权的商品的行为，都构成侵权。只是当行为人主观上是善意时，可以免除其赔偿责任。

（3）伪造、擅自制造他人注册商标标识。伪造、擅自制造他人注册商标标识或者销售伪造、擅自制造的注册商标标识的，这种侵权行为是商标标识侵权的问题，包括"制造"和"销售"两种行为。

（4）未经商标注册人同意，更换其注册商标。未经商标注册人同意，更换其注册商标并将该更换商标的商品又投入市场的，这种行为又称为反向假冒行为、撤换商标行为。构成这种侵权行为必须具备两个要件：一是行为人未经商标所有人同意而擅自更换商标；二是撤换商标的商品又投入市场进行销售。

（5）给他人的注册商标专用权造成其他损害的。

3　维权实务及策略

版权盗用，专利假冒、商标侵权，这些侵犯知识产权的侵权行为屡见不鲜，企业应如何通过事前建立的管理体系进行预防呢？一旦发现被侵权，企业可以采取哪些行动和策略进行事中的控制？这些行动和策略应如何确定、实施，如何形成一整套组合拳，从而达成高效、精准维权呢？维权后企业还需不断总结维权成果，查漏补缺，从而使企业维权过程形成一个完整的闭环，针对以上，笔者将逐一进行阐述。

3.1　建立健全企业知识产权管理体系

依据国家《企业知识产管理规范》及相关意见，结合企业性质搭建企业知识产权管理体系，确定企业知识产权目标及方针，制订相关的规章制度和流程，建立知识产权数据平台，做好档案管理等系统、基础工作。

拥有越完善的知识产权法律体系，企业的知识产权竞争力就越强，不做好企业知识产权的管理，企业就等于是在"裸奔"。鉴于知识产权管理专业性强的特点，可通过专业机构辅助搭建企业知识产权管理体系，通过制订《知识产权管理手册》，明确企业知识产权管理方针、目标及组织结构，职能资源分配等，通过对涉及企业的现行有效的法律法规的梳理、收集、识别、评价，对知识产权的获取、控制、维护、实施、许可、转让、风险规避、侵权应急处置、管理评审等流程方面制订控制实施程序，从而实现企业知识产权体系持续不断的改进和完善。

针对企业现有或拟申请的知识产权项目，及时做好商标查询、专利检索、商标注册可行性分析、拟收购商标权利状态的查询、转让登记工作等，知识产权需要精心管理和维护才能持续不断地产生价值。在我国，版权、专利、商标均有一定有效期，需要在期满前或宽展期内续展，定期缴纳年费才能维持其有效性。一旦错过了续展期和宽展期，企业经营多年的品牌将面临较高的风险，而很多时候，企业因制度及人员不健全等因素影响，有时候在商标和专利到期后才发现手上的证书早已失效，追悔莫及。当然也要注意，知识产权保护期限绝不是越长越好，对于已失去技术优势的专利或是显然已被淡化的商标，应根据企业发展目标，适时评估，根据评估结果确定不需要继续维持有效性的，及时停止缴纳年费，避免不必要的支出。对于各类商标，企业如果综合考量后，确定不予注册，则建议通过申请驰名商标给予其较强的的保护。

3.1.1　对内，加强内控，合理、科学布局知识产权

企业在创立之初，尤其是在产品研发和生产过程中，一定要做到知识产权先行，先考虑好计划创造的品牌名称和需要用到的核心技术，对于自主开发的新产品进行全方位、多角度的知识产权评估，同时充分了解主要竞争对手的知识产权状况，在产品设计、投产上做相应规避，对各类知识产权进行及时的申请和注册，对企业核心技术建立特殊保护机制，尤其是商标注册、专利申请、版权登记等，对企业无形资产做好及时保护，并在后续企业高速发展过程中，保持持续稳定的知识产权投入，注重知识产权的质量，最终实现知识产权助力企业快速成长。

企业知识产权的布局要依据拟达成的目的进行选择：如基于进取的目的，则可通过不断创新并扩大研发成果，不断提高许可成功率、并购或被并购的成功率、诉讼成功率、不断提高专利评估价值等方式进行专利布局和实施；如基于防御的目的：则可通过保护研发成果、提高竞争对手的规避难度、降低被提起无效宣告的成功率、降低企业被诉讼攻击的概率等方式进行专利布

局和实施。

　　企业应加强知识产权保护宣传，提升人员知识产权保护意识。通过宣讲、培训等多种方式进行，把知识产权法律教育工作，包括普及假冒伪劣产品辨别等基础知识纳入到企业日常普法教育规划之中，通过开展知识产权法律知识的培训，可以提高企业管理者及员工知识产权保护的意识以及知识产权保护的水平与能力。在培训宣讲内容着重点的选择方面，不但要选择一些个别企业因未进行或未及时全面进行知识产权布局和实施而给企业带来无法挽回的损失等方面的鲜活案例外，更要通过重点适宜的培训内容，使企业高层管理人员善于着眼于微小差异，清晰企业的产品、技术，及与其他竞争产品的差别，着眼细节，越是微小的差异，对商业竞争越是有利。在知识产权申请时效意识方面，要注重与科研的同步性，最佳的申请时机不是在研发后期或创意最终转化为成果后，而是在产品立项前或立项初期，抢占先机。在对知识产权能否申请的评估意识方面，要克服低估问题，申请知识产权保护时，一定要以大众的普通视角，而不是以个人或团队的专业视角去审视，错失良机。

　　由于知识产权管理工作是一项专业性十分强的业务，具有相应专业素质的人员才能胜任。企业应结合实际，设立负责知识产权管理事务的专门部门，或者是在法务部门中明确由专门人员来管理知识产权事务。同时，对于专利创新等员工职务行为给予一定的物质和荣誉奖励，在企业创造并建立起尊重创新的氛围，制订、实施相应的奖励政策和制度。

　　3.1.2　对外，借助专业机构服务，强化与政府部门联络和沟通

　　知识产权工作专业性非常强，如申请一项发明专利、申请一项商标注册，这些工作复杂又细致，经常会涉及法律、经济、科学技术及科技文献等多方面的专业知识。如果申请人不熟悉相关的法律规定及流程，就不能有效地维护自己应有的权利，甚至可能会丧失原本应该得到的权利，造成不应有的却无法挽回的损失。而知识产权代理机构办理这些工作则是驾轻就熟，不但有申请速度快、核准通过率高的优势，而且目前无论是专利申请还是商标注册，周期都比较长，均非一朝一夕能完成，较长的申请审查周期内，知识产权代理机构一般均提供全包服务，从方案或设计检索直至完成申请和注册。而且在发生专利、商标纠纷时，这些纠纷一般都涉及大量的专业技术，一般司法

人员往往都感到棘手，更遑论一般企业的工作人员了。所以，借助外部专业知识产权代理机构和知识产权维权方面有优势的律师事务所的知识和资源就显得尤为重要。正所谓专业的人做专业的事，方能事半功倍。

同时，专业的知识产权代理和律师事务所等机构，接触前沿的知识产权法律法规和理论，与政府负责知识产权的部门业务联系频繁，更容易获取最新法律法规及行业信息、政府鼓励企业知识产权发展的优惠政策等，可以为企业担当顾问角色，为企业知识产权管理更好地出谋划策。

近日，中共中央办公厅、国务院办公厅印发的《关于强化知识产权保护的意见》（以下简称"意见"）提出总体要求：力争到 2022 年，侵权易发多发现象得到有效遏制，权利人维权"举证难、周期长、成本高、赔偿低"的局面明显改观。到 2025 年，知识产权保护社会满意度达到并保持较高水平，保护能力有效提升，保护体系更加完善，尊重知识价值的营商环境更加优化，知识产权制度激励创新的基本保障作用得到更加有效发挥。

该意见同时明确：要不断改革完善知识产权保护体系，综合运用法律、行政、经济、技术、社会治理手段强化保护，促进保护能力和水平整体提升；加大侵权假冒行为惩戒力度、严格规范证据标准、强化案件执行措施、完善新业态新领域保护制度；加大执法监督力度，建立健全社会共治模式，加强专业技术支撑；优化授权、确权、维权衔接程序，加强跨部门、跨区域办案协作；全面加强党对知识产权保护工作的领导。地方各级党委和政府要全面贯彻党中央、国务院决策部署，落实知识产权保护属地责任；各地区、各部门要加大对知识产权保护资金投入力度，鼓励条件成熟的地区先行先试，率先建设知识产权保护试点示范区；将知识产权保护绩效纳入地方党委和政府绩效考核和营商环境评价体系，确保各项工作要求有效落实。

该意见的发布，体现出国家层面对知识产权保护力度的进一步强化，不但要加大侵权假冒行为惩戒力度，加大执法监督力度，落实知识产权保护属地责任等，而且要加大对知识产权保护资金投入力度，将知识产权保护绩效纳入地方党委和政府绩效考核和营商环境评价体系，因此企业与企业属地知识产权管理部门建立长期友好的沟通机制就显得尤为必要，利于为企业获取国家或属地政府在政策、项目、资金、维权等多方面的支持和帮助。

3.2　维权方式及优劣对比

当企业通过不断加强内控，科学合理布局企业知识产权，并通过建立健全系列知识产权管理体系来完善企业知识管理工作后，却仍不可避免地会受到其他企业或个人对其知识产权权利的侵犯。当企业的知识产权权利受到威胁或遭受实际侵害时，企业需要积极通过各种途径、方式进行维权，而经过周密调查、全面搜集证据资料，并客观分析调查情报、证据材料后，结合企业的主观倾向和维权目标，选择切实可行的维权途径或方式，则是打击侵权行为的重要环节。

3.2.1　维权方式

（1）协商解决：当企业知识产权正在被他人实施侵权行为时，企业可以与对方联系，协商通过合法途径进行合作，如与对方签署使用许可合同或转让合同等。

（2）发函警告：对于侵权行为和后果不是很严重，涉嫌侵权企业规模不是太大，可以选择通过警告函的形式提醒对方，要求其停止侵权行为并赔偿损失。

（3）行政查处：一般针对侵权性质明确，侵权商品容易藏匿转移，对侵权人提起诉讼价值不大的侵权案件，尤其当侵权人为规模不是特别大的中小企业时，可适用行政查处程序。知识产权行政管理部门包括各级知识产权局、专利局、商标局、版权局、消费者协会等。2018 年国家机构改革对知识产权执法体制作出了调整，组建了国家市场监督管理总局，统筹配置行政处罚职能和执法资源，将包括商标、专利等知识产权在内的相关执法统一由市场监管综合执法队伍承担，企业可以通过向上述政府主管部门举报，要求侵权企业停止侵权，同时由相关政府部门对其进行行政处罚。

（4）司法诉讼：通过法院诉讼解决（包含前期通过公安调查进行的刑事案件），通过诉讼追究侵权人的民事责任、刑事责任。对于侵权人为实力较强的大企业，尤其是上市企业，或者侵权行为和侵权商品销量易于举证，涉及金额高，考虑索赔的案件，可采用司法诉讼方式，同时，此方式也是其他所有维权方式的终极解决路径。

3.2.2　维权方式优劣分析

（1）协商解决：优势是成本低，一般可用在采取其他措施前进行，通过协商可以初步判断侵权方的态度和底线，劣势是效果可能无法尽如人意。

（2）发警告函：优势是成本低、速度快，一般可针对侵权者，尤其是侵权者的客户进行，可起到敲山震虎的作用，从而达到快速净化市场的目的。同时，如果侵权方收到警告函后仍不停止侵权行为，在后续诉讼中将被认定为恶意侵权，从而加重其法律责任，而且发送警告函有中断诉讼时效之用。劣势是发警告函的效果难以预估，可能会不如人意。

一份有效完整的警告函需包含以下内容：①知识产权权利人的身份，包括其权利来源，如属于权利人、独占被许可人、排他被许可人、普通被许可人等。②知识产权的具体情况：著作权原创情况、专利或商标的名称、类型、有效期及权利内容等。③被控侵权人侵权行为的具体情况，如侵权产品名称、型号、价格等。④被控侵权产品与权利人产品的相似度、技术情况比对等，证明其侵犯了权利人的知识产权。⑤告知侵权人必须停止侵权行为，并阐明其需要承担的法律责任以及法律依据等。

（3）行政查处：优势是主动性强，快速便捷，能够集中打击侵权行为，维权效率高，效果立竿见影，对制假者和售假者打击迅速，能有效制止侵权行为的蔓延，净化市场。劣势是无法索赔，无法弥补侵权行为给企业造成的损失。

（4）司法诉讼：优势是查处力量大，权利人可依据有关法律规定，对侵权人提出索赔，弥补企业因此遭受的损失。尤其是对于侵权人为上市公司的，可通过获得其完整的财务数据争取到高额的侵权赔偿。劣势是诉讼程序相对复杂，耗费时间长、成本高。

上述几种维权方式，无论单独采取哪一种，均有利弊。因此，企业可根据维权目标、维权进展以及侵权人具体情况，综合分析利弊、衡量得失后，确定采取一种或多种方式结合使用，并且可以随着维权进程适时调整、变更。同时，鉴于知识产权维权专业性强，可考虑与知识产权代理机构、知识产权专项特色律师事务所等专业机构合作的方式维护自身合法权益。

3.3　维权实务及策略

企业应根据侵权人侵权行为的性质和对企业造成后果的严重程度等综合因素确定维权目标，并在此基础上选择具体的维权方式和策略。

3.3.1　以终为始，确定维权目标

（1）以侵权人停止侵权行为为单一目标：对于侵权行为性质和后果不是很严重，侵权企业规模较小或不知名，侵权负面影响小，企业可以通过发送侵权警告函的形式提醒对方，要求其停止侵权行为，并且在其停止侵权行为后不再通过任何方式追究其侵权责任。

（2）通过真诉讼获得金钱赔偿为目标：侵权行为给企业造成了较大损失，企业意在通过维权获得较大额金钱赔偿，以弥补遭受的损失，可以采取司法诉讼方式追究侵权人的侵权责任。但是企业应在向侵权人发起维权行动之前，如发警告函或行政投诉或向法院提起诉讼前，应积极主动充分的收集、准备各类侵权证据以及企业受到损失或对方获得利益的证据，侵权行为与损失或获益之间的关联性证据等，证据收集完备后起诉对方，通过司法诉讼方式获取赔偿。

（3）通过真诉讼清理市场，净化市场份额为目标：对于无法从侵权企业那里得到足额的赔偿或者企业想维护市场份额的情况下，如企业不向法院提起诉讼，侵权行为将无法被有效遏制，企业的市场份额将会不断被蚕食、减少，从而降低企业品牌形象，此时企业在充分收集证据的基础上，也可采取司法诉讼方式，以维护其有效市场份额。

（4）假意诉讼促和谈，以弥补损失为目标：企业假意通过提起诉讼相威胁或通过诉讼进行和解，弥补企业损失的目标。企业应充分评估侵权对自己造成的损失或对方的获利情况，综合考量、调查侵权人的资产状况，尤其是资金状况，清晰自己的谈判底线，调查清楚对方的谈判底线后，就可以采取假诉讼真和谈的方式，争取从侵权人处获取尽量多的金钱赔偿，以便更好地维护自己的合法权益。

（5）假意诉讼或发函，以达成合作为目标：对于企业想通过发警告函或诉讼等维权方式作为筹码和契机，与侵权人进行合作的，可在假意诉讼进程中选择相应时机与对方协商，通过签署许可使用合同、转让合同等收取使用

费、转让费，促使其与企业最终通过和谈或调解达成合作。

3.3.2　以终为始，进行证据收集

企业无论是通过协商、发警告函、行政查处、诉讼解决等何种方式进行维权，都要秉承以终为始，以面向诉讼维权的终极解决方式确定总体维权策略，遵循证据先行的原则，及时、充分、完整地进行证据收集。

知识产权案件与其他民事侵权案件相比，最大的不同是知识产权侵权案件专业性非常强，特别是专利案件，需要将被控侵权产品所采用的技术与授权专利文件的技术进行比对，以确定被告实施的行为是否侵权，而其中的重中之重就是证据的证明效力。

因此，做好知识产权侵权证据的收集及保全，直接关系到法院最终认定的事实和裁判结果，是认定是否构成侵权及计算损失赔偿的主要依据。那么收集哪方面的证据，证据应如何收集，以及侵权赔偿数额如何计算呢。

（1）证据的收集应真实、全面、准确、充分，内容包含：①权利证据：证明企业对该知识产权拥有有效权利的证据。②侵权证据：证明侵权人实施了或正在实施侵权的证据。③损害赔偿证据：证明侵权损失的计算方法和依据的证据。④侵权人自身情况的证据：证明侵权人主体身份的证据。

具体到侵犯著作权、专利权、商标权需提供的上述四类证据，及其涉及的具体证据资料明细，可参考维权证据明细一览表（见表2）

表2　维权证据明细一览

证据类型	证明事项	证据明细（版权、专利权、商标权）		
权利证据	证明权利人拥有知识产权的证据：1. 当事人是权利的拥有者或利害关系人，是合法原告或投诉人；2. 该知识产权合法有效并且因此可被依法行使	版权：《著作权登记证书》（如有）、底稿、原件、合法出版物（如有）、认证机构出具的证明（如有）、取得权利的合同（如有）等	专利权：专利权证书及授权公告文本、《专利登记簿副本》或年费收据、《专利权评价报告》（如有）、《专利无效宣告请求审查决定书》（如有）、无效行政诉讼生效裁判文书（如有）、专利实施独占许可合同等	商标权：商标注册证、《商标使用许可合同》（如商标被许可人作为原告起诉）、证明注册商标具有知名度的证据（如需要）、驰名商标认证证书等

证据类型	证明事项	证据明细（版权、专利权、商标权）		
侵权证据	证明侵权人实施侵权行为的证据，包括侵权形式及侵权发生范围等	作品的原件，作品的底稿，相片的底片，合法出版物，版权登记证书，相关中介机构或国家机关出具的证书，版权转让的合同，继承公证书等	被告生产的侵权产品（如无法提供可提供销售产品广告、销售合同）；产品销售和使用者明知其侵权仍使用和销售的证据；原告产品与专利要求书对比等	被告生产的侵权产品、销售发票、买卖合同、视听资料或销售被告生产的侵权产品、销售发票、买卖合同等
损害赔偿	证明侵权损失的计算方法和依据的证据（赔偿数额计算方法均不止一种，且均可使用时，可选择对己最有利的计算方法并据此提供证据）	侵权人主观恶意情况、宣传的生产规模以及经营状况、年度报告披露（如有）、销售区域、销售渠道、销售时间、海关进出口的相关数据、侵权产品的平均利润率、网络销售平台的销售记录、侵权人在其他案件中的自认情况、同行业相关协会或杂志的报道或排名等。除此之外，侵权人的财务账册、侵权产品的销售数据等侵权人获利相关的证据等	侵权人主观恶意情况、宣传的生产规模以及经营状况、年度报告披露（如有）、销售区域、销售渠道、销售时间、海关进出口的相关数据、侵权产品的平均利润率、网络销售平台的销售记录、侵权人在其他案件中的自认情况、同行业相关协会或杂志的报道或排名等。除此之外，侵权人的财务账册、侵权产品的销售数据等侵权人获利相关的证据等	侵权人主观恶意情况、宣传的生产规模以及经营状况、年度报告披露（如有）、销售区域、销售渠道、销售时间、海关进出口的相关数据、侵权产品的平均利润率、网络销售平台的销售记录、侵权人在其他案件中的自认情况、同行业相关协会或杂志的报道或排名等。除此之外，侵权人的财务账册、侵权产品的销售数据等侵权人获利相关的证据等
侵权人情况	证明侵权人自身情况的证据	侵权人确切名称、地址、企业性质、注册资金、人员情况、经营范围等	侵权人确切名称、地址、企业性质、注册资金、人员情况、经营范围等	侵权人确切名称、地址、企业性质、注册资金、人员情况、经营范围等

（2）证据收集方式，以收集主体划分：①自行取证：企业通过工作人员自行收集证据，此种方式方便灵活，但鉴于知识产权证据专业性强的特殊性，自行取证的证据效力及取证范围明显不足。②委托律师调查取证：由于知识产权侵权案件专业性强，一般来说律师调查取证比企业自行取证方便快捷，且其取证范围更加广泛、精准。③通过公证机关进行证据保全：公证机关对

证据保全效果与法院依职权进行的保全相等，除非有相反证据能推翻。④申请行政机关调查取证：行政机关有调查取证权，可以采取查阅复制有关合同账册、询问当事人、采用测量、摄像、拍照等方式勘验、对产品进行抽样等方式收集证据。⑤申请法院进行诉前证据保全：根据法律规定，版权、专利权、商标权均可以向法院申请诉前证据保全，但企业需要在法院采取保全措施后，在法定时间内提起诉讼，否则保全措施将被解除，企业对此造成的损失还需承担赔偿责任。⑥申请法院调取证据：对于当事人因客观原因不能取得的证据，当事人可依法申请法院调取证据。一般包括如下三类：通过拍照等方式保全被控侵权产品、调查被控侵权单位财务账册、调取被控侵权人存在侵权的其他证据等。

所有证据的收集必须保证收集的主体、程序及内容合法，证据之间具有关联性和一致性，且必须真实客观。

（3）损害赔偿的计算方法。

①侵犯著作权的赔偿计算方法，可参考著作权侵权赔偿计算方法一览表（见表3）。

表3　著作权侵权赔偿计算方法一览

项目	赔偿方式	计算方法
著作权	实际损失（权利人）	侵权使权利人利润减少的数额； 以报刊、图书出版或类似方式侵权的，可参照国家有关稿酬的规定； 权利人合理的许可使用费； 权利人复制品销量减少的数量乘以该复制品每件利润之积； 侵权复制品数量乘以权利人每件复制品利润之积； 因侵权导致权利人许可使用合同不能履行或难以正常履行产生的预期利润损失； 因侵权导致权利人作品价值下降产生的损失； 其他确定权利人实际损失的方法
	违法所得（侵权人）	产品销售利润； 营业利润； 净利润（一般情况下，应当以被告营业利润作为赔偿数额）
	法定赔偿	法定赔偿的前提是权利人的实际损失或侵权人的违法所得不能确定，难以计算的。赔偿数额由审判的法院根据侵权情节、侵权所造成的影响等各方面综合确定。数额最高50万元，没有最低限
	精神损害损失	只限定在对著作人身权的损害方面

项目	赔偿方式	计算方法
著作权	司法实践中其他计算方法	以合理的转让费、使用费、许可费等收益报酬作为赔偿标准； 依稿酬标准进行赔偿； 依版税率标准进行赔偿； 依法官意志进行确定
	为制止侵权行为的合理开支	聘请律师的费用，调查取证费和制止侵权所支付差旅费，为查阅收集证据材料支付的费用，对是否构成侵权的鉴定费用等

②侵犯专利权的赔偿计算方法，可参考专利权侵权赔偿计算方法一览表（见表4）。

表 4　专利权侵权赔偿计算方法一览

项目	赔偿方式	计算方法
专利权	实际损失（权利人）	权利人损失 = 专利产品减少销量（或侵权产品销量）×专利产品合理利润；当权利人销售量减少的总数难以确定的，按照侵权产品销量计算
	获利（侵权人）	侵权人获利 = 侵权产品销售量×侵权产品合理利润（营业利润或销售利润）；销售利润 = 销售收入 - 销售成本 - 销售费用 - 税收附加，而营业利润 = 销售利润 - 管理费用 - 财务费用；侵权人因侵权所获得的利益一般按照侵权人的营业利润计算，对于完全以侵权为业的侵权人，可以按照销售利润计算
	许可费的合理倍数	权利人的损失或者侵权人获得的利益难以确定，有专利许可使用费可以参照的，人民法院可以根据专利权的类型、侵权行为的性质和情节、专利许可的性质、范围、时间等因素，参照该专利许可使用费的倍数合理确定赔偿数额；没有专利许可使用费可以参照或者专利许可使用费明显不合理的，人民法院可以根据专利权的类型、侵权行为的性质和情节等因素，依照专利法第六十五条第二款的规定确定赔偿数额
	法定赔偿	权利人的损失、侵权人获得的利益和专利许可使用费均难以确定的，人民法院可以根据专利权的类型、侵权行为的性质和情节等因素，确定给予 1 万元以上 100 万元以下的赔偿
	约定赔偿	权利人、侵权人依法约定专利侵权的赔偿数额或者赔偿计算方法，并在专利侵权诉讼中主张依据该约定确定赔偿数额的，公平合理的，人民法院应予支持

续表

项目	赔偿方式	计算方法
专利权	为制止侵权行为的合理开支	聘请律师的费用，调查取证费和制止侵权所支付差旅费，为查阅收集证据材料支付的费用，对是否构成侵权的鉴定费用等

③侵犯商标权的赔偿计算方法，可参考商标权侵权赔偿计算方法一览表（见表5）。

表5　商标权侵权赔偿计算方法一览

项目	赔偿方式	计算方法
商标权	实际损失（权利人）	权利人损失＝商品销售减少量（或侵权商品销量）×注册商标商品的单位利润；对恶意侵犯商标专用权、情节严重的，可以在上述方法确定数额的1倍以上3倍以下确定赔偿数额
	获利（侵权人）	侵权人获利＝侵权商品销售量×侵权商品单位利润（注册商标商品单位利润）；该商品单位利润无法查明的，按照注册商标商品的单位利润计算；对恶意侵犯商标专用权，情节严重的，可以在上述方法确定数额的1倍以上3倍以下确定赔偿数额
	许可费的合理倍数	在权利人的损失或者侵权人获得的利益难以确定的情况下，参照该商标许可使用费的倍数合理确定；对恶意侵犯商标专用权、情节严重的，可以在上述方法确定数额的1倍以上3倍以下确定赔偿数额
	法定赔偿	当出现权利人因被侵权所受到的实际损失、侵权人因侵权所获得的利益、注册商标许可使用费，都难以确定的情形时，由人民法院根据侵权行为的情节，判决给予300万元以下的赔偿
	法院参考判定	由法院"参考权利人的主张和提供的证据"判定赔偿数额。即人民法院为确定赔偿数额，在权利人已经尽力举证，而与侵权行为相关的账簿、资料主要由侵权人掌握的情况下，可以责令侵权人提供与侵权行为相关的账簿、资料；侵权人不提供或者提供虚假的账簿、资料的，人民法院可以参考权利人的主张和提供的证据判定赔偿数额
	约定赔偿	侵权人因侵权所得利益，或者被侵权人因被侵权所受损失难以确定，当事人就赔偿数额达成协议的，人民法院应当准许
	为制止侵权行为的合理开支	聘请律师的费用，调查取证费和制止侵权所支付差旅费，为查阅收集证据材料支付的费用，对是否构成侵权的鉴定费用等

（4）诉讼管辖法院，著作权、专利权、商标权侵权诉讼管辖法院，可参考侵权诉讼管辖法院一览表（见表6）。

表6　侵权诉讼管辖法院一览

项目	著作权	专利权	商标权
级别管辖	由中级人民法院管辖，各高级人民法院根据本辖区的实际情况，可以确定若干基层人民法院管辖第一审著作权民事纠纷案件	由各省、自治区、直辖市人民政府所在地的中级人民法院和最高人民法院指定的中级人民法院管辖	由中级以上人民法院管辖。各高级人民法院根据本辖区的实际情况，经最高人民法院批准，可以在较大城市确定 1～2 个基层人民法院受理第一审商标民事纠纷案件
地域管辖	1. 由侵权行为的实施地、侵权复制品储藏地或者查封扣押地、被告住所地人民法院管辖。 2. 涉及计算机网络著作权的侵权纠纷案件由侵权行为地或者被告住所地人民法院管辖。 3. 涉及计算机网络域名的侵权纠纷案件，由侵权行为地或者被告住所地的中级人民法院管辖。 4. 著作权权属纠纷案件，由被告住所地人民法院管辖。 5. 知识产权合同纠纷案件，由被告住所地或者合同履行地人民法院管辖。合同当事人可以在书面合同中协议选择被告住所地、合同履行地、合同签订地、原告住所地、标的物所在地人民法院管辖，但不得违反级别管辖和专属管辖的规定	1. 因侵犯专利权行为提起的诉讼，由侵权行为地或者被告住所地人民法院管辖。侵权行为地包括：被控侵犯发明、实用新型专利权的产品的制造、使用、许诺销售、销售、进口等行为的实施地；专利方法使用行为的实施地，依照该专利方法直接获得的产品的使用、许诺销售、销售、进口等行为的实施地；外观设计专利产品的制造、销售、进口等行为的实施地； 假冒他人专利的行为实施地。上述侵权行为的侵权结果发生地。 2. 原告仅对侵权产品制造者提起诉讼，未起诉销售者，侵权产品制造地与销售地不一致的，制造地人民法院有管辖权；以制造者与销售者为共同被告起诉的，销售地人民法院有管辖权。 销售者是制造者分支机构，原告在销售地起诉侵权产品制造者制造、销售行为的，销售地人民法院有管辖权	1. 因侵犯注册商标专用权：由侵权行为的实施地、侵权商品的储藏地或者查封扣押地、被告住所地人民法院管辖。 2. 因商标合同纠纷由被告住所地或者合同履行地人民法院管辖。合同的双方当事人可以在书面合同中协议选择被告住所地、合同履行地、合同签订地、原告住所地、标的物所在地人民法院管辖，但不得违反本法对级别管辖和专属管辖的规定。当事人约定的履行地与实际履行地不一致的，以实际履行地为准。 3. 商标权权属纠纷：由被告住所地的中级人民法院或者被告住所地有商标案件管辖权的基层人民法院管辖。 4. 诉前责令停止侵犯注册商标专用权行为或者保全证据的申请：向侵权行为地或者被申请人住所地对商标案件有管辖权的人民法院提出

3.3.3 以终为始，制订维权方案

企业在遇到侵犯其知识产权的行为时，可通过协商、发警告函、向相关政府部门投诉由其进行行政查处、通过法律诉讼（民事诉讼、刑事追责）等方式维护权益，具体这几种方式如何实施及其实施的先后、侧重等选择，需企业根据侵权行为性质和后果严重程度以及欲达到的维权目标确定，制订维权的具体方案和策略，并根据维权进程不断调整维权方案，故对于不同的企业，其侧重点不同，维权方案也必各有不同。

如笔者所在公司，授权生产的系列饮料产品单位价值低，制假、售假相对容易，个别地方制假、售假已经形成完整产业链，从包材印刷、原料提供、生产加工、仓储运输、批发销售、终端零售一条龙。制假团伙地域化、家族化明显，制假团伙一般以血缘、地缘关系为纽带，笼络可信任人员结成团伙，侵权知情范围较小，且其人员多为长期制假售假老手，反侦察意识强，手段专业、隐蔽。有些制售假链条甚至横跨多省，但因为涉及的侵权单位一般为个体小作坊或小批发商等，且其一般"打一枪换一个地方"，如采用司法诉讼方式维权，不但周期长，成本高，而且能索赔的金额也非常有限。因此，涉及对此类生产制造、销售商标侵权产品的维权打假，更多的是采取行政查处的手段，一旦发现假货后，与当地市场监管部门、公安部门配合，对制假和售假窝点进行现场查处，通过行政打击来震慑侵权人，以快速净化市场份额，遏制假货泛滥为主要维权目标。

除了根据维权目标选择、调整适用的具体维权方式或策略外，企业知识产权管理人员针对维权过程中涉及的维权具体思路和方向，尤其是法律层面的考量及拓展，进行深入思考及实施，也是企业维权过程中不可或缺的重要环节。例如，涉及商标方面侵权的维权，众所周知，《商标法》对商标保护的重要特点是：强者强保护，弱者弱保护。因此《商标法》以保护注册商标为主，对于未注册商标，如未注册的驰名商标、知名商标、普通商标的保护力度和强度均为有限，那么企业未注册商标应如何进行自我保护呢？

针对未注册商标的保护，企业应通过综合衡量是否需将商标变成注册商标进行保护，如确定需要通过注册商标方式进行保护，则应尽快完成商标注

册。如因历史原因未注册或综合各种因素考量后，决定不予注册，则一旦非注册商标被侵权，可根据商标知名度等情况分别考虑通过如下方式和策略维护合法权益。

（1）若企业未注册商标已经长期使用，且取得了较高知名度，具备了法律规定的被认定为驰名商标的要件，那么企业在发现商标被他人抢注后，可以在商标异议或无效宣告等相关程序中，向商标主管机构提出申请并提交相关证据，通过认定驰名商标的方式来获得法律保护。

（2）众所周知，驰名商标的认定标准较严苛，当企业的未注册商标不足以构成驰名商标但又有一定的社会影响时，该如何维权呢？根据我国《商标法》第 32 条规定："申请商标注册不得损害他人现有的在先权利，也不得以不正当手段抢先注册他人已经使用并有一定影响的商标。"因此，企业可以通过证明自己的未注册商标已经在先使用并有一定社会影响，据此来阻止他人商标抢注的行为。

（3）事实上，能构成驰名商标或者"有一定影响"的未注册商标数量也是有限的，大部分未注册商标均属于普通商标，其使用的范围有限，对此类商标我们该如何保护呢？我们可以跳出《商标法》保护对象的特定范畴，尝试从《商标法》的原则等概括规定和其他法律法规中寻找有效的救济途径，如从《反不正当竞争法》和《著作权法》中寻找突破。根据我国《反不正当竞争法》第 2 条规定："本法所称的不正当竞争，是指经营者违反本法规定，损害其他经营者的合法权益，扰乱社会经济秩序的行为。"如果企业可以证明抢注自己商标的行为人主观上具有明显恶意，如属于有生意往来的生意伙伴、在附近区域经营的商业竞争者等，且其熟悉未注册商标企业的商标，那么企业可以通过主张相关企业的商标抢注和使用行为构成不正当竞争行为，从而维护自己的合法权益。《商标法》第 32 条规定"申请商标注册不得损害他人现有的在先权利"，著作权是一种典型的在先权利。因此，企业如能证明其未注册商标的图形或图文组合、标识等为自己原创并且具备足够的独创性，属于《著作权法》保护的作品，也可以尝试从此角度阻止他人在相同或类似商品或服务上注册及使用其已使用的未注册商标。当然，无论如何最保险的做法仍是将自己使用的未注册商标提交注册申请，获得注册商标专有保护。否则，一旦遭遇商标抢注，尤其是恶意抢注，企业的维权成本将远远大于申请注册的成本。

综上，随着国家对知识产权创新保护力度的进一步强化，以及全民创新意识的增强，加之互联网经济的发展，企业面临的知识产权维权保护局面日益复杂，如何通过多种方式打击侵权行为，维护企业合法知识产权，将是企业运营发展中不可回避的问题。同时，企业知识产权维权阶段完成后更须持续跟进、关注维权阶段性成果的不断落实，以及推进维权责任制等后续措施，通过不断总结经验教训，寻找企业知识产权管理的漏洞，采取相应措施查漏补缺，确保维权成果持续有效。

第四章

IP 资产赋能

IP 资产抗风险管控之构建

计 军

作者简介

计军，TCL 公司知识产权高级经理，专利代理师资格，全国专利信息实务人才（第一期）。从事企业知识产权工作十余年，曾任职于美的公司，三一重工公司等，擅长专利申请、挖掘布局和检索分析，熟悉专利行政执法、诉讼和许可等。

知识产权的外延与内涵从不同角度来分类，涵盖的内容有所区别。一般性的分类，知识产权包括专利权、商标权、著作权、商业秘密和植物新品种等内容。在英文中 property（财产）强调的是法律意义上的财产权。

资产（asset）和财产（property）存在区别也有联系。资产是指由企业过去的交易或事项形成的、由企业拥有或者控制的、预期会给企业带来经济利益的资源。资产按照流动性可以划分为流动资产、长期投资、固定资产、无形资产和其他资产。根据中国财政部发布的《企业会计准则第 6 号——无形资产》应用指南，对会计准则中的无形资产做了进一步的明确，"无形资产主要包括专利权、非专利技术、商标权、著作权、土地使用权、特许权等"，从这里可以得出知识产权属于无形资产。

"intellectual property" 已被广泛翻译为"知识产权"，为了便于区分将知识产权资产直接翻译成"intellectual asset"即可。

知识产权属于无形资产，知识产权资产在天生具有资产共性前提下，其亦具备自身独特之处，其具有三点性质如下。

第一，不确定性。知识产权通常意味着其持有人在一些方面具有创新，如技术方面相对于现有技术有创造性贡献，推动了技术进步，从而产生技术方面的优势，进而可以获得预期收益。但是在现实中，很多情况下预期收益并没有彰显，甚至没有获得预期收益，严重降低了创新者的热情。

从国家知识产权局发布《2019 年中国专利调查报告》看出，2007—2019年，我国有效发明专利实施率在 48.6% ~ 60.6% 范围内波动。其中，2014—2017 年相对稳定，2018 年有效发明专利实施率为 48.6%，降至最低；2019 年有效发明专利实施率为 49.4%，发明专利中约有 50.0% 没有得到实施，变现不确定（见图 1）。

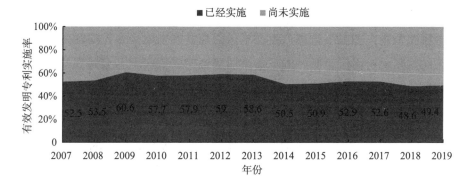

图 1　2007—2019 年有效发明专利实施率

当然，专利可以通过专利许可、转让等行为来获得收益，参阅国家知识产权局发布的《2019 年中国专利调查报告》，2015—2018 年有效专利许可率逐年下降，由 9.9% 降至 5.5%；2019 年有效专利许可率回升至 6.1%；2015—2017 年有效专利转让率基本保持稳定（见图 2）；2018 年转让率下降至3.1%；2019 年有效专利转让率小幅回升至 3.5%（见图 3），有效专利的许可率和转让率较低，变现较困难。

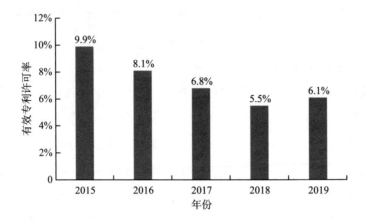

图 2　2015—2019 年有效专利许可率

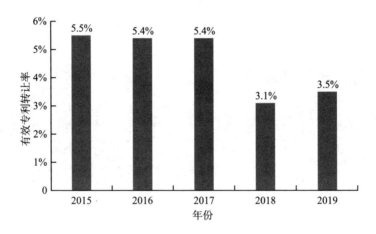

图 3　2015—2019 年有效专利转让率

从技术方案到形成专利文件，到与国家知识产权的核驳，再到专利权取得，一般需要两年甚至更久。具有该技术的产品未来是否畅销，取得的收益都不确定，专利的价值在整个产品利润中占有多少贡献率也不易确定。

已获取知识产权的权属不确定性，如职务发明，发明人离职后在新企业申请的专利未必属于该企业；已获取知识专利的稳定性不确定，如专利，任何人都可以对已授权的专利权提无效，还可以在专利申请过程中，提公众意见。

第二，难以评估。理论上知识产权作为资产可以自由流通，但是无形资产价值评价困难。目前主流的评估方法是从市场、技术和法律等角度进行评估，但是不同行业的细分领域均有不同，市场、技术和法律等角度在价值评估模型或体系中影响因素亦不同，知识产权在流通过程中可以产生收益，但是流通本身受限于市场和时间，同样专利在不同区域、不同时间并非一成不变，其价值是起伏不定的，这也给评估带来了困扰。

第三，容易复制。知识产权理论上属于合法持有人，其天性使然，如专利需要公开换保护，导致非合法授权使用者复制的难度大大降低，持有人可以通过行政执法、诉讼等合法途径获得赔偿，但发现侵权行为难度、诉讼周期、诉讼赔偿等因素客观存在，导致持有人知识产权价值受损，使得非法使用者侵权成本低，获益变得较为容易。

基于上述知识产权的不确定性，本文笔者将以独具特色的专利来展开论述，看看组织在专利资产形成过程中通过哪些环节的管控使其具有抗风险能力。在风险管控体系或流程构建中与专利生命各阶段是高度相关的，笔者将其分为专利获取、专利获取后的评估，以及专利风险处理进行一一论述。

1　专利获取

专利获取指在企业内部专利申请及评审活动，包括专利管理系统、发明人、专利工程师和专利评审委员会等方面。通过专利获取，以搭建企业专利活动之基石，培育专利价值之基础。这个阶段需要重点关注专利工程师能力的培养和习惯的养成，认真贯彻专利评审体系建设工作。

1.1　企业专利管理系统

工欲善其事必先利其器，商用的企业专利管理系统有很多，如大为 inno-joy 专利搜索引擎系统、彼速专利流程管理软件等。一般企业专利管理系统包含提案管理、流程处理、国内管理和国外管理等（见表1）。当然，也可以在专利管理系统中集成专利检索入口，实现工作的便捷化。

表1　专利管理系统模块

主菜单	子菜单	功能描述
提案管理	我的提案	查阅与自己有关的提案
	提案查询	本公司提案查询检索，提案信息浏览
流程处理	待我处理	当业务审批流程流转到当前用户时，形成当前用户的流程待办工作。【待我处理】集中显示当前待办流程并提供流程办理入口
	经我处理	集中显示处理过的案件，跟踪案件流程执行情况，查阅案件详细信息
国内管理	国内申请	查阅本公司国内申请专利的详细信息
	国内答复	
国外管理	国际申请	查阅本公司 PCT 申请和国家阶段申请专利的详细信息
	国家申请	
	国外答复	

商用专利管理系统的内容包括：基本信息、附件列表、费用、答复履历、同族专利和流程信息等集中在同一页面管理。其中基本信息有申请人、发明人、部门、提案日期、提案编号、提案子名称、技术信息等；附件列表含盖专利全生命周期的所有文件，技术交底书、检索报告、代理人撰稿、受理通知书、审查意见通知书、意见陈述书等；费用包括专利申请过程中所缴纳的费用，申请费、实审费、年费、复审费、恢复费等；答复履历包括所有官方答复文件；同族专利包括具有部分相同优先权的专利案件信息；流程信息显示出该案件处理的节点，便于掌控案件的状态。

商用企业专利管理系统使专利获取更加便捷，但考虑到成本等问题，组织也可以使用其他方式，如使用 OA 办公系统对流程和专利过程文件进行处理和存储，使用 Excel 等进行专利信息手动记录管理等。最终达到专利申请过程中所有文件的归集化管理的目的即可。

1.2　发明人

根据国家知识产权局公布的 2019 年数据显示，国内外发明申请中职务发明占比 92.1%，国内外实用新型申请中职务发明占比 83.4%，国内外外观设计申请中职务发明占比 58.9%；国内发明申请中职务发明占比 91.4%，国内实用新型申请中职务发明占比 83.4%，国内外观设计申请中职务发明占比

57.8%；国外发明申请中职务发明占比 98.2%，国外实用新型申请中职务发明占比 93.2%，国外外观设计申请中职务发明占比 94.5%（见表 2）。2019 年，我国发明专利申请量为 140.1 万件，共授权发明专利 45.3 万件，其中，国内发明专利授权 36.1 万件，在国内发明专利授权中，职务发明为 34.4 万件，占 95.4%。

表 2　2019 年 1—12 月国内外专利申请统计

按国内外分组		发明		实用新型		外观设计	
		申请量（件）	构成	申请量（件）	构成	申请量（件）	构成
合计	小计	1400661	100.0%	2268190	100.0%	711617	100.0%
	职务	1290264	92.1%	1892308	83.4%	418862	58.9%
	非职务	110397	7.9%	375882	16.6%	292755	41.1%
国内	小计	1243568	100.0%	2259765	100.0%	691771	100.0%
	职务	1136072	91.4%	1884452	83.4%	400106	57.8%
	非职务	107496	8.6%	375313	16.6%	291665	42.2%
国外	小计	157093	100.0%	8425	100.0%	19846	100.0%
	职务	154192	98.2%	7856	93.2%	18756	94.5%
	非职务	2901	1.8%	569	6.8%	1090	5.5%

从表 2 可以看出，国内专利申请乃至国外专利申请中，职务发明占据主导地位。《专利法》第 6 条规定，执行本单位的任务或者主要是利用本单位的物质技术条件所完成的发明创造为职务发明创造。《中华人民共和国专利法实施细则》第 12 条规定，《专利法》第 6 条所称执行本单位的任务所完成的职务发明创造，是指：

（一）在本职工作中作出的发明创造；（二）履行本单位交付的本职工作之外的任务所作出的发明创造；（三）退休、调离原单位后或者劳动、人事关系终止后 1 年内作出的，与其在原单位承担的本职工作或者原单位分配的任务有关的发明创造。

《专利法》第 6 条所称本单位的物质技术条件，是指本单位的资金、设备、零部件、原材料或者不对外公开的技术资料等。

判断专利是否属于职务发明，应当从以下几个方面进行分析。

（1）是否符合法律规定的职务发明的主体身份问题：要确认发明人与用人单位的劳动关系是否成立。

（2）发明人在用人单位工作期间执行单位工作任务的内容：发明人是否担任过相关技术项目的负责人，或参与过相关技术项目的研发工作，或有可能接触到相关技术资料与信息。

（3）发明人再申请专利：如发明人离职后申请专利的技术方案与该发明人离职前执行单位任务所完成的发明创造所涉及的技术方案是否相关联，关联性也是判定专利是否属于职务发明的关键问题。

（4）用人单位与发明人之间对于职务发明权属是否存在约定：如双方是否在劳动合同或知识产权协议中约定，在工作期间，为完成公司工作任务或主要是利用公司的物质条件所完成的作品或发明创造，均属于职务发明。

《中华人民共和国专利法实施细则》第13条规定："专利法所称发明人或者设计人，是指对发明创造的实质性特点作出创造性贡献的人。在完成发明创造过程中，只负责组织工作的人、为物质技术条件的利用提供方便的人或者从事其他辅助工作的人，不是发明人或者设计人。"我国在专利申请审查过程中，并没有对申请文件中所记载的发明人作实质性审查，专利证书上所记载的发明人也仅仅是名义上的发明人，专利证书并不具有证明实际发明人的当然效力。

在中国应该极力避免不属于《专利法》及其实施细则里面规定的发明人或者设计人出现在专利的发明人一栏，即避免发明人挂名现象。美国的专利制度严防发明人挂名行为，专利申请人在专利申请的过程中履行诚信义务，否则将承担专利无效或不可执行的法律后果，若造假后果将会非常严重，也就是说发明人必须是真实的，不是真实发明人不能在他人的发明上写上自己的名字，一旦发现，该发明便无法行使权利。

避免专利发明人"挂名"，一方面，可以降低后期专利权属纠纷风险；另一方面，也避免该专利在某些情况下不可执行或者无效的法律后果。例如，该专利通过PCT或者巴黎公约进入美国，发明人挂名会导致专利无效或不可执行的法律后果。

鉴于上述专利权权属纠纷、专利无效或者不可执行风险，笔者建议如下。

（1）劳动合同中约定职务发明的权属，记载清楚员工的岗位和工作内容等，工作岗位变动需要更新相关记录。

（2）员工，特别是核心人员工作成果和内容保留在公司服务器上。例如，内部邮箱的邮件内容、专利交底书、工作资料及项目的其他文档。

（3）避免发明人挂名现象，及时发放发明人的专利奖励和报酬，留存相应记录。

1.3　专利工程师

专利工程师（Intellectual Property Engineer，IPR）职责是代表企业从事专利申请、挖掘布局及检索分析等工作。这类人员可以是组织研发体系、法务体系或者单独管理体系的相关人员。他们主要对接专利代理机构、专利管理部门和企业内部专利申请人员等，需熟悉国内外专利申请规范、具备优秀专利检索和解读能力的人员。

专利提案前，IPR 通过专利挖掘将研发的技术语言通过合理的专利布局转换成技术交底书。专利挖掘与布局的目的：①挖掘出别人会使用或想使用的方案，特别是竞争对手和或供应商等未来会使用的方案，通过许可等运营方式产生专利收益。②保护自身创新，防止别人抄袭。③合理公开技术信息，达到优化成本和防止别人申请专利。

针对挖掘与布局①的目的困难最大，不确定性高，也是价值最高的，需要研发和专利人员具有极高背景素养，甚至需要行业专家和供应商的共同参与。针对②的目的是多数企业进行专利挖掘和布局的初衷，企业 IPR 还应该把更多的精力放在目的①上。针对目的③现有的国内企业运用较少，将不具有保护价值而又不希望其他人进行专利保护的方案进行主动公开，国内现在公开的方式以论文或者论坛公开的居多。

值得注意的是，专利价值跟技术复杂程度往往不是正相关，有价值的专利往往是那些看起来简单且被广泛使用的技术，现阶段大多数的专利都是微创新，实际上主要是创新，能被普遍使用，无论是自我使用还是他人使用，就很有价值。

挖掘和布局落脚点都是为企业经营服务，发挥和扩大专利资产的性质，带来有形和无形的价值，这就要求挖掘和布局需要跟产品相关联，如在专利中提炼和体现出产品卖点，未来预演技术可以不在此限定范围内。

1.3.1 专利挖掘

专利挖掘是指在技术研发或产品开发中，对所取得的技术成果从技术和法律层面进行剖析、整理、拆分和筛选，从而确定用以申请专利的技术创新点和技术方案。简言之，专利挖掘就是从创新成果中提炼出具有专利申请和保护价值的技术创新点和方案。

专利挖掘是为了从科研生产当中发现可以用来申请专利的创新点，让科研成果得到充分保护，从而使科研过程中付出的创造性劳动得以回报，是一项极富技巧的创造性活动，是将技术创新以申请专利的形式确定下来，成为企业的无形资产。专利挖掘工作，要建立在对技术创新的把握基础之上，是对技术创新的后续工作，能够充分体现企业或者单位的创新能力。经专利挖掘后形成的专利，则是企业单位宝贵的无形资产。

专利挖掘方式如下：

（1）从技术点进行挖掘：找出创新点；找到该（些）创新点的相关因素（关联、扩展因素）；通过关联因素来确定技术方案。

（2）从项目任务进行挖掘：将项目任务分解成不同部分；将不同部分进行技术分解，如完成技术分解表；根据技术分解完成技术方案。

××公司正在开发一种可以悬停的冰箱门，首先对门进行分解，实现门的悬停涉及以下内容，铰链、传感器、控制和门体，铰链进一步再细分，如阻尼铰链还是非阻尼铰链，铰链如何安装门体上，铰链如何加工制造等。传感器并非是必须的，但是考虑到未来智能化是趋势，传感器也需要在挖掘中考虑，涉及传感器需考虑传感器类型，如红外传感器、压力传感器等，传感器如何安装也需要考虑进来，与传感器考量相似的是控制方法。为了适应未来智能化的需求，需要考虑不同的开门控制方式，如声控、触摸还是人脸识别。当然，门的相关技术不可或缺，如门的材料和安装等。以上分解还可以继续向下，如声控，声控需要有相关的语音识别技术等（见图4）。

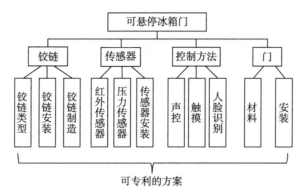

图4 项目挖掘案例

（3）从现有技术进行挖掘：全面分析现有技术或专利，如背景技术、技术问题、技术效果和权利要求等。寻找替代和或改进方案、规避设计方案。

上述挖掘方式（2）"从项目任务进行挖掘"与挖掘方式（1）"从技术点进行挖掘"有一定区别和联系，挖掘方式（2）是系统工程，挖掘方式（1）偏向于单个技术点，挖掘方式（2）进行分解时，最终落脚地也是单个技术点，从这个角度分析挖掘方式（2）包含了挖掘方式（1）。

1.3.2 专利布局

专利布局是指企业综合产业、市场和法律等因素，对专利进行有机结合，涵盖了与企业利害相关的时间、地域、技术和产品等维度，构建严密高效的专利保护网，最终形成对企业有利格局的专利组合。

（1）专利布局整体思路（见图5）。

①围绕项目和或技术，挖掘核心技术点，进行详细拆解，划出可能涉及的技术范围，如关键零部件结构、关键工艺流程节点等。

②通过对所属领域的市场环境、竞争对手或核心技术的拥有者进行分析，明确技术重点和难点，进而确定分析的技术范围。

③围绕技术热点/空白点、新兴领域、商业投资组合和竞争对手、制冷产业链上下游供应商、合作伙伴等进行前瞻性技术布局和专利组合。

（2）专利布局可借鉴工作模块。

①数据信息收集和分析：第一，结合公司在海外发展战略及目标市场布

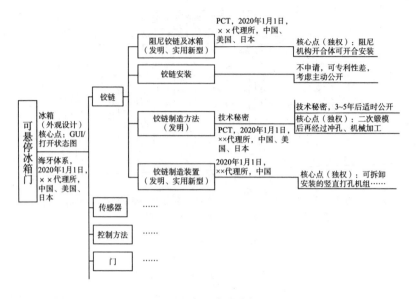

图5 专利布局案例

局情况，利用专利信息，收集和分析相关国家和领域的技术、商业、法律信息；第二，将采集到的所有专利信息依据技术分解表中的技术类别进行分类标引，每一个专利家族将会被归类到一个或多个技术类别中（依据组织的实际情况，实时修订技术分解表）；第三，源数据整理和分析。人工清理专利权人的主要子公司的名称和印刷上的差异用以捕捉准确的公司名称和专利家族的其他著录项细节。

②核心技术挖掘：第一，根据数据信息的收集和分析，对核心技术进行专项挖掘，并对挖掘的技术建立技术树和专利树；第二，为提升海外专利申请质量，组织项目组进行专项讨论，对每个挖掘的核心技术组织专家进行评审。

③制订和实施专利布局方案：第一，前瞻性布局。根据数据收集、分析和技术挖掘，找出组织模块化冰箱行业空白点和技术趋势，进行前瞻性布局。第二，产业链布局。包括竞争对手核心专利进行挖掘。主要基于专利分析从产业链、技术链等维度进行方案设计申请外围专利。第三，专利组合。挖掘模块化冰箱相关技术的红海、蓝海，结合竞争对手、产业链供应商、合作伙伴，进行专利布局。挖掘模块化冰箱的核心技术点或卖点，针对不同区域、

不同法律环境，综合考虑成本与收益，定制化地进行布局。针对核心技术点或卖点，从结构、工艺方法等角度形成专利族。

（3）专利布局工作措施和方法。

①成立专项小组和专项资金。专业技术核心骨干组成的内部技术专家团队，负责各自领域专利解读、方案设计及技术方案可行性检讨等。企业专利人员和律师组成知识产权团队，负责专利检索、标引，侵权风险分析等。行业知名专家、教授、上下游 TOP 供应商组成的外部技术专利专家团队，负责技术的探讨和指导等。熟悉相应领域且与公司长期合作的国内、国外合作的代理机构组成的专利代理团队，负责技术学习和后期专利申请的处理。财务负责整个项目专项费用梳理和把控。

②核心技术挖掘。技术是布局的核心，深刻认知到自身技术的优缺点及在行业的地位才能合理地进行布局。可以遵循"由内及外，多向扩展"的原则。第一，找出核心技术，将其上升到发明创意，围绕创意进行合理布局。第二，注重产业链，进行横向和纵向多向扩展，从产品的原料及加工工艺，到产品的运输及包装等。第三，领域扩展，由家用冰箱扩展至商用冰箱、家用商用冷柜、中型保温库、移动式小型冷链车、快递冷链自提柜等，甚至扩展至家具、保温库等领域。

③时间轴布局。主要体现在申请时间、公开时间及维持时间。申请时间：全球主要市场都遵循先申请制度，当然也不是说越早申请越好，专利保护是有期限的。首先，需要通过检索分析，了解模块化冰箱的现有技术现状和预估竞争对手的研发进度，合理有效地进行申请。其次，外围的专利申请时间，要合理协调，避免被人抢先申请。公开时间：专利是以公开换保护，是否提前公开，各个技术方案需要参照全球现有技术情况，合理规划。维持时间：专利维持需要费用支持，如果既不能给公司带来利润，也不能给竞争对手造成困扰，可以考虑放弃维持。

④地域布局。地域布局以市场为导向，服务于公司战略，可以优先考虑"一带一路"沿线国家及北美等区域。

⑤专利类型布局。专利类型取决于技术重要度、各国的法律环境和成本等。核心技术，尽量采取发明形式，当然也可以采用实用新型与发明组合的

方式。参照不同国家的专利制度，定制化地进行各个国家的专利类型布局。

⑥申请途径布局。国内申请优先考虑与企业长期合作且熟悉对应领域技术的代理机构去处理，让专业的人做专业的事情。海外申请途径主要是 PCT或者巴黎公约的形式，当然对于外观设计还可以通过海牙体系进行申请。

1.3.3 专利布局运用案例

日本日立金属株式会社在全球申请了 600 多项钕铁硼磁铁（NdFeB magnet）专利技术，其中授权中国 8 家钕铁硼企业的有 149 个美国专利。

1998 年 9 月 4 日，日本住友特殊金属株式会社（2003 年后为日本日立金属株式会社）曾联合美国麦格昆磁（Magnequench）公司启动美国 337 调查，案件号 337TA413（见表 3），由于涉案的两家中国企业未应诉，美国国际贸易委员会最终给出"普遍排除令"（general exclusion order），即除非取得住友特殊金属株式会社或麦格昆磁的许可，否则任何违反以下美国专利号的钕铁硼产品均不可销售到美国。

表 3　美国 337 调查（337TA413）

诉讼案件号	337TA413		
法庭	ITC Court	法官	Luckern
请求日期	09/04/1998	结案日期	07/08/2014
主要原告	Magnequench International, Inc. of Indiana（formerly a division of General Motors）	主要被告	Houghes International, Inc., Great Neck, New York
案件名称	Rare-Earth Magnets and Magnetic Materials and Articles Containing the Same		
调查类型	Violation	调查状态	terminated
立案前状态	Completed		
诉讼类型	Violation	诉讼当前状态	terminated
委员会公开意见	USITC Pub. 3307（May 2000）		
处置	Violation Found；Consent Order；General Exclusion Order		
不公平行为的发现	Patent		
赔偿通知	4,496,395　4,770,723　4,792,368　4,802,931　4,851,058　5,645,651		
行为期满救济令	Active		
预定日期	December 8, 1999（15 months），extended from November 8, 1999（14 months），extended from September 7, 1999（12 months）		

侵权最终判决到期日	September 8,1999, extended from August 9, 1999, extended from June 7,1999	计划起止日期	June 9–18,1999
终止日	Jul 8 2014		
OUII 律师	Reiziss；Brittingham；Fusco and Wood		
不公平法案指控—类型	patent		

上述案件涉及专利：US4851058、US4802931、US4496395、US4770723、US4792368 和 US5645651。其中 US4770723A 的扩展同族专利达到 82 个，主要分布在德国、美国和日本。

日立金属株式会社针对钕铁硼材料布局了大量外围专利，核心专利技术：磁体。外围专利有：磁粉供应；磁体改型；成型方法；制备方法及设备；测试方法及设备；加磁场方法及装置等（见表 4）。

表 4　日立金属株式会社的部分专利清单

序号	标题	申请人	申请号	被许可人
1	稀土—铁—硼永磁材料的制备方法	日本住友特殊金属株式会社	CN93115008.6	安泰科技股份有限公司 北京京磁强磁材料有限公司 北京中科三环高技术股份有限公司
2	稀土—铁—硼永磁材料及该材料的制备方法	日本住友特殊金属株式会社	CN93115008.6	安泰科技股份有限公司 北京京磁强磁材料有限公司 北京中科三环高技术股份有限公司
3	粒状粉末的制造方法及设备	日本住友特殊金属株式会社	CN94120449.9	安泰科技股份有限公司 北京京磁强磁材料有限公司 北京中科三环高技术股份有限公司 宁波韵升股份有限公司
4	粒状粉末的制造方法及设备	日本住友特殊金属株式会社	CN94120449.9	安泰科技股份有限公司 北京京磁强磁材料有限公司 北京中科三环高技术股份有限公司 宁波韵升股份有限公司
5	稀土系烧结磁铁的制造方法	日本住友特殊金属株式会社	CN96190684.7	安泰科技股份有限公司 北京京磁强磁材料有限公司 北京中科三环高技术股份有限公司 宁波韵升股份有限公司

序号	标题	申请人	申请号	被许可人
6	稀土系烧结磁铁的制造方法	日本住友特殊金属株式会社	CN96190684.7	安泰科技股份有限公司 北京京磁强磁材料有限公司 北京中科三环高技术股份有限公司 宁波韵升股份有限公司
7	径向各向异性 R-Fe-B 基烧结磁体及其制造方法	日本日立金属株式会社	CN97118016.4	安泰科技股份有限公司 北京京磁强磁材料有限公司 北京中科三环高技术股份有限公司 宁波韵升股份有限公司 日立金属三环磁材（南通）有限公司
8	径向各向异性 R-Fe-B 基烧结磁体及其制造方法	日本日立金属株式会社	CN97118016.4	安泰科技股份有限公司 北京京磁强磁材料有限公司 北京中科三环高技术股份有限公司 宁波韵升股份有限公司 日立金属三环磁材（南通）有限公司
9	用钢丝锯切断稀土类合金的方法及稀土类合金板的制造方法	日本住友特殊金属株式会社	CN99100365.9	安泰科技股份有限公司 北京京磁强磁材料有限公司 北京中科三环高技术股份有限公司 宁波韵升股份有限公司 日立金属三环磁材（南通）有限公司
10	用钢丝锯切断稀土类合金的方法及稀土类合金板的制造方法	日本住友特殊金属株式会社	CN99100365.9	安泰科技股份有限公司 北京京磁强磁材料有限公司 北京中科三环高技术股份有限公司 宁波韵升股份有限公司 日立金属三环磁材（南通）有限公司

从表 4 可以看出，在中国专利被许可的公司有：安泰科技股份有限公司；北京京磁强磁材料有限公司；北京中科三环高技术股份有限公司；宁波韵升股份有限公司；日立金属三环磁材（南通）有限公司。

2012 年 9 月 21 日，日本日立金属株式会社又拿出 4 个工艺专利（US6461565、US6491765、US6527874、US6537385）掀起了新一轮的"337 调查"，案件号 337-TA-855（见表 5），企图再次取得"普遍排除令"。最终结果是，日本日立金属株式会社与应诉的三家中国企业以专利授权的和解的方式收场，并对另外三家下游的磁体应用企业撤诉。

表 5　美国 337 调查（337TA855）

诉讼案件号	337-TA-855		
法庭	ITC Court	法官	Essex；Bullock
请求日期	09/21/2012	结案日期	07/12/2013
主要原告	Hitachi Metals North Carolina, Ltd. -China Grove, NC, USA	主要被告	AKG Acoustics GmbH – Vienna, Austria
案件名称	Sintered Rare Earth Magnets, Methods of Making Same and Products Containing Same		
原告请求日期	08/17/2012		
档案号	2908		
调查类型	Violation	调查状态	Terminated
立案前状态	Completed		
诉讼类型	Violation	诉讼当前状态	Terminated
预定日期	Mar 21 2014		
侵权最终判决到期日	November 21	计划起止日期	Markman Hearing Scheduled：December 18, 2012；Hearing Scheduled：June 10 – 18, 2013
终止日	Jul 12 2013		
马克曼听证启动日	12/18/2012	马克曼听证到期日	12/18/2012
听证计划启动日	06/10/2013	听证计划终止日	06/19/2013
最终判决到期日	11/21/2013		
初步决定发布日（没有最终裁决）	06/13/2013		
原告姓名	Hitachi Metals North Carolina, Ltd. -China Grove, NC, USA；Hitachi Metals, Ltd. -Minato-ku, Tokyo, Japan	原告律所	Morrison & Foerster LLP；Morrison & Foerster LLP

钕铁硼磁铁被广泛地应用于电子产品，如硬盘、手机、耳机以及用电池供电的工具等。还可广泛地应用于风力发电机、永磁高速电机、特种电机、电动汽车电机、特高压、高压直流供电系统、快速充电系统、航空航天军工等领域。时至今日，钕铁硼磁铁制备已无技术门槛，但出口欧美仍然需要拿到日本日立金属专利株式会社授权许可，且日本日立金属株式会社在中国仅

授权 8 家企业，不再增加新授权许可，把众多中国企业挡在门外，想花钱都不能获得许可。日本日立金属株式会社通过高质量的专利挖掘和布局，达到了独占市场的目的。

1.3.4 专利工程师初评

专利提案过程中专利工程师需要对专利进行检索，针对不同国家的申请，满足不同国家对于专利申请的要求。例如，中国，需要满足专利保护客体、新颖性、创造性和实用性等要求。对于不符合要求的专利不予申请。对于不予申请的提案与发明人进行沟通，如果发明人完善了新的技术方案，再进行补充检索，判定是否进行专利申请。

专利工程师进行专利初评主要内容包括：对于发明人撰写的技术交底书或提案的三性（新颖性、创造性和实用性）以及专利适格性（是否属于专利保护客体）问题进行初步检索和评价。初评中，IPR 应首先对技术交底书专利适格性和实用性进行判断，如果不具备适格性和实用性，初评的结果为不通过，驳回申请专利。对于满足专利适格性和实用性要求的技术交底书，IPR 应进行新创性（新颖性和创造性）检索，根据检索结果判断技术交底书的新创性（新颖性和创造性），此时以专利新颖性为主要判定原则，对不具有新颖性的专利，初评的结果为不通过，对符合专利适格性、实用性和新颖性专利进行进一步判定，对于不具有创造性的交底书，初评结果亦为不通过，创造性判定较为复杂，下文会有详细说明，对于满足三性和专利适格性要求的技术交底书，初评的结果为通过，或者对于满足新颖性、实用性和专利适格性要求，但是专利创造性 IPR 判定有争议的技术交底书，进入专利评审委员会评审环节进一步评审。

1.3.5 异议处理

对于初评不通过的技术交底书，如果发明人有异议，IPR 应当与发明人进行充分沟通，对于不能达成一致意见的技术交底书，需要专利评审委员会进行进一步评审。

1.3.6 初评结果输出

针对初评不通过的专利提案，IPR 应将初评结果录入到专利管理系统中。其中，初评结果应给出专利提案初评不通过的具体理由和意见，有在先技术对比文献的，还应将对比文献上传到专利管理系统，并对专利提案的创新性的影响进行简要说明。

针对初评通过的专利提案，IPR 应整理初评通过的专利提案的评审材料，及时组织专利评审委员会评审会议。评审材料包括：专利提案的技术方案介绍、创新性检索结果（如在先技术对比文献）和评审打分表等。

1.4 专利评审委员会

为了更好地对公司的创新进行有效的保护，提升公司的无形资产，促进公司专利战略的有效实施、执行和落地，保证专利评审的专业性、客观性和有效性，避免专利资产流失，构建专利资产风险防护体系，抵御专利相关风险，建议组织在内部成立专利评审委员会，全面负责和支持公司专利战略的实施、执行和落地。

专利评审委员会负责包括但不限于专利申请环节的专利评审、专利授权后专利价值评估，即授权专利分级的评审工作。公司的专利评审委员会负责公司员工提出的技术交底书的评审，并负责专利评审专家团队的建设和管理，另外还对其他专利相关事务提供技术、产品和市场方面的专家意见和相关支持。

公司专利评审委员根据技术领域可以分为不同的评审组，包括但不限于结构评审委员会、电控评审委员会、性能评审委员会，及外观评审委员会等。结构评审委员还可以根据不同的结构设计模块进一步地细分成子评审委员会，也可以按产品不同构成来细分，如冰箱产品可以分成门体评审委员会、果蔬盒评审委员会、蒸发器评审委员，及冷凝器评审委员会等。

专利评审委员会的组成：评审组长、专利工程师、知识产权律师和或诉讼律师、评审组员（见表 6）。

表 6 专利评审委员会角色定位

评审组长	专业要求：熟悉企业知识产权政策和战略，了解产业发展趋势，并富有管理和组织能力。 角色定位：全权负责日常专利评审委员会的管理，如定期组织评审人员进行专利评审，评审人员的引入和退出考核，专利质量提升和改进

评审组员	专业要求：熟悉研发中的产品设计、技术设计和行业动态。 角色定位：技术方案的先进性、新颖性、技术趋势、竞品技术、市场价值和商业价值评审
专利工程师	专业要求：熟练掌握专利法及其实施细则、商标法等知识产权相关专业知识，熟悉公司产品和项目。 角色定位：技术交底书可专利性评估，技术方案的保护方式确认，和评审组长共同负责评审委员会的日常运行和管理，负责专利评审会议组织、会议主持和评审结果的整理和系统录入等工作。专利工程师需要理解技术交底书，通过现有技术的检索分析以确认可专利性和保护范围，并对技术交底书给出的技术方案提出保护结论，如果技术方案不属于专利保护的客体，直接结案处理，不予申请，如果经过检索发现专利具有可授权的前景，再根据评审委员会的评审建议，做出是否申请专利决定或者"作为技术秘密保护"决定
知识产权律师和或诉讼律师	专业要求：熟练掌握知识产权相关法律专业知识，如专利诉讼和无效实务。 角色定位：从诉讼、无效实务角度、如专利侵权判定是否容易等角度给出专业建议和意见

（1）评审组长由熟悉企业知识产权政策和战略，了解产业发展趋势，并富有管理和组织能力的人员担当，可以为公司知识产权负责人或者法务负责人。

（2）评审组员由资深工程师或专家级别及以上人员担任，涵盖研发、市场和销售等多个领域，一般以研发团队的人员为主，如研发资深工程师或者技术专家为主要组成人员。不同组织可以根据自身情况从核心研发人员中选拨，熟悉研发的产品设计、技术设计和行业动态等人员。

（3）IPR 为公司知识产权工作承担部门的对接研发团队的专利工程师。

（4）知识产权律师和或诉讼律师，为熟练掌握知识产权相关法律专业知识，如专利诉讼和无效实务的人员担当，可以为公司的知识产权律师、或者符合上述条件的诉讼律师。

专利评审委员会成员职责：

（1）评审组长和 IPR 共同负责公司评审委员会的日常管理和执行，主要为对内研发及产品等部门的专利信息规整和评审，对外专利合作供应商的具体案件处理，包括评审会议的组织、评审专家的管理和考核、评审工作的汇报和总结、代理所的评价和考核、专利质量改进和提升等。

（2）评审组员需要定期参加专利评审会议，就技术交底书里记载的技术方案的先进性、新颖性、技术趋势、竞品技术、市场价值和商业价值等维度发表观点，作为技术交底书是否申请专利，以及后期的专利申请分级和授权专利分级的依据。

（3）除了和评审组长共同负责评审委员会的日常运行和管理之外，IPR 还负责专利评审会议组织、会议主持和评审结果的整理和系统录入等工作。

为保证评审的专业性和公正性，考虑评审人员打分到加权平均等因素，每次评审会议应保证参与评审人员不低于 3 人。

1.4.1　评审周期和方式

专利工程师应及时组织专利评审，时间越快越好，毕竟许多国家的专利申请是采用先申请制度，从技术交底书提交给 IPR 到专利评审委员会评审完成，时间控制在两周左右，也就是说采用半月评审的方式进行专利评审。当然，组织可以根据自身情况灵活调整评审周期。

评审方式可以根据公司架构和工作习惯等采用线下评审、线上评审、或者两者结合的方式。

线下评审：IPR 根据发明人提交的技术交底书的数量和分类，定期采用线下会议、电话会议、网络会议等形式对技术交底书进行评审。发明人在规定时间内参会，并在规定时间内对技术交底书的内容进行口头汇报和解释。与会评审人员，包括评审组长、评审组员对该发明人的技术方案进行现场提问及打分，IPR 按照评审标准和要求对每场评审进行统计，并记录在案。如果发明人不能参会，IPR 可以代其口头汇报和解释，如果技术交底书撰写相当规范和准确，评审人员也可以依照技术交底书内容直接进行打分。

线上评审：评审人员可以通过邮件或者线上系统，如 OA、专利管理系统等进行评审，形式灵活，但是必须要保证评审人员是本人进行案件评审。

线上和线下同时进行可以结合两者优势，省去线下评审的组织和安排时间，还保持了线下评审的评审人员对技术交底书等材料评审的客观性和真实性，同时还具有线上评审方便性，节省 IPR 对评审结论的统计和分析的时间。

IPR 需要定期统计分析评审人员的打分，结合评审人员的参会频次和打分分布情况等维度对评审人员进行统计分析，严格执行评审人员准入和退出机制。

除了上述组织内专利评审委员会的专利评审，还要依据与代理机构（专利代理机构、律师事务所等）相关约定，由专利代理师进行相应的复核工作。专利代理师需要对案件重新进行专利适格性、三性等内容的进一步复核，并给出申请建议和检索报告。例如，检索到影响专利新颖性和创造性等对比文件、媒体公开及会议公开等资料，需要反馈给专利工程师和发明人，由专利评审委员会人员包括但不限于组长、组员、专利工程师，及发明人共同商议，给出应对策略，并确认是否进行专利申请。专利代理师没有检索影响专利新颖性和创造性等对比文件、媒体公开及会议公开等资料，按正常进度要求，进行专利申请。

1.4.2 评审维度和打分标准

在专利获取阶段需要对技术交底书进行评审。由专利评审委员会依据评审维度和打分标准对提案的技术交底书进行评审（见表7），给出分数和各维度的评审意见。

表7 技术交底书评审维度和打分标准

评审维度	分值	打分标准	打分考量因素
创新性 （40分）	30~40	开创性发明或重大创新，授权前景良好，授权后权利稳定，被无效极为困难。	1. 无对比文件，开创性的技术/产品，如量子通信。 2. A类对比文献，且可上升为国际标准、国家标准及行业标准，或者可以形成默认的使用标准，如苹果滑动解锁。比如，核心产品或者预研产品的结构或者系统，及其对应的新的方法和制造工艺等
	30~40	较高的创新高度，没有发现对创新性有实质影响的在先技术，有很大可能获得授权，授权后权利稳定，被无效较为困难	A类对比文献，且A类对比文件相互结合不容易想到，通常一个方案考虑到2篇左右A类对比文件结合难易即可。比如，核心产品或者预研产品的改进结构或者系统，及其对应的新的方法和制造工艺等

评审维度	分值	打分标准	打分考量因素
创新性 （40 分）	20 ~ 30	创新性一般，有一定的可能获得授权，授权后稳定性一般，被无效具有一定难度	Y 类对比文献，且 Y 类对比文件相互结合不容易想到，通常一个方案考虑到 2 篇左右 Y 类对比文件结合是否显而易见即可。 比如，核心的部件和工艺，或者现有方法的重大改进
	20 ~ 30	创新性有一定高度，可以通过专利代理师撰写技巧以及和审查员的争辩获得授权，被无效具有难度	1. X 类对比文献 2. 公知常识 3. X 类对比文件 + 公知常识 此类申请对现有技术具有一定依赖程度，多集中在改进型发明、微创新发明、转用发明等。 比如，一般性的结构和工艺，对现有方法的小改进
	0 ~ 10	创新性低，基本不能获得授权，或者授权后稳定性很差，被无效的可能性非常大 不具备创新性，不可能获得授权，不建议申请专利	明显缺乏新颖性， 技术方案的机械拼凑； 发明人已申请的方案、已申请的方案简单改动或者替换
	评分说明	创新性主要从专利三性的角度来判定，与 IPR 和专利代理师的功底和细心程度有极大关系。 专利授权前景一票否决权，其他考量因素越多，分数越高。 一个方案自己申请觉得没必要，同时又避免竞争对手去申请专利，即主动公开的专利，不在此讨论范畴。 发明需确定创新点或核心点，基于上述内容来讨论创新性。除了 IPR 现有技术的检索之外，评审中需要评审人员包括但不限于评审组长、组员、专利工程师、知识产权律师等依靠自身经验给出现有技术的界定和意见，结合以上内容对技术交底书记载技术方案的创新性进行打分	

评审维度	分值	打分标准	打分考量因素
市场价值（30 分）	24～30	属于国家重点技术领域，或者公司长期战略技术领域，市场规模很大或前景很好，如全球市场规模在 100 亿元人民币、公司未来 5 年以上战略技术领域	自己产品用或将来要用，而且竞争对手很有可能用
	15～24	属于重点技术领域，或者公司短期战略技术领域，市场规模较大或前景较好，如全球市场规模在 10 亿～100 亿元人民币、公司未来 3～5 年战略技术领域	自己产品用或将来要用，而且竞争对手可能会用
	6～15	属于一般技术领域，或者公司近期战略技术领域，市场规模较大或前景较好，如全球市场规模在 1 亿～10 亿元人民币、公司未来 1—2 年战略技术领域	自己产品用或将来要用，且竞争对手不可能用
	0～6	所属技术领域不重要，整体市场规模很小，如全球市场规模在 1 亿元人民币以下、不在公司战略技术领域内	自己产品不可能用，且竞争对手也不可能用
	评分说明	市场价值评估与公司项目等级、产品卖点等因素相关，可以用于对外宣传和传播，市场价值得分可适当上调。 对于公司预研项目，应用场景暂时难以准确评估或者界定范围较小，可适当将市场价值得分上调。 在实际操作中，市场价值具有一定的主观性，如 X 方案可以用在 1、2、3 等产品上，但是实际最终产品是否使用 X 方案也是待定，一般来说，专利申请需要在产品上市前完成，专利评审前置了，导致市场价值不准确，具有一定的主观性。在实际过程中，我们只要保证评审人员评审标准的一致性即可，后期可以根据一段时间的评审结果调整打分标准和打分考量因素即可，这个评分只是专利申请的评分，后期可以对授权后的专利进行再次的评估	

评审维度	分值	打分标准	打分考量因素
侵权证据取证难易性（20分）	16~20	侵权证据容易获取，直接观察或者简单操作就能判断是否侵权	比如，直接从产品外观、展示的功能、宣传材料或用户手册即可判断
	10~20	侵权证据很好获取，进行简单分析和对比，就能判定产品是否侵权	比如，进行简单的拆卸，组装即可进行判定
	4~10	侵权证据较好获取，需要方向工程师、专门特殊测试才能判定产品是否侵权	比如，通过测试、抓包或反向过程才可以获得
	0~4	侵权证据获取困难，很难获得侵权证据，或者通过合法手段无法获得侵权证据	比如，特定大型设备（如光刻机）购买起来都很困难，产品生产工艺等
	评分说明	侵权证据取证难易性跟专利保护范围是紧密相关的，因此此处的评分需要对专利申请可以获得保护范围进行判断，可以参照IPR的检索报告和发明人在技术交底书中所指出的创新点或发明点再结合评审人员的经验来综合评分	
可撰写性（10分）	8~10	技术问题，技术手段、技术方案、技术效果详实，图文并茂	一个没有研发背景的人员，可以看明白、技术方案包括多个实施方式
	3~8	技术问题，技术手段、技术方案、技术效果存在一定瑕疵，总体描述清楚	通过沟通或者启示进一步了解清楚本发明，需要对交底书进行至少一次的修订
	0~3	方案无法理解	方案描述混乱、缺少附图、实验数据等，技术交底书没有按要求进行填写，通篇在说技术方案的优点等
	评分说明	判断可撰写性，主要是从专利代理师的角度来判定，专利申请文件的撰写专利代理师多是从发明人提交的技术交底书中获取和加工的，如果专利代理人都无法准确且清晰地了解技术方案，最后撰写出来专利申请文件，可能有失偏颇，如果技术交底书描述清楚，符合专利代理师的撰写需求，一方面，可以让撰写出来的专利保护范围合理和准确，另一方面，大多数国家是采用先申请制度，技术交底书好坏直接影响整个案件处理的周期	

此阶段的评审维度包括创新性、市场价值、侵权取证难易性和可撰写性

四个维度，满分为 100 分。其中，创新性维度满分为 40 分，市场价值维度满分为 30 分，侵权证据取证难易性维度满分为 20 分，可撰写性维度满分为 10 分。组织也可以根据自身特点及期望，进行相应指标的调整。

1.4.3 提案分级标准

组织应制订专利分级标准，应用于专利申请的提案阶段。笔者给出一个分级标准参考例，具体如下：

一级专利：90 分以上。

二级专利：80 ~ 90 分。

三级专利：60 ~ 80 分。

四级专利：60 分以下。

一级到三级专利可以考虑直接委托专利代理机构并指定固定代理人进行撰写，四级专利需要与发明人沟通，如果其补充的材料仍然不能达到三级及其以上分数，那么该专利技术交底书的评审结果为驳回，不予申请专利。

一级和二级专利需要让经验丰富的专利代理师进行撰写，三级专利可以根据费用和时间等因素委托适合的专利代理师来撰写。

值得注意的是，如果创新性、市场价值、侵权取证难易性和可撰写性四个维度中任一维度的得分为 0，那么该专利技术交底书的评审结果为驳回，不予申请专利，特别是创新性得分较低甚至是 0 分的，经过与发明人沟通和补充材料后，仍不能满足条件的，不予申请专利。

在专利申请分级阶段，可以重点关注创新性维度，并弱化市场价值维度的影响，上述的打分标准是根据公司发展战略和同行专利保有量适时调整的，并非一成不变的，如现在公司与同行的专利保有量差距较大，可以适当提高四级专利的申请比例等。

1.4.4 评审结果输出

对于线下会议或者电话会议，评审会议纪要记录参加评审人员的姓名、评审时间、每名评审专家对每件专利提案的评审意见、打分情况及其他信息。其他相关信息包括：可替代方案信息和需要发明人完善补充的信息等，以上内容均需参加评审人员签字确认。具体，评审专家确认可以采用下列方式中的一种。

（1）IPR 现场记录评审专家对每个专利技术交底书评审意见或评审人员现场自行记录对每件专利提案的评审意见、专利提案的最终得分和等级及其他相关信息，会议结束后由评审专家当场签字确认评审结果。IPR 对评审结果进行扫描或拍照，并集中录入到专利管理系统中。

（2）IPR 现场记录每名评审人员对每个专利技术交底书的评审意见，评审会结束后邮件发送会议纪要给参会人员，并要求评审专家在一定时间内进行确认和反馈（邮件、公司内部交流软件或者其他线上形式）。如 3 个工作日内无反馈或不进行确认，默认为对纪要无异议，IPR 集中将通过评审的专利录入到专利管理系统中。

对于特别紧急的案件，IPR 可以根据自己做完的检索报告先将案件委托代理机构进行处理，并写明理由将案件抄送给评审人员和评审组长，在案件提交后一定时间内依据上述规定完成相关专利提案的评审工作。

案件委托给专利代理机构，IPR 还需要重点跟踪一级和二级案件的流程情况，如是否提分案、官方审查意见的答复，这些内容需要经过跟代理机构的反复确认，重要案件、处理起来棘手的案件需要专利评审委员会进行讨论、处理和记录。

2　专利评估

专利资产随着时间变化而变化的，据不完全统计高价值专利数量平均占比在 3%～5%，尤其是发明专利是经过与审查员的互搏，最终确定了专利的保护范围的，此保护范围一般都会小于专利申请时界定的保护范围，鉴于以上因素定期进行授权专利分级评估是不容忽视的，如可以在 1 年左右进行一次授权专利的分级评审。

2.1　专利分级评审

专利分级评审主要是针对已经授权专利进行评审，其可以通过对创新性、市场价值、侵权取证难易性和可规避性四个维度进行打分确定其等级。笔者根据自身经验，以这四个维度，满分为 100 分举例说明评审内容及打分标准。

各组织可以参考使用，也可以根据自身特点与需求进行相应调整。创新性维度满分为 40 分，市场价值维度满分为 30 分，侵权证据取证难易性满分为 20 分，可规避性维度满分为 10 分（见表 5）。

授权专利的分级和技术交底书分级大致类似，评审的维度和方式也大体一致，区别在于：授权专利分级用专利可规避性替代技术交底书的可撰写性。

表 8　专利分级评审维度和打分标准

评审维度	分值	打分标准	打分考量因素
创新性（40 分）	30 ~ 40	开创性发明或重大创新，授权前景良好，授权后权利稳定，被无效极为困难	1. 无对比文件，开创性的技术或产品，如量子通信。 2. A 类对比文献，且可上升为国际标准、国家标准及行业标准，或者可以形成默认的使用标准，如苹果滑动解锁。比如，核心产品或者预研产品的结构或者系统，及其对应的新的方法和制造工艺等
	30 ~ 40	较高的创新高度，没有发现对创新性有实质影响的在先技术，有很大可能获得授权，授权后权利稳定，被无效较为困难	A 类对比文献，且 A 类对比文件相互结合不容易想到，通常一个方案考虑到 2 篇左右 A 类对比文件结合难易即可。如核心产品或者预研产品的改进结构或者系统，及其对应的新的方法和制造工艺等
	20 ~ 30	创新性一般，有一定的可能获得授权，授权后稳定性一般，被无效具有一定难度	Y 类对比文献，且 Y 类对比文件相互结合不容易想到，通常一个方案考虑到 2 篇左右 Y 类对比文件结合是否显而易见即可。如核心的部件和工艺，或者现有方法的重大改进
	20 ~ 30	创新性有一定高度，可以通过专利代理师撰写技巧以及和审查员的争辩获得授权，被无效具有难度	1. X 类对比文献； 2. 公知常识； 3. X 类对比文件 + 公知常识。此类申请对现有技术具有一定依赖程度，多集中在改进型发明、微创新发明、转用发明等。如一般性的结构和工艺，对现有方法的小改进

评审维度	分值	打分标准	打分考量因素
创新性 （40 分）	0 ~ 10	创新性低，基本不能获得授权，或者授权后稳定性很差，被无效的可能性非常大 不具备创新性，不可能获得授权，不建议申请专利	明显缺乏新颖性， 技术方案的机械拼凑， 发明人已申请的方案、已申请的方案简单改动或者替换
	评分说明	此处评分可以借鉴在专利申请前，评审委员会在技术交底书评审的打分情况，可以节省资源和时间。 创新性主要从专利的三性的角度来判定，将授权文本的保护范围划分出技术特征，根据技术特征组合来综合考量创新性，此时为了保证创新性，IPR 自身或者委托咨询机构可以对该专利的三性进行复核检索。 创新性的评分要结合评审时间来做，每年的相同技术的创新性的高度并不是一成不变的	
市场价值 （30 分）	24 ~ 30	属于国家重点技术领域，或者公司长期战略技术领域，市场规模很大或前景很好，如全球市场规模在 100 亿元人民币、公司未来 5 年以上战略技术领域	自己产品用或将来要用，而且竞争对手很有可能用
	15 ~ 24	属于重点技术领域，或者公司短期战略技术领域，市场规模较大或前景较好，如全球市场规模在 10 亿 ~ 100 亿元人民币、公司未来 3—5 年战略技术领域	自己产品用或将来要用，而且竞争对手可能会用
	6 ~ 15	属于一般技术领域，或者公司近期战略技术领域，市场规模较大或前景较好，如全球市场规模在 1 亿 ~ 10 亿元人民币、公司未来 1—2 年战略技术领域	自己产品用或将来要用，且竞争对手不可能用
	0 ~ 6	所属技术领域不重要，整体市场规模很小，如全球市场规模在 1 亿元人民币以下、不在公司战略技术领域内	自己产品不可能用，且竞争对手也不可能用

续表

评审维度	分值	打分标准	打分考量因素
市场价值 （30分）	评分说明	市场价值评估与公司项目等级、产品卖点等因素相关，可以用于对外宣传和传播，市场价值得分可适当上调。 对于公司预研项目，应用场景暂时难以准确评估或者界定范围较小，可适当将市场价值得分上调。 在实际操作中，市场价值具有一定的主观性，如X方案可以用在1，2，3等产品上，但是实际最终产品是否使用X方案也是待定，一般来说，专利申请需要在产品上市前完成，专利评审前置，导致市场价值不准确，具有一定的主观性。在实际过程中，只要保证评审人员评审标准的一致性即可，后期可以根据一段时间的评审结果调整打分标准和打分考量因素。 市场价值的评分也要结合评审时间来做，每年的相同技术的市场价值的大小是波动的	
侵权证据取证难易性 （20分）	16～20	侵权证据容易获取，直接观察或者简单操作就能判断是否侵权	比如，直接从产品外观、展示的功能、宣传材料或用户手册即可判断
	10～20	侵权证据很好获取，进行简单分析和对比，就能判定产品是否侵权	比如，进行简单的拆卸、组装即可进行判定
	4～10	侵权证据较好获取，需要方向工程师、专门特殊测试才能判定产品是否侵权	比如，通过测试、抓包或反向过程才可以获得
	0～4	侵权证据获取困难，很难获得侵权证据，或者通过合法手段无法获得侵权证据	比如，特定大型设备（如光刻机）购买起来都很困难，产品生产工艺等
	评分说明	侵权证据取证难易性跟专利保护范围是紧密相关的，将授权文本的保护范围划分出技术特征，根据技术特征组合来综合考量真实保护范围	
可规避性 （10分）	8～10	专利方案是解决技术问题的唯一方案，不可能被规避绕开	比如，开创式的发明
	3～8	有可能被规避，但专利方案是相对的较优方案， 规避代价较大，带来性能变劣、成本上升、工艺复杂甚至不可实施等不利影响	—

评审维度	分值	打分标准	打分考量因素
可规避性（10分）	0~3	专利有可能被规避，但专利方案有多个性能相同或相近的方案	—
	评分说明	判断可规避性，应基于专利方案所要解决的技术问题，围绕技术问题确定方案，达到的技术效果是否容易规避，进行规避设计带来的影响有哪些，来综合考量。 评审中应确定本专利方案是否为解决技术问题的方案，处于什么梯度？如是否为唯一方案、是否为较优方案，还有其他规避方案。 规避设计的影响是什么？如规避方案的详细技术方案是什么、规避方案相比本专利方案的性能如何、成本如何、能否实施等信息	

组织应制订专利分级标准，应用于专利授权后的专利维持阶段。笔者给出一个分级标准参考例，具体如下：

一级专利：90分以上。

二级专利：80~90分。

三级专利：60~80分。

四级专利：60分以下。

值得注意的是：所有专利均有其价值，其价值是动态的，并非一成不变，应通过合理且科学的评估处理，提升专利质量，提高高价值且抗风险专利资产的产出率。

一级和二级专利，需要专人重点维护，包括年费、竞争对手的引证等，但是并不代表三级和四级专利就可以放任不管。专利分级跟时间、市场等因素有关，是动态的，此时的三级和四级专利未来也可能转化成一级和二级专利，三级和四级专利往往是专利技术包不可或缺的一部分。

2.2 合作伙伴

除了专利自身需要通过评审确定其等级，还需要对专利业务过程中的相关合作方进行适应性的评估。包括但是不限于知识产权代理所代理师，国家知识产权局审查员，律师事务所律师，省、市、区等级别的主管知识产权的人员，这些人都跟日常专利业务有极大的关系。

专利代理机构助力企业创新活动，是企业知识产权保护的重要环节，其一般可以提供如下服务：专利挖掘和布局、检索评估、撰写和答复、专利运营，还可以根据企业需求定制出一套适合企业的服务标准和规范。

在企业成长过程中，建议在国、内外建立起长期的战略伙伴关系的专利代理机构，如3家左右，与其一起成长，让专业的人来做专业的事。

建立IPR与代理所和代理师的定期沟通和协调机制，IPR更多地将精力放在专利质量提升和专利运用和保护上来，一切的知识产权活动都应该服务于企业经营活动。

严格把控代理机构的引入和退出机制，定期对代理机构的代理师进行企业备案和分级，即公司可以指定固定的代理师来撰写特定领域的案件，企业对代理师案件进行打分，从而完成对代理师的分级，以保障专利保护范围的适宜性。

3　专利风险

中国进入了知识产权的严保护时代，《中华人民共和国专利法修订草案（送审稿）》中加入惩罚性赔偿，对故意侵犯专利权的行为，人民法院可以根据侵权行为的情节、规模、损害后果等因素，判处确定数额的一倍以上三倍以下的赔偿数额。

随着中国知识产权的严保护和大保护的到来，国内专利诉讼越来越多，而且涉及侵权赔偿金额也越来越高，对于任何一家企业来说，专利资产的价值会日益凸显；同时，其面临的专利风险也越来越多，越来越大。

随着专利资产的价值日益凸显，各大企业的专利战略也随之提上日程，形成了市场战略、技术战略和专利战略的铁三角战略。专利战略的初衷应该是为公司的市场战略和研发战略服务，可以定义为铁三角战略里的引导和助力的角色。

3.1 企业专利战略

企业专利战略一般可以分为五个阶段。

第一阶段：初识。这样主要为微型企业或者小型企业，在政府和客户的口中得知有专利这种证书的存在（可能在他们眼中专利就是证书，在他们眼中更多的是商标证书和企业商号），会在朦胧中去完成专利申请的破冰之旅，但是申请数量较少。

第二阶段：共存。企业 A 经过了缓慢的成长，对专利有了进一步的认识，企业 A 跟专利这个时期就是热恋阶段。这时候双方的活动非常简单，那就是加大专利申请，增加彼此的好感度，在政府大家长的推波助澜下，双方都喜欢对方，为了保护创新的伟大目标努力着，八成甚至更多国内企业都处于这个阶段。

第三阶段：依赖。在非常甜蜜的热恋期阶段度过之后，进入这个阶段。这个时候企业 A 也成长了，有了更多对于专利的需求，如另外一个企业 B 也进入了企业 A 的同一个领域，这个阶段企业和专利不再被感情支配，开始理性思考，专利是不是我想要的，以及自己投入产出比是否合适，是否还有企业 C、D、E、F……的出现，这个时候企业就会去考量如何保证专利归企业 A 独占，企业 B、C、D、E、F……不给企业 A 的经营带来麻烦。

第四阶段：独立。这个阶段是第三阶段的延续。这时候企业 A 和专利彼此已经十分熟络，重心开始朝自己的事情上转移，问题也就乘机而来。这个时候，企业专利活动可能会出现波动，但是越到这个时候越需要双方充分沟通，彼此关心，企业需要去关注经营问题，专利也需要通过自我调整，形成自己的专利资产，为企业经营创造利润，企业获得更多的利润反哺专利，专利通过风险控制来保证企业正常运营。

第五阶段：共赢。这个阶段更多地是共同促进企业经营活动，专利通过企业的反哺，形成了核心竞争力和品牌价值，降低了企业成本，带来了利润，企业与专利到达了互助共赢的阶段。

3.2 处理专利风险的目标和思路

组织将专利风险控制在一个相对可控的范围内，保证产品能够正常地自由地流通。专利风险是不能被完全消灭的。专利权掌握在专利权人手中，他可以自由合法地实施自己的权利，如苹果公司和华为公司这样的大公司，也不停地在遭受专利诉讼。

组织可以通过苦练内功，提高自身风险防范意识和能力，在企业经营各个环节中，关注来自不同组织的威胁，特别是同一领域的竞争对手的专利活动。密切关注竞争对手的所有专利活动，包括专利申请、专利许可、专利诉讼等，同时还需要提高自身专利的积累，注重数量和质量齐头并进，通过专利评审等活动，优化专利资产，提高专利质量。

也可以通过勤修外功，在专利资产较弱时候，获得许可和购买专利是防范专利风险的较优解。例如，可以通过加入标准组织获得专利许可来避免诉讼风险；购买合适专利扩充专利资产；通过专利谈判，进行专利交叉许可也是防范专利风险的较优解。

还可以"亮剑"，消灭专利风险很困难，但风险是可以被降低的。处理方式包括但不限于专利谈判、商务谈判等。被动应诉或者不应诉都是不推荐的，如美国的337调查，时间短，费用高，但是不能不去应诉，不应诉会导致直接失去美国市场，面对风险要积极面对，敢于"亮剑"，在应对过程中穷尽所有合法合理的手段，如提起不侵权抗辩、反诉、无效等。

3.3 专利风险分类和应对措施

企业专利风险伴随着企业成长，是不能被完全消灭的。组织在处理专利风险及应对策略时，需要针对自身规模和对手情况等做出适应性的调整，常见的专利风险来自竞争对手、非专利实施主体、标准组织和供应商等。

竞争对手。特别是同一个技术领域的竞争对手，但是随着企业的成长，越来越多的企业跨界进入该技术领域，使得原本的非竞争对手，或之前的合作供应商变成了竞争对手。这种风险等级最高，竞争对手的终极目的是将组织从市场上排挤出去，扩大自己的占有率。例如，空调领域美的和格力的专利诉讼。

竞争对手的有效专利所在国对组织或组织客户提起专利诉讼的目的：①转移消费者视野，通过诉讼阻止企业产品上市时间，借机推出类似产品迅速占领市场。②实现专利价值，同时提高竞争对手产品的成本，变相达到降低自身成本的目的。

诉讼的表现形式和应对措施：①坚持走完诉讼的所有流程，包括无效、一审、二审等，如美的与格力，和解可能性很小，建议苦练内功、勤修外功、"发声亮剑"并用。考虑通过收购可以覆盖对方产品的专利来反诉，积极通过反诉、无效等手段来降低风险。②通过诉讼来谈许可，如手机行业的专利混战，诉讼主要就是为了协助销售策略，这种情况下，和解的可能性最大。建议积极应对，通过专利许可谈判等方式达到和解。

标准组织。相比竞争对手来说，风险会低一些，标准组织的目的也很明确，通过诉讼来获得收益，建议充分利用好 FRAND 原则，积极应对，通过专利许可谈判等方式达到和解，合理延长许可谈判时间，充分与标准组织协商，将企业自身专利资产上升到标准组织的标准专利中。

非专利实施主体。相比竞争对手或者标准组织风险更低一些，NPE 一般不经营实体，他们的目的是靠诉讼来获得收益，建议充分评估 NPE 的专利有效性，专利权真实所属。组织应进行侵权风险的内部评估，并根据评估结果，积极与 NPE 进行谈判，也可以考虑对其专利提起无效程序等。

值得一提的是，非专利实施主体也分好多种，如 Ocean Tomo（美国智慧资本银行，http：//www. oceantomo. com）、IPXI（国际知识产权交易所公司，Intellectual Property Exchange International Inc. ）、Acacia Research（阿卡西亚研究，http：//acaciaresearch. com/）、Intellectual Ventures（高智发明）、RPX（Rational Patent Exchange，合理专利交易公司）等。Ocean Tomo 提供知识产权及无形资产的全方位服务，包括金融专家证人、评估、战略咨询、专利分析、投资顾问、创新管理咨询和知识产权交易中介等。IPXI 是全世界第一个依据市场定价和规范性条款为知识产权提供非独占性许可权授权和买卖交易的金融交易。Intellectual Ventures 与 Acacia 这类公司，都是购买大量专利，以此来发起专利诉讼或者专利许可获得收益。RPX 的商业模式叫作"防御型专利收购"（defensive patent acquisition），即通过收购专利，保护技术企业免受诉讼或威胁。

每个运营公司有自己的运作模式，各组织可以根据自身所处行业和业务特点，与不同的运营公司进行合作，通过外部资源来降低公司创新过程中的"专利税赋"，同时有效降低专利风险。

供应商。供应商可以分为两类，笔者通过举例来说明来自供应商的风险。

一类是组织已有供应商 A，组织在引入新供应商 B 从而降低供应商 A 在组织的供货比例，或者想淘汰供应商 A 的情况下，供应商 A 可能会起诉供应商 B 产品侵权，此时供应商 A 也可以把组织列为共同被告。

另外一类是想进入组织供应系统的供应商 C，他通过产品侵权来起诉组织已有的供应商 A，连同组织列为共同被告。

上述两类供应商间的博弈，都会导致组织成为涉嫌专利侵权人和产品销售受制，甚至会影响组织的声誉和商誉，给组织带来经营风险。

组织遇到这类情况，可以通过商务谈判手段，让供应商 A、B、C 进行沟通协调，来处理侵权纠纷，以保证组织产品正常销售。也可以通过专利谈判手段，充分评估供应商 A、B、C 的专利有效性、专利权真实归属等，并进行侵权风险高低的内部评估，根据评估结果，跟供应商谈判，同时还可以对涉嫌侵权的专利提无效等。另外，公司在采购合同中约定知识产权归属和权责，保证组织与供应商的谈判中不受制于人，同时避免未来的知识产权纠纷，降低侵权风险。

3.4 专利诉讼案例

目前各类知识产权诉讼、无效信息在网上都可以查询到，如国家知识产权局专利局复审和无效审理部官网、中国裁判文书网等。笔者通过 darts - ip 数据库以中国、侵权行为、损害赔偿超过 3500 万元人民币为关键词进行检索，列出几个案例供读者了解和学习之用，案件的真实性及赔偿金额以实际为准，笔者未一一验证。

（1）中国区域内损害赔偿金额超过 3500 万元的侵权诉讼。

①珠海格力电器股份有限公司诉宁波奥克斯空调有限公司案，涉案专

利 CN200820047012。

②华为终端有限公司诉惠州三星电子有限公司、天津三星通信技术有限公司等，涉案专利 CN201010104157。

③北京握奇数据股份有限公司诉恒宝股份有限公司案，涉案专利 CN200510105502。

④武汉晶源环境工程有限公司诉华阳电业有限公司、日本富士化水工业株式会社案，涉案专利 CN95119389。

⑤正泰集团股份有限公司诉宁波保税区斯达电气设备公司乐清分公司、施耐德电气低压（天津）有限公司案，涉案专利 CN97248479。

（2）典型的诉讼案例。

①2017 年 12 月 22 日，华为终端有限公司与惠州三星电子有限公司，福建省高级人民法院宣判：惠州三星电子有限公司侵权成立，赔华为终端有限公司 8000 万元（〔2017〕闽民终 501 号）。

②2018 年 4 月 20 日，珠海格力电器股份有限公司与宁波奥克斯空调有限公司，广州知识产权法院宣判：宁波奥克斯空调有限公司侵犯珠海格力电器股份有限公司空调领域专利成立，并赔偿 4000 万（〔2017〕粤 73 民初 390 号）。

③2019 年 4 月，高通公司与苹果公司宣布双方和解，同意撤销所有的专利诉讼。根据这一声明，苹果公司向高通公司支付款项，两家公司达成了为期六年的全球专利许可协议[1]。

4　总结与展望

专利风险无法被消灭，但可以被降低；专利是有价值的，其价值是动态的，通过苦练内功，勤修外功，合理且科学地管控和构建，可以提高专利价值和抗风险能力。

本文从企业专利工作流程和规范的角度出发来构建抗风险管理体系，并依据专利获取、专利评估和专利风险等各阶段的风险把控进行了阐述。专利风险把控的核心是构建好抗风险的基石——专利获取，重点关注专利工程师能力培养和习惯养成，认真贯彻专利评审体系建设，通过一系列固化流程和制度，提升专利质量，提高高价值且抗风险专利资产的产出率，再结合外部合作伙伴识别风险，通过合理运营，积极借助外部资源，如加入适宜的专利运营机构，将风险管控在可控范围内。

参考文献

［1］ IAM. Breaking － Apple and Qualcomm agree settlement ［EB/OL］. （2019 － 04 － 16）［2020 － 05 － 15］. https：//www. iam － media. com/litigation/breaking － apple － and － qualcomm － agree － settlement.

基于全息画像技术的技术人员实践性研究

张馨芳

作者简介

张馨芳，中规（北京）认证有限公司发展研究部技术总监，前国家知识产权局高级专利审查员。具有专利审查、高校知识产权管理等十二年的知识产权工作经历，在情报检索、专利信息分析利用、专利挖掘与布局，以及企业知识产权风险管理等方面具有丰富的理论与实践经验。

在现阶段数字经济发展背景下，经济社会转型的主要特征表现在技术驱动、深度融合和创新发展三个方面。数字经济驱动力正从传统信息技术向"新一代信息技术"转变，技术变革不断演进升级；技术融合推动世界由客观实体和物理形态向信息系统和虚拟形态转变，资源、技术和管理的全方位、全过程、全领域融合与共享成为现实；在传统设计、研发、生产、运营、管理等变革与重构基础上，衍生出全新的商业模式和商业业态，一个全新数字世界逐步呈现[1]。

数字化转型的根本是技术驱动下的人类活动的转型，对人类经济社会生活的重新组织是数字化转型面临的本质问题。落实到企业运营层面，人力资源转型是企业数字化转型战略的重要组成部分。人力资源管理经过几十年的发展，理论基础仍是工业时代的科学管理经验，以管理为主、持续稳定和效率为先的管理哲学。然而，近年来数字经济大潮汹涌而来，外部环境瞬息万变，技术、组织和业务快速迭代，内部员工个性化日益突出，流动性显著加强，对组织战略调整的速度和深度的要求显著提高。尽管不断有新的管理理念产生，从传统的人力资源管理的理论和方法来看，暂时还没有出现更好的管理理念。

目前对于科技型企业以及科研机构来说，技术人员的管理缺少标准的方法论和科学的模型。全息画像技术是以行为刻画技术人员的风险引擎，深度挖掘技术人员的关联关系，识别技术人员的行为，搜寻技术人员隐藏在大数据背后的状态信息。本文依托大数据技术，全网采集专利权威数据，采用多种机器学习算法，利用高维管理和时间序列处理，勾勒出技术人员的流动及技术人员管理等动态的全息画像。

1 技术人员的识别

研发实体主要分为企业和科研机构，科研机构又分为高校和科研院所。假如企业的目的不仅仅是生存的话，绝大部分这样的企业未来的发展会依赖于发明和创新。发明成为这些企业公司结构中的一个重要组成部分，影响着企业的发展战略和市场潜力。许多大企业希望在全球范围内产生竞争，他们不仅需要凭借专利垄断与竞争对手抗衡，还需要具有吸引力的新产品占领市场[2]。科研机构是典型的 NPE，实质就是拥有专利权的主体本身并不实施专利技术，即不将技术转化为用于生产流通的产品。科研机构围绕研发创新开展工作，科技创新活动的目的更加明确。

1.1 不同研发实体中技术人员的识别定位

人才是科学研究与科技创新的主体，利用科学方法对人才及人才团队进行评价，对推进人才引进、科技创新、团队建设等具有重要意义。英国学者Pilkington（皮尔金顿）等将发明专利数量和专利引用率均高于平均值两倍以上的发明人定义为明星发明人，并证实了发明人流动能促进隐性知识传播，强调企业管理发明人的重要性[3]。个体专利产出数量和质量已不能全面反映群体创新绩效，还需结合发明人合作网络的结构特征进行考察。因此，研究者应利用各种网络指标及网络连接性特征识别明星发明人。美国学者 Grigoriou（格里高里奥）和 Rothaermel（罗塔尔梅尔）提出"关系星"概念，将具有高创新产出且占据企业内部网络关键位置的发明人定义为明星发明人，并发现"关系星"提高了周围人群的知识重组效率。

在识别技术人员时，首先要采用的手段是数据清洗，只有将海量数据进行清洗去噪，才能作为准确分析的基础。因而将技术人员作为识别对象的最重要的一点是进行发明人消歧[4]，主要是把合作者、专利知识分类号、申请人作为发明人姓名消歧的参考因子计算。其中，合作者是与发明人一起参与发明设计的合作研发者，专利知识分类号代表发明人所研究的知识领域归属，申请人是提交专利申请的自然人或者法人（通常是一个机构或者企业）。合作者、专利知识分类号、申请人是专利的主要构成元素，能较为全面地反映与发明人相关的创新信息，适用于我国发明人姓名的消歧，因此选择其作为综合相似度参考因子。

1.1.1　企业中的技术人员识别

企业的技术成果通常通过专利或技术秘密加以保护，本文通过建立大数据模型，分析不同企业类型中的专利发明人从而识别企业中的技术人员或技术团队。以智能手机领域为例，检索智能手机领域相关专利，根据检索结果制作出气泡图，分析申请量排名靠前的企业竞争实力情况（见图 1）。

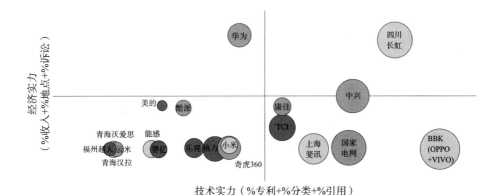

图 1　智能手机领域企业竞争实力

图 1 横坐标代表申请人的技术实力，纵坐标代表申请人的经济实力，不

同颜色气泡代表不同申请人，气泡大小代表专利数量。以图中的十字线将坐标轴分割为四个部分，其中，分布在左上角的申请人，其经济实力雄厚，但技术上相对一般（华为）；分布在左下角靠近中心的申请人，在技术和经济上均处于一般地位（奇虎、小米、酷派、美的、格力、乐视）；分布在左下角远离中心的申请人，在技术和经济上均处于弱势地位（赛亿、能感、云米、超人、沃爱思、汉拉）；分布在右上角的申请人，在技术上和经济上都处于优势地位（长虹、中兴）；分布在右下角申请人，在技术上有较大的优势，但经济实力一般（步步高、国家电网、斐讯、康佳、TCL）。此处需要特别说明：以上是限定在某一技术领域的结果，有些公司虽然经济实力雄厚，但在某一技术领域的投入不足，也会归类到经济弱势的类别。

　　分析上述公司的发明人，发现发明人在本企业的分布和企业的竞争实力情况基本一致。经济或技术实力较强的企业，发明人分布按照技术人员实际情况分布，也就是说这类企业的专利发明人是研发团队的技术人员；经济和技术实力薄弱的企业（赛亿、能感、云米、超人、沃爱思、汉拉），专利申请数量最多的发明人通常是本公司的管理层，这类企业主要专利发明人的专利申请量，如图 2 所示。

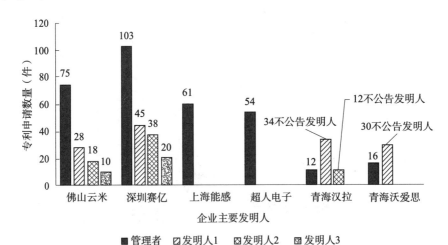

图 2　企业主要专利发明人的专利申请量

　　图 2 显示，佛山云米、深圳赛亿、上海感能、超人电子这几家企业的专

利数量排名最多的发明人是企业管理者，青海汉拉、青海沃爱思两家企业的管理者也是排名靠前的发明人。

从上述对企业中的专利发明人进行统计能够看出，发明人的分布情况与企业类型有关，经济技术实力领先、具备一定规模的企业，技术人员作为发明人的情况较普遍。经济技术实力较弱的中小型企业的发明人通常是最高管理者，当然，也不排除某些企业的最高管理者本身就是技术人员的情况。因此，通过发明人大数据分组得到排名靠前的发明人，从而筛选识别该领域的优秀技术人员，同时需要结合企业类型综合判断。

1.1.2　科研机构的技术人员识别

作为科研机构主体的高校和科研院所是产生科技成果的主要来源，专利的发明人、论文的作者等都是相关领域的技术人员，对于技术人员的识别相对来说比较清晰明确。高校和科研院所的发明人通常是一个课题组或者一个科研团队的成员，这和某些企业的发明人是最高管理者的情况不同，高校和科研院所基本能反映出实际技术人员的情况。

利用科学方法对技术人员或者技术团队进行评价，对推进人才引进、科技创新、团队建设等具有重要意义。目前，在评价科研机构的技术人员或者技术团队时，一般采用同行评议法、文献计量法、德尔菲法、相关分析法及模糊综合评价等[5]。科研机构的科研成果以论文的形式呈现居多，因此现有技术多是分析科研机构技术人员的论文大数据。文献计量学指标有论文数量、总被引频次、篇均被引频次等，但论文数量和被引用数量与实施科研活动的年限有关，为了更科学地评价技术人员的科研水平，还会引入 H 指数、R 指数、AR 指数。H 指数是指在其发表的 N 篇论文中，至多有 H 篇论文分别被引用了至少 H 次，R 指数可以帮助解决多个学者拥有相同 H 值时，区分他们的学术测评值；AR 指数结合论文发表的时间指标，有效解决 H 指数只升不降、永不下降的缺陷。

除了以上论文评价指标，还可以综合专利大数据评价模型来识别科研机构技术人员的水平，从多维度判断某个机构或某个领域中的技术人员的个人绩效。以北京理工大学为例（见图 3），将专利申请量排名前 100 的发明人进行四象限分析，气泡大小为专利质量（权利要求个数、特征数）。

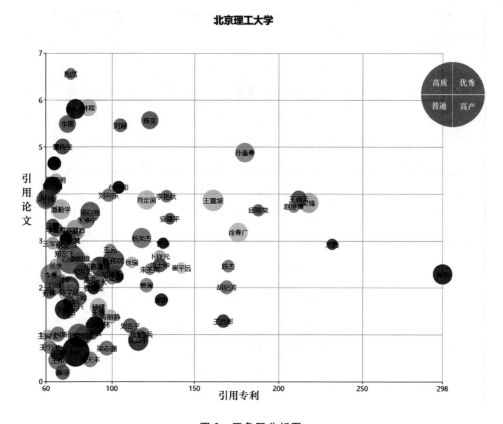

图3　四象限分析图

　　从四象限分布图能够看出：处于第一象限的发明人，专利数量和专利质量都处于优势，是优秀发明人；处于第二象限的发明人，专利数量不占优势，专利质量处于优势，是高质量发明人；处于第三象限的发明人，专利数量和专利质量都不占优势，是普通发明人；处于第四象限的发明人，专利数量处于优势，专利质量不占优势，是高产发明人。

　　论文中的高被引频次和专利中的被引次数都是评价技术人员的重要指标，但是常规分析平台是基于论文和专利各自引用的分析数据，换句话说，统计数据是论文被其他论文引用的次数、专利被其他专利引用的次数。论文作为学术成果，被其他论文引用的高被引数据能够反映出论文的学术价值，而被其他专利引用的高被引次数能够体现出论文的应用价值，我们通过将两种引用综合起来评价论文价值，进而全面评价技术人员的绩效水平。

　　西班牙的 SCImago 学术机构评价体系建立了三个维度的评价指标，包括研究（research）、创新（innovation）和网络可见度（web visibility），其中就用被专利引用的科技论文的数量及其所占比例作为测度学术机构创新能力的重要指标[6]。lens. org（透镜网）是澳大利亚一家独立的非营利性机构 Cambia 的数据服务平台，是 Cambia 和昆士兰州理工大学联合开发的。他们与美国国立医学图书馆（NLM）和 Grossref（交叉引用）合作，把全球所有的专利族和它们引用的科技论文的 PMID（pubmed unique identifier，唯一标识码）、DOI（digital object identifier，数字对象唯一标识）映射好，可以方便地检索一篇论文被专利引用的情况。本文用 lens. org 平台分析北京理工大学论文数量排名前50 的作者数量（见图 4）。

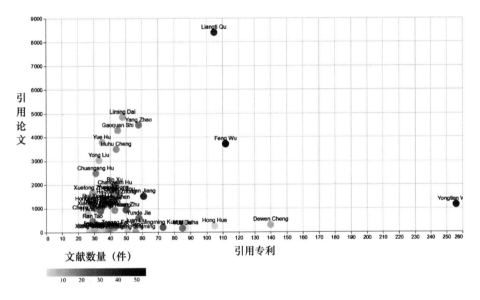

图 4　论文数量排名前 50 作者被引情况

　　由图 4 可以看出，越靠近右边，论文被专利引用次数越多；越靠近上边，论文被其他论文引用次数越多。北京理工大学论文数量靠前的作者分布多集中在左下角，他们属于普通的作者。但也有几名突出的作者，如 Yongtian Wang（王涌天）的论文被专利引用次数突出，Liangti Qu（曲良体）的论文被其他论文引用次数突出，FengWu（吴锋）的论文被专利和论文的引用次数都较多。

北京理工大学 Yongtian Wang（王涌天）的 40 篇论文被专利引用 264 次（其中单篇论文 "*Design of an optical see – through head – mounted display with a low f – number and large field of view using a freeform prism*"（自由棱镜低 f 值大视场光学透明头戴显示器的设计）被 86 件专利引用），被非专利引用 1061 次（见图 5）。该论文发表于 2009 年，理论基础较早，近几年备受专利申请人关注，引用王涌天上述论文的专利公开时间趋势（见图 6），从 2014 年公开的专利逐年增加。引用该论文的专利申请人不乏大公司，如 Osterhout（奥斯特霍特）、Microsoft（微软）、Magic Leap（神奇跳跃）。这是由于近年来 VR（虚拟现实）领域市场化趋于成熟，该论文的理论基础得到了进一步应用。

科研机构成果输出多以论文和专利的形式存在，因此识别科研机构的技术人员，需要结合论文指标和专利大数据模型综合判断，同时建立论文与专利引用之间的映射联系，判断论文的市场价值和应用前景，这也为作为非专利实施主体的科研机构实施技术成果转化提供了思路。

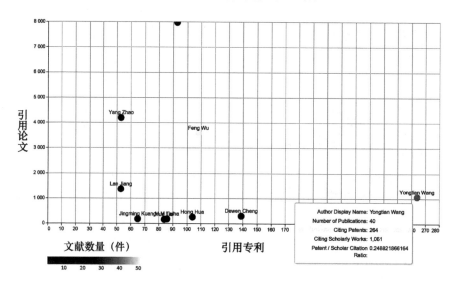

图 5　论文被专利和非专利引用情况

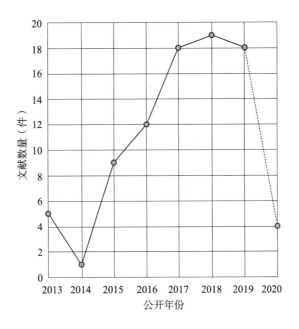

图 6　专利公开时间趋势

1.1.3　多重身份技术人员的识别

多重身份技术人员包括既在科研机构任职，又在企业兼职或者和企业进行合作的人员。对于识别这类技术人员，比较有效的方法是检索出相关专利，对这些专利的申请人类型进行限定，然后对发明人进行分组。以无人机领域的专利申请人类型同时包括企业和科研院所为例，检索式：a/（无人机）and（ANTYPE/企业 and ANTYPE/科研院所），将检索的结果对发明人进行分组，就得到该领域专利申请量排名前 20 的多重身份技术人员（见图 7），其中，刘俍、王万国、魏传虎、慕世友等人的机构涉及国网山东省电力公司电力科学研究院、山东鲁能智能技术有限公司、国家电网公司；杨鹤猛、张巍等人的机构涉及中国南方电网有限责任公司电网技术研究中心、天津航天中为数据系统科技有限公司；邵瑰玮、付晶等人的机构涉及中国电力科学研究院、国家电网有限公司、众芯汉创（北京）科技有限公司。

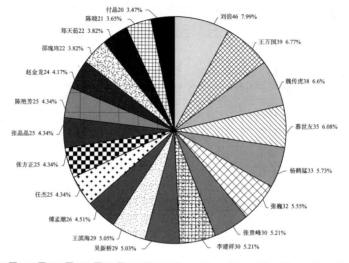

图7 无人机领域多重身份发明人

以北京理工大学的专利申请人类型同时包括企业和大学为例，检索式：AN／（北京理工大学）and（ANTYPE／企业 and ANTYPE／大学），将检索的结果对发明人进行分组，得到专利申请量排名前20的北京理工大学多重身份技术人员（见图8），其中，徐彬、项昌乐、马罡等人的机构涉及酷黑科技（北京）有限公司、北京理工大学；王磊、蔡阳伦、林楚宏等人的机构涉及北京理工大学珠海学院、珠海京工检测技术有限公司；胡翔等人的机构涉及北京理工大学、南昌虚拟现实检测技术有限公司。

上述识别多重身份技术人员的大数据模型从多类型专利申请人出发，因为专利大数据是以单件专利为基础，每件专利的申请人类型字段如果包含两种类型，即使有多个发明人，那么发明人必然属于两种类型的申请实体机构之一。对发明人进行分组统计，得到的发明人或者在两个机构都任职，或者仅在一个机构任职，但同时存在与另一个机构合作的关系，因此该识别模型能够在专利大数据中快速筛选出多重身份技术人员。

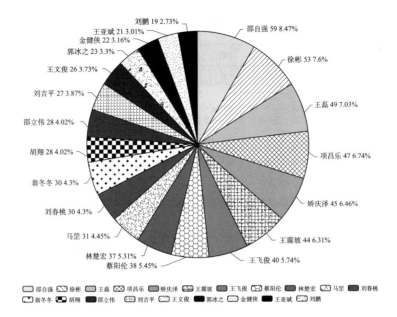

图 8　北京理工大学多重身份发明人

1.2　科创板上市中的"核心技术人员"

"核心技术人员"认定是科创板重点关注的问题之一，《科创板首次公开发行股票注册管理办法（试行）》明确规定，科创板的发行条件包括"发行人核心技术人员稳定，最近 2 年内核心技术人员没有发生重大不利变化"。科创板对上市企业"核心技术人员"的关注度明显加强（见表 1），与主板（包括中小板）及创业板相比，科创板首次将"核心技术人员"稳定性列为发行条件之一，可见"核心技术人员"的稳定对于企业能否满足上市条件意义重大。

表 1　证监会问询中涉及的部分"核心技术人员"问题

问题类型	问题	公司名称	上市时间
核心技术人员的认定及与原单位的关系；核心技术人员报告期内是否发生重大变化	核心技术人员的认定是否适当？最近 2 年是否发生变化	688002 睿创微纳	2019.7.22
	说明核心技术来源；核心人员的认定，与原单位是否存在纠纷？关联方之间是否存在同业竞争		

续表

问题类型	问题	公司名称	上市时间
核心技术人员的认定及与原单位的关系；核心技术人员报告期内是否发生重大变化	请就核心技术人员认定是否符合公司实际发表明确意见	688001 华兴源创	2019.7.22
	发行人的核心人员的技术是否为职务发明？原单位与发行人之间的关系，是否存在利益输送		
	发行人重要核心技术人员离职的原因，对生产经营的影响；离职人员是否为公司核心员工；实际控制人与该等人员是否存在利益输送	688003 天准科技	2019.7.22
	公司报告期内有4名核心技术人员，最近2年内是否有重大不利变化	688006 杭可科技	2019.7.22
	报告期内董事、高级管理人员、核心技术人员是否发生重大变化，是否对公司运营产生重大影响		
	核心员工认定的依据，2年内核心人员是否发生重大变化；律师对核心人员的认定全面性发表意见	688008 澜起科技	2019.7.22
	核心人员的认定是否符合行业惯例和企业实际情况		
	请发行人说明：（1）李屹、薄连明等董事、高级管理人员是否存在违反竞业禁止协议的情形，与原任职单位是否存在纠纷或潜在纠纷；（2）核心技术人员的认定依据，郭祖强、王霖、余新所取得科研成果的时间、在公司技术及产品中的具体应用，相关核心技术的形成是否需要长期研发、经验积累，结合公司研发部门主要成员、主要专利发明人、股权激励对象及持股（含原境外公司 APPO 期权激励对象）情况等说明核心技术人员的认定是否全面、恰当；知识产权是否涉及研发人员在原单位的职务成果，研发人员是否违反竞业禁止的有关规定，是否存在违反保密协议的情形；报告期内研发人员的变动情况、研发人员的教育背景、学历构成、研发经历、薪酬水平以及同行业上市公司的对比情况	6888007 光峰科技	2019.7.22
	核心技术人员认定的是否全面	688019 安集科技	2019.7.22
	请确认核心技术人员认定的依据及近两年核心技术人员是否发生重大变化	688010 福光股份	2019.7.22

问题类型	问题	公司名称	上市时间
来自对手	核心技术人员来自竞争对手，是否与竞争对手签署了竞业禁止协议或类似协议？专利技术是否来源于竞争对手？是否采取了有效措施？是否对竞争对手存在重大技术依赖	688008 澜起科技	2019.7.22
关联关系	发行人的核心技术人员也为其他类似业务公司的董事，请核查相关方是否构成关联关系？是否影响发行人的独立性	688010 福光股份	2019.7.22

核心技术人员稳定是发行人业务完整的体现，是发行人具有直接面向市场独立持续经营的能力的要求。中介机构在核查发行人是否符合这项条件时，首先面临如何确定核心技术人员的问题。笔者经总结归类，分别从核心人员变动、知识产权成果产出、最高管理者、减持规定、成果的独立性等方面给出核心技术人员的确定标准。

（1）核心人员变动。对发行人核心技术人员是否发生重大不利变化的认定，应当本着实质重于形式的原则，综合两方面因素分析：一是最近2年内的变动人数及比例，在计算人数比例时，以上述人员合计总数作为基数；二是上述人员离职或无法正常参与发行人的生产经营是否对发行人生产经营产生重大不利影响。变动后新增的上述人员来自原股东委派或发行人内部培养产生的，原则上不构成重大不利变化。发行人管理层因退休、调任等原因发生岗位变化的，原则上不构成重大不利变化，但发行人应当披露相关人员变动对公司生产经营的影响。如果最近2年内发行人上述人员变动人数比例较大或上述人员中的核心人员发生变化，进而对发行人的生产经营产生重大不利影响的，应视为发生重大不利变化。

（2）知识产权成果产出。上海证券交易所（以下简称"上交所"）在《科创板股票发行上市审核问答》中已明确规定，申请在科创板上市的企业应当根据相关人员对企业生产经营发挥的实际作用，确定核心技术人员范围；核心技术人员原则上包括技术负责人、研发负责人、研发部门主要成员、主要知识产权和非专利技术的发明人或设计人、主要技术标准的起草者等。从监管机关的本意来看，重点在于审查技术人员是否具有"核心"的属性。在首轮问询中，也明确要求披露"核心技术人员在研发、取得公司专利技术、集成电路布图设计专有权、软件著作权、非专利技术等方面的具体作用"。反过来说，如果主要知识产权的发明人或设计人由于工作发生变动，而发行人不认定其为核心技术人员的情况，会引起上市委的关注。例如，铂力特，在前两轮问询中，上交所已就其核心技术人员的认定提出多次问询，上市委会议时，铂力特仍然被要求"结合程锦泽、张薇等10余名离职人员的专利发明情况，说明不将他们认定为核心技术人员的理由和依据，最近2年发行人核心技术人员是否有重大变化"。

（3）最高管理者。《上海证券交易所科创板股票上市规则》（以下简称《上市规则》）中将"核心技术人员"与企业控股股东、实际控制人、董事、监事、高级管理人员、核心业务人员等概念并列，可见"核心技术人员"应当区别于高级管理人员或者核心业务人员。前述我们对"技术人员的识别"中分析到："经济技术实力较弱的中小型企业的发明人通常是最高管理者"，这类企业的知识产权成果的主要产出者是最高管理者，那么"核心技术人员"又不能被认定为最高管理人员，那么就出现难以确定"核心技术人员"的局面。这就提示即将申请科创板上市的企业，在知识产权布局之初，就要全盘考虑发明人或设计人的实际情况，后面还会举例说明专利发明人的重要性。

（4）减持规定。《上市规则》中对于上市时盈利的企业，上市公司核心技术人员减持本公司首发前股份的，应当遵守下列规定：

（一）自公司股票上市之日起12个月内和离职后6个月内不得转让本公司首发前股份；（二）自所持首发前股份限售期满之日起4年内，每年转让的首发前股份不得超过上市时所持公司首发前股份总数的25%，减持比例可以累积使用。

上述核心技术人员的减持规定，参考了主板与创业板对高管人员的锁定与减持限制，上交所意图通过股份限售、减持制度使核心技术人员与上市公司达成紧密的利益绑定，对于持有股权的公司重要人员来说，作为"核心技术人员"要承担一定的获利风险。股权激励作为绑定人才的一种常见手段，股权激励方案设计得当，不仅能够激发核心技术人员的创新积极性，提升企业的盈利能力，还能有效地降低人才的流失率，避免造成研发成本上升、研发进度不确定等负面影响，帮助企业实现长期稳定发展的目标。因此对于核心技术人员的股权激励方案一方面考虑其为公司做出的突出贡献，另一方面要考虑减持规定对于核心技术人员自身的利益限制。

（5）核心技术人员技术成果的独立性。核心技术人员的背景还将对判断创造技术成果是否具有独立性造成影响。例如，邀请高校教师为兼职人员对企业的技术研发提供支持，如果需要将其认定为核心技术人员，企业应当对其兼职的合法性和独立性进行充分的说明。克来机电在 IPO 过程中的公告文件显示，其部分主要核心技术人员曾在或正在上海大学担任教师，发审委对此反馈要求发行人进一步说明相关技术成果的独立性。克来机电中介机构回复称，国家未对高校教师在不影响本职工作的前提下进行兼职科研做出限制性规定，同时出具了相关教师在高校考评合格的证明以及上海大学对学校教职员工在不违反国家限制性规定的情况下兼职不持异议的说明。其在回复中着重介绍了技术形成的过程，对有关技术不属于上海大学职务创造成果或者高校教师个人创造成果进行了充分的论证，同时取得了上海大学确认不存在技术权属纠纷的说明。

随着科创板市场越来越成熟，审核制度也会日趋完善，那么对于拟上市企业做好知识产权相关技术人员的储备工作也将成为工作重点。

1.3　人工智能作为特殊"技术人员"

2020 年 4 月，USPTO 公布了一项裁定结果，声称人工智能不能被列为发明人。目前，只有"自然人"才有权利获得专利。2019 年，两项相对平凡的专利——一种可变形的食品容器和一种应急手电筒——给全世界的国际专利法规提出了一个存在的问题：发明人必须是人吗？这两项发明是物理学家和人工智能研究者 Stephen Thaler（斯蒂芬·泰勒）创造的人工智能系统 Dabus（达普士）的作品。USPTO 裁定，Dabus 和其他任何人工智能都不能被列为专利申请中的发明人。

在此之前，美国专利法对人工智能是否可以发明的规定一直都很模糊，指的是"个人"作为合格的发明人。Stephen Thaler 和部分专利法专家认为，由于 Stephen Thaler 在容器或手电筒方面没有任何专业知识，也没有帮助 Dabus 制造这些发明，因此把斯蒂芬·泰勒列为发明人是不合适的。而英国知识产权局（IPO）和欧洲专利局（EPO）根据当地禁止非自然人发明的专利法，Dabus 的专利也同样被驳回（EP 18275163 和 EP 18275174），美国紧随其后，规定"只有自然人可以在专利申请中被列为发明人。"

弱人工智能的应用从属于人类，受人类控制，不可能成为发明创造独立完成的主体。而在强人工智能场景下，问题就变的非常复杂。强人工智能能够达到与人类完全相同的智能，人工智能有了自己的创造力和智慧，人所能完成的"发明创造"同样也可以由强人工智能来完成。美国科学家库兹韦尔（Kurzweil）甚至预测，在 21 世纪中叶，非生物智能将会 10 亿倍于今天所有人的智慧。人工智能作为特殊"技术人员"，是否赋予其"主体资格"，美国和欧洲等国的哲学家、科学家、法学家在过去的一段时间内对此有过激烈的争论。2016 年，欧盟委员会法律事务委员会向欧盟委员会提交动议，主张以"电子人"（electronic persons）身份定位最先进的自动化机器人，除赋予其"特定的权利和义务"外，还建议为其进行身份登记和开立账户，使其像自然人一样纳税、缴费和领取养老金。虽然欧盟委员会已经否决了该项法律动议，但是该项动议本身及其所带来的关于智能机器人主体资格的讨论，对传统的民事主体制度造成了冲击。2017 年，沙特阿拉伯政府宣布授予"女性"智能机器人"索菲娅"（Sophia）公民资格，这就意味着具有公民资格的"索菲娅"与其他沙特阿拉伯公民一样，在法律层面拥有各项权利。当然，这是一件极其个别的法律事件，但不可否认也是一个令人震惊的事件，机器人的主体资格问题已然出现[7]。

从整体发展趋势来看，人工智能通过深度学习，可以自行筛选、收集数据，并对数据进行自我学习，进而脱离自然人原本设定的算法程序，自主解决新的问题，独立完成发明创造，人工智能的角色将从辅助工具变成"创造者"。人工智能作为特殊"技术人员"，其产生的技术成果归属存在争议，即使未来法律赋予人工智能以发明人资格，在人与人的社会关系中，机器人也无法像人那样理性并真实地享有权利、履行义务和承担责任。人工智能的发明创造活动有众多主体参与，其中与专利权利归属最为密切的主体有：算法程序的作者、人工智能的所有者和应用操作者（用户）。当这三者为同一主体时，则人工智能发明创造的权利应当归该主体所有。当这三者分别为不同主体时，可以就人工智能发明创造的权利归属问题进行事前的约定；若事前没有约定，则应当根据这三者在发明创造活动中所作贡献的重要程度进行判断[8]。

2　技术人员的"技术"态势分析

从申请人或专利权人的机构入手，能够分析出该机构的技术布局情况和技术发展动向，但是专利法规定申请人或专利权人不能是课题组或科研团队，例如申请人可以是北京理工大学，不可以是北京理工大学某某创新团队。想要分析某大型机构的技术团队时，就要从团队中的技术人员入手，分析团队中的技术人员组合。获取团队中的技术人员名单通常有以下几种方式：官网机构介绍、论文作者热词聚类、专利分类号统计分析、技术人员共现关系分析等。

2.1　技术人员共现关系分析

技术人员共现关系分析，也叫创新网络分析。基础统计分析大多是对专利著录项目进行统计，专利著录项目中大多都只包含一个元素，例如一篇专利只会有一个申请日、一种专利类型和一种法律状态，但也有一些著录项目会包含多个元素，例如一篇专利可以有多个申请人、多个发明人、多个分类号等。这些具有多个元素的字段，包含着各元素之间的关联关系，例如申请人合作关系、发明人合作关系，这些关系我们称之为共现关系，相对应的分析即共现分析。以北京理工大学仿真领域为例，在 Patentics（索意互动）平台上检索"仿真 AND ANN/北京理工大学"，对发明人进行分组，第一次分组选择"第一发明人"，第一发明人一般都是学科带头人，第二次再分组时，选择"发明人"，则可将所有与第一发明人有合作关系的发明人统计出来。再用"可视化—高维图—关系图"生成一个发明人关系图（见图 9）。

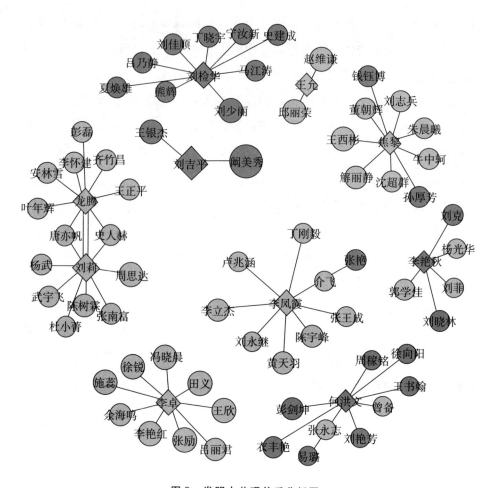

图9 发明人共现关系分析图

基于北京理工大学仿真领域发明人关系图可以看出每一个第一发明人（方形节点）周围都被多个合作发明人包围，说明北京理工大学在仿真领域有多个发明（科研）团队。

2.2 技术人员的技术分布

关于技术人员的技术分布可以通过技术聚类分析与分类号分析得出相应结果。

2.2.1 技术聚类分析

聚类分析是采用数据挖掘中聚类分析手段对数据进行分析的方法，聚类分析有助于分析隐含在专利数据中不易于直接统计得出的信息，特别适合挖掘数据中的趋势、模式等特征。通过技术聚类分析，可以了解技术布局、技术发展态势、技术路线规划等。

　　本文通过分析北京理工大学某创新团队的技术人员，来分析该创新团队的技术聚类和技术发展路径。首先，将团队成员作为发明人检索入口，得到团队成员申请的专利，然后，对这些专利进行技术分组，将这些专利自动通过智能语义聚类归成 8 类（见图 10）。

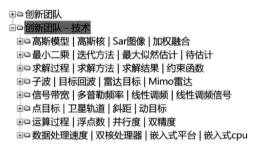

图 10　创新团队技术聚类

　　接下来绘制技术路线图。技术路线图中，横轴是时间轴，因此，首先要将这些数据按申请日分组（分析近十年的数据，选择申请日是 2010—2019 年），然后，对每个申请日节点进行技术聚类，找出每年的技术侧重点。再绘制可视化图表，即可生成该创新团队近十年的技术路线路（见图 11）。

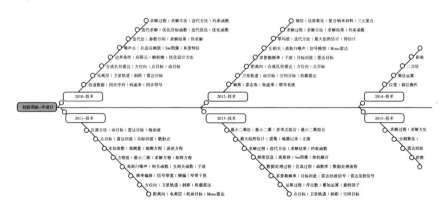

图 11　创新团队技术路线

从图11的技术路线图（为了显示效果，截取了部分图）能够看出该团队每一年的技术出现、延续、消失的情况，因此得知团队的技术研发路径和技术侧重点，也能为技术发展规划提供方向。

2.2.2　分类号分析

每件专利都有其特定的分类号，可以按照分类号分析发明人的技术构成，从而分析技术团队的技术侧重和技术分布是简单而又有效的方法。

通过主要发明人专利申请趋势气泡图可以看出，明星发明人集中在龙腾、曾涛、胡程、陈禾四个发明人，从2009年开始，申请的专利数量持续增加，至2013年数量达到最多，其后申请量保持稳定（见图12）。

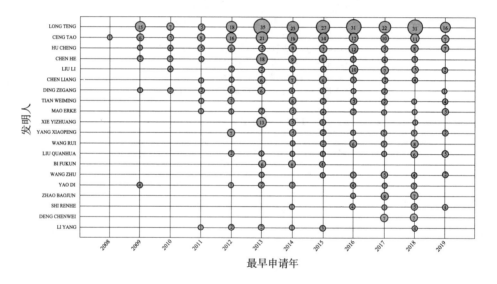

图12　主要发明人专利申请趋势

通过主要发明人技术构成图可以看出，G01S13/90合成孔径雷达，G01S7/41回波信号分析，G06F17/50计算机辅助设计，这三个技术分支关注度较集中（见图13）。

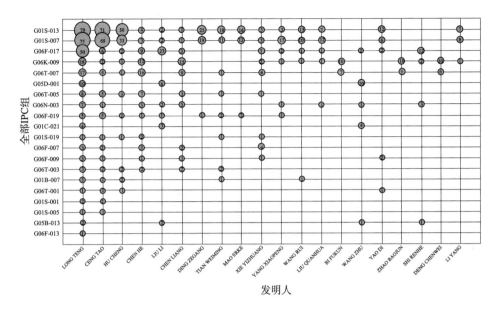

图13　主要发明人技术构成

3　技术人员的风险控制

在知识经济时代，人力资产是组织最为重要的资产之一。尤其对于创新型组织、知识密集型组织来说，人才更是一种战略性资源，而人才引进与流失的过程都可能给企业带来风险。

3.1　企业科技人才流动导致商业秘密流失的主要渠道[9]

科技人才流动与商业秘密的流失有不可分割的联系，科技人才频繁流动不可避免地带来企业商业秘密的流失。

（1）人才的"携密跳槽"。一些企业以金钱和地位等丰厚条件引诱那些了解或掌握竞争企业商业秘密的科技人才，致使这些人才跳槽，这些科技人才利用带走的保密技术和保密信息为竞争企业服务，侵犯了原企业的商业秘密。调查发现，外部企业以高额利润、收买和威胁的手段导致企业员工泄露商业秘密的比重约为 14.50%。

（2）人才在其他单位兼职。本企业科技人才在本企业工作的同时，还在其他企业兼职，将本企业获取的技术信息和经营信息等资源贡献给兼职企业，从而将本企业商业秘密泄露出去。

（3）人才辞职后"另起炉灶"。科技人才具有较高的研究或管理能力，这些人员离职后会利用原企业商业秘密"另起炉灶"，生产或经营同类产品，与原企业争夺市场份额，导致原企业蒙受巨大损失。

（4）人才离退休后继续工作。掌握核心技术的本企业离退休科技人才在办理了离退休手续后，又到新企业任职，泄露原企业的商业秘密。

（5）交易中泄露商业秘密。由于保密意识淡薄，在外来人员进行实习、培训、参观本企业的过程中以及在与第三方的交易活动中，会无意识地泄露商业秘密。据最高人民法院的统计，95%以上的商业秘密侵权案件皆由"员工泄密"造成。

3.2　科研机构人才流动产生的知识产权风险[10]

（1）科技人才离岗或在职创业从事技术开发或成果转化，带走职务成果或泄露技术秘密。

（2）科技人才离职或退休后进入企业或其他科研机构带走职务成果。

（3）通过公开招聘等方式引进的各类高层次人才，有可能存在知识产权的"流入风险"；引进的这类高层次人才大多在从事与原公司或原科研机构相同或相似的研发工作，这就涉及原单位知识产权保护的问题，尤其是对于从事技术应用和开发的专业人才更为敏感。如果用人单位不对新入职的科研人员进行较为严格的背景调查，与其原供职机构建立联系，有可能导致科研人员的研发成果被原供职机构起诉侵权，科研机构高价引进的科研人才就有无法走出国门的风险，其成果也将很难走向国际市场。

（4）客座教授、外专项目"千人计划"、特聘研究员等柔性引进人才与研究生和博士后等流动人员离开本单位后，将工作或学习期间产生的科研成果带离本单位。

4　技术人员管理的大数据模型

技术人员管理贯穿在企业或科研机构的各个环节中，技术人员管理的全过程模型包括：入职管理模型、过程管理模型、离职管理模型。

4.1　入职管理模型

知识产权尽职调查在企业或科研机构新员工入职时应广泛使用，以明确该员工所使用的技术是否能自由实施，避免产生知识产权权属纠纷。苏州某医疗器械公司，从美国引进一名海归，在其入职不到半年时，美国公司一纸诉状，同时状告该员工和公司侵犯其商业秘密，判赔额高达 20 多亿美元，其中该公司赔款 8 亿美元。发生这个事件的原因是企业没有做好知识产权管理，对于新员工的入职管理没有开展相应的知识产权尽职调查。开展知识产权尽职调查，首先要明确技术人员之前的工作轨迹，甚至包括其求学轨迹。但某些技术人员具有军工背景，或者技术来源不愿意透露，而公开的知识产权信息少，且未公开核心技术，采用传统的尽职调查不能准确排查其存在的潜在风险，最简单有效的方法就是签署免责协议，明确其所使用的技术能够自由实施，如果产生知识产权权属纠纷，后果由其本人自行承担。一旦发生诉讼纠纷，公司有相应的记录和证明文件，避免经济和商业上的损失。因此，做好企业的知识产权管理工作在企业的实际运行中起着至关重要的作用，严密的程序管控，详细的文件记录，这些工作能将企业风险降到最低，防患于未然，防止引火烧身。

人才是企业和科研机构的创新基础，是企业和科研机构最重要、最宝贵的资源，引进并留住优秀的人才是战胜对手的最佳途径。本文不深入探讨人才引进的方式和途径，只提供优秀技术人员的筛选模型，使用人单位能够精准定位所需人员。

（1）四象限模型。在技术人员识别章节提到了四象限模型，除了识别机构的技术人员，该模型同样可以筛选优秀技术人才。该模型从专利质量和专利申请量对发明人进行区分，按照这种方法，发明人在组合分析中可分为 4

类：①优秀发明人，专利申请量和专利质量均较高；②高质发明人，专利申请量少，专利质量高；③普通发明人，专利申请量和专利质量均较低；④高产发明人，专利申请量多，专利质量低。按照这种划分方法，可以为人才引进对象的选择提供参考。例如，优秀发明人很可能是团队的领军人物，推荐引进，但引进难度较大；高质发明人，因为申请数量与从事该领域工作的年限有关，即使专利申请数量不高，但高质量的专利技术表明其有相当的实力，是人才引进的重点推荐对象；而多产及普通发明人的引进，就需要结合其他因素综合考虑。按照上述方法，在 Patentics 数据库中，选择"石墨烯"领域排名前 30 的国内发明人进行分组，然后通过可视化—二维图—四象限分析图，将专利发明人分为四类（见图 14）。

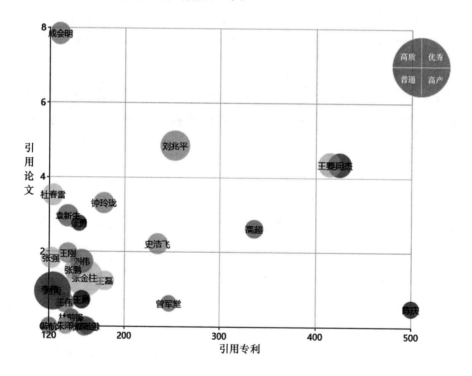

图 14　四象限模型图

第一象限的发明人王要兵、周明杰属于优秀发明人，是石墨烯领域的明星发明人；位于第二象限的成会明、刘兆平属于高质发明人，是具有技术实力的潜在优秀发明人；位于第四象限的陈庆、高超属于高产发明人，专利数量多，但需要进一步判断，是否如前述某些高层管理者作为发明人的情况。作为优秀发明人和高质发明人，都能作为潜在被引进的对象，再综合年龄、工作职位、地域等实际情况得到筛选结果。

（2）被引模型。前述"技术人员的识别"的章节中提到的被引模型，被引量直接反映了专利质量或论文质量，如果被专利引用次数和论文他引数都高，说明是明星发明人；如果被论文引用次数高，可以作为科研机构的学术人才引进；如果被专利引用次数高，可以作为企业人才引进的重点关注对象。按照上述方法，在 Lens. org 中，选择石墨烯领域的论文，其中国内机构被专利引用的论文数量为 3963 篇，数量靠前的机构排名，如图 15 所示。

图 15 石墨烯领域论文被专利引用数量排名前 20 机构

中国科学院在石墨烯领域的研究领先（744 篇），其次是清华大学（243篇）、北京大学（147 篇）、浙江大学、中国科学技术大学、复旦大学、上海交通大学等。对排名前 20 的机构中的论文作者进行被引分析（见图 16），Hui – Ming Cheng（成会明）有 31 篇论文共被专利引用 267 次，被其他论文引用高达 16622 次；Wencai Ren（任文才）有 14 篇论文共被专利引用 215 次，被其他论文引用 8646 次；Songfeng Pei（裴嵩峰）仅 6 篇论文就共被专利引用 169 次，被其他论文引用高达 6923 次。被引量排名靠前的论文作者，是石墨烯领域的顶尖人才，引进难度较高，也可进一步详细分析其科研团队，将顶尖团队的技术骨干作为引进对象。

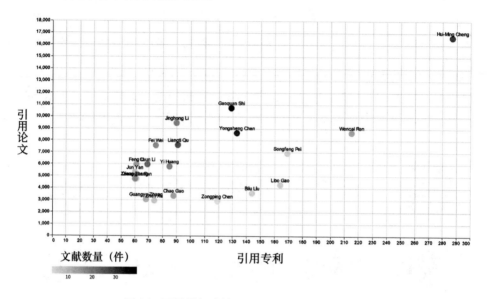

图 16 石墨烯领域被引量排名靠前的论文作者

4.2 过程管理模型

技术人员的过程管理通常是针对一个研发实体的技术团队而言的，在创新过程中，技术团队的整体技术发展趋势，能够反映出技术的演进与延伸，优秀的技术团队在某个技术领域的技术应该不断突破，并横向扩展。本文仍然以北京理工大学的某创新团队为例，分析该团队近十年的专利技术发展趋势（见图 17）。

该团队在 G01S – 013、G01G – 007、G06F – 017 的三个技术分支有较多数量专利，可以看出这三个技术分支是重点研究领域，而且每年的专利申请量较平均，说明该团队的研究方向明确，研发成果产出处于平稳状态，并没有申请量突增的情况；此外，从 2013 年开始，G06K – 009、G06T – 007 两个技术分支的专利申请开始增多，并且这两个技术分支也在稳步产生出技术成果。

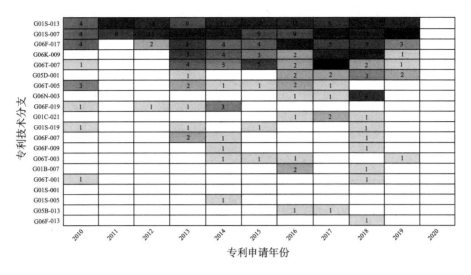

图17　创新团队技术构成

但是对于优秀技术团队来说，核心技术领域的专利申请会逐年增加，成果产出会呈上升趋势，并且伴随其他技术分支的不断出现，研究领域呈现多元化。因此，对团队技术领域的发展趋势进行分析，能够帮助研发实体明晰研发方向是否集中、研发活动是否持续、研发创新是否多样，以帮助研发实体适时调整技术人员结构，匹配相应的资源，做好技术人员的过程管理。

在全球竞争日趋激烈的大背景下，知己知彼，才能百战不殆。在企业的经营管理过程中，应评估自身的技术实力水平，时刻了解自身所处的行业地位，明确自身的竞争优势，及时调整研发方向。通过专利大数据分析团队专利和同领域专利的各项指标竞争关联关系（见图18）可以看出，"平均权利要求长度"和"近5年新产生的专利"的两个指标高于全球同行业平均标准，可见该团队授权专利的稳定性较好，而且在最近几年的研究活动比竞争对手活跃。被引中主要来自其他申请人而不是本人的在后申请，并且其他申请人有相对集中的情况，说明与本团队研究领域相似的其他申请人是相对固定的几家，可重点关注。而总的国际专利分类（international patent classification，IPC）分布较广，但是平均IPC分布值较低，则说明整个团队的研究领域较多，但是与同行业的竞争对手相比，研究领域并不广泛。独创性和通用性低于同行业平均水平，后引中非专利参考文献占所有引用比例较低，这些都说明技术创新性不高。此外，缺少整体防御的系列申请，转让频率也较低，说明应该从整体上把握专利布局。

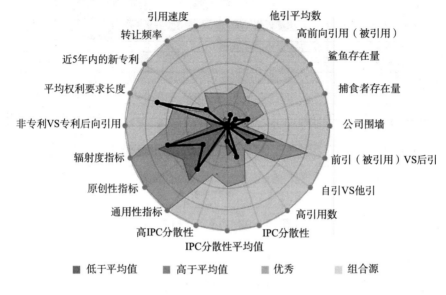

图 18　创新团队竞争关联关系

通过以上分析可知，技术人员的过程管理可以从团队专利技术的数据挖掘入手，得到技术发展趋势、团队竞争实力等分析结果，适时调整技术布局策略。而技术的实施者是技术人员，根据技术团队的不同发展阶段动态地选择合适的技术人员，合理配置资源，使人员管理的层次性与企业发展阶段性相匹配。同时，还应注重梯队式管理，防止由于重要技术人员流失而造成技术停滞的风险。

4.3　离职管理模型

优秀技术人员是企业可持续性发展的动力，人才流失现象是各类企业面临的共同问题。按员工离职意愿分为主动离职、被动离职和自然离职三种，根据中国劳动力市场的调查研究，约80%的离职属于主动离职，做好这部分离职管理至关重要。主动离职原因包括企业的竞争力下降，员工职业生涯发展受到阻碍，薪酬与绩效设置不合理，工作满意度不高等。优秀技术人员流失一定程度上导致企业管理成本增加，企业创新能力下降，管理出现隐患。

技术人员的流动，相比于其他行政管理人员、普通员工来说，有可追随的路径，企业可采用数据挖掘技术，动态追踪技术人员离职去向，深入分析人才流失相关数据，优化人力资源管理，避免出现因人才流失而给公司带来的知识产权风险，也可以减缓企业由于大量人才流失重新招聘而导致的各项成本增加。

通过分析家电行业的两家重量级企业——珠海格力电器股份有限公司（以下简称"格力电器"）和宁波奥克斯电气股份有限公司（以下简称"宁波奥克斯"），建立人员流动数据模型，从而追踪技术人员流动去向。2019 年 6 月 10 日下午，格力电器通过官方微博和微信公众号向国家市场监督管理总局实名举报宁波奥克斯，指后者生产销售的空调产品不合格（宁波奥克斯生产的部分型号空调产品与其宣传、标称的能效值差距较大），宁波奥克斯于当天晚间通过官方微博发布声明称，格力电器不实举报属于明显的不正当竞争行为。格力电器和宁波奥克斯两家企业恩怨由来已久，仅 2017 年、2018 年两年，宁波奥克斯被法院判决侵犯格力电器 6 件专利权，其中已终审判决 4 件，赔偿额 530 万元，已一审判决 2 件，赔偿额 4300 万元；同样，宁波奥克斯用 3 件实用新型专利，向宁波中级人民法院起诉格力电器侵权。格力电器称，宁波奥克斯通过各种不正当方式挖走格力电器 300 多位研发、质检等部门的核心骨干人员，宁波奥克斯通过挖人窃取格力电器的核心技术和研发中的最新的项目信息。

笔者利用 Patentics 检索中国发明实用库中的格力电器和宁波奥克斯的所有专利，在主搜索框中输入 ann/（格力 or 奥克斯），然后将检索到的 58393 项检索结果导入分类器，进行发明人分组，这些发明人有的只在格力电器申请专利，有的只在宁波奥克斯申请专利，筛选的发明人是在格力电器和宁波奥克斯都申请过专利，那么对所有发明人进行标准化申请人分组，再经过修剪节点，去掉只有一个申请人的节点，得到的发明人至少在包含这两个公司都申请过专利。如果想要确定是从格力电器跳到宁波奥克斯还是从宁波奥克斯跳到格力电器，只要对节点再进行一次申请日分组，就可以看到在两家企业申请专利的时间前后关系，从而分析出跳槽路径。笔者选择发明人张玉忠，进行可视化—高维图—河流图，得到其跳槽路径及时间（见图19）。发明人张玉忠 2014 年从格力电器跳到宁波奥克斯，2014 年之前张玉忠在格力电器有 127 件作为发明人的专利，2014 年之后张玉忠在宁波奥克斯有 383 件作为发明人的专利。

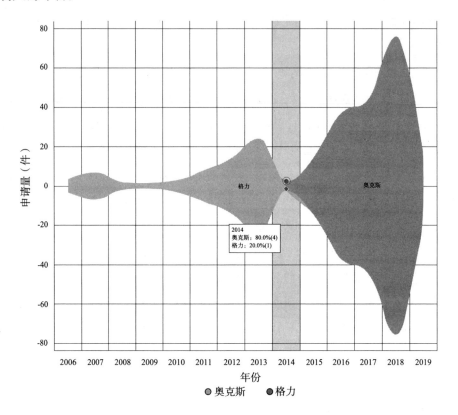

图 19 人员流动图

大多数企业将员工离职视为是企业的"负债"，认为员工离职会企业带来一些直接或间接损失，所以不愿意再投入人力、物力对离职员工进行延续管理[11]。据调查显示，"财富 500 强"企业通过制订回聘制度，返聘离职员工，平均每个企业每年能节约 1200 万美元的人力成本，企业应该重新认识离职员工价值，他们是被企业所忽视的重要潜在"资产"。优秀离职员工回聘，能减少员工培训成本，大幅提高工作效率，离职员工还可能为企业推荐优秀人才，减少企业的招聘成本，并且离职员工可能成为企业的合作伙伴，为企业带来更多商业机会。因此，掌握优秀技术员工的离职去向，关注其在该领域的技术动态，适时采取回聘工作，将为企业赢得新一轮竞争优势。

5　增值效应机制的构建

目前我国设立独立的职能部门对知识产权进行有效的管理的企业并不多，尤其是中小企业，通常是由技术开发人员或者是行政人员兼任知识产权管理人员，对企业的知识产权进行申请、缴费等简单的流程工作。在缺乏专业知识产权管理人才的情况下，许多企业通过委托外部机构和专业人员进行相关的专利申请、商标注册、缴纳年费等一般日常事务。在企业知识产权初期阶段申请数量不多的情况下，这种方式是相对适宜的。而对于创新型企业而言，技术在不断的创新，知识产权资产逐渐增多，委托外部机构处理的费用也越来越高，并且外部机构对核心技术理解不深入，知识产权工作没有连续性。研发创新型企业和科研机构需要设立知识产权管理部门，培养专业的知识产权管理人才，为企业提供研发方向，监控竞争对手，规避知识产权风险。

5.1　"技术人员"培训的潜在增值效应解析

国外企业一般视知识产权为企业生命线，注意将知识产权管理融入自身的管理之中。因此，企业比较注重通过宣传普及知识产权知识，对员工进行知识产权教育和培训，提高知识产权意识，特别是提高本企业知识产权保护和运用的意识。例如，日本日立公司和佳能公司都力图让企业员工清楚，知识产权作为企业的经营资源，应当得到充分的保护。富士通公司规定凡是新进员工都要接受专利入门的教育，在公司工作 3—5 年后，则要进一步接受专利教育。相对而言，大多数国内企业对员工知识产权培训方面重视不够，缺乏一套严格、完整的企业知识产权培训体系。

研发实体开展知识产权管理人才培训是为了有效地保护和利用企业的知识产权，为研发实体带来竞争力和持久的发展。要做到这一点，从事知识产权管理工作的人员就需要有过硬的专业素质和强烈责任感，立足于保护研发实体的知识产权。知识产权管理人才属于复合型人才，除了要具有专业知识背景之外，还需要专利法相关的法律知识和数据分析技能。可以通过开设知识产权法、知识产权管理等课程来使这类工作人员了解知识产权的相关法律内容，使他们能够经常、及时地给企业员工开展知识产权普及培训，有力地执行各项知识产权保密制度，应对各类知识产权纠纷和诉讼。数据分析技能就是要能够建立研发实体的知识产权管理信息系统，及时地更新本机构的知识产权数据库，在研发立项初期做出检索分析报告，帮助研发人员确立研发方向，规避知识产权风险。

在建立健全知识产权人才培养制度时，不仅要重视技术研发人员在知识产权意识方面的培养，同时，关注知识产权管理、维护、运营、转化应用等方面人才的培养，建立一支全面的且有梯度层次的知识产权运营管理团队[12]。

5.2 职务发明的权属及奖励

《专利法》第六条对职务发明的规定："执行本单位的任务或者主要是利用本单位的物质技术条件所完成的发明创造为职务发明创造。职务发明创造申请专利的权利属于该单位；申请被批准后，该单位为专利权人。利用本单位的物质技术条件所完成的发明创造，单位与发明人或者设计人订有合同，对申请专利的权利和专利权的归属作出约定的，从其约定。"

依据专利法，当发明人与其所在单位就研发创造事先立有约定，协商处理了发明的权属问题，那么一旦出现纠纷，约定优先。此种做法为发明人提供了一种事先选择的权利，就发明的归属，事先同公司协商约定，可以由某一方单独拥有，也可以由双方共同掌握。可见，即使在研发过程中，发明人的确利用了单位的资源，发明人可以就权属进行事先的约定来保障其自身的权益。

在现行法律法规中，职务发明奖酬主要包括一奖二酬。一奖指职务发明获得授权后，单位应当给予发明人一定的奖金；二酬指单位自己实施或许可他人实施职务发明，应当从获益中提取一定比例作为报酬，支付给发明人或设计人。

国家对于职务发明的奖励制度出台了一系列的法律法规（见图20），早期的《中华人民共和国促进科技成果转化法》中规定：职务科技成果转化后，由科技成果完成单位对完成、转化该项科技成果做出重要贡献的人员给予奖励和报酬，并且规定了对完成、转化职务科技成果做出重要贡献的人员奖励和报酬的方式和数额。《国家中长期人才发展规划纲要（2010—2020 年)》和《关于进一步加强职务发明人合法权益保护促进知识产权运用实施的若干意见》都提到要明确职务发明人权益，提高职务发明的报酬比例，并规定了具体报酬数额。作为创新主体的高校，西南交通大学在现有法规的基础上，根据学校实际情况，制订了《西南交通大学专利管理规定》，将学校从转让或许可净收益中（扣除相关费用）提取 70% 分配给职务发明人，调动了职务发明人的积极性。近期，由教育部、国家知识产权局、科技部联合出台的《关于提升高等学校专利质量促进转化运用的若干意见》中，规定优化专利资助奖励政策，通过提高转化收益比例等"后补助"方式对发明人或团队予以奖励。

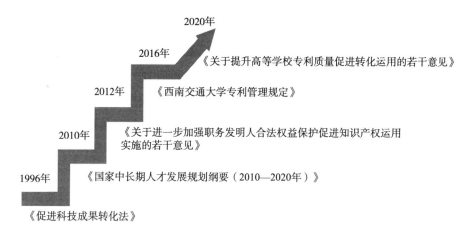

图 20　职务发明有关法律法规

5.3　多维度的人才激励措施

据研究，明星发明人的离开会导致网络中部分发明人的核心地位下降，减少其他发明人获得知识的渠道，必然会影响创新绩效。这便是人力资源管理中面临的一个难题——如何留住人才。企业应根据明星发明人的地位，采取不同的人才激励政策以留住人才，如优秀的企业文化、足够的发展空间及科学有效的人才评估体系等。

从人才激励方式的构成来看，其往往包含物质奖励与非物质奖励，一般情况下，在人才激励措施中，物质激励能够起到立竿见影的效果，包括：浮动绩效、年终提成、特殊贡献、岗位分红等。企业要实现长远发展，需要逐步建立物质与非物质双重激励的模式，在注重物质激励的同时，不可忽视非物质激励的作用。例如，企业要逐步完善荣誉奖励体系，发挥荣誉激励作用。此外，国有企业还需要逐步完善福利管理制度等，在日常的工作中加强与核心人才的沟通与联系，解决核心人才工作、生活中的困难等，为核心人才提供基本保障。

6　总结

本文通过案例建立了技术人员的识别模型、从技术人员入手的技术态势分析模型、技术人员管理的全过程模型，对技术人员进行了多维度的全息画像。同时，围绕大数据时代的人力资源管理讨论了技术人员的风险控制、技术人员的激励机制及人才培训的增值效应。通过全息画像技术对技术人员的研究实践表明，大数据分析应用于人力资源管理，使传统的管理理论产生了颠覆性的变革。在目前的商业决策中，90% 的时间在搜集和整理信息，10%的时间做决策，而采用全息画像技术能够快速准确地获取信息资源并能为决策提供有效的参考依据。

参考文献

［1］张秀玉．数字经济时代人力资源管理转型［J］．知识经济，2019（19）：104 - 105.

［2］吴红．二十世纪以来发明人群体变化研究［J］．自然辩证法研究，2018，34（9）：15 - 20.

［3］吴菲菲，李倩，黄鲁成，等．明星发明人识别与角色分析：来自机器学习领域的实证［J］．科技进步与对策，2019，36（14）：131 - 140.

［4］孙笑明，李瑶，王成军，等．基于专家研讨思想的发明人姓名消歧研究［J］．情报科学，2019，37（4）：116 - 121.

［5］吴小文，文雯，牛丛丛，等．文献计量在科研创新人才评价中的研究进展［J］．江苏科技信息，2017（26）：17 - 19，28.

［6］杜建. 一个用于评价学术研究对创新的影响的指标——基于 lens. org 平台上专利引用论文的链接数据［EB/OL］. （2017 – 08 – 11）［2020 – 06 – 15］. http：//blog. scien-cenet. cn/blog – 335532 – 1070594. html.

［7］吴汉东. 人工智能生成发明的专利法之问［J］. 当代法学，2019，33（4）：24 – 38.

［8］邓建志，程智婷. 人工智能对专利保护制度的挑战与应对［J］. 南昌大学学报（人文社会科学版），2019，50（2）：15 – 24.

［9］李娇，李恩平. 科技人才流动与商业秘密保护［J］. 中国劳动，2014（7）：43 – 46.

［10］盖敏强，崔旺诚，葛飞. 新形势下科研机构人才流动的知识产权风险及其对策［J］. 科技导报，2019，37（19）：6 – 11.

［11］汪玲漂. 离职员工延续管理［J］. 企业管理，2017（10）：95 – 96.

［12］杨喆，刘刚，孙健明. 高新技术企业知识产权人才培养问题与发展途径［J］. 企业技术开发，2017，36（4）：119 – 121，124.

如何保障组织 IP 资产的安全

赵 欣

作者简介

赵欣，中规（北京）认证有限公司培训与运营部副部长，中规学院副院长、专家级讲师。具有二十余年知识产权从业经验。在知识产权与标准（资产、信息安全、风险等）领域有较为深入的研究。著有《企业知识产权管理规范——实操手册》，组织编写《名企聊知识产权》。

近年来，随着知识产权战略的深入实施，我国专利已进入快速发展时期。2019 年 11 月，第一个以中共中央办公厅、国务院办公厅出台的知识产权保护工作纲领性文件《关于强化知识产权保护的意见》（以下简称《意见》）印发了。《意见》针对我国知识产权保护的现存问题，做出了针对性部署，明确了推动知识产权"严保护""大保护""快保护""同保护"，促进保护能力和水平整体提升。

2020 年 2 月 21 日，教育部网站发布了《教育部 国家知识产权局 科技部关于提升高等学校专利质量促进转化运用的若干意见》明确提出：停止对专利申请的资助奖励，大幅减少并逐步取消对专利授权的奖励，可通过提高转化收益比例等"后补助"方式对发明人或团队予以奖励。将专利转移转化等科技成果绩效作为一流大学和一流学科建设动态监测和成效评价以及学科评估的重要指标，不单纯考核专利数量，更加突出转化应用。同时，反对发布并坚决抵制高校专利申请量和授权量排行榜。

从教育部、科技部到国家知识产权局，各类政策都在引导将知识产权做深做强，由之前的鼓励申请向后期的应用转化。因此，专利的价值将是未来在转移转化应用于市场的前提条件。以往谈到专利价值，基本是从技术、经济、法律三个方面来进行界定的。本文将从资产角度谈一谈组织应从哪些方面对知识产权资产进行合理管控，使其为组织贡献资产价值。

那么，我们先来盘点一下组织的资产吧。大家很容易想到房产、生产设备、实验设备、办公设备等资产，这些资产统称为实物资产。在国际标准 ISO 55000资产管理体系系列标准中对资产的定义是：对组织有潜在价值或实际价值的物品、事物或实体[1]。通俗的说就是能给所有者带来希望与财富的东西。

一般情况下组织的资产为：流动资产、固定资产和无形资产。本文笔者论述的知识产权资产包含上述的无形资产，但不完全等于无形资产。因为无形资产中对专利、商标、商业秘密等基本是其原有价值（已使用成本和资源）。未扩展到这些 IP 诞生的背景、未来使用的资源、付诸行动的人员能力、组织对其未来的期望等。因此，本文所要论述的 IP 资产包括参与其中关键人员的资格、能力、经验对其知识产权产生的影响及贡献（见图 1）。

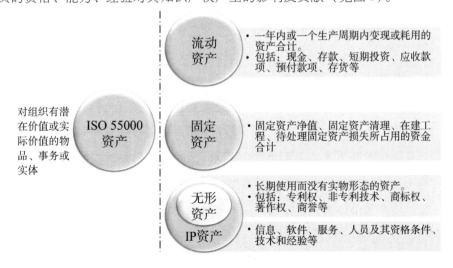

图 1　资产类别

为了更清楚表达 IP 资产与实物资产的不同，笔者以实物资产"设备"与 IP 资产"专利"举例，让我们看看 IP 资产与实物资产的差异。

假如组织计划购进一台生产设备，会了解其价格、产能、生命周期、维修成本等，然后将其核算进该设备所生产的产品成本内，这样就可以推算出产品的利润空间，以此决定是否需要购进该设备。这类账目比较清晰可见，也很好操作与计算。那么，组织计划申请一件专利，即便它还在研发阶段就开始为其画像，根据项目的研发进展情况、文献检索情况、市场需求情况勾勒出未来的价值，那这件专利未来就一定能达到组织的期望吗？很显然是不确定的。专利不像设备，买回来就可用于生产产品，按期做好保养与维护即可，直到它的寿命周期结束。专利诞生后虽然通过评估确定了其价值，但 IP 资产"专利"与实物资产"设备"的投入与产出是不同的，且专利资产的价值基本都是预估，未来是否能达到预期价值，除了评估方法的适用性外，还受到知识产权生命周期的各种不确定性的影响。这就是管理 IP 资产与实物资产的差异。

接下来，笔者将分为两个部分论述知识产权作为组织的重要资产之一，如何保障其安全性。首先，给予哪些资源以及施以何种管控措施使资产保持其生命，不断积蓄能量也就是资产有效性问题。其次，组织通过完善哪些管理方法使资产保持其质量，达成组织期望也就是资产安全性问题。

1 IP 资产的有效性

一般情况下组织是将知识产权作为产品的基本保障。因此，无论申请商标，还是申请专利更多的是靠近产品需求，同时限制同业竞争者。本文笔者将带领大家从资产的视角切入，看看 IP 资产可以为组织带来哪些价值。

站在资产的价值视角，知识产权是否具有市场价值是其中一个重要指标，而不是研发成果的知识产权保护，或为了产品上市后不被侵权而申请专利。那么，为资产筹划合理的资源配置和有效的监控手段将成为资产管控的第一要素。

1.1 合理的资源配置

资源配置的目的是安全性和收益性。通过权衡成本、机会、风险与期望（见图2），让资产配置趋于合理化。利用组织的资源实现资产的增值。

图2 资源配置要素

（1）成本：为过程增值和结果有效付出的资源代价。其所耗费资源的货币表现及其对象化称为成本。组织为了获取专利资产，需付出一定的资源代价，包括人力资源、财力资源和信息资源等。应依据评估结果的预期值确定投入与产出的资源配比，以达到结果与成本的合理配置，让成本更大化地体现其价值。

目标：最佳资源配置，投入产出，控制成本浪费。

方法：评定级别、风险系数、期望系数、可投成本。

（2）机会成本：利用一定的时间或资源获取或生产一种商品时，而失去利用这些资源获取其他最佳替代品的机会就是机会成本。组织依据经营战略对专利的投入进行利弊评估，包含关键点、要害点等。判断哪些专利资产具有潜在机会，或者是成功的概率较高，依此进行机会的给予。

专利诞生于创新过程中，创新管理已成为各类组织热议的话题，无论组织的规模或业务类型如何。管理创新是价值创造和未来发展的重要前提。然而，IM（创新管理）如何以最有效的方式产生机会，需要定期进行评估。推荐组织参考国际标准 ISO 56002 创新管理体系系列标准提出的促进 IMA（创新管理评估）设计和实施的七条原则：为组织增加价值、挑战组织的战略和目标、激励和动员组织发展、及时并聚焦未来、考虑具体情况并促进采用最佳实践、灵活而全面、一个有效和可靠的过程。

组织若想使用 IMA，就需要对 IM 绩效进行全面的了解。因为 IMA 的范围旨在进行全面评估，涵盖 IM 的所有方面，可提供必要的见解用以揭示业绩差距的根本原因，这些差距导致创造机会的错失或创新投资的浪费。IMA 覆盖的对象包括：创新战略、创新组织和文化、创新（生命周期）过程、创新促进因素、创新结果[2]。

目标：避免平均主义，发现特色与潜力，给予顺畅通道。

方法：分类分级，识别方法，评估方法，判断准则。

（3）风险：生产目的与成果之间的不确定性。资产存在是为了给组织以及与其相关方提供价值，价值是组织和其相关方根据组织目标确定的。换句话说，组织的战略目标会随着组织内部与外部环境的变化做出调整，资产的价值因此也会随之发生变化。组织内部与外部环境的变化会形成潜在风险，对风险的识别、分析与处置方式是否恰当将直接影响组织战略目标的实现与资产的价值变化。

常用的风险评估技术包括：头脑风暴法、失效模式与影响分析、事件树分析法、故障树分析法、风险矩阵法等。下图为国际标准 ISO 31000 风险管理体系系列标准中给出的风险评估技术的特点的简单比较（见表1）[3]。

表1　风险评估技术特点比较

工具与技术	风险评估过程				
	风险识别	风险分析			风险评价
		后果	可能性	风险级别	
1	头脑风暴法	SA	A	A	A	A
2	结构化或半结构化访谈	SA	A	A	A	A
3	德尔菲法	SA	A	A	A	A
4	情景分析	SA	SA	A	A	A
5	检查表	SA	NA	NA	NA	NA
6	预先危险分析（PHA）	SA	NA	NA	NA	NA
7	失效模式影响分析（FMEA）	SA	NA	NA	NA	NA
8	危险和可操作性分析（HAZOP）	SA	SA	NA	NA	SA
9	危险分析和关键控制点（HACCP）	SA	SA	NA	NA	SA

	工具与技术	风险评估过程				
		风险识别	风险分析			风险评价
			后果	可能性	风险级别	
10	保护层分析法（LOPA）	SA	NA	NA	NA	NA
11	结构化假设分析（SWIFA）	SA	SA	SA	SA	SA
12	风险矩阵	SA	SA	SA	SA	A
13	人因可靠性分析	SA	SA	SA	SA	A
14	以可靠性为中心的维修	SA	SA	SA	SA	SA
15	业务影响分析	A	SA	A	A	A
16	根原因分析	A	NA	SA	SA	NA
17	潜在的通路分析	A	NA	NA	NA	NA
18	因果分析	A	SA	SA	A	A
19	风险指数	A	SA	SA	A	SA
20	故障树分析	NA	A	A	A	A
21	事件树分析	NA	A	SA	A	NA
22	决策树分析	NA	A	SA	A	A
23	蝶形图分析（BOW‐TIE）	NA	A	SA	SA	A
24	层次分析法（AHP）	NA	SA	SA	SA	SA
25	在险值法（Var）	NA	SA	SA	SA	SA
26	均值—方差模型	NA	A	A	A	SA
27	资本资产定价模型	NA	NA	NA	NA	SA
28	FN 曲线	A	SA	SA	A	SA
29	马尔科夫分析法	A	NA	SA	NA	NA
30	蒙特卡罗分析法	NA	SA	SA	SA	SA
31	贝叶斯分析	NA	NA	SA	NA	SA
32	多指标决策分析（MCDA）	A	SA	A	SA	A

SA（stongly available）非常适用；NA（not available）不适用；A（available）适用

针对某一项资产，如何确定每一项参数的值，以及如何确定各参数之间的关系，最终计算出风险值，取决于组织所选用的风险评估技术的类型。

目标：明确组织环境，风险全过程的监视与测量。

方法：风险识别，风险分析，风险评价，风险处置。

（4）期望：提前对事物勾画出所要达到的期望值。在专利生命周期设立各阶段绩效，组织可根据自身能力和相关制约因素、顾客反馈以及市场占有率、技术发展现状、竞争者绩效等设立各阶段绩效。组织应在每个阶段至少进行一次期望值评审，以确定下一个阶段该专利所处的位置和应投入的成本。

推荐使用记分牌的方式，将当前的绩效水平与期望值相结合，进一步提高组织的创新管理能力和绩效水平（见图3）。

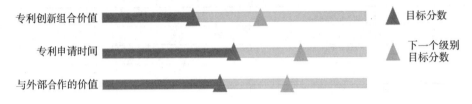

图3　当前绩效和期望绩效水平的计分牌

组织应建立、实施并维护创新愿景，在创新活动中保有追求未来状态的描述，包括组织未来的作用及其创新的预期影响，这样做有利于激励员工自觉的雄心，不断挑战现状，同时作为战略选择的指引，为制订创新战略、方针及目标提供架构，对外提高组织的声誉，吸引相关利益方等。

目标：精细化管理专利资产，尽早发现各阶段资产应处的位置。

方法：项目管理，关键里程碑，绩效指标。

1.2　资产的黄金周期

专利资产的黄金周期也是其生命与价值匹配最重要的时期。具体可分为四个阶段：发明创造阶段、专利申请阶段、专利审查阶段、专利维持阶段（见图4）。生命周期的每个阶段涉及不同的事务和目标，如申请阶段如何撰写高质量专利文件，以获得较好的权利范围、维持阶段通过哪些维度对其进行评估，以满足资产的合理处置等。

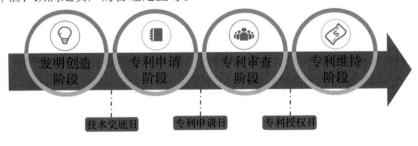

图4　专利资产黄金周期

（1）发明创造阶段：在研发项目立项时介入科技文献的检索与分析，审视研发过程的相关技术方案，并结合市场需求进行深层次的技术挖掘。专利权的授予原则是具备新颖性、创造性和实用性的技术方案。但并不是技术先进性高、复杂程度高的专利价值就一定大。高价值专利可能是基础性的技术入口专利，也可能是承接性的关键节点专利，还可能是前沿性的技术制高点专利。评价专利的价值需要结合技术路线、行业现状、市场前景等多方面的要素进行综合评定。通过研发早期的介入，挖掘出拥有技术含量的方案，再通过市场应用前景的调研与分析，做好专利布局，在专利文件撰写质量方面进行相应的控制，以获得稳定的、适宜的专利权，使专利资产符合组织的技术战略目标，呈现较高的未来市场潜在价值。

目的：找出并实现可以为组织贡献价值的专利（一个或多个、一组或多组）。

方法：检索、分析、挖掘、布局。

（2）专利申请阶段：目前绝大部分国家专利是申请制，因此专利申请的时机、种类、地域是保障专利资产获得的基础，应全面地分析与掌控。说明书的充分公开是专利资产获得的保证，应结合技术与组织的情况确定其程度。技术方案的拓展是专利资产获得的关键，代理人与发明人应充分论证与沟通。权利要求是专利资产的灵魂，保护范围决定了未来的资产价值。专利资产价值体现具有滞后性，从专利申请到转化应用、产生价值，往往具有较长的时间跨度。尤其是价值较高的专利往往需要围绕特定领域进行集中布局，才能真正发挥作用。期间也要考虑所属技术领域、行业领域的发展变化状况对专利价值产生的影响。

目的：保护创新成果、限制竞争对手、扩大合作空间。

方法：分工协作、充分沟通、拓展思路、利用时机。

（3）专利审查阶段：发明专利审查是专利获权的一个重要过程。审查过程涉及专利文件的修正和裁判，是确定法律价值的环节。审查过程中审查员的责任心和专利审查水平，以及发明人或代理人与审查员的交流沟通对专利价值的体现具有关键性的作用与影响。如何正确理解审查意见，并恰当、谨慎地进行修改与答复，积极与审查员进行充分的交流与沟通，以获得经得起实质审查、无效宣告请求、侵权诉讼等一系列行政授权、确权和民事诉讼程序检验、推敲是专利获权的一个重要阶段。

目的：符合设想目标，获得授权范围适宜的专利权。

方法：正确理解、适当拆分、积极沟通、分工协作。

（4）专利维持阶段：也称为专利运营阶段，是专利发挥其资产属性的阶段。这个阶段的专利资产既可能为组织产生直接效益，也可能体现潜在价值，如着眼未来市场的储备性、战略性的基本专利或核心专利。因此，是否维持专利资产的有效性，需要通过多方面、多角度的综合评估，对运营策略与实施进行适当的管控。运营阶段还可以考虑构建集产业价值链、创新链与金融链为一体的规划，这样做能很好地促进资产的转化、激活资产市场价值的运营。

目的：评估预期价值，确定维持成本，正确处置不必要的资产。

方法：技术评估、市场评估、成本评估、运营策略、人才储备。

1.3　有效的管控措施

专利作为组织的资产，有效管控也可以分为三大步，从资产需求的设想开始到资产的最终处置，包含对潜在的处置后责任的管理等，使处于不同阶段的 IP 资产在可控的状态下发挥其最大潜能，为组织资产赋值。

第一步，资产布局。专利资产价值的提升，不仅是指单一专利，更多是针对系列专利的组合，一般包括基础专利、核心专利、外围专利等。综合考虑专利的技术、法律、市场、战略、经济等维度，建立满足技术领域、市场领域、符合组织战略、能支撑产业发展、具有国际竞争力的高质量专利和专利组合。

专利随组织的创新活动而产生。组织的创新活动有很多不确定性，特别是在创新的初期阶段。它们是探索性的，以搜寻、试验和学习为特征。随着创新活动过程的推进，依据所获取的知识，突破技术难题或壁垒，不确定性可能会逐渐减少。当然不确定性也可能会随之增加，这就是我们常说的创新过程的风险。

创新过程的风险来自于多方面：①未成功的创新活动。投入了时间、资金、人员、市场机会等资源，但未达成预期目标。这类风险对组织的伤害较小，并且可以将它转化为未来创新活动的输入，创新活动基本都离不开学习未知的知识。②创新活动过程使用了他人拥有权利的相关方法、技术或方案，而未被发现与纠正。这类风险对组织的伤害显然大于第一种。因此，在创新活动的全生命周期渗入文献检索与分析、风险评估是必要的程序。③创新活动过程进展顺利，但忽视了有价值的、潜在的创新成果。这类风险是很多组织普遍存在的问题，显然这类风险对组织的伤害也最大。

在创新活动中可能转化为专利成果的创新点处于相对隐性过程，如果组织不主动采取挖掘的方式，易被忽视。导致组织失去了最佳保护时机与市场竞争利器。针对这类风险组织应将专利培育、挖掘、布局深深地嵌入创新活动全过程中，尽早发现创新点，尽早培育其在创新活动中的地位与潜在价值，在专利申请时机还未到时，要切时做好保密工作，在可专利化时，尽早申请专利，并且充分考虑未来的市场机会，对地域的布局也不容小觑。

第二步，资产管理。组织在确定专利资产管理策略时，应建立实施方案，明确工作机制、总体目标、配套资源、年度计划与目标任务分解，建立监管机制，定期对方案的实施情况进行评估测量，确保各项工作任务的落实。

监管机制在资产管理过程中尤为重要，也可以将监管称为管理手段失效的报警系统。但监管时，一方面，注意区分一般控制点与关键控制点，不能对资产管理产生不利的影响；另一方面，要注意覆盖性，也就是所监控的资产范围、人员、区域环境等。当然还包括意识形态、职业道德等，形成一种无形的组织文化力量是监管工作的进阶阶段。

面对过程风险，可接受程度取决于组织的创新抱负、组织的能力和组织所从事的领域类型。评估和管理这些风险可以通过系统方法，如迭代学习、合作或具有不同风险级别的资产组合多样化。系统方法对于理解相互依赖关系和管理不确定性至关重要。也可以通过建立实施资产风险管理体系，帮助组织更有效地管理不确定性和风险。有时面对风险，依据组织当下所处阶段也需要灵活性、适应性及延展性，组织也可以通过设定挑战现状和既定的假设，处理风险源，增强抵抗风险或转移资产风险的能力。

第三步，资产赋能。专利作为组织资产运营是一个复杂的系统工程，更是一个漫长的发展过程，需要从前期创新研发介入、科学规划、内外联动、各担其职，从激励创新、布局挖掘、加强保护、培养人才、科学管理等方方面面，以质量提升和价值增值为核心，有序开展相关工作。

如组织研发项目是蓝海地带，存在两种可能，一是没人发现技术蓝海，二是没人愿意进入这个地带，可能是技术比较难，或是研发周期长，或是费用高，或是未来一段时期内预期收益难于覆盖研发投入等。在这种情况下，应采用全面的技术布局策略，除了对技术本身进行专利布局以外，还要从外围进行全面布局，因为这块技术在之前相当于没有，所以要尽可能圈地。就像瑞德西韦将药物申请专利，但药物用途没申请，那他人就可以申请药物用在治疗新冠病毒等其他疾病的用途专利。就药物本身的组成、结构、用途、制药方法都可以进行专利布局与申请，还可以通过优先权尽可能延长专利保护期等策略。基于这些考虑，组织应根据研发领域与技术情况制订针对不同创新技术的成果保护策略，以及周全的布局策略也是后期专利资产运营的基础保障。

组织管理层应在价值实现方面表现出领导能力，根据当前或未来、已陈述或未陈述的需求和期望，通过可利用的洞察来识别机会。考虑机会与风险之间的平衡，包括失去机会的后果。考虑风险偏好和对失败的容忍度；促进组织资产的转移转化，聚焦资产价值的实现。

"关于合理配置和有效管控资产"组织依据目标选用适合的各类方法，重点不在这些方法本身，而是组织根据各阶段确定的目标选择适合的一种方法或多种方法的组合，效果最为突出。

2　IP 资产的安全性

2020 年新年伊始，一场突如其来的新型冠状病毒肺炎疫情让大家措手不及，企业在停工期间或多或少遭受到了不同程度的损失。2 月 21 日应企业之需，笔者通过直播在线为企业讲解"疫情影响下，如何完善管理体系以保障组织 IP 资产安全"，此次交流围绕知识产权管理标准在企业运行中的一些具体问题，以及知识产权战略发展、品牌建设维护、知识产权分级管理、涉外知识产权布局等问题展开，深入浅出，直击当前工作中的关键问题。同时，也详细解答了企业提出的海外知识产权管理、知识产权规划等具体问题，为企业深入开展知识产权工作提供了建设性意见。

在直播课程的开始，笔者做了一个小调查，疫情期间女性消费市场什么产品将受到相对大的冲击。学员回答最接近笔者心里所想的是化妆品。笔者当时心里的答案是口红，因为新型冠状病毒肺炎的主要传播渠道是飞沫，且专家建议复工后人均面积应在 2.5 平方米，并建议不要聚众饮茶、就餐、会议等。故此，疫情原因使大家在一段时期内坚持带口罩的习惯，口红销售势必会受到相应的影响。那么，如果我们作为口红行业的领导者，是否在疫情爆发初期预见了这个风险，也可以说销售市场一线人员是否具有敏锐的洞察力？发现了这个潜在的风险，这是组织对外是否可以及时获得相关信息。对内是否有风险预案，有多少成品库存、有多少物料库存，物料库存是否有保质期，是否能转应用其他产品等，对内是否有抗风险能力。组织作到内外兼修，才能在风险来临时有备无患。

说到内外兼修与抗风险能力，将决定组织 IP 资产的安全问题。前文论述了 IP 资产与实物资产的不同，是因为 IP 资产产生的过程中，介入的人员对资产未来的价值起到一定的定价作用。例如，同样一篇技术交底书，由从事一年本领域工作的技术人员写出来的与经过深入培养的技术人员写出来的或是从业多年的专业代理师补充完善出来的，对专利未来的价值的影响可能相差千里。为了使组织的投入有正向的转换，有必要了解 IP 资产较实物资产不同的特性，以及组织如何为介入 IP 资产产生过程的人员的资格、能力与经验的提升做出改善。

2.1 IP 资产的特性

若使 IP 资产为组织发挥最大价值与潜能，就需要了解 IP 资产具有的特性，然后针对其特性，施以适合的方法或策略，使其具有可持续贡献价值的能力。

（1）IP 资产具有增值性。在管理得当的情况下，具有强大的增值功能，能为组织创造超额利润。

2019 年，广东九联科技股份有限公司（以下简称"九联科技"）以 3 件核心发明专利、1 件实用新型专利、1 件外观设计专利为质押物，获得了 3 亿元授信额度。银行和企业过去都看重房屋做抵押，但现在，这些"看不见摸不着"的专利反而发挥了更大的价值。九联科技的詹董事长说：没想到原来公司用资产抵押，只能贷款 3000 万元，现在拿公司 5 件专利做质押，就获得了 3 亿元的授信额度。

2008 年 1 月，浙江新安化工公司（以下简称"新安化工"）诉浙江金帆达公司侵犯其发明专利权，请求判令停止侵权行为，赔偿经济损失 5480 万元。新安化工"草甘膦酸合成中水解辅续工序"方法发明专利于 2001 年 11 月 28 日获得授权。案件受理后法院于 2008 年 1 月 30 日前往浙江金帆达公司进行第一次证据保全，拍摄了部分照片和录像，但在保全过程中受到浙江金帆达公司的阻拦致使证据保全没有全部完成；至第二次证据保全时，生产现场已发生明显改变。该院遂以相应的工艺图纸，结合相关的录像、照片与涉案专利进行技术比对，认定浙江金帆达公司被控生产现场使用的应是新安化工的"氯甲烷回收生产工艺流程图"，即其第一级处理的设备及对应的步骤为水洗塔和水洗，与涉案专利独立权利要求中所含的步骤完全一致，构成侵权。遂判决浙江金帆达公司赔偿新安化工经济损失 2000 万元。宣判后，双方当事人均不服，向浙江省高级人民法院提起上诉，维持原判。

2005 年作为个人发明者赵建文萌发即时通信的创意，并着手准备申请专利作为创业基础。于 2006 年 9 月向国家知识产权局递交了专利申请，随后完善了手机即时通信产品，该专利也于 2011 年获得授权。这时，赵建文权衡了诉讼收益与转让收益后，开始考虑转让发明专利权。在接触了几家通信产品公司后，于 2012 年 2 月 24 日将发明专利"一种基于或囊括手机电话本的即时通信方法和系统"专利权转移给了腾讯科技（深圳）有限公司，至此，赵建文拥有的专利权成功实现了有偿转移。

通过上述 3 个案例，可以看出 IP 资产具有较强的增值性。不但可以为组织在市场竞争中获得地位，也可以缓解组织资金压力，还可以通过合作、许可在产业链中处于主动地位，具有一定的话语权与定价权。甚至像赵建文这样的初创者，还可以将转移专利权的收益作为创业的第一桶金。

（2）IP 资产具有风险性。不确定性在知识产权领域尤为突出，若组织在管控层面有所疏漏，则可能面临较大的损失。

2017 年 7 月，深圳 A 公司向法院提起诉讼，认为北京 B 公司侵犯其名为"电子自动收费车载单元的太阳能供电电路"的发明专利权。A 公司认为，B 公司制造、销售、许诺销售的电子收费专用短程通信车载单元产品涉嫌侵权，请求法院判令被告立即停止侵权行为，并赔偿原告经济损失 1 亿元。经审理，法院最终认定被控侵权产品未落入涉案专利的保护范围。B 公司除积极应诉，还做足内功，收集证据，分析案情，及时针对涉案专利提起了专利权无效宣告请求。2018 年 7 月，原专利复审委员会宣告专利权全部无效。随后 A 公司不服审查决定，向北京知识产权法院提起了行政诉讼，但最终仍收到维持审查决定、宣告涉案专利权全部无效的行政判决书。

2010 年，谋求上市的苏州恒久北电科技股份有限公司（以下简称"恒久公司"）因专利状态（未缴年费专利权终止）与招股说明书和申报文件中所列示的专利情况不一致，被证监会要求暂缓上市，随后首次公开募股申请被撤销。因专利问题导致上市受挫的企业绝非恒久公司一家，这类案例比比皆是。

2006 年 5 月 5 日汾州裕源土特产有限公司（以下简称"裕源公司"）与陕西天宝大豆食品技术研究所（以下简称"天宝所"）就"核桃乳酸菌饮料及其制备方法"专利项目签订了《专利实施许可合同》。2007 年 6 月 14 日裕源公司将核桃乳酸菌饮料样品送山西省食品质量监督检验中心进行检验，并取得了《2007 年检验报告》，该报告载明用涉案专利技术生产的核桃乳酸菌饮料各项指标全部合格，送检样品符合乳酸菌饮料的国家标准。但是随后试生产出的核桃乳酸菌饮品送到当地酒店进行免费品尝，因存在口感不稳定，沉淀解决不了等问题无法上市销售。裕源公司要求天宝所解决这两个问题，但天宝所以合同约定"按照实施许可的专利技术生产出合格产品"的义务已完成为由拒绝再提供任何技术支持。

通过上述 3 个案例，我们可以看出 IP 资产具有不确定性。这就要求企业在管控层面一定要做到位，如诉讼前要分析评估专利权的稳定性，上市或融资或合并或重组等过程中及时关注知识产权法律状态，购买或获得许可实施的专利技术，不能仅以市场准入标准作为合同项下的产品合格标准，从而陷入产品合格而商业失败的窘境。重视 IP 资产管控是组织降低风险或消除不良影响的重要手段，也是 IP 资产能持续为组织贡献价值的重要因素。因此，知识产权的不确定性可以通过有效的管理手段降低风险，减少企业的损失。

（3）IP 资产重在配置性。IP 资产相对于实物资产而言更为复杂，需要综合考虑其成本、机会、风险与期望，在资产全寿命周期达到资源的合理配置。

2016 年北京奇虎科技有限公司认为其 GUI 的外观设计专利权遭到侵犯，将北京江民新科技技术有限公司诉至北京知识产权法院。该案是自我国于 2014 年将涉及 GUI 的产品纳入外观设计专利保护以来国内首例涉及 GUI 的外观设计专利侵权案。江民公司遂针对涉案专利提出无效宣告请求。作为打响 GUI 专利保护的第一枪，涉案专利的无效和侵权纠纷均引起了社会的广泛关注。经北京知识产权法院审理，原专利复审委员会作出第 35196 号无效宣告决定，宣告专利权全部无效。本案对创新主体的启迪意义在于，在我国现行法律框架下，在提交 GUI 领域相关的外观设计专利申请时，应突出 GUI 设计、弱化作为载体的硬件设计，并清楚标示 GUI 设计的用途功能、人机交互、动态设计等内容，以期实现最大程度保护 GUI 设计的初衷。

2017 年上海知识产权法院驳回原告胡涛诉被告摩拜（北京）信息技术有限公司专利侵权案的全部诉讼请求。双方争执的焦点有两处：一是"电连接"是否为"无线信号连接"；二是权利要求 1 描述的二维码识别器是集成的，还是由"微型摄像头、图形解码器、存储器、二维码比对器"分布在不同地方通过电连接的。通过说明书和从属权利要求 3 的角度，最终上海知识产权法院认定，"电连接"是指物理接触的电路连接，不是"无线通信信号连接"；"二维码识别器"是集成在一起的，如果分布在不同地方，应该就取名为"二维码识别网络系统"了。判断是否侵权，以被控侵权产品被权利要求全面覆盖原则，原告败诉。

2007 年，山东艾诺吉医药科技有限公司（以下简称"艾诺吉公司"）与其技术人员范克就"肝素钠封管注射液"药品与山东省惠诺有限公司（以下简称"惠诺药业"）药业进行合作。范克和艾诺吉公司向惠诺药业提供涉案药品的检测技术，惠诺药业生产涉案药品并向艾诺吉公司独家委托销售。2013 年 4 月 2 日，胡小泉（诺吉公司的法定代表人）、朱江蓉向国家知识产权局申请了一种名称为"肝素钠封管注射液的质量检测方法"的发明专利，并于2014 年 8 月 6 日获得授权。双方合作协议中没有约定惠诺药业对合作药品拥有相关专利共同申请权，也未约定对涉案专利享有永久使用权等。2014 年 6月双方合作产生矛盾，经最高人民法院审理双方解除合作协议。随后专利权人胡小泉、朱江蓉向法院提起诉讼，称惠诺药业侵犯其享有的"肝素钠封管注射液的质量检测方法"发明专利权，请求判令惠诺药业立即停止侵权行为，并赔偿经济损失 200 万元。惠诺药业应诉，主张先用权抗辩，因缺乏合法来源（虽然之前通过合作许可方式获得了涉案发明专利技术的使用权，但随着双方合作关系的终止已丧失先用权），未获法院支持。

通过这 3 个案例展开说明了 IP 资产与实物资产的差异，单纯未计成本的投入，并不一定能换来期许的结果；专利撰写的质量是专利资产风险的主要因素之一，质量不高将导致专利成为组织墙壁上的荣誉，而不能成为市场上作战的利器；另外，组织申请专利不要单从保护研究成果出发，应该更多站在为了取得更大的市场价值角度出发；还有合作过程相关权利的约定决定了未来是否因之前的投入还能生产或销售相应产品等。所以，IP 资产具有较强的配置性，要综合计算投入的人员、能力等各类成本、未来的机会以及过程的不确定性和能为组织带来的效益等。

2.2　IP 资产的安全

组织要做大、做强，就面临着生存与发展的挑战，这将要求组织在向外寻求机遇的同时，必须把眼光投向内部，寻找不断改进和提升的途径和办法，以应对日益上涨的原材料价格、不断提升的人力成本和激烈竞争的产品市场。随着国际标准 ISO 55000 资产管理体系系列标准的出台，资产管理的重要性和价值正在为越来越多的组织所认识。如何改变凭经验的粗放式管理模式，提升资产的效益，使资产管理成为新的利润增长点，是大多数组织亟待解决的问题。

上面我们了解了 IP 资产的特性，接下来我们看看组织通过完善哪些管理方法或改进哪些工作流程，可以有效保障 IP 资产的安全。这部分以 GB/T 29490-2013 作为组织完善管理方法、制度、流程等的抓手。当然，若您的组织未贯彻执行该 GB/T 29490-2013 标准，也没有关系，以下内容同样适用所有组织。先来回顾一下国家标准 GB/T 29490-2013 中的三大原则（也称"12字原则"）：

> 战略导向：统一部署经营发展、科技创新和知识产权战略，使三者互相支撑、互相促进。

> 领导重视：最高管理者的支持和参与是知识产权管理的关键，最高管理者应全面负责知识产权管理。

> 全员参与：知识产权涉及企业各业务领域和各类环节，应充分发挥全体员工的创造性和积极性。[4]

国家自 2013 年颁布 GB/T 29490-2013 以来，实施运行管理体系的组织已有几万家，但组织的人员常常会觉得管理体系即有用又无用，对它即爱又恨。因为，它有时是一件可以御寒的棉衣，有完整的领子、袖子和纽扣，桩桩件件都在该出现的位置上按部就班地抵御着风寒（风来险发）。有时又像一个不透气的塑料套在你的身上，烦杂的各个衣兜（表单）、数不清的纽扣（内审、纠正、管评会议）让人一点都不能适应，且起不到明显作用。

听到这样的夸奖与抱怨，会让我又想起那 12 字原则。看似简单的 12 个字，实则涵盖了方方面面，组织未能完全理解或是不能全部落实下去，才会导致组织丧失了温度，套着一个塑料膜站在寒风戚戚中。

如何通过对 12 字原则：战略导向、领导重视、全员参与的深度理解，找到具体解决方法，完善组织在薄弱环节（见图 5）的问题，让组织的 IP 资产走向安全。

（1）说起知识资源是组织内驱力的基础，也是管理体系有效运行的基础，链接到资产管理可以为 IP 资产增效赋能。组织的知识资源更多体现在人员能力方面，尤其涉及培训与教育。在 GB/T 29490-2013 中 6.1.2 条款要求组织按业务领域和岗位要求对员工进行知识产权教育培训。例如，对生产人员讲《专利撰写实务》是没有意义的，对市场人员讲如何反馈同业竞争信息就很有用，对中层以上领导讲商标分类法也没有太大意义，但如果给他们讲讲同业相关知识产权诉讼案例的剖析，相信他们都很爱听。

按照这个思路，笔者给出一个简单课程列表（见表 2），不在于全，而在

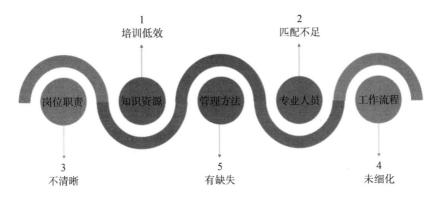

图 5　组织薄弱因素

于课程的适用性，组织可以根据自身情况及人员岗位职责和组织对其未来的职业规划或期许，有针对性地细化培训内容，并做好培训后的检验工作，否则培训就变成了一个供大家休息的公用时间，这样对组织来说是资源的浪费。关于培训后的检验，选择的方法有很多。例如，①课堂积极与老师互动，回答问题或提出问题；②课后几道小题的测试；③回到所在部门向内部人员进行知识传授；④作为导师组织人员就培训知识展开讨论与实践等。

表 2　针对不同岗位人员的培训课程

适用人群	主要培训内容
知识产权人员/体系人员	1. 专利、商标、版权法及相关章规制度 2. GB/T 29490-2013 要点理解与应用 3. 知识产权管理体系有效内审及问题的解决措施 4. 以往审核问题案例的剖析 5. ……
人力资源	1. 员工入职或离职知识产权调查与提醒规则 2. 劳动合同中的知识产权、竞业限制、保密条款的应用 3. 知识产权培训内容策划、组织、开展与验证 4. ……
研发人员	1. 如何在研发过程中进行知识产权布局与规划 2. 科技文献检索途径及相关技巧 3. 研发记录保存要求以及使用规范 4. 保密管理与自我约束 5. ……

适用人群	主要培训内容
市场或营销人员	1. 市场拓展过程中的知识产权风险预案 2. 展览展示活动的知识产权风险应对与规避 3. 同业竞争信息的反馈原则与策略 4. ……
领导层	1. 知识产权战略与企业战略的融合、定位、目标与原则 2. 同业竞争中知识产权风险与机遇 3. 专利运营（自行实施、转让、许可、标准化、质押等）策略与执行风险管控 4. ……

人员教育除了根据岗位需求设计上述有针对性的培训内容外，还要分形式、论师资、定频次以及验证学习效果共同抓起来，才能满足组织与人员和当下社会、科技进步的频率与状态同步的需要。另外，关于普及性的培训周期建议每3个月进行一次，尤其意识方面的培养，如果不经常开展效果甚微。再者就是课程的形式尽量多样化，不要总是一味地采取老师讲学生听，可以采用互动式、案例分析法、实操训练、情景模拟等方式开展组织人员知识资源的累积。

（2）关于专业人员的匹配是组织参与市场竞争的保障，也是管理体系运行的保证，链接到资产管理可以为 IP 资产降低风险。GB/T 29490-2013 中6.1.1 条款强调了组织应选择合适的人，并且给予持续性满足岗位要求的教育培训。6.4、7.1、7.2、7.3、7.4、8.1、8.2 等条款强调了对专业人员的技能要求。目前大部分组织都存在知识产权人才短缺这一现象，这是客观的，因为组织需要盈利，并且在目前知识产权对组织来说还太专且小的状况下，没办法配备各类专业人才，如检索的、撰写的、流程的、管理的等。一般组织的 IPR 都是一人身担多职，有检索任务检一下，有流程处理处理，剩下大部分时间是对内（研发、市场、设计部门）沟通，对外（代理机构、政府相关部门、行业协会等）协调的管理工作。组织这样的安排无可厚非，但笔者建议组织应提早储备专业机构或人才、合作预案，以不变应万变。

就像这次突发新型冠状病毒肺炎疫情，各类口罩，如一次性医用口罩、医用外科口罩、N95 口罩、M3 口罩、带呼吸阀口罩等，口罩执行什么标准，这些标准的技术指标又都是啥，如果这时有个会检索的牛人就可以瞬间查出口罩的规则与适用性。例如，选口罩认准这些标准就够了（见表 3）。

表 3　口罩标准

标准类别	标准号	标准名称
强制性国家标准	BG 19083-2010	《医用防护口罩技术要求》
推荐性国家标准	GB/T 32610-2016	《日常防护型口罩技术规范》
强制性行业标准	YY 0469-2011	《医用外科口罩》
推荐性行业标准	YY/T 0969-2013	《一次性使用医用口罩》
美国标准	ASTM F2100-2019	《医用口罩用材料性能的标准规范》
欧洲标准	EN 14683-2014	《医用口罩要求和试验方法》

标准中对口罩的技术指标（过滤类型、过滤效率，应用场景等）进行了明确的规定。3 类主要医用防护口罩的区别显而易见（见表 4）。

表 4　医用防护口罩的区别

口罩类型	医用防护口罩	医用外科口罩	一次性医用口罩
执行标准	BG 19083-2010	YY 0469-2011	YY/T 0969-2013
标准性质	强制性国标	强制性行标	推荐性行标
适用领域	高暴露风险的医疗工作环境	临床医护人员有创操作过程	普通医疗环境，阻碍口鼻呼出污染物
外观特点	立体、密合性好	平面、密合性一般	平面、密合性一般
颗粒物过滤效率 - PFE	1 级 ≥95% 2 级 ≥99% 3 级 ≥99.97%	≥30%	—
颗粒物类	盐性气溶胶	盐性气溶胶	—
细菌过滤效率 - BFE	—	≥95%	≥95%
其他关键指标要求	气阻、血液穿透、抗湿、阻燃	细菌过滤效率、血液穿透	细菌过滤效率

口罩要满足有效滤除空气中 95% 以上的颗粒等相关要求，它里面蕴含着多项结构形式、滤料制备等方面的专利。截至 2020 年 1 月，全球范围内该领域专利申请量排名前五的申请人分别是 3M 公司、金伯利—克拉克公司、美戴斯迈公

司、兴研株式会社、霍尼韦尔国际公司。大家在市场上最为常见的 3M 公司销售的 9501、9332、1860、8511、8210 等 N95 或 KN95 型呼吸防护口罩，所涉及的专利主要包括：US20170311660A1（可折叠）、US20030005934A1（高覆盖性带阀口罩）、US20090255542A1（鼻夹）、JP2018021279A（口罩主体周缘有突片）、US10245537B2（滤层于内外盖网之间）等。

知识产权领域专业人才除了检索人员，还有体系管理人员等。有些组织内部运行多种管理体系，质量管理体系、环境管理体系、职业健康安全管理体系、能源管理体系、资产管理体系、知识产权管理体系、合规管理体系、业务连续性管理体系⋯⋯各种管理手册的编制和记录的填写，各种内审和管理评审，还要不时迎接不同认证公司的监审和再审。经办人员虽早早准备，但从准备到审核再到整改，没两三个月下不来。多个体系叠加，企业上下也颇多怨言，感觉管理体系越多，对正常业务的干扰越大。

如果您的组织遇到这一难题，可以通过企业标准化良好行为建设工作解决这个问题。企业标准化良好行为建设可以统一各个管理体系的文件编制及其在企业内的运行，避免重复劳动和资源浪费，并使标准化工作无死角覆盖企业，超过现有管理体系标准的范围，能够提高企业管理的规范化和有效性。中国标准化协会推出了"企业标准化良好行为评价"制度，由第三方评价机构选派专家组，按照《企业标准化工作指南》（GB/T 35778-2017）等共计 5 项系列标准的要求对企业标准化工作、企业标准体系以及体系运行的效果进行评价。第三方评价机构作为实施评价的主体，需经过标良办公室审查后，被划分为 A 类和 B 类评价机构。以中规（北京）认证有限公司为例，因被认定为 A 类机构，为此可以开展 A 到 5A 级评价活动；而若是 B 类机构则仅可开展 A 到 3A 级评价。通过评价的企业可以获得"企业标准化良好行为证书"，不但可以得到权威机构对企业标准化管理水平的认可，还可以实际解决企业多体系运行的窘境。

对组织来说到底哪些是知识产权专业人员呢，组织需要将所有的专业人员配齐吗。这要看组织的行业与所处行业的竞争地位，以及目前发展的阶段与体量。一般情况下组织在知识产权方面需要的人才分为 3 大类：知识产权专业人员、体系管理人员、各部门知识产权联络员（即满足本部门的技能要求又比普通员工多一些知识产权与体系管理知识）。组织根据自身战略判断哪些专业人员纳入到企业里来做全职，哪些可以通过顾问、合作、委托等方式开展相应工作，只要达到专业的事有专业的人来做即为目的。

（3）岗位职责清晰是组织效能效益提升的关键，也是管理体系有效运行的关键，链接到资产管理可以为 IP 资产降低风险。初次接触职责是否清晰这个话题的组织第一反应基本是认为有足够清晰的岗位职责。GB/T 29490-2013 中 5.4.2、5.3.1、5.3.2 条款就是对组织内人员岗位职责的相关要求。组织内各岗位人员职责是否清晰可以通过一个小测验就能了解，找一件需要跨部门甚至跨多个部门的工作，在没有特别关照的情况下，让该事务正常的运转，就可以检验组织人员岗位职责是否存在灰色地带。

组织在确定岗位职责时基本是以委任的工作内容为依据，与他人尤其是跨部门间的协作往往考虑不周全，导致了组织内人员岗位职责容易出现灰色地带。讲一个笔者本人经历的案例，某年的 12 月底，笔者在广东的一家企业审核知识产权管理体系时，该企业 11 月初有款新产品上市销售。与市场部销售总监沟通的过程中，她清楚表达新产品上市前做了知识产权风险排查工作，并向笔者展示了一份 17 页纸的《产品上市前风险排查报告》，她说因她不懂技术，所以这份报告是委托研发部总监帮着做的。报告的结论是无风险，可以上市销售。当笔者查看这份报告时，其中还提到了需要进行哪些知识产权保护，以及相关保护要点等。这时笔者想到了审核知识产权部时，其提供的公司知识产权清单里好像没有跟该产品相关的专利，再去核实时知识产权部负责人说没人通知她要申请专利，她也表示没有看到研发部给市场部的《产品上市前风险排查报告》这份文件。

上面这个案例就是笔者所说的职责清晰的问题，当然也可以把流程是否顺畅纳入进来一起考虑。看似每个部门都在做自己职责的工作，但每个部门都固封在自己部门的圈子里，对组织来说就成为致命的灰色地带。上面案例可以反映出这家企业领导层不重视知识产权工作，公司刚刚起步，所有精力都用在产品开发与后期市场销售过程中，但万万没想到，苦心钻研打磨的产品成果就这样被忽视了。市场部的职责是产品上市前排查风险；研发部负责产品的研发（岗位职责里未包含研发成果保护部分）。这就是问题的轮回。当然也与工作人员的责任心、敏锐的洞察力都有关，公司这么重要的产品要上市，负责知识产权工作的人都没有想一下做成果保护吗？还需要有人向你提出才申请吗？这个问题出在了职责不清上，但实则也反映出企业对员工的教育培训（GB/T 29490-2013 中 6.1.2 条款）做的不足，还有 GB/T 29490-2013 中 6.1.1 条款中所说的知识产权人员的任职条件是否满足组织需求也未经考量。

上述列出的都是组织存在的问题或者薄弱环节，不要担心组织有这样那样的问题，勇于正面直观问题，是对组织良性运转最有力的支持。因此，多找几件事测试一下各岗位之间是否存在灰色地带，职责与流程、部门内人员、部门间人员等，尽早将其消除是组织运行管理体系检查与改进的一个良性循环过程，属于 PDCA 方法。

（4）顺畅的流程是组织效能效益提升的关键，也是管理体系有效运行的关键，链接到资产管理可以为 IP 资产合理配置提供帮助。GB/T 29490-2013 中 5.4.2、5.4.3 条款就是关于岗位职责与内部沟通渠道的建立。流程往往不是独立存在并运行的，它依附于岗位职责或具体事务。

例如，专利申请流程中规定专利提案人向知识产权部提案 5 日内（工作日），知识产权部应向提案人反馈是否可以立案或要求其补充相关材料，以便更完善的检索与确认。若没有明确事务进展的上下环节、负责机构或人员，以及各阶段的周期，那提案人员发出了提案请求，也许苦等多日没有回复，信心受到打击，本来研发任务就重，公司鼓励申请专利，但提交了又没有下文，这样的情况在组织中遍地都是。

企业制订了相关流程，如产品上市风险排查流程，由市场部启动该项工作，研发部、知识产权配合协调与支持，最终结论由研发部、市场部与知识产权部共同审定确定产品是否上市销售等，并对其中每个环节用时进行约定。这种情况下，那份《产品上市前风险排查报告》就可以及时出现在知识产权部门，至少知识产权部门负责人对知识产权风险排查要签字确认，也就不会发生产品已经上市销售，专利还未申请了。

因此，完善的、顺畅的、有去有回的、具有明确时间周期的流程是组织内管理体系真正运用下去最直接、最简单、也是最有效的方法之一。

（5）管理方法是组织持续具有竞争力的灵魂，也是管理体系有效运行的灵魂，链接到资产管理可以为 IP 资产增效赋能。管理方法的薄弱或缺失责任在于组织的领导层。GB/T 29490－2013 中 4.2.2、4.2.4、5.1、5.2、5.3、5.4、5.5、9.2、9.3 条款基本就是 12 字原则里说的"领导重视"。有人会问，怎么重视呢？是否以身作则，是否建立了监督与引导机制，遇到问题是否有反馈、解决机制，谁来统筹与策划等，都是组织管理方法缺失的因素。

　　因此，组织无论是否有运行的管理体系，都需要在市场中立稳脚跟，占有一席之地。那么，就需要领导层根据公司的发展战略、目标、所在行业竞争态势、自身优势等建立组织管理框架，并疏通好内部各部门、各人员之间的沟通渠道，对外建立良好的观察、联络网络，及时将外部信息回输到企业，并在企业内部顺畅流通。做到了这些，也就满足了 GB/T 29490－2013 中 5.1 条款管理承诺的内容。因此，无论是否为管理体系的良好运行，组织的领导层都需要在管理方法上下功夫，这也是组织管理层应该投入时间与精力，最为核心的工作之一。

　　国际标准 ISO 27000 信息安全系列标准中描述领导的承诺是组织相关活动典型的输出。包括领导者的行为、态度和决定要保持一致性，要以身作则，并建立有效内部沟通，促进持续改进[5]。

　　综上，组织从 GB/T 29490－2013 三大原则出发，以 5 个薄弱因素（见图 5）作为突破口，耐心细致地评价各部分所欠缺、或没做到位的工作，施以措施，逐步加以改善，是组织赖以生存的良方。反观 5 个薄弱因素（见图 5）图，可以看到笔者将"管理方法"放在了主要位置，这是因为它的完善与缺失将直接导致其他几个问题的发生与不发生。无论这个问题是什么原因产生的，最后都可以归结到管理方法缺失上来。这样解释是为了让大家明白"管理方法"的缺失是非常关键的因素，但并不代表其他 4 个薄弱环节就可以不用评估与改进。管理方法是其他 4 个薄弱因素的上位概念，若想收获一棵硕果累累的大树，那必要从种子、土地、水分、阳光出发，才能看到好的结果。就像印度的一种无花果树，它的枝条能垂向地面，并在土里生根成为另一颗无花果树。因此，GB/T 29490－2013 的三大原则再一次验证其功力，绝不能忽视"战略导向、领导重视、全员参与"，也不要把它当成摆设，认认真真、踏踏实实地落实这 12 个字，就能收到正向反馈，IP 资产才能安全，组织才会持续增强竞争优势。

3　不是结尾的结尾

洋洋洒洒写这么多，马上接近文章的尾声了，但这也是组织 IP 资产管理的伊始。如文章开始部分笔者谈过 IP 资产与无形资产的不同，关键在于 IP 资产生命周期参与的人员能力、资格、经验对知识产权价值的影响。因此，本文第二部分站在组织的角度，看对内通过完善哪些管理方法，提升人员的能力与经验，以期保障组织 IP 资产的安全。说到 IP 资产的安全，有两个层面。

第一，安全的浅表层：保证各类知识产权生命的延续。例如，专利正常缴纳年费、在有效答复期内进行答复、商标在续展期内续展，甚至处于专利复审状态的答辩等，保障 IP 资产生命的继续是资产安全的浅层含义。

第二，安全的深度层：在 IP 资产生命周期的每个阶段，采用适合的评估方式，以确定其应配置的各类资源的合理性，保障 IP 资产能为组织增值添效，对外抗得住风险，对内支持得了发展，逐步达到组织对其的培养与期望。

总体来说，组织 IP 资产的安全性，是为组织贡献其应有的价值或者达到组织对他的期望，这也是 IP 资产追求的最高安全境界。

参考文献

［1］ International Organization for Standardization. Asset management – Overview, principles and terminology：ISO 55000：2014 ［S］. Geneva：ISO copyright Office, 2014.

［2］ BSI. ISO 56002：2019 Innovation management – Innovation management system – Guidance ［S/OL］. ［2020 – 5 – 14］. https：//max. book118. com/html/2019/0817/5134334322002114. shtm.

［3］ International Organization for Standardization. ISO 31000：2018 Risk management——Guidelines ［S/OL］. ［2020 – 5 – 14］. https：//www. iso. org/standard/65694. html.

［4］ 国家知识产权局. 企业知识产权管理规范：GB/T 29490–2013 ［S］. 北京：中国标准出版社，2013.

［5］ International Organization for Standardization. ISO 27000 Information Security Management System ［S/OL］. ［2020 – 5 – 14］. https：//baike. baidu. com/item/ISO27001/2326653？ fr = aladdin.

后　记

在本书的策划、撰写、定稿等过程中，也恰值 2020 年的新型冠状病毒肺炎疫情。编委会也同广大读者一道，共同奋斗、共同见证了这段艰难抗疫的岁月，我们也一起在困境中守初心、担使命、共奋进，作为知识产权人，尤为自豪地看到我国的知识产权事业能够逆势而上，有大批的组织依靠其优质的知识产权资产突出重围、获得了涅槃重生，也强有力地支撑了我国的抗疫工作。

数据显示，2020 年一季度，全国新增专利和商标质押贷款 337 亿元，同比增长 15.5%，质押项目数 1633 项，同比增长 13.8%，一大批疫情防控物资生产企业通过质押登记绿色通道快速获得融资支持。武汉推出"新型冠状病毒肺炎防疫专利信息共享平台"，免费提供精准研发所需专利信息；南京设立 10 亿元"新冠疫情防控专项知识产权融资计划"；深圳成功发行疫情防控专项知识产权证券化产品，计划融资 10 亿元，已发行 3.2 亿元，惠及 12 家疫情防控物资生产企业；天津指导新冠肺炎病毒检测试剂盒开展专利布局，为相关的申请开辟绿色通道；安徽宿州开展砀山酥梨等地理标志产品"抗疫"线上营销，实现销售收入 3.2 亿元……

这组数据彰显 IP 资产在疫情中发挥了无可比拟的作用。除此之外，从新能源、新材料，到 5G 通信、人工智能机器人等，也都离不开知识产权的保驾护航，IP 资产已成为激发创新活力、推动绿色经济持续前行的动力，而组织如何有效管理其 IP 资产，也成为获取核心竞争力、赢得长远发展的重要因素之一。

本书内容正是切合了我国知识产权事业发展方向和企业迫切需求，以有效培育高价值 IP 资产、持续提升组织管理能力、抗风险能力为目的。本书作为"名企聊知识产权"系列丛书的第二部，以资产的视角对上一本书进行了拓展与延伸，秉承以系统理论为基础、以实操应用为原则，不求面面俱到，但求行之有效。尽最大限度帮助读者获取灵感与思考，并能切实落地应用，从而推动企业的 IP 资产有效管理，为企业的持续创新与盈利注入源源不竭的动力。

中规学院的"知标融""IP 风控嗣""IP 资产论"三大专栏截至本书出版时，已发布原创文章逾百篇，分享的内容包括专利全寿命周期中的高价值专利培育、专利资产盘点、专利价值评估和质押融资、商标资产的运营、商业秘密资产的三段式管理、组织内部的 IP 资产生态环境构建、组织的人力资产管理、IP 风险评价指标、知识产权与标准的融合之道等，可谓与本书的内容交相辉映。感兴趣的可以通过中规公司微信公众号查阅，如"揭秘'招贤纳士'中的陷阱——人力资产管理""以动应变——跟华为学 IP 资产的动态运营"等。

为应对新冠疫情，中规学院于 2020 年 3 月分别开设"周五课堂"与"腾讯课堂"，每周通过直播与录播的方式为广大知识产权从业者提供知识产权、标准、科创企业、高新技术企业以及相关政策的解读与运用课程，有需要的朋友可以通过扫描本书折页处中规学院二维码观看相关课程。

"知识产权经理实战"系列丛书才刚刚开始，在未来漫漫长路上，我们将不断为广大创新主体和知识产权从业者带来知识盛宴。如果您也愿意分享经验，欢迎加入我们（中规学院邮箱：zgschool@zgrzbj.com），共同为读者带来更深层次的实践分享，期待与您一起为知识产权事业贡献我们的热情与力量，促进我国知识产权事业朝着更高的目标发展壮大！